Josef Aldenhoff

Bin ich psycho?

Josef Aldenhoff

Bin ich psycho ...
oder geht das von alleine weg?

Erste Hilfe für die Seele

C. Bertelsmann

Verlagsgruppe Random House FSC® N001967
Das für dieses Buch verwendete FSC®-zertifizierte Papier
Munken Premium Cream liefert Arctic Paper Munkedals AB, Schweden.

1. Auflage
© 2014 by C. Bertelsmann Verlag, München,
in der Verlagsgruppe Random House GmbH
Umschlaggestaltung: buxdesign, München
Satz: Uhl + Massopust, Aalen
Druck und Bindung: GGP Media GmbH, Pößneck
Printed in Germany
ISBN 978-3-570-10193-3

www.cbertelsmann.de

Inhalt

9 Die Seele ist eine Zumutung

19 Ein uralter Begleiter – die Angst

31 Bin ich subjektiv oder objektiv – gesund oder krank?

37 Der übliche Blues – oder eine Depression?

66 Als junge Mutter depressiv?

71 Nimm Dir das Leben! – Suizidalität

76 Endlich fliegen! – Bipolar

86 Brauchen Sie einen Arzt?

92 Eingebildet krank? – somatoforme Störung

99 Es ist (fast) alles im Kopf – Schmerz

109 Do not harm!

115 Keine gute Nacht – Schlafstörungen

126 Ist das Leben zu zweit leichter? – Paarprobleme

139 Zu dick, zu dünn – wie kompliziert kann essen sein?

150 Das Licht kommt vom Ende – Alter als Chance

184 Brauchen – missbrauchen – abhängig werden

199 Von der Krankschreibung bis zum § 63 –
Selbstverständlichkeiten oder juristische Fallstricke?

227 Über die Vor- und Nachteile des Denkens

253 Wie funktioniert das mit der Therapie?

261 Seelenverwundungen – Traumatisierung ist nicht selten

274 Seele & Co. – Respekt vor uns selbst

276 Dank

277 Glossar

334 Medikamentenübersicht

362 Literatur

364 Sachregister

Für Uli
und für Lilian, Lara, Anna-Lena und Johannes

Die Seele ist eine Zumutung

Geht es Ihnen eigentlich gut – oder sind Sie sich nicht so sicher? Die Statistiken zumindest sind evident: Immer mehr Menschen haben seelische Probleme und suchen deswegen Hilfe. Das ist auf jeden Fall besser, als einsam vor sich hin zu leiden und schließlich bei Alkohol, Tabletten oder Selbstmord zu landen. Es wird allerdings auch diskutiert, dass Psychiater und Pharma-Industrie gerne bedrohliche Elefanten aus harmlosen Mücken machen, um sich und teure Medikamente gut an Sie zu verkaufen. Und wenn Sie sich tatsächlich aufraffen und mit einem Fachmann/einer Fachfrau sprechen wollen, dann finden Sie als Kassenpatient in der Regel keinen, der schnell Zeit für Sie hat.

Deshalb habe ich dieses Buch geschrieben.

- Als schnelle Orientierung: was Sie von schwierigen neuen Gefühlen und Gedanken zu halten haben, ob diese eine normale Reaktion auf eine vielleicht von Ihnen selbst herbeigeführte Lebenssituation sind, oder ob Sie tatsächlich zu einem Fachmann/einer Fachfrau gehen sollten, wobei das eine das andere nicht ausschließt.
- Als gut verständliche Information: über Störungen und ihre Behandlungsmöglichkeiten – nicht für den Experten, sondern für die Betroffenen.
- Als meine persönliche Empfehlung an Sie: welche Therapien ich auf Grund meiner Erfahrung als Therapeut und Psychiater – gegebenenfalls auch für mich selbst – für sinnvoll erachte.

– Als erste Hilfestellung: wenn Sie in Not sind und an den abweisenden Terminkalendern von Ärzten zu scheitern drohen.

Wir kennen uns schlecht

Obwohl ich fast vierzig Jahre als Psychiater, Psychotherapeut und Neurobiologe tätig bin, staune ich immer noch, wie wenig der Einzelne als möglicher Betroffener über die grundlegenden Reaktionsformen der Seele weiß und wie deutlich psychische Störungen in der Gesellschaft ignoriert und auch sanktioniert werden. Und ich wundere mich, wie wenig Vertrauen wir in unsere Reaktionen haben: Ist es nicht logisch, dass wir Menschen von traurigen wie schönen Ereignissen beeinflusst werden? Ist Angst nicht ein tief in jedem Lebewesen verankertes und überlebensnotwendiges Zeichen der Warnung? Was ist wichtig, damit wir uns im Altern wohlfühlen? Wie reagiert meine Seele, wenn sie verletzt wird? Wie funktioniert das mit der Liebe? Und wann beginnt Störung? Wann werden wir krank?

Als »Profi« habe ich in der Vergangenheit viele Erklärungen aus Fachbüchern übernommen, um allerdings immer häufiger, manchmal schon bei »einfachen« Aufklärungsgesprächen, zu merken, dass die Sicht des Betroffenen sich anders darstellt und anfühlt. Und mit Depression und Angst kenne ich mich nicht nur als Fachmann aus. Ich selbst habe im Rahmen der Ausbildung Psychotherapien gemacht, aber auch einige Male, weil ich es persönlich für nötig hielt. Diese meine Therapie-Eindrücke sind auch in die Überlegungen dieses Buches eingeflossen.

Nichts ist so persönlich wie unsere Seele. Und von nichts scheinen wir so wenig zu verstehen. Mit dem Körper ist es etwas besser; wir lernen ihn im Laufe unsres Lebens allmählich kennen, merken, wie er reagiert, wenn wir ihm etwas zumuten – Alkohol oder Marathonläufe.

Die Seele aber ist eine Zumutung. Jeden Morgen aufs Neue. Die Befindlichkeit vom Abend vorher ist verschwunden, nicht mehr abrufbar, Sie sind in einem neuen Zustand. Stabilere Phasen wechseln sich ab mit Zeiten, in denen Sie dünnhäutig, sensibel sind und sich verwundbar fühlen. Das ist normal.

Normal?

Damit sind wir schon im Zentrum des Geschehens. Die Frage, ob das, was Sie empfinden, denken, wahrnehmen, normal ist, noch normal ist, bildet das Zentrum dieses Buchs. Und was zu tun wäre, wenn die Antwort »nein« hieße.

Normalität hat zwei Seiten:

Die eine ist unmittelbar erlebbar. Wahrnehmungen, Gefühle, Denken sind so wie immer, wir befinden uns in unserer persönlichen Norm. Oder irgendetwas fühlt sich anders an. Solche Abweichungen können uns manchmal glücklich machen, etwas Neues, Überraschendes ist in unser Leben getreten; überwiegend aber irritieren uns solche Veränderungen. Ich will Ihnen in diesem Buch Hilfestellungen geben, wie Sie mit Ihren ganz persönlichen Abweichungen von der Norm umgehen könnten. Warum sind sie oft so beunruhigend? Weil unser oberstes Ziel die Kontrolle über uns selbst ist. Wir wollen uns im Griff haben, aber merken auf Schritt und Tritt, dass das allenfalls ansatzweise und sehr häufig gar nicht funktioniert. Es gibt Menschen, die sich wegen dieser fehlenden »Selbstdisziplin« fertig machen – was das Selbstgefühl verschlechtert, ohne die Kontrolle zu verbessern. Warum können wir unsere Wahrnehmungen, Gefühle, Gedanken so wenig kontrollieren? Wir denken linear, und so sind auch die Erwartungen an uns selbst: Eines soll auf das andere folgen, jede Handlung ihre Konsequenz haben; wir glauben an einfache Kausalitäten. Wer alles richtig macht, wird belohnt. Es gibt doch Regeln, oder? Eher oder! Denn unser lineares Denken ist ein letztlich untauglicher Versuch, mit dem umzugehen, was unser Gehirn macht. Das ist hoch komplex. Komplex ist ein Begriff aus den Systemwissenschaften, der unter anderem besagt, dass das

Verhalten eines Systems nicht präzise vorhersagbar ist. Wie das Wetter. Vielleicht hilft es Ihnen, wenn Sie sich klar machen, dass die plötzlich hinter den Bergen des Chiemgaus auftauchende Gewitterfront im Vergleich zu den Vorgängen in Ihrem Zentralnervensystem prognostisch relativ schlicht und überschaubar ist. Soweit zu unserer persönlichen Normalität.

Die andere Seite der Normalität beschreibt, ob Sie – noch – in die Normen der anderen, Ihrer Umgebung, der Familie, der Kollegen, der Gesellschaft passen. Sind Sie wie alle, oder weichen Sie ab und fallen damit plötzlich auf? Und wenn Sie abweichen, schaffen Sie es, das als interessante Individualität erscheinen zu lassen, oder wird es Ihnen als stigmatisierende Macke ausgelegt, mit den entsprechenden Folgen? Die Antwort bekommen Sie nur durch die Reaktionen der Anderen und wundern sich. Das ist Ihnen nicht geheuer, denn Sie wissen und haben vielleicht schon erlebt, die Anderen tolerieren Anderssein nur sehr bedingt, manchmal in ritualisierter Form, im religiösen Kontext, manchmal als gerade noch tolerierbare Folge von Alkohol. Normabweichungen, wie sie bei seelischen Störungen auftreten, werden sehr unterschiedlich wahrgenommen: Depressive Störungen werden oft über Jahre nicht erkannt, der Betroffene und seine Umgebung denken, diese reduzierte Freude, der maue Antrieb seien Teil der Persönlichkeit; manisches oder psychotisches Verhalten fällt dagegen auf und wird entsprechend geahndet. Sie dürfen in Gesellschaft regelmäßig zu viel trinken, wenn es die anderen auch tun, aber sobald Sie sich eine Kokainlinie legen oder Ihre Heroinspritze auspacken, finden Sie sich schnell außerhalb der Burgmauern der Normalität wieder und nicht zuletzt auch außerhalb der Legalität. Mit heftigen Folgen!

Wenn Sie die möglichen rechtlichen Konsequenzen Ihres »anderen« Verhaltens berücksichtigen, werden Sie sich Ihre Selbstständigkeit besser bewahren können, eher Frau/Herr Ihrer selbst bleiben, als wenn Sie den Kopf in den Sand stecken und plötzlich feststellen, dass Sie gegen Ihren Willen in eine psychiatrische Station eingewiesen wurden (siehe »Von der Krankschreibung bis zum § 63«).

Wie könnten Sie herausfinden, ob Sie therapeutisch etwas für sich tun sollten, ein Medikament nehmen, eine Psychotherapie machen? Es gibt ein paar Hinweise. Sie sind nicht allumfassend, helfen aber weiter.

– Der Schlaf: Die meisten seelischen Störungen werden von Schlafstörungen begleitet, beziehungsweise die Schlafstörungen gehen ihnen voraus. Meistens ist es ein morgendliches Früherwachen, zwei bis drei Stunden vor der normalen Aufwachzeit, manchmal sind es auch Einschlaf- oder Durchschlafstörungen. Wenn diese Phänomene gelegentlich auftreten, liegt es in der Grauzone der Normalität, wenn Sie über Wochen und Monate schlecht schlafen, sollten Sie dringend etwas dagegen tun.
– Nach dem Aufwachen ist alles grau, oder Sie haben jeden Tag Angst.
– Sie stellen seit einiger Zeit fest, dass entweder Sie oder Ihre Umwelt sich verändert haben, Ihre Gefühle sind grundsätzlich anders als vor Wochen oder Monaten, seltener vor Jahren.
– Sie leiden an Ihrer Umwelt und/oder an sich, akut oder schon seit langer Zeit.

Vor allem der letzte Punkt ist entscheidend.

Wird es von selbst wieder gut?

Das ist die Millionenfrage, und Ihre Antwort entscheidet oft tatsächlich über Wohl und Wehe. Befindlichkeitsschwankungen sind normal und vergehen in der Regel bald wieder; seltener können sie in seelische Störungen übergehen, die wiederum spontan abklingen, aber auch dauerhaft werden können. Nach allem, was wir wissen, ist unser Gehirn ein sich selbst organisierendes System, das über viele stabilisierende Mechanismen verfügt. Wobei eine solche Stabilisierung nicht Gesundheit bedeuten muss, denn sie kann auf krankhaftem Niveau erfolgen.

Abwarten kann eine Tugend sein, aber auch der Anfang vom Ende, wenn das Warten nicht zu einer Besserung führt, sondern zur Stabilisierung im Kranken.

Ein Beispiel: Als die 80-jährige Dame ihren schweren Suizidversuch dank der modernen Intensivmedizin überlebt hatte, fragte ich sie, warum sie denn in ihrem Alter, in dem einem das Leben ja ohnehin nicht mehr unbegrenzt erscheint, noch auf solche Ideen käme. »Ich ertrage diesen Mann nicht mehr, er sieht nur fern und redet nicht mit mir.« Sie bestätigte meine Vermutung, dass dies nicht erst in den letzten Wochen so war, sondern schon in den letzten zwanzig Jahren. Sie habe aber lange geglaubt, es werde von selbst besser.

Gerade im zwischenmenschlichen Bereich stabilisieren sich zwei nicht mehr gut kommunizierende Systeme oft auf dem denkbar niedrigsten Niveau. Mit sechzig kann man noch eine Paartherapie machen. Oder sich trennen. Mit achtzig schafft das kaum noch jemand.

Was uns krank macht, kann unser normaler Lebensstil sein, dessen Pathologie uns nicht bewusst ist.

Ein Beispiel: Eine Depression ist eine behandlungspflichtige Krankheit, so würden die meisten Psychiater sagen. Sie können Ihre Depression – jede ist anders – aber auch als eine Reaktion Ihres Systems verstehen, das die beruflichen und emotionalen Überforderungen, die Sie sich ständig zumuten, nicht mehr bewältigen kann und deswegen in den Schongang schaltet: Sie haben keinen Antrieb mehr, um sich weiter zu überfordern, Ihre geistige Kapazität, die Sie brauchen, um besser als die Anderen zu sein – warum eigentlich? –, wird runtergeschaltet,

Ihre emotionale Schwingungsfähigkeit, die Ihnen hilft, in Ihrem sozialen Umfeld zu brillieren, lässt nach. Sie werden gnadenlos vom sich ständig beweisen wollenden Alpha-Männchen auf den Gamma-Zeitgenossen reduziert, der das Leben nur noch im langsamsten Schongang hin bekommt. Mancher glaubt, diese Verminderung nicht mehr mit seinem Leben vereinbaren zu können.

Erkennen Sie diese Signale intuitiv und schonen Sie sich, so kann sich Ihr System spontan regenerieren, und Sie werden wieder der Alte. Das wäre dann eine Spontanheilung. Weil Sie aber den zugrunde liegenden Mechanismus nicht durchschauen – er ist Ihnen ja nicht bewusst –, gehen Sie sofort wieder in die alte Rolle hinein und bekommen einen Rückfall, mit deutlich schwereren Symptomen.

In dieser Situation wäre die Hoffnung auf den positiven Spontanverlauf ein Verhängnis; ein Medikament bekäme die Depression weg, aber erst durch eine störungsspezifische Psychotherapie werden Sie lernen, wie Sie Ihren Lebensstil ändern müssen. So Sie das wollen.

Es gibt Spontanverläufe, aber wir sollten unser Vertrauen darauf nicht als Vorwand nehmen, uns nicht mit uns selbst auseinanderzusetzen.

Manche sind sensibler als andere – was kein Nachteil sein muss

Jeder bringt eine bestimmte Widerstandsfähigkeit gegen Krankheiten mit; der eine hält mehr aus als der andere. Modern nennt man das Resilienz. Sie hängt von den Genen und von Ihren Erfahrungen im Umgang mit Belastungsfaktoren ab. Allerdings ist Resilienz ein Konzept, von dem Sie selbst zunächst nicht so viel profitieren, weil Sie erst, wenn Sie krank sind, merken, dass Ihre Resilienz nicht ausgereicht hat. Dann müssten Sie das Konzept ändern und Hilfe annehmen. Wenn Sie zu sehr in Ihre ach so tolle Resilienz verliebt sind, kann das schwierig werden. Mehr haben Sie davon, wenn Sie Ihre Krankheit zu ergründen versuchen, Ihre persönlichen Empfindlichkeiten entdecken und akzeptieren (!), um sich schließlich zu überlegen, wie Sie damit umgehen könnten. Vielleicht bräuchten Sie eher unterstützende als aufregende Partner, auch wenn es Sie zu Letzteren hinzieht; vielleicht sind Sie doch nicht der Typ, der seine Karriere über Überstunden und Schlafmangel anschieben sollte; vielleicht brauchen Sie am Wochenende eher Ruhe als das anspruchsvolle Freizeitprogramm mit Freunden, von dem Sie sich eigentlich im Arbeitsprozess erst wieder erholen sollten.

Oft ist unser Umgang mit Stress die eigentliche Grundlage unserer Widerstandsfähigkeit gegen Krankheit. Das Reden vom »Stress« ist so alltäglich geworden, dass wir übersehen, welch zentrale Rolle die vielfältigen und höchst differenzierten Verarbeitungsmechanismen von Stress bei der Entstehung von Krankheiten spielen: Angst und Depression sind Stresserkrankungen, Abhängigkeit kann ein verfehlter Versuch der Stressabwehr sein, Stress kann genetisch angelegte, aber bislang friedlich vor sich hin schlummernde Empfindlichkeiten für Psychosen aufwecken. Antistress-Medikamente warten immer noch auf ihre klinische Erprobung, aber immerhin wissen wir, dass Antistress-Meditation einen allgemein stabilisierenden Effekt hat.

In der Prognose sind wir Mediziner richtig schlecht. Das sollten Sie wissen. Wir können nicht voraussagen, wann ein Schwerkranker sterben wird, wie lange eine Depression noch dauern wird, ob eine akute Psychose zu einer chronischen wird oder abheilt, ob Sie Ihre Angststörung überwinden oder deswegen berentet werden. Am wenigsten Ahnung haben wir von allem, was noch im Bereich der Gesundheit oder in der Grauzone des Krankheitsbeginns liegt. Wir werden umso sicherer, je mehr Symptome tatsächlich vorhanden sind. Natürlich gibt es Näherungswerte, und es gibt Erfahrung. Ein Arzt mit 30-jähriger Berufserfahrung ist im günstigen Fall im statistischen Mittelwert seiner Prognosen besser als ein Anfänger; doch es wäre vermessen, daraus abzuleiten, dass er den Verlauf im Einzelfall exakt voraussagen kann. Wenig clever wäre aber auch, wenn Sie für sich selbst immer wieder den Einzelfall einfordern, der entgegen aller medizinischen Einschätzung ganz toll verlaufen wird, ohne dass Sie etwas für sich tun. Passieren kann das – aber eher selten.

Angesichts der wunderbaren Undurchschaubarkeit unseres Gehirns wäre bei all dem für beide Seiten, Patienten wie Therapeuten, eine so unzeitgemäße Haltung wie Demut durchaus angemessen.

Nicht jeder, der seltsame Gefühle hat, ist therapiebedürftig. Und wenn einer nicht weiter weiß, muss es nicht immer gleich die »große« Psychotherapie sein; ein schlafanstoßendes Antidepressivum und ein paar Stunden Beratung bringen auch schon ganz schön was. Vielen reicht ein bisschen mehr Wissen über sich selbst aus, um sich wieder mit sich zu arrangieren. Manche mögen mit diesem Buch auch ihren hypochondrischen Neigungen nachspüren, ohne gleich die Wartezimmer zu verstopfen. Für andere wiederum kann dieses Buch eine Hinführung sein, sich endlich um sich selber zu kümmern. Die subjektive Entscheidung für eine Behandlung, eine Therapie ist wichtig für das Ergebnis. Aber sie sollte heutzutage, wenn möglich, auch auf der Grundlage wissenschaftlicher Evidenz erfolgen. Deshalb ist der Dialog zwischen Betroffenem und Profi so wichtig: Jeder muss das Seine beitragen, wenn aus der Behandlung etwas werden soll. Das geht nur, wenn beide sich verstehen. Zu diesem Verständnis will ich mit diesem Buch einen Beitrag leisten.

Viele sagen, dass unser Gesundheitssystem in eine Krise hineinschlittere, zutreffender ist wohl, dass es schon tief drin steckt. Zur Abhilfe werden alle möglichen Rezepte diskutiert. Ich bin überzeugt, dass diese nur dann funktionieren werden, wenn das

Interesse und die persönlichen Bedürfnisse des Einzelnen dabei im Mittelpunkt stehen:

Es geht um Sie!

Im Aufbau der einzelnen Kapitel dieses Buches beginne ich mit der Innenansicht des persönlichen Erlebens seelischer Probleme. Danach biete ich Erklärungsmodelle, die das Verständnis verbessern können, und schließlich diskutiere ich, ob und wann man etwas tun sollte. Ich habe mich bemüht, die Behandlungsmöglichkeiten so darzustellen, dass jeder selbst entscheiden kann, welchen Weg er gehen will. Um die offizielle diagnostische Klassifikation – die DSM V ist ja derzeit in erstaunlich vielen Mündern – , kümmere ich mich nicht; die Fachleute sollten sie gut kennen, für die Betroffenen ist eine offizielle Diagnose zwar eine wichtige Information unter anderen, aber meistens treibt uns ja vieles um, für das es keine Diagnose gibt.

Welche Probleme ich erwähne, orientiert sich an meiner individuellen Berufserfahrung und an den Befindlichkeiten und Problemen, mit denen Menschen häufig zu mir gekommen sind. Dieses Buch ist kein Lexikon.

Ein uralter Begleiter – die Angst

Plötzlich

Angst oder
ein **unerklärliches Gefühl** oder
Druck oder
Schmerz
im **Brustkorb** oder
Bauch oder
Kopf
gar nicht kontrollierbar oder
immer stärker
Katastrophe oder
Irrsinn oder
Tod
…
eine lebensbedrohliche Situation!

Was kann das sein?

Eine schwere körperliche Störung:

Herzinfarkt oder
Lungenembolie oder
Hirnblutung.

Gehen Sie sofort zum Arzt oder Notarzt oder in die Notaufnahme, zur eingehenden körperlichen Diagnostik, inklusive MRT, Herzkatheter – was auch immer die Ärzte für nötig halten! Wehren Sie sich auf keinen Fall dagegen, denn Sie könnten tatsächlich an einer lebensbedrohlichen Störung leiden, die Sie nur bei schnellem Handeln überstehen.

Schließlich sind diese Untersuchungen ohne Ergebnis geblieben, und Sie bekommen nach all dem die Auskunft:

»Sie haben nichts.«

Leider fängt es morgen und übermorgen wieder an. Ein- oder zweimal gehen Sie in die Notaufnahme, dann wird es Ihnen peinlich.

Was ist das?

Panikattacken.

Eine häufige psychiatrische Störung, jeder Fünfte hat so etwas mindestens in einer Lebensphase. Obwohl diese massive, aber, wie sich nach mehrfacher und eingehender Diagnostik herausstellt, zumindest körperlich grundlose Angst höchst irritierend für Sie ist, sind Sie nicht verrückt, sondern haben eine gut zu behandelnde Störung.

Wie entsteht so etwas?

Sie selbst erkennen in der Regel keinen Grund für die massive, Ihre gesamte Wahrnehmung dominierende Symptomatik. Diese Diskrepanz verunsichert Sie sehr.

Panikattacken sind nicht Ausdruck einer besonderen, Ihnen vielleicht nur noch nicht bewussten Bedrohung. Ihr Organismus informiert Sie lediglich über ein uraltes und sehr wirksames Angstsystem, dass irgendetwas nicht stimmt. Dass etwas nicht stimmt? Ja, aber nicht am Herz-Kreislauf-System, worauf die Symptome hinzudeuten scheinen, sondern irgendwo auf dem weiten Feld der Seele. Ohne dass es Ihnen bewusst geworden ist, hat Ihre emotionale Belastung so stark zugenommen, dass es den feinen Sensoren Ihres Systems auffällig vorkommt. Dazu passt, dass Angststörungen oft gemeinsam mit Depressionen auftreten, die auch Ausdruck diffuser Überforderungen sein können. Auffällig viele Menschen mit Panikattacken berichten im Laufe der Zeit über Unsicherheiten bezüglich ihrer Partnerschaft. Kein offenes Zerwürfnis, Sie wissen eigentlich nicht, ob überhaupt irgendetwas nicht stimmt, allenfalls gibt es indirekte Hinweise, dass sich in einer vielleicht sehr intensiven Beziehung etwas gelockert hat.

Dieser unspezifische Hintergrund von Panikstörungen hat wahrscheinlich seinen Sinn darin, dass unsere Vorfahren immer wieder mit irgendwelchen unklaren, aber potenziell bedrohlichen Situationen konfrontiert waren, die sie nicht konkret, sondern nur mit einer unspezifischen Anhebung des Stresslevels beantworten konnten. War der Organismus erst mal auf Alarm gestimmt, konnte er schneller reagieren, wenn es ernsthaft bedrohlich wurde.

Auch Depressionen werden ja durch übermäßigen Stress ausgelöst.

Die Panikattacken sollen weg!

Wenn Sie starke Panikattacken haben, wollen Sie nur eins: Das soll aufhören, sofort! Ursachenforschung interessiert Sie zunächst überhaupt nicht. Meistens hören diese Attacken sofort auf, wenn Sie in der Nähe von Ärzten sind. Ein Patient hatte sein Wohnmobil auf dem Krankenhausparkplatz geparkt, weil er sich dort am sichersten fühlte!

Akut helfen auch Medikamente. Ziel ist nicht, einzelne Angstattacken zu beenden, denn die hören meist sowieso von selbst wieder auf. Nein! Sie wollen unbedingt verhindern, dass diese Zustände wiederkommen, und Sie wollen nicht ständig in negativer Erwartung sein.

Deswegen scheiden Benzodiazepine zur Behandlung praktisch aus, denn sie könnten nur die einzelne Attacke schnell beenden, aber ihr prophylaktisches Potenzial ist gering. Im Gegenteil, die bei diesen Substanzen ausgeprägte Gewöhnung macht sich bei Panikattacken sehr negativ bemerkbar, weil die Entzugssymptomatik Panikattacken ähneln oder sie auslösen kann. Das einzig sinnvolle medikamentöse Konzept sind Antidepressiva. (Die bei Hausärzten gelegentlich beliebten injizierbaren Antipsychotika, zum Beispiel Imap oder Fluspirilen, kommen wegen der möglichen Spätfolgen überhaupt nicht in Frage.) Lange Zeit bot sich lediglich das trizyklische Antidepressivum Imipramin an, heute werden in erster Linie SSRIs, vor allem Citalopram, gegeben.

Mit diesen Substanzen bekommen Sie Panikattacken in der Regel nach wenigen Tagen bis Wochen weg. Der Nachteil dieser medikamentösen Behandlung liegt außer in den Nebenwirkungen in der Rückfallrate nach Absetzen. Trotzdem sind Antidepressiva ein erster, wirksamer Weg, wenn Sie häufige Angstattacken haben und schnelle Erleichterung suchen.

Wenn Sie keine akuten Attacken mehr haben, wäre es nicht schlecht, mal mit dem Nachdenken anzufangen, im günstigen Fall zusammen mit dem Psychiater. Machen Sie sich klar, dass dieses gewaltige Gefühlsgetöse eben gerade nicht für eine große körperliche oder seelische Bedrohung steht, dass Sie nicht sterben, nicht verrückt werden. Deswegen war es ja so wichtig, dass Sie gleich am Anfang eine eingehende körperliche Diagnostik gemacht haben*. Weil unspezifischer Stress bei der Entstehung von Panikattacken eine zentrale Rolle spielt, sollten Sie etwas dagegen tun. Das geht am effektivsten mit einem verhaltenstherapeutischen Gesamtkonzept: Sie lernen zunächst in der Psychoedukation, dass diese Symptome nicht zu Katastrophe, Tod oder

---

* Das gilt übrigens für alle seelischen Störungen! Sie können sekundär zu einer körperlichen Störung auftreten, und dies sollte man zumindest einmal im Verlauf der Krankengeschichte abgeklärt haben.

Wahnsinn führen, sondern nach kurzer Zeit wieder abklingen. Das hilft schon mal eine ganze Menge, und es gibt Patienten, denen diese Information ausreicht. Wenn danach noch die eine oder andere Attacke kommt, versehen Sie die mit dem Etikett »harmlos« und kommen gut damit über die Runden. Daraus können Sie lernen, dass das eigentliche Problem in unserer Bewertung der Symptome liegt, nicht in den Symptomen an sich.

Stressmanagement

Als nächsten Schritt sollten Sie mit Ihrem/Ihrer Therapeute(i)n/ in die Stressfaktoren Ihres persönlichen Lebens suchen und einzeln bewerten. Es hilft schon sehr viel, sich mal anzuschauen, was alles »los« ist. Ihr therapeutisches Gegenüber hilft Ihnen, die Aufmerksamkeit auch auf Punkte zu lenken, die Sie selbst lieber unter den Teppich kehren würden. An dieser Stelle kommen zwei therapeutische Interventionen in Frage:
– Sie können einzelne Stressfaktoren angehen, also die Arbeitslast vermindern, ein Gespräch mit dem Partner führen und sich gemeinsam klar machen, wo die Beziehung steht, überlegen, ob Ihr Entschluss, die leicht demenzkranke Schwiegermutter zu sich zu nehmen, wirklich sinnvoll war. Und so weiter. Sie merken dann vielleicht, dass Sie viele Regelungen getroffen haben, die rational total viel Sinn machen, emotional aber eher keinen.
– Langfristig sinnvoll wäre, wenn Sie sich auf allgemeine Aktivitäten zum Umgang mit Stress einlassen könnten. Unspezifisch, aber auch schon hilfreich wäre regelmäßiger Ausdauersport, sehr spezifisch wären Verfahren zur Steigerung der alltäglichen Achtsamkeit, zum Beispiel Meditationsverfahren nach Jon Kabat-Zinn. Wenn Sie regelmäßig meditieren, am besten unter Anleitung, werden Sie merken, dass Sie ruhiger werden, weniger Angst haben, dass Ihr Stresslevel sinkt. Das

funktioniert allerdings nur, wenn Sie es regelmäßig betreiben, über Monate und Jahre.

Zusammen mit Ihren Therapeuten sollten Sie sich dann mit dem grundsätzlichen Verhaltensmodell der Emotionen auseinandersetzen: Alle starken Emotionen haben einen Anfang und ein Ende, jede physiologische Reaktion steigt erst an und normalisiert sich dann wieder. Dieses Modell ist auch für Angstzustände enorm wichtig! Wenn Sie eine Attacke bekommen, versuchen Sie, auf den Anstieg, den Höhepunkt und das Nachlassen zu achten, beginnen Sie mit einer stufenweisen Exposition der Angstsituation. Entscheidend für den Erfolg ist, dass Sie in der Situation bleiben, bis die Symptomatik ganz abgeklungen ist! Vorheriger Abbruch führt zur Verstärkung!

Komplikationen?

Die gefährlichste Komplikation von Panikattacken entsteht aus einer auf den ersten Blick ganz vernünftig erscheinenden Verhaltensweise, dem Vermeiden.

Vermeiden ist aber eben nur auf den ersten Blick sehr vernünftig: Sie können sich viel Stress ersparen, wenn Sie potenziell angstmachenden Situationen aus dem Weg gehen und sie nicht gezielt aufsuchen. Bei akuten Einzelereignissen, zum Beispiel pöbelnden Hooligans in der U-Bahn, ist diese Strategie gut. Bei Ängsten mit der Tendenz zur Chronifizierung ist sie schlicht katastrophal! Denn dann werden Sie schnell herausfinden, dass Sie alle Situationen, in denen das mögliche Auftreten solcher Angstzustände maximal unangenehm wäre, wie U-Bahn, Supermarkt mit langer Schlange, Aufzug in Hochhäusern, Flugzeuge, vermeiden könnten! Das führt dazu, dass Sie all diese Situationen nicht mehr aufsuchen werden und dann auch nicht mehr aufsuchen können, was zu massivsten Einschränkungen Ihres normalen Lebens führt. Man/frau geht nicht mehr einkaufen, arbeiten, macht sich von anderen abhängig, verliert den Job, wird früh berentet.

Der Sammelbegriff dafür ist die Agoraphobie (eigentlich: Angst, große freie Plätze zu überqueren). Dieses Vermeidungsverhalten wirkt sich auf die Dauer viel katastrophaler aus als die Panikattacken alleine und betrifft in abgeschwächter Form viele Lebensbereiche. Manchmal tritt Vermeidung schon im Rahmen grippaler Infekte mit leichten Kreislaufproblemen auf: Sofort konfrontieren Sie sich nicht mehr mit potenziell riskanten Situationen, sitzen im Kino nur am Rand, überqueren keine freien Plätze mehr, sondern laufen lieber drum herum etc. etc. Wenn Ihr Leben sich nicht mit immer dichteren Vermeidungsnetzen überziehen soll, gibt es nur ein sinnvolles Verhalten: hinein in die Herausforderung! Alles machen, was auch nur entfernt nach Vermeiden aussieht. Das wusste anscheinend auch Goethe: Er litt an Höhenangst und hat sich nach der Überlieferung auf jedes Gerüst, jedes höhere Gebäude begeben, das ihm in den Weg kam.

Das muss nicht sein!

Eine weitere gefährliche Komplikation ist die Entwicklung von Abhängigkeit: Viele Angstpatienten versuchen eine Selbstmedikation mit Benzodiazepinen oder Alkohol. Die Gemeinheit ist, dass beides im ersten Ansatz oft hilft, aber das dicke Ende unvermeidlich nachkommt. Beide Substanzen machen eine Toleranz, das heißt, die Wirkung schwächt sich ab, Sie müssten die Dosis erhöhen, gegebenenfalls gewaltig (!), und dann werden die Nebenwirkungen, beim Alkohol insbesondere die Organtoxizität, ein richtiges Problem. Aus dieser Sackgasse gibt es nur einen, allerdings gut wirksamen Ausweg: die Entgiftung in einer stationären psychiatrischen Abteilung. Dauer: zwei Wochen (Alkohol) oder bis zu drei Monaten (Benzodiazepine). Besser ist, wenn Sie es gar nicht so weit kommen lassen!

Und wenn Sie nichts dagegen tun, kann es passieren, dass Sie an Ihrer Angsterkrankung verzweifeln und deswegen versuchen, sich das Leben zu nehmen. Manchmal erwächst die Verzweiflung gerade aus dem ständig zunehmenden Vermeiden, das allmählich jede Eigenständigkeit blockiert und oft als Versagen erlebt wird, die Demoralisierung durch die Abhängigkeit oder durch die gleichzeitige Depression. Tragisch ist das vor allem deshalb, weil sich Angsterkrankungen meist gut behandeln lassen. Die Suizidgefährdung wird besonders groß, wenn Sie ablehnen, sich Hilfe zu suchen.

Hilfe brauchen Sie vor allem dann, wenn Sie häufiger den Gedanken haben, das Leben tauge doch nichts mehr, Sie hätten es nicht mehr verdient, zu leben, wenn Sie Pläne machen, wie Sie aus dem Leben gehen könnten usw.

Dann sollten Sie sofort zu einem Arzt Ihres Vertrauens oder, wenn Sie nicht sofort einen Termin bekommen, in die Notaufnahme der nächsten Psychiatrie gehen.

Sonst ist es demnächst zu spät (siehe auch Kapitel zur Suizidalität).

Bei einer Panikstörung brauchen Sie Hilfe!

Wurschteln Sie sich nicht durch, machen Sie keine Selbstbehandlungsversuche mit Benzos oder Alkohol! Ein Therapeut, vorzugsweise ein Verhaltenstherapeut*, gibt Ihnen Hilfestellungen, wie Sie die Angst verstehen können, wie Sie lernen, die Angst zu zähmen, sich in Stressmanagement fit zu machen, was Sie auch sonst gut brauchen können und wie Sie nicht Opfer Ihres Vermeidungsverhaltens werden. Therapie lohnt sich!

Also, was tun?

---

* Eine tiefenpsychologische Behandlung ist bei Angststörungen die zweite Wahl, bringt Ihnen für die Angstattacken nur selten etwas, obwohl Sie natürlich viel Interessantes über sich erfahren können.

Das *absolute must:*
der Ausschluss einer schweren körperlichen Erkrankung im Bereich Herz, Lunge, Magen-Darm, Hormone, insbesondere Schilddrüse;
wenn alles unauffällig ist – und ausnahmsweise erst dann! –, kommt die Seele dran.

Der vernünftige Mittelweg:
Vermutlich werden Sie auf einen Psychotherapie-Platz Wochen – oder länger – warten müssen, die Sie nicht mit mehreren Panikattacken am Tag verbringen wollen. Also suchen Sie sich eine gute Beratung bei einem gut informierten Hausarzt oder Psychiater, der eine Behandlung mit Antidepressiva durchführen kann. Wenn diese Behandlung gegriffen hat – unter seltenen Umständen muss man zwei oder drei Antidepressiva durchprobieren –, müssen Sie sich entscheiden, ob Sie es dabei bewenden lassen wollen – Vorteil: geringer Aufwand, Nachteil: Rückfallrisiko bei Absetzen –, oder ob Sie sich einen Therapieplatz bei einem Verhaltenstherapeuten suchen wollen.

Und wenn es wieder kommt?
Das kann passieren. Vielleicht ist der Stress größer als gedacht, vielleicht gibt es andere, neue Stressfaktoren. Die möglichen Gründe sind vielfältig. In so einem Fall sollten Sie das wiederholen, was Ihnen gut geholfen hat, unter Umständen einige Auffrischungssitzungen bei Ihrem Therapeuten machen.

Angst ohne Panik?

Es gibt noch eine abgeschwächte Variante. Sie sieht auf den ersten Blick so ähnlich wie die Panikattacken aus, es fehlt aber der sehr dramatische Anfallscharakter; die Intensität ist geringer, dafür ist die Angst ständig da, verbunden mit einer starken Tendenz, sich um alles zu sorgen. Das nervt auch, aber in anderer Weise, man wird nicht so erschreckt, wie bei Panikattacken, aber dafür allmählich zermürbt und zieht sich mehr und mehr zurück.

Was ist das?

Man nennt das Generalisiertes Angstsyndrom.

Woher es kommt, weiß man nicht so genau, wie überhaupt unbekannt ist, warum der eine so und die andere anders reagiert.

Was können Sie tun?

Auch hier ist kognitive Verhaltenstherapie gut wirksam vor allem gegen die Sorgen und die oft begleitend auftretenden Depressionen. Wichtig ist auch hier, dass Sie etwas tun, denn die ständige Angst, die ständigen Sorgen, die eigentlich ja keinen Realitätskern haben, machen Sie mürbe, Ihre Lebensfreude verschwindet, und nach einiger Zeit führen Sie ein Schattendasein. Die bessere Alternative ist, sich der Herausforderung zu stellen, sich Hilfe zu suchen, das Leben aktiver anzugehen.

Noch eine Angst?

Es ist Ihnen ja etwas peinlich, aber im Herbst, wenn die dicken fetten Spinnen von draußen in die Wärme wollen, geraten Sie richtig in Panik! Sie sind trotz größter Überwindung nicht in der Lage, so ein Tier mit Hilfe eines Glases und einer Postkarte wieder nach draußen zu befördern; Sie schreien nach Ihrem Freund, so Sie ihn haben, und handeln sich dafür den Vorwurf ein, hysterisch zu sein. Sind Sie nicht, sondern Sie haben eine Phobie, in dem beschriebenen Fall konkret eine Spinnenphobie.

Der Begriff »Phobie« bedeutet, dass Ihre Angst einen Auslöser hat: Spinnen, Schlangen, Mäuse, Hunde, Blut, Injektionen, Zahnarzt, Aufzug, Brücken, Höhe… Wenn Sie so etwas bei sich entdecken, haben Sie zwei Möglichkeiten: Entweder ist der Auslöser sehr selten oder in unseren Breiten irrelevant, dann müssen Sie nichts tun. Schlangen etwa spielen bei uns kaum eine Rolle, wenn Sie nicht gerade im Zoo arbeiten. Alternativ kommt Ihnen der Auslöser täglich in die Quere und hindert Sie an der Ausübung Ihres normalen Lebens: Etwa wenn Sie auf dem Weg zu Ihrer Arbeitsstelle eine Hochbrücke passieren müssen. Oder wenn das Stockwerk, in dem Sie wohnen oder arbeiten, zu Fuß nicht erreichbar ist, es sei denn, Sie wollen einen gewaltigen Oberschenkelzuwachs riskieren, dann müssen Sie etwas tun.

Etwas ist auch in diesem Fall die klassische Verhaltenstherapie: Vertrauensverhältnis zum Therapeuten aufbauen, Konfrontation mit dem Auslöser in steigernder Form und auf jeder Stufe so lange in der auslösenden Situation bleiben, bis sich Angst, Puls, Blutdruck völlig normalisiert haben.

So bekommen Sie jede Phobie in den Griff.

Es gibt ja auch die ganz normale Angst.

Nein, all diese Beschreibungen treffen auf Sie nicht zu. Aber Sie haben einfach öfters mal Angst. Wahrscheinlich sind Sie gar nicht auf die Idee gekommen, das könnte eine Störung sein. Ist es auch nicht. Angst ist normal.

Die Fähigkeit, Angst zu empfinden, ist ein Grundmechanismus des Überlebens. Die Aktivierung des zentralen Nervensystems, die Beschleunigung von Puls und Atmung, die Erhöhung der Muskelspannung und das Abschalten aller Körperfunktionen, die wir im Moment gerade nicht brauchen können, zum Beispiel der Darmtätigkeit, sind Voraussetzungen, um in lebensgefährlichen Situationen fliehen oder uns wehren zu können. Tieren und Menschen bleibt eine dritte Möglichkeit, wenn sie nicht fliehen oder kämpfen können: *to freeze* – starr werden, wie tot, so dass der Angreifer möglichst das Interesse verliert. Das sind normale Verhaltensweisen, die wir allerdings in unserer zivilisierten Gesellschaft nur selten erleben, weil das Gefährdungspotenzial in der Regel sehr gering ist. Diese uralten Reaktionsmuster, die das Verhaltensrepertoire von einfachen Wirbeltieren bis zum Menschen prägen, sind allerdings nicht mehr geeignet, alle in unserer heutigen Welt vorkommenden Gefährdungen zu erfassen. So haben wir keine Möglichkeit, radioaktive Strahlung zu spüren, um uns davor zu schützen; auch die für das Überleben unserer Art wahrscheinlich ziemlich relevante Klimaveränderung entzieht sich offensichtlich unserer Wahrnehmung und löst dementsprechend auch keine Angstreaktion aus. Wir konstruieren intellektuell Gefährdungspotenziale, ohne dass diese mit einem entsprechenden Angstgefühl einhergehen. Wenn Sie dann doch mal Angst bekommen, wissen Sie nicht mehr, was das sein soll. Angst ist okay und soll Ihnen helfen, sich zu aktivieren, um das zu überwinden, was Ihnen Angst macht.

Bin ich subjektiv oder objektiv –
gesund oder krank?

Sie empfinden sich – irgendwie. Das Leben ist schon mal besser gelaufen, und manchmal sind Sie genervt, dass Sie sich so hängen lassen. Aber Sie haben sich gerade entschlossen, dieses Leben zu akzeptieren, wie es ist.

Und dann kommt einer und sagt: »Du bist krank!«
Was heißt das?
– Sie fallen aus der Normalität heraus, sind nicht mehr wie die anderen. Ist Ihre Meinung nicht mehr soviel wert wie die anderer Menschen? Sind Sie nicht mehr geschäftsfähig? Kann sein, oder? In den meisten Fällen ist es nicht so, aber allein die Möglichkeit, Sie könnten plötzlich nicht mehr über sich bestimmen, erscheint Ihnen ungeheuerlich. Sie brauchen einen guten Anwalt! Dieser Reflex, der im bürgerlichen Leben oft sinnvoll sein kann, bringt Sie nicht sehr viel weiter, denn Sie sind in einen Zustand geraten, in dem die normalen Abläufe des bürgerlichen Rechts nur eingeschränkt für Sie gültig sind. Fände ein Richter die Wahrheit über Sie jetzt nur noch gefiltert durch die Meinung eines psychiatrischen Gutachters heraus?
– Sie bräuchten vielleicht eher einen guten Arzt, könnten sich behandeln lassen, »damit es besser wird«. Im besten Fall fühlen Sie sich danach wieder wie früher, schlafen zum Beispiel wieder, haben wieder Spaß an der Sexualität, verstehen sich wieder besser mit Frau und Kindern, werden leistungsfähiger im Beruf. Im schlimmeren Fall verändern die Medikamente

31

Ihre Welt; was Sie in der letzten Zeit für wichtig hielten, wird unwichtig, eine Lebensphase, um die Sie gerungen haben, wird marginalisiert. Beides ist möglich: War der vorherige Zustand belastend, schmerzhaft, schlimm, eingeschränkt und reduziert, wird die Behandlung eine Erleichterung sein, war die Welt vielleicht bedrohlich, aber gleichwohl überaus lebendig und aufregend, bevor man Sie als krank einwies, kann es sein, dass Sie in behandeltem Zustand die Welt als arm und eintönig erleben.

Im Unterschied zu körperlichen Diagnosen wird bei seelischen fast immer auch Ihre Sichtweise auf sich selbst und auf die Welt in Frage gestellt, im Guten wie im Schlechten. Das mag erleichternd sein, wenn Ihr Selbstbild, der Beruf, die Ehe, die Umwelt sich eben doch nicht als so negativ erweisen, wie Sie das über lange Zeit erlebt hatten, während sich, wie Sie jetzt wissen, eine Depression entwickelte; es mag befreiend sein, wenn sich diese furchtbare, ganz und gar verzehrende Angst als Störung mit Diagnosennummer entpuppt, deren manifeste Anfälle Selbsttäuschung sind und nicht Symptome von Herzinfarkt oder Lungenembolie; es mag sehr erleichternd sein, nicht mehr von fremden Geheimdiensten verfolgt zu werden, die Ihre Umgebung infiltriert hatten – aber bei aller Erleichterung müssen Sie sich eingestehen, dass Ihre Sichtweise falsch, ja krank war, ohne dass Sie dies gemerkt haben. Hier liegt wohl die eigentliche Herausforderung, wenn Sie an einer seelischen Störung leiden oder gelitten haben.

Sie werden erst wieder mit sich in Einklang kommen, wenn Sie Ihre persönliche Deutung dafür gefunden haben, was Ihr Heraustreten aus der mit anderen gemeinsamen Wirklichkeit ausgelöst hat, so dass vieles, was die anderen für »verrückt« hielten, für Sie doch seinen Sinn gehabt hat. Sie müssen verstehen, was mit Ihnen geschehen ist. Verstehen vor dem Hintergrund Ihres Wissens über sich, über Ihr Gehirn, Ihren Organismus, über Ihre Rolle in dem Sie umgebenden sozialen Netzwerk und über Ihre Biografie.

Jeder dieser Versuche, seelische Krankheit in einen persönlichen Wissens- und Erfahrungshintergrund einzuordnen, wird wissenschaftlich unvollständig sein, weil selbst die Spezialisten das Gehirn, die psychosomatischen Zusammenhänge, die Voraussetzungen unserer sozialen Vernetzung nur ansatzweise oder gar nicht verstehen. Es geht aber nicht um Wissenschaft, sondern um Ihr persönliches Weltbild, in dem Sie sich wahrnehmen. Wie können Sie das, was Ihnen widerfahren ist, sinnvoll einordnen, inklusive der Sinnhaftigkeit einer künftigen Behandlung? Auch wenn Sie krank waren, geht es doch um Sie; müssen Sie verstehen, was mit Ihnen geschieht!

Das »ich empfinde mich« vom Anfang des Kapitels wird sich ja nicht ändern. Es ist weiterhin mein einziger Zugang zu meiner (der) Welt, in die ich den Krankheitsaspekt meiner Lebensgeschichte integrieren muss.

Empfindungen – objektiv betrachtet: Geht das?

Das, was Sie nolens volens als Krankheit erleben oder erlebt haben, wird in der psychiatrischen Wissenschaft objektiv beschrieben, und Sie müssen für sich entscheiden, inwieweit Ihnen die Auseinandersetzung mit den verschiedenen Aspekten dieser Objektivität weiterhilft.

– Der Aspekt der Häufigkeit – die Prävalenz: Wie häufig kommt eine Krankheit in der Bevölkerung vor? Für die Depressionen liegt die Prävalenz bei 40 Prozent, was bedeutet, dass unter 100 Menschen maximal 40 das Risiko tragen, einmal oder auch mehrere Male in ihrem Leben depressiv zu erkranken. Nicht ganz jeder Zweite also. Ängste sind ähnlich häufig, somatoforme Störungen etwas seltener, Psychosen liegen bei 1 Prozent, was auch noch eine ganze Menge ist. Bringt Sie diese Information irgendwie weiter? Ob Sie zu den gefährdeten 40 Prozent gehören, merken Sie erst, wenn Sie an einer Depression erkrankt sind, die Information »nützt« Ihnen vorher nichts. Allerdings kann sie Ihnen unter Umständen helfen, mit der Stigmatisierung besser umzugehen; denn wenn Sie eine Störung haben, die Sie mit fast jedem Zweiten hierzulande teilen, sind Sie zumindest kein Exot.

– Viel interessanter – und möglicherweise auch folgenschwerer – ist der Aspekt meines Verhaltens: Trage ich mit meinem Verhalten etwas dazu bei, eine Krankheit zu bekommen, oder kann ich sie vielleicht aktiv verhindern? Dieser Aspekt ist bei körperlichen Erkrankungen augenfälliger: Wenn Sie rauchen, zu viel und zu fett essen, sich zu wenig bewegen, erhöhen Sie wahrscheinlich die Risiken für Bluthochdruck, Diabetes mellitus und koronare Herzerkrankung. So klar lässt sich der Zusammenhang bei seelischen Erkrankungen oft nicht erkennen. Emotionale und berufliche Überforderung, negativer Stress tragen zur Entstehung von Depressionen oder Burnout bei; aber meistens wird Ihnen erst ziemlich spät bewusst, dass Sie sich in einer Überforderungssituation befinden, dass Sie gestresst sind. Dies gilt auch für andere Belastungsfaktoren. Deswegen ist Primärprävention, also das Verhindern von Krankheiten, bevor sie zum ersten Mal aufgetreten sind, eine schwierige Geschichte. Etwas anders ist es, wenn Sie einmal erkrankt waren und jetzt versuchen, eine Wiedererkrankung zu verhindern. Dafür gibt es einige Konzepte.

– Der Aspekt der Vererbung: Habe ich eine bestimmte Veranlagung für eine bestimmte Krankheit geerbt? Vererbung erscheint vielen nicht geheuer, vor allem weil man nicht so recht weiß, was man dagegen tun könnte. Bei allen wichtigen seelischen Erkrankungen wird allenfalls ein Risiko für eine Krankheit vererbt, nicht die Krankheit selbst, und auch die Vererbung des Risikos ist wissenschaftlich teilweise umstritten. Als überraschende Entdeckung der letzten Jahre kommt dazu, dass sehr gravierende Erlebnisse, die traumatisierenden Charakter haben, die sogenannte Epigenese verändern können, also Einfluss darauf ausüben können, ob bestimmte genetische Informationen ein- oder ausgeschaltet werden. So wirken sich die Erlebnisse Ihrer Lebensgeschichte und Ihre genetische Belastung, die ja in gewisser Weise die Lebensgeschichten und -erfahrungen Ihrer Herkunftsfamilie geprägt hat, im Sinne einer konzertierten Aktion aus. Ich bin überzeugt, dass es sinnvoll ist, sich damit auseinanderzusetzen, denn wir kommen irgendwoher und gehen irgendwohin, und beides hat eine Verbindung zu uns. Konfrontiert mit seelischer Krankheit, neigen wir dazu, uns isoliert von der Welt der anderen zu erleben. In Wahrheit sind wir Teil eines Netzwerkes, das weit in die Vergangenheit und die Zukunft hineinreicht.

– Der Aspekt des Schweregrades: Wie hoch ist das Risiko, dass mein Krankheitsverlauf leicht oder besonders schwer ist? Darüber weiß man gar nichts. Dabei ist die Frage wichtig, denn eine leichte Depression, eine leichte Angsterkrankung etc. wären wohl zu ertragen, möglicherweise würden Sie kaum merken, dass Sie überhaupt krank sind. Bei schweren Verläufen ist das deutlich anders, da diese unser Leben ganz schön ins Schleudern bringen, zum Verlust des Berufs und manchmal auch der Familie führen können. Dazu gehört das Risiko des Verlaufs, denn es gibt leichte und schwere Verläufe, die sich in ihren Konsequenzen jeweils sehr unterscheiden: Eine bipolare Störung mit leichten depressiven und kaum merklichen hypomanischen Phasen ist viel leichter zu ertragen und hat viel geringere soziale Konsequenzen als eine existenzbedrohende manisch-depressive Störung mit schweren Phasen, die jeweils stationär behandelt werden müssen. Wir haben eine Chance, den Verlauf zu beeinflussen; wenn wir uns psychotherapeutisch mit einer Depression auseinandersetzen. Auf diesem Weg können wir so viel über unsere Persönlichkeit, unser Verhalten, unsere Empfindlichkeiten lernen, dass wir tatsächlich anfangen, anders zu leben, und damit die Belastungsfaktoren für weitere Depressionen vermindern können.

Wenn wir prophylaktisch wirksame Medikamente nehmen, können wir unter Umständen dramatische Verläufe verhindern, die unser Leben ziemlich nachhaltig zerstören würden. Eine Garantie dafür gibt es nicht, es ist eine Chance.

– Der Aspekt der Folgen: Wie hoch ist das Risiko, dass ich bleibend an bestimmten Folgen einer Krankheit leiden werde? Die Folgen haben zum Teil mit der Erkrankung selbst zu tun, wie im oben genannten Beispiel, wenn die Ausprägung der bipolaren Störung die weitere Lebensentwicklung nachhaltig beeinflusst, zum Teil aber auch mit der Behandlung. Wenn Sie bestimmte Antipsychotika nehmen müssen, können Sie mit 10-prozentiger Wahrscheinlichkeit Spätdyskinesien entwickeln; wenn Sie wegen einer bipolaren Störung das Medikament der ersten Wahl Lithium nehmen und nicht auf Ihren Blutspiegel achten, bekommen Sie unter Umständen eine Nierenschädigung, die Ihre weitere Gesundheit sehr nachhaltig beeinträchtigt und Sie unter Umständen zum Kandidaten für eine Nierentransplantation macht. Wenn Sie andererseits sorgfältig mit diesem Medikament umgehen, kann es sein, dass Sie von Ihrer Krankheit in Zukunft nichts mehr spüren und ein völlig normales Leben führen können.

Für jeden dieser Aspekte stellt sich die Frage, was er Sie als einzelnen angeht. Im Vergleich zu Ihren unmittelbaren Empfindungen sind diese Aspekte abstrakt, nicht emotional erfahrbar, was Ihnen eine Entscheidung – für oder gegen »vernünftiges« Leben, für oder gegen ein Medikament, für oder gegen regelmäßige Blutbildkontrollen – leichter machen würde. Ihnen bleibt nichts anderes übrig, als die Konsequenzen dieser Aspekte rational zu rekonstruieren und dann zu versuchen, sich vorzustellen, wie sich diese Konsequenzen auf Ihr Leben auswirken würden. Das Einfache und erst mal Naheliegende, nämlich den Kopf in den Sand zu stecken, ist nicht so richtig schlau.

Der übliche Blues – oder eine Depression?

Kummer und Trauer gehören nicht zu den beliebten Gefühlen. Beide Empfindungen entstehen, wenn wir einen Verlust erleiden; doch für seine Verarbeitung sind sie unverzichtbar. Thich Nhat Hanh sagt sogar, dass es ohne diese Gefühle kein Glück gibt: Sie müssen also erkennen, dass es eine enge Verbindung zwischen Leid und Glück gibt. Wer vor dem Leid wegläuft, kann kein Glück finden. Im Gegenteil:»Suchen Sie nach den Wurzeln Ihres Leids. Erst dann können Verständnis und Mitgefühl erwachsen… Alles Geld und alle Macht der Welt bringen kein Glück ohne Verständnis und Mitgefühl, so der buddhistische Mönch und Autor« Thich Nhat Hanh.[*]

Gefühle balancieren nicht auf der Linie

Kennen Sie das, wenn Kinder einen Kreidestrich auf dem Boden ziehen und Seiltänzer spielen? Nur ja nicht abweichen, sonst stürzt du ins Bodenlose! Gefühle und Balance funktionieren so nicht, Schwankungen gehören dazu, manchmal ganz erhebliche.

Sie sind ab und zu traurig? Bestimmt. Es gibt solche Tage; sie sind wie verschattet. Irgendwann ist dieses Gefühl da, scheinbar grundlos, und wenn Sie es wegzuschieben versuchen, bleibt es erst recht.

---

[*] Thich Nhat Hanh in: *Süddeutsche Zeitung* 1./2. Juni 2013

Das ist ziemlich normal. Unser Befinden entspricht eben nicht einer geraden Linie. Schwankungen sind alltäglich, und darum brauchen Sie sich keine Sorgen zu machen. Wenn es runter geht, geht es auch wieder rauf. Sicher! »Schlechte« Gefühle wegzudrängen ist nicht schlau, denn alles, was auf dem Schirm unseres Bewusstseins auftaucht, will dort auch wahrgenommen werden, zumindest für eine Weile. Besser ist, auch ungeliebten Gefühlen Raum zu geben, sie genau anzuschauen, achtsam zu sein; dann werden Sie merken, dass der damit verbundene Druck abnimmt, dass die negativen Empfindungen weniger werden und sich schließlich verflüchtigen. Auch tolle Gefühle gehen irgendwann. Leider. Aber so sind wir gebaut, und es ist besser, damit seinen Frieden zu machen.

Eine heftige Kummervariante ist der Liebeskummer: Die oder der Liebste ist dahin, hat sich getrennt, liebt eine/n andere/n, und Sie stehen alleine mit Ihrem Verlustschmerz da. Wenn Sie das schon einmal durchgemacht haben, wissen Sie, dass dieser schmerzhafte Mangelzustand, das Gefühl, unvollständig zu sein, erst vergeht, wenn man alle Erinnerungen an die Gemeinsamkeit, jede einzelne schöne Situation, jedes banale Detail, die Orte des Zusammenseins, die Gewohnheiten und Rituale wieder und wieder erinnert und betrauert hat. Heulen schadet da gar nichts, auch nicht, wenn Sie eigentlich meinen, Sie heulen zu viel. Im Gegenteil, laut heulen, vor sich hin jammern, ganz ungehemmt. Sie können es ja so einrichten, dass nicht der ganze Häuserblock zuhört. Wenn immer neue Kummerdetails auftauchen, ist das in Ordnung. Natürlich nervt es, aber das ändert nichts; erst wenn man »durch« ist, wird es besser.

Und eines Tages stellen Sie verblüfft fest, es ist vorbei. Die typische Schmerz-Jammer-Situation, die Ihnen immer die Tränen in die Augen getrieben hat und – jetzt: nichts, gar nichts mehr. Dann, und erst dann, ist es vorbei, und Sie sind wieder frei. Gutes Holz verbrennt ganz, hinterlässt nur weiße Asche. Das ist die schmerzfreie Erinnerung, dass da mal etwas war. Mit mehr sollten Sie sich nicht zufriedengeben. Solange wunde Erinnerungen in Ihnen rumspuken, hilft es, immer wieder in den Heul- und Trauerprozess reinzugehen.

All dies ist völlig normal; man braucht dafür keinen Arzt oder Therapeuten, denn die können dazu meistens auch nichts Wesentliches sagen. Manchmal hilft ein mitfühlender Mensch, denn Gefühle kommen leichter raus, wenn wir sie jemandem erzählen können.

Aus der Psychotherapie der Depression wissen wir, dass das Unterdrücken und Verdrängen von Trauer zu Depressionen führen kann (siehe Interpersonale Therapie der Depression Seite 52). Deswegen ist es keine gute Idee, wenn sich zum Beispiel Trauernde vor der Beerdigung sedierende Psychopharmaka verschreiben lassen, um den Tag »überstehen« zu können. Stehen tut man damit eher schlecht. Was einem entgeht, ist das emotionale Erleben eines wesentlichen Schrittes beim Abschied von einem geliebten oder wichtigen Menschen.

Melancholie, die sanfte Trauer

Bei einem alten Liebesfilm, wenn Ingrid Bergman Cary Grant anschmachtet, stehen Ihnen plötzlich die Tränen in den Augen; wenn Sie keiner beobachtet, lassen Sie die Tränen auch laufen. Morgens nach dem Aufwachen hängt eine schleierhafte Traurigkeit über der Welt, obwohl die Sonne scheint und der Tag gut aussieht. Sie sind schwerblütig, neigen zum Resignieren, bekommen zwar das Anstehende geregelt, aber irgendwie fühlt sich das Leben viel zu heavy an. Sie grübeln sich alles schwer, was bei Licht betrachtet doch ganz leicht daherkäme. Erinnerungen an alte, nicht umgesetzte Pläne, an früheres Verliebtsein, an Tagträume machen Sie traurig.

Was ist das?

Oft der Ausdruck des Bewusstseins, dass Ihr reales Leben doch sehr anders geworden ist, als Sie es sich einmal vorgestellt, erträumt hatten. Es gibt Zeiten, in denen wir uns mit dem »so ist das Leben« nicht gut abfinden können; wenn uns die alten Träume einholen, wie die Liebe, der Beruf, die Beziehung zu den Kindern hätten sein sollen.

Was tun?

Sie haben zwei Möglichkeiten.

– Akzeptanz: Das Leben ist kein Wunschkonzert; angemessen und ehrenvoll ist, sich mit seinen Niederlagen auseinanderzusetzen und abzufinden. Gut hilft, wenn Sie sich ruhig hinsetzen, tief ausatmen und sich mit geschlossenen Augen auf Ihre Atmung konzentrieren; Sie können sich auch vorstellen, dass Sie Ihr Leid einem anderen erzählen. Oder Sie gehen ins Kino. Irgendwann stellen Sie fest, dass dieser Traurigkeitsschleier, die Resignation, die Schwere weg sind, dass sich der Tag jetzt normal anfühlt, dass Sie sich auf das Hier und Jetzt einlassen können.

– Die Alternative: Vielleicht sollten Sie diese anhaltende, gar nicht so latente Traurigkeit als Hinweis nehmen, etwas zu ändern? Im Beruf, in der Beziehung, bei Freundschaften, bei unserer Offenheit gegenüber Neuem.

Wir neigen zur Homöostase: Wenn wir uns mal an etwas gewöhnt haben, machen wir es mit dem geringst möglichen Aufwand. Das geschieht gar nicht bewusst, unser Gehirn geht einfach in diesen Energiesparmodus, so oft es kann. Und dann ist alles, was wir machen, Routine – Beziehung, Beruf, Kinder. Vor allem die Kinder brauchen aber etwas Anderes, gerade in der Pubertät: In dieser Phase entsteht eine ganze Welt neu, und Routine ist das Letzte, was sie nötig haben; sie wollen Aufmerksamkeit, ein waches Gegenüber, mit dem sie sich auseinandersetzen können. Ruhe ja, aber keine Routine. Wenn Sie wieder mehr Qualität in Ihr Leben bringen wollen, brauchen Sie vielleicht nicht die neue Frau, den neuen Mann, den neuen Job, sondern einfach mehr Engagement, mehr Offenheit für die unbekannten oder lange abgelegten Seiten. Mal sehen, ob die emotionale Ablage wirklich nur Abgelebtes enthält, oder ob da noch ungelebte Möglichkeiten warten. Denn das Gemeine, das wirklich Gemeine ist, dass dieses selbe routineverliebte Gehirn seinen ultimativen Kick aus dem Unbekannten und Unerwarteten bekommt, das so viel interessanter ist als das Altgewohnte – the brain runs on fun!

»Zu viel gebrannt – jetzt kann ich nicht mehr!«

Ein anderes Vorfeld der Depression ist Erschöpfung, die unter dem Begriff Burnout in der letzten Zeit viel Furore gemacht hat. Auch Erschöpfung ist eigentlich ein normaler Zustand. Nach einem Marathonlauf sind Sie erschöpft. Nach einer Stunde Krafttraining, oder wenn Sie den Opernball durchgetanzt haben, ebenso. Leistungssportler sind auch erschöpft. Und das ist ganz in Ordnung so. Nach Leistung kommt Ruhe und Entspannung. Sie könnten die Erschöpfung genießen, als Zeichen, dass Sie sich richtig ausgepowert haben. Erschöpfung wird dann quälend, wenn Sie sich keine Ruhe gönnen und zu früh wieder an den Start müssen oder wollen.

Eine Schlüsselrolle spielt hier Ihre Motivation. Sie brauchen Motivation, um sich überhaupt aufzuraffen. Wenn Ihre Motivation wackelig ist, kommt die Erschöpfung eher. Manche Leistungen werden Sie nur mit starker, zielgerichteter Motivation angehen, zum Beispiel den halben oder vollen Marathon.

Kritisch wird es, wenn Sie schon hoch motiviert sind und von »oben« immer noch mehr aufgepackt bekommen; »oben« können Ihre Vorgesetzten sein oder aber Ihr eigenes, nie zufrieden zu stellendes »Über-Ich«. Bei zu viel Druck von oben bewegen Sie sich in den Risikobereich der derzeit nachgefragtesten Psychostörung unserer Zeit, des Burnouts.

Was merken Sie?

Sie waren stets hoch motiviert, sind es eigentlich immer noch. Ihre Arbeit hat Sie begeistert, und Sie haben sich auch im privaten Bereich stark engagiert, sind gerne in Ehrenämter gewählt worden, haben Verantwortung im Verein oder in der Schule Ihrer Kinder übernommen. Mit der Arbeitszeit haben Sie es noch nie genau genommen. Sie arbeiten so lange, bis der Job gemacht ist, und Ihnen fällt nur selten ein, die Mehrarbeit als Überstunden aufzuschreiben. Irgendwann haben Sie Ihre Freizeitaktivitäten reduziert. Regelmäßiges Joggen oder gar ein Fitness-Studio kosten einfach zu viel Zeit.

Doch jetzt geht nichts mehr. Man fragt Sie nicht mehr, ob Sie noch Zeit für diese weitere Aufgabe haben, so selbstverständlich ist es, dass Sie es schon wuppen werden. Sie können nicht mehr richtig schlafen. Entweder schlafen Sie viel zu spät ein, weil Sie bis tief in die Nacht arbeiten, oder Sie werden sehr früh wach, fangen an zu grübeln, was heute alles zu tun sein könnte.

In diesem Zusammenhang haben Sie möglicherweise vom Begriff der »Work-Life-Balance« gehört. Er ist nicht so glücklich gewählt, weil beides, Arbeit und Freizeit, Sport, Familie etc., zum Leben gehört. Tatsache ist, dass Sie Ihr persönliches Gleichgewicht ganz und gar zu Gunsten der Arbeit verschoben haben. Sie stellen fest, dass Ihnen selbst die Arbeit keinen Spaß mehr macht, die doch Ihr Ein und Alles war. Sie werden genervt und zynisch. Sie kennen sich nicht wieder. Ihren »Lieben« gehen Sie aus dem Weg.

Was ist das?

Das ist ein Erschöpfungssyndrom, möglicherweise ein Burnout; es kann auch eine beginnende Depression sein. Erschöpfung und Burnout sind (noch) keine Krankheitsdiagnose, sondern bezeichnen eine risikoreiche Vorstufe erhöhten Stresses, die aber schnell zu Krankheiten führen kann: Depression, Hochdruck, Diabetes mellitus, um nur einige zu nennen. Übrigens auch zu Tabletten- oder Alkoholabhängigkeit, denn viele Gefährdete können den jederzeit verfügbaren Helfern, die sie zu dem von ihnen gewünschten Zeitpunkt fit oder müde machen, die aber in Wirklichkeit zur Katastrophe beitragen, nicht widerstehen (siehe Seite 184 ff.).

Was sind die möglichen Ursachen?

Drei Risikofaktoren sind Ihnen vertraut. 1. Die eigene, hohe Motivation, Ihr Arbeitspensum zu überziehen und/oder immer mehr aufgepackt zu bekommen. 2. Multitasking: Gleichzeitig an einem Vortrag arbeiten, telefonieren, Mails beantworten, im Internet surfen, essen – Sie machen das! Weil Sie sich nicht abgrenzen wollen oder können. 3. Zeitliche Entgrenzung: Keine Zeitkontingente für die jeweiligen Tätigkeiten mehr vorsehen, sondern immer »in die Vollen gehen«, bis welches Problem auch immer gelöst ist.

Ist Ihnen aufgefallen, dass in dem kurzen Absatz zweimal der Begriff »Grenze« vorkommt? Burnout-Kandidaten haben Schwierigkeiten, Grenzen zu ziehen und zu akzeptieren, was uns zwanglos zur Therapie führt.

Was also tun?

Das Wichtigste ist: Zeitmanagement! Der entscheidende Schritt aus der Erschöpfung, aus dem Burnout führt über eine Veränderung Ihrer Zeitaufteilung. Sie müssen sich festlegen: so viel Zeit für die Arbeit, so viel Zeit für die Nicht-Arbeit. Die Zeit bestimmt die Arbeit und nicht umgekehrt!

Als erstes sollten Sie herausfinden, wie viel Schlaf Sie brauchen. Gehen Sie zu Ihrer normalen Bettgehzeit ins Bett und schlafen Sie aus. Wenn Sie vorher kein erhebliches Schlafdefizit hatten, finden Sie so Ihre Schlafdauer heraus. Die sollten Sie dann einhalten, denn die regelmäßige Verkürzung des Nachtschlafs führt zu Gesundheitsproblemen: Übergewicht, Diabetes mellitus, Bluthochdruck – und ganz nebenbei sind Sie dauernd müde.

Den Rest der 24 Stunden des Tags können Sie verteilen: auf die Arbeit, den Kontakt mit Ihrer Frau, mit den Kindern, den Freunden, auf den Sport, das Einkaufen, das private Büro (Rechnungen, Steuer, Krankenversicherung) und und und …

Bei der Berechnung der Arbeitszeit gehen Sie einfach von der regulären, vertraglichen Zeit aus. Sie sind beispielsweise Lehrer und haben eine 40-Stunden-Woche, pro Tag also acht Stunden.

Wenn Sie an einem Tag sechs Stunden Unterricht haben, bleiben Ihnen an diesem Tag noch zwei Stunden zur Vorbereitung. Oder zum Korrigieren. Im Klartext heißt das, Sie arbeiten nicht so lange, bis die Deutscharbeit korrigiert ist, sondern Sie machen die Korrektur in der Ihnen verbleibenden Arbeitszeit. Und mit einem Mal gibt es wieder diese ganz normalen, schön uncoolen und offenbar sehr wichtigen Dinge – Fußball spielen mit den Kindern, gemeinsam kochen, stricken, malen, ins Kino gehen, oder nichts tun, nichts!

Ihnen ist etwas aufgefallen? Was ich Ihnen empfehle, ist das nicht einfach das alte Leben, in dem alles seinen Platz und seinen Wert hatte? In der Tat. Aber irgendwie hatten Sie vergessen, dass die wichtigen Dinge im Leben ihren Platz und ihre Zeit brauchen. Wie bei so vielen hat auch bei Ihnen die Arbeit eine unangefochtene Pole Position eingenommen.

Richtig! Sie müssen Prioritäten setzen! Keine leichte Aufgabe, weil es natürlich viele Versuchungen gibt, Ihre Kontingente zu überziehen. Wenn Sie keine Prioritäten setzen wollen oder diese Fähigkeit auch nicht bei einem Coach, einer Therapeutin und/ oder in einer Klinik erwerben wollen, werden Sie Ihren Burnout behalten, mit einem starken Trend, dass sich daraus eine Depression entwickelt. Da Schulämter und Ministerien die fatale Neigung haben, Menschen mit chronischen Erkrankungen in die Frühberentung zu schieben – weil diese nicht aus ihrem Topf bezahlt wird –, kann es sein, dass Sie bald zu viel Zeit haben werden.

Aus Kummer, Trauer, Überforderung und Erschöpfung kann eine Depression werden …

...das furchtbar graue Monster

Möglicherweise merken Sie selbst nicht richtig, was los ist. Aber Ihrer Umgebung, Ihrer Familie, Frau oder Kindern und den Freunden fällt auf, dass Sie sich verändert haben.

Sie bekommen kaum noch etwas oder eher nichts mehr geregelt, trotz größter Anstrengung, denn selbst die einfachsten alltäglichen Tätigkeiten fallen Ihnen schwer,

und/oder was Ihnen sonst Spaß gemacht hat, macht Ihnen keinen mehr; es macht (fast) überhaupt nichts mehr Spaß, auch Sex nicht,

und/oder was Sie früher interessiert hat, ist nun öde: Fußball, Mode, Kochen, Lesen.

Sie sind niedergeschlagen, nicht direkt traurig; eigentlich sind Sie leer, haben keine Gefühle. Der Beruf interessiert Sie nicht mehr, er ist bedrohlich geworden, Sie befürchten, Ihren Job nicht mehr hinzubekommen, obwohl Ihre Kollegen kaum etwas merken,

und/ oder Sie machen sich Selbstvorwürfe – mehr als sonst schon! –, fühlen sich unsicher – mehr als sonst schon! –, Ihr Selbstbewusstsein ist im Keller – mehr als sonst schon! –,

und/oder Sie können sich nicht konzentrieren, sich nichts merken, Ihr Gedächtnis scheint nachzulassen, und wenn Sie über fünfzig Jahre alt sind, fürchten Sie jetzt den Beginn der Demenz,

und/oder Sie schlafen schlecht; wenn Sie noch einschlafen können, wachen Sie viel zu früh auf, liegen dann wach und grübeln über die vielen Furchtbarkeiten dieses Lebens nach, bekommen Angst, überhaupt ins Bett zu gehen,

und/oder (eines von den folgenden) das Leben ist nicht lebenswert, es wäre gut, wenn Sie sterben könnten; Ihre Gedanken kreisen um den Tod und wie Sie sich aus dem Leben schaffen könnten, Sie planen Ihren Selbstmord.

Sie können diesen Zustand überhaupt nicht verstehen. Das ist vielleicht das Schwierigste an dieser Situation. Wie konnte es geschehen, dass sich Ihr Leben so verändert hat?

Was ist das?
Sie leiden höchstwahrscheinlich an einer Depression, und –
das ist das Wichtigste! – die kann man meistens gut behandeln!
Depressionen sind die häufigsten seelischen Krankheiten
überhaupt: Mindestens 20 Prozent der Menschen haben mindestens einmal in ihrem Leben so etwas; rechnet man die leichteren
Formen dazu, so sind es 40 Prozent! Jules Angst, ein berühmter
Schweizer Psychiater, hat einmal gesagt, angesichts dieser Häufigkeit könne man nicht mehr davon sprechen, dass eine Depression unnormal sei. Sie sind also nicht »irre«, wenn Sie eine Depression haben, sondern ziemlich normal!

Trotzdem: Selbst eine sogenannte »leichte« Depression ist immer noch eine üble Quälerei! Deswegen ist der sinnvollste Weg,
mit einer Depression umzugehen, sie behandeln zu lassen, so
schnell und so gut wie möglich.

Reden wir also über Behandlung. Sie meinen, die Behandlungen haben Nebenwirkungen? Klar, das Leben hat überhaupt
Nebenwirkungen. Aber Sie können davon ausgehen, dass keine
Nebenwirkung so schlimm ist wie eine Depression. Natürlich
wird man nicht mit Kanonen auf Spatzen schießen, eine »leichte«
Depression nicht mit einer Elektrokrampfbehandlung angehen,
sondern zum Beispiel mit einer Krankschreibung plus Beratung, einer unterstützenden Psychotherapie und vielleicht einem
schlafanstoßenden Antidepressivum. Ich werde Ihnen später
in diesem Kapitel die häufigen Nebenwirkungen erklären, und
dann können Sie entscheiden. Überlegen Sie sich wirklich gut,
ob Sie Ihren Zustand ertragen wollen und sich nicht lieber behandeln lassen! Es wird auch niemand davon erfahren, wenn Sie
selbst das nicht wollen, denn Psychiater und Psychotherapeuten
nehmen die Schweigepflicht sehr ernst.

Depressionen sind »Überforderungskrankheiten«

Für die Ursachen einer Depression gilt, dass eine allein nie ausreicht.

Allgemein könnte man zunächst sagen, dass Menschen, die eine Depression bekommen, eine starke Tendenz haben, sich in verschiedenen Bereichen zu überfordern, im Beruf, emotional, in der Beziehung... Die meisten der Betroffenen suchen die Schuld für eine unbefriedigende Situation ausschließlich bei sich und versuchen, sich anzustrengen, um die Angelegenheit in den Griff zu kriegen. Anstrengen, bemühen und wieder und wieder anstrengen!

Es dem Chef recht machen, den Schülern und Eltern, die Erwartungen Ihres Partners nicht enttäuschen, ihm gerecht werden, sich bemühen, emotional so schwingungsfähig wie möglich zu sein, »negative« Gefühle (übrigens, was ist das?) kommen nicht in Frage – das alles ist der Stoff, aus dem Depressionen gemacht sind.

Im Gegensatz zur Erschöpfung, dem Burnout, steht im Fall der Depression neben der Überforderung durch die Arbeit häufig die emotionale Überforderung im Vordergrund. Sie sind den emotionalen Anforderungen nicht gewachsen, was Sie und Ihre wichtigsten Bezugspersonen tatsächlich oder eingebildet an emotionaler Präsenz von Ihnen erwarten, bekommen Sie nicht hin, weil es Sie überfordert.

Wie für die meisten Menschen ist auch für Sie die Vorstellung von Kontrollverlust ziemlich bedrohlich. Die Wahrheit ist: Wir können dieses Leben nur sehr begrenzt kontrollieren. Vor allem können wir erlittene Verletzungen, Verluste, persönliche Katastrophen nicht dadurch besser machen, dass wir die damit verbundenen Gefühle nicht zur Kenntnis nehmen, weil sie uns überwältigen könnten. Dabei sind doch Gefühle der beste Teil von uns, und wenn wir ihnen erlauben, sich den Platz zu nehmen, den sie benötigen, dann erledigen sie sich von selbst.

Achtsam mit uns, mit unseren Gefühlen und mit den gefühls-
getriebenen Gedanken zu sein, das Drama kommen und auch
wieder gehen zu lassen, das wäre es. Aber das ist so schwer. Weil
wir sie nicht anerkennen wollen, halten wir unsere Probleme
fest – bedenken sie wieder und wieder, ohne sie zu lösen. Und
dabei überfordern wir uns. Egal, auf welchem Gebiet, Depressive neigen ständig dazu, sich zu überfordern. Und kommen dabei unglaublich unter Druck, unter Stress.

Stress verbindet unsere Seele mit dem körperlichen, organi-
schen Teil der Depression. Manchmal wird man den Eindruck
nicht los, der Organismus entwickle diese Störung, um einmal
herunterschalten zu können.

Viele Wege führen zur Depression. Denn es sind nicht immer nur
psychologische Gründe, die geradewegs in die Depression mün-
den, sondern meist ist es ein Sammelsurium:

Ein überzogenes Leistungsverständnis ist sehr oft dabei, reale
oder befürchtete Gesundheitsprobleme gehören ebenso dazu,
Alltagsschwierigkeiten teilweise banaler Art und vor allem unge-
löste emotionale Konstellationen.

Wenn durch unglückliche Verkettung gleichzeitig verschiedene und auf die Schnelle nicht einfach aufzulösende Widrigkei-
ten auftreten, wird das Stresssystem massiv aktiviert. Das hilft
uns eigentlich, Schwierigkeiten aus der Welt zu schaffen. Sie aktivieren das Stresssystem, und wenn die Situation geklärt ist, tritt
Entspannung ein. So umfasst die normale physiologische Stressreaktion beides: Aktivierung und Entspannung. Wenn sich aber
zu viele Dinge aufgetürmt haben, Altlasten und neue Katastrophen, gelingt das nicht mehr, die aktivierende Seite Ihres Stresssystems wird immer stärker, Ihr »System« kommt nicht mehr
zur Ruhe.

Die Neigung zur Depression entsteht meist in der Kindheit,
das Erleben einer depressiven Erkrankung bei den Eltern scheint
eine Schlüsselbelastung zu sein. Der prägende Einfluss dieses Er-

eignisses auf die Persönlichkeit bleibt zunächst lange Zeit verborgen, erst bei gleichzeitiger Aktivierung ganz unterschiedlicher Belastungsfaktoren wird das alte Muster der Hilflosigkeit gegenüber dem Leben geweckt. (Das ist e i n e Theorie, bei Ihnen kann es aber auch ganz anders sein.) Depressionen treten häufig gemeinsam mit anderen seelischen und körperlichen Erkrankungen auf, zum Beispiel mit Angst, Abhängigkeit, post-traumatischen und Borderline-Störungen, eigentlich gibt es fast keine psychiatrische Störung, die nicht mit einer Depression einhergehen kann. Tritt dies ein, verstärken sich beide Störungen gegenseitig und beeinflussen die Prognose negativ. Das gilt vor allem auch für körperliche Störungen. Eine Komorbidität (gleichzeitiges Auftreten) mit Depressionen verschlechtert zum Beispiel die Prognose beim Herzinfarkt signifikant. Deswegen sollte die Depression unbedingt mit behandelt werden. Gute Kardiologen wissen das!

Und wie geht's wieder raus?

Über Depressionen wurde in den letzten zwei Jahrzehnten sehr viel und intensiv geforscht. Deswegen wissen wir heute mehr über sie als über viele andere Störungen. Das ist natürlich gut. Allerdings lassen sich für Laien manche Aspekte der Fachliteratur nur schwer einordnen. Manche Befunde haben zu einer großen Verunsicherung über die Wirkung von antidepressiven Therapien geführt und geistern jetzt als Thesen durch die Zeitungen, ohne dass man als Betroffener weiß, was man damit anfangen soll:
– Medikamente seien nicht wirksamer als Placebos, hätten aber mehr Nebenwirkungen,
– man müsse Depressionen nicht behandeln, weil sie nach einigen Monaten eine Spontanheilung zeigen,
– Psychotherapie sei ebenso wirksam und nebenwirkungsärmer als Medikamente.

Jede dieser Aussagen ist im Prinzip richtig – wenn man sich alle Befunde über alle Depressiven anschaut. Für den Einzelnen, für das betroffene Individuum, für Sie (!) gilt, dass Sie mit Ihrem Arzt herausfinden müssen, was passt! Für die Behandlung brauchen Sie einen guten Arzt. Wenn Sie sich für eine Psychotherapie entschieden haben (siehe unten), kann es auch ein Psychotherapeut sein.

Nur mit Hilfe des Internet können Sie Ihre Depression, wie übrigens alle psychischen Erkrankungen, nicht sinnvoll behandeln. Aber Sie können sich vorher informieren, das hebt das Ausgangsniveau für den Dialog mit Ihrem Arzt oder Therapeuten an. Einige der wichtigsten Informationen zur Theorie der Behandlung will ich im Folgenden diskutieren. Wenn Sie sich dem nicht aussetzen wollen, können Sie diese Zeilen auch überspringen.

Müssen Sie sich überhaupt behandeln lassen?

Viele Patienten berichten, dass sie frühere depressive Episoden ohne Behandlung überstanden hätten, und jeder Psychiater kennt Fälle, bei denen sich die Depression nach einigen Monaten mehr oder weniger spontan zurückbildete. Warum also überhaupt behandeln?

– Auch Depressionen mit wenigen Symptomen – hier von »leicht« zu sprechen, erscheint mir angesichts der massiven Beeinträchtigung der Lebensqualität unangemessen – können so unerträglich sein, dass es unethisch wäre, den Betroffenen eine Erleichterung vorzuenthalten. Warum wollen Sie sich quälen?

– Selbst Einzelsymptome wie zum Beispiel Schlaflosigkeit können das Leben so stark beeinträchtigen, dass eine Behandlung auf jeden Fall sinnvoll ist.

– Tatsächlich lässt sich aus der Datenlage kein Zwang zu einer konkreten Therapie ablesen, sondern man kann alle antidepressiven Behandlungen mit ihren Chancen und Problemen abwägen, die Entscheidung trifft der Patient, treffen Sie.

Sind Medikamente wirksamer als Placebo?
Diese Frage ist besonders bei Zulassungsstudien für neue Medikamente deutlich geworden. Viele Substanzen, auf die von den Pharmafirmen große Hoffnungen gesetzt wurden, sind deswegen nicht auf den Markt gekommen. Am ehesten kann man die Situation verstehen, wenn man sich klar macht, dass es beim Placebo eben nicht nur um die Einnahme einer Zuckertablette geht, die wundersamerweise wirkt. Man führt den Vergleich zur Placebo-Substanz durch, um die Wirkung all der unspezifischen, aber teilweise hoch wirksamen Maßnahmen im Verlauf einer Behandlung – die Krankschreibung, gegebenenfalls die stationäre Aufnahme, die regelmäßigen Kontakte mit Ärzten, Pflegepersonal, Physiotherapeuten etc. – mit der konkreten pharmakologischen Wirkung eines Medikaments vergleichen zu können. Und dabei ist eben manchmal herausgekommen, dass diese Maßnahmen ebenso wirksam sind wie eine neue antidepressive Substanz.

Die meisten Psychiater gehen heute davon aus, dass Medikamente besonders bei schweren Depressionen wirksamer sind als Placebo. Man darf dabei nicht vergessen, dass alle Studien mit statistischen Methoden arbeiten müssen, das ist ihre Stärke, aber über die positive oder negative Wirkung beim Einzelnen sagen die Ergebnisse nicht unbedingt viel aus.

Chemie oder Sprechen?
Für mich, der ich in der Ära der ausschließlichen Pharmakotherapie der Depression aufgewachsen bin, war es eine Sensation, dass bestimmte, störungsspezifische (!) Psychotherapien überhaupt bei schweren Depressionen wirken. Und dafür spricht sehr Vieles. Aber das rechtfertigt kaum den momentanen Trend,

Psychotherapie grundsätzlich für besser und nebenwirkungsärmer als Medikamente zu halten!

- Auf der Nachweisebene haben die Psychotherapien mit dem Problem zu kämpfen, dass sich nur sehr schwer eine Placebo-Bedingung definieren lässt.
- Nicht Psychotherapie an sich, sondern störungsspezifische, für die besonderen Bedingungen der einzelnen Erkrankungen entwickelte Psychotherapien sind wirksam! Bei akuten Depressionen ist das die »Interpersonale Therapie der Depression« (IPT), bei chronischen Depressionen die »Cognitiv Behaviorale Systempsychotherapie« – sorry, so heißt das – (CBASP). Einfach nur reden ist eine wichtige Voraussetzung des Arzt-Patienten-Kontaktes, aber noch nicht therapeutisch wirksam.
- Alles, was wirkt, hat auch Nebenwirkungen, so auch die Psychotherapie! Die Auseinandersetzung mit dem eigenen Leben und seinen problematischen Seiten – eine andere, sehr allgemeine Definition von Psychotherapie – führt eben oft dazu, dass man anfängt, alles im Leben auf den Prüfstand zu stellen und gelegentlich sogar zu ändern. Was nicht schlecht sein muss. Dass dies aber auch Konsequenzen für unser Verhältnis zu den Eltern, Lebenspartnern, Chefs, Kollegen etc. haben kann, sollte einen eigentlich nicht überraschen.
- Ein alltägliches Problem ist die zum Teil enorme und aus Ihrer Sicht oft unzumutbar lange Wartezeit, bis Sie einen Therapieplatz bekommen. Zumindest als Überbrückung könnte ein Medikament helfen.
- Vieles spricht bei der heute verfügbaren Datenlage dafür, dass Antidepressiva und antidepressive Psychotherapien gleichwertige Alternativen sind, die insbesondere bei Kombination gerade den schwerkranken Menschen helfen können.

Jede Behandlung setzt einen Gesamtbehandlungsplan voraus. Der erste und wichtigste Schritt ist die Entlastung durch Krankschreibung und gegebenenfalls auch durch eine stationäre Aufnahme. Wenn Sie depressiv sind, wissen Sie ganz genau, dass Sie dazu neigen, sich auch dann noch zu überfordern, wenn Sie Ihre Krankheit zur Kenntnis genommen haben: Sie können nicht loslassen! Die Akzeptanz der Krankenrolle ist nicht nur in der antidepressiven Psychotherapie ein entscheidender Schritt.

Als Nächstes müssen Sie entscheiden, welche Behandlungsart Sie vorziehen. Wie schon gesagt, sind Antidepressiva und Psychotherapie bei Depressionen im Prinzip gleichberechtigt. Wenn allerdings eine ausgeprägte Schlafstörung vorliegt, ist der Behandlungserfolg von Psychotherapie alleine deutlich schlechter als in Kombination mit einem schlafanstoßenden Antidepressivum.

Generell gilt für alle Behandlungsmöglichkeiten, dass das konkrete Verfahren eine Erfolgschance von 60 Prozent und somit eine Misserfolgschance von 40 Prozent hat. Das heißt, Sie können nicht wissen, ob das Antidepressivum, zu dem Sie sich entschlossen haben, oder aber auch die Psychotherapie wirken wird. Sie müssen es ausprobieren!

Leider gibt es bis heute keinen »Marker«, der voraussagt, welches konkrete Verfahren bei welchem Patienten erfolgreich sein wird. Eigentlich ist es eine Zumutung, dass man sich als Depressive/r vier bis sechs Wochen lang einer Behandlung mit Nebenwirkungen unterziehen muss, um dann festzustellen, dass der Behandlungserfolg ausbleibt und man die Strategie wechseln sollte.

Das einzige Verfahren mit einer höheren Erfolgsquote ist die sogenannte Elektrokrampfbehandlung (siehe Seite 63).

Die Sache mit den Antidepressiva

Folgende antidepressiven Medikamente sollten Sie als Betroffener kennen:

Trizyklika (zum Beispiel Amitriptylin, Trimipramin, Doxepin).

Sie sind alt, bewährt, wirksam und haben jede Menge Nebenwirkungen (Mundtrockenheit, Verstopfung, verlängern die Überleitungszeit am Herzen, dürfen also bei Rhythmusstörungen nicht gegeben werden und auch nicht bei Glaukom; bei Überdosis toxisch). Wegen dieser Nebenwirkungen sind Trizyklika eigentlich out, aber sie werden von erfahrenen Psychiatern manchmal als die unverzichtbare zweite Wahl eingesetzt, und es gibt Patienten, die damit gut zurecht kommen, obwohl sie sicher nicht erste Wahl sind.

Für Sie ist wichtig: Das sind nicht die modernsten Antidepressiva, sie haben Nebenwirkungen, aber mit diesen Substanzen gibt es keine Überraschungen, weil man sie seit Jahrzehnten kennt. Und das Allerwichtigste: Es gibt viele Patienten, die sehr gut damit klar kommen.

SSRIs (zum Beispiel Fluoxetin, Citalopram).

Sie waren einmal die große Alternative zu den Trizyklika und werden heute sehr häufig verschrieben. Sie haben andere Nebenwirkungen; sie steigern den Appetit und beeinträchtigen die Sexualität, und sie zeigen Wechselwirkungen mit vielen anderen Medikamenten, deren Wirkung sie verstärken oder abschwächen. Wenn Ihr Arzt das weiß, kann er damit ohne Probleme umgehen.

Für Sie ist wichtig: Das sind die derzeit gängigsten Antidepressiva, wahrscheinlich die erste Wahl.

Können SSRIs Selbstmordgedanken auslösen? Seit Jahren wird in der Öffentlichkeit die Frage diskutiert, ob SSRIs die Suizidalität steigern. Eine solche, gleichsam paradoxe Wirkung wäre ein starkes Argument, diese Substanzen zu ächten. Unterstützt wird diese Sichtweise noch durch den Vermerk auf den »Waschzetteln«, dass diese Medikamente Suizidalität hervorrufen können. Ist das wahr?

Um diese Fragen sinnvoll beantworten zu können, müssen Sie sich klarmachen, dass die Neigung, das Leben zu beenden, ein Symptom der Depression sein kann. In vielen Fällen wird die Umsetzung dieser Neigung durch die ausgeprägte Antriebsstörung verhindert. Das Vorhaben, sein Leben zu beenden, ist ja sehr komplex und bedarf eines durchgehenden Planungswillens. Der Wirkungseintritt von Antidepressiva erfolgt meist nicht gleichzeitig auf die gesamte Symptomatik, oft wird zuerst die Antriebshemmung aufgehoben. Wenn die Verbesserung von Stimmung und Selbsteinschätzung nicht schnell folgt, kann ein in der Tat gefährlicher Zustand entstehen, in dem die Selbstmordneigung jetzt gleichzeitig mit einem dafür ausreichendem Antrieb vorhanden ist. Dieses Problem ist keineswegs auf die SSRIs beschränkt, aber bei antriebssteigernden Antidepressiva besonders deutlich. Diese Thematik wird seit Langem in der Ausbildung von Psychiatern diskutiert. Problematisch kann die Situation dann werden, wenn der Arzt nicht genügend Zeit hat, täglich mit seinen depressiven Patienten zu sprechen, weil ihm dann unter Umständen entgeht, dass es zu einem kritischen Auseinanderdriften von Stimmung und Antrieb gekommen ist, was vorübergehend zu akuter Suizidalität führt.

Duale Antidepressiva (zum Beispiel Venlafaxin, Duloxetin). Sie sind vielleicht wirksamer als die anderen Antidepressiva, weil ihre Wirkung an zwei Transmittersystemen angreifen soll. Ihre chemische Struktur ist sehr spezifisch, weswegen die Nebenwirkungen geringer, aber durchaus noch vorhanden sind.

Für Sie ist wichtig: Mit diesen Medikamenten bekommen Sie die Depression wahrscheinlich weg, wenn der erste Versuch nicht geklappt hat. Die Nebenwirkungen werden Sie merken, aber mit einiger Geduld sind sie akzeptabel. Bleibt der Tanz mit den Krankenkassen beziehungsweise mit den Regeln der Kassenärztlichen Vereinigung. Aber wenn Ihr Arzt gute Gründe hat und diese genau dokumentiert, kann er sich dort durchsetzen.

Ein besonderes Problem ist die Wirkung von SSRIs und dualen Antidepressiva auf die Sexualität: Während einer Depression ist das meist kein Thema, da Sie eh kein Interesse an Sex haben oder glauben, Sie würden sowieso »versagen«. Wenn sich die Symptomatik aber gebessert hat, stellen viele Patienten fest, dass sie durch die Medikamente in ihrer Sexualität verlangsamt sind oder nicht zum Höhepunkt kommen. Oft entsteht ein schwieriger Interessenkonflikt: Es erscheint kaum akzeptabel, für die gesamte Dauer der antidepressiven Behandlung, die sich gewöhnlich über mehr als ein halbes Jahr erstreckt, auf eine normale Sexualität zu verzichten; andererseits wird ein verfrühtes Absetzen mit hoher Wahrscheinlichkeit zu einem Rückfall führen.

Versuchen kann man, das Antidepressivum für einen Tag auszusetzen, was manchmal erfolgreich ist, obwohl sich der Spiegel gar nicht so schnell ändert. Manchmal hilft auch folgender Gedanke: Gerade diejenigen Antidepressiva, die auf die Überträgersubstanz Serotonin wirken – und das sind heute die meisten –, stärken die zwischenmenschliche Komponente einer Beziehung. Man sollte vielleicht nicht zwanghaft probieren, ob die Sexualität schon wieder »klappt«, sondern sehen, was sich aus Zuneigung und Intimität entwickelt.

Mirtazapin:

Es wirkt vor allem schlafanstoßend, was für viele Depressive schon die halbe Miete ist. Allerdings sollten Sie die Wirkungsstärke an einem Wochenende austesten: Manche Menschen sind schon bei 15 mg (die kleinste Tablettengröße) für zwei Tage ausgeknockt.

Für Sie ist wichtig: ein gutes, nicht abhängig machendes Schlafmittel bei Depressionen. Die für Sie wirksame Dosis müssen Sie herausfinden.

Trazodone:

Ein schlafanstoßendes SSRI, relativ schonend und nebenwirkungsarm; das einzige sedierende Präparat, das bei »unruhigen Beinen« keine Verschlechterung bewirkt.

Johanniskrautpräparate:

Sie befriedigen die – nicht ganz rationale – Sehnsucht nach Natur. In höheren Dosen (1000 mg) sind sie gut antidepressiv wirksam; dann haben sie aber auch Nebenwirkungen: Erhöhung der Lichtempfindlichkeit und Abschwächung der Wirkung von Antibabypille (!!) und Immunsuppressiva.

Für Sie ist wichtig: Wenn Sie es grün mögen, ist Johanniskraut okay; sinnvoll wäre, Johanniskraut als eine Alternative unter anderen einzusetzen.

Übrigens: Alle Antidepressiva können dick machen. Können, nicht müssen! Die Gewichtszunahme wird über den gesteigerten Appetit vermittelt. Wenn Sie aufpassen und kohlehydratarm, eiweißreich, gemüsereich essen, lässt sich das Gewichtsproblem für die Dauer der Medikamenteneinnahme in Grenzen halten.

Wie sollten Sie Antidepressiva dosieren?

Für jede der genannten Substanzen gibt es eine Dosierungsempfehlung, die Sie mit Ihrem Arzt besprechen sollten. Im Allgemeinen fangen Sie mit der niedrigsten Dosis an und steigern dann zügig, sofern die Nebenwirkungen das gestatten, bis zur empfohlenen Maximaldosis. Die behalten Sie mindestens für zwei Wochen bei. Dann merken Sie, ob das konkrete Medikament bei Ihnen wirksam ist. Gibt es irgendwelche Komplikationen, zum Beispiel Nebenwirkungen bereits bei geringen Dosierungen, oder bleibt die Wirkung trotz hoher Dosierung aus, so sollten Sie mit Ihrem Arzt sprechen, dass er einen Blutspiegel bestimmt. Die Resorption und der Abbau solcher Medikamente im Stoffwechsel sind individuell unterschiedlich, und Sie können über den Blutspiegel erfahren, ob Sie im therapeutischen Bereich liegen. Es wäre schade, wenn Sie ein an sich bei Ihnen wirksames, aber individuell unterdosiertes Antidepressivum absetzen würden.

Können Antidepressiva schaden?

Die Forderung »Do not harm!« muss natürlich auch für Antidepressiva gelten. Prinzipiell schaden sie nicht, wenn diese Substanzen in der für den individuellen Patienten richtigen Dosis angewendet werden. Die potenziell toxischsten Antidepressiva sind die Trizyklika, bei denen die »therapeutische Breite«, der Dosisunterschied zwischen therapeutischer und schädlicher Wirkung, relativ gering ist. SSRIs, Mirtazapin und Johanniskraut sind nur sehr gering toxisch, die dualen Antidepressiva etwas mehr.

Und wenn Sie persönlich nun besonders empfindlich auf eine Substanz reagieren? Das gibt es ohne Zweifel, aber nicht oft. Der einfachste Weg ist, sich an den Nebenwirkungen zu orientieren. Mehr Sicherheit können Sie gewinnen, wenn Ihr Arzt den Blutspiegel bestimmen lässt. Das muss nicht immer sein, ist aber bei älteren Patienten, bei der gleichzeitigen Einnahme von vielen Medikamenten, die sich gegenseitig beeinflussen können, und bei rätselhaften Effekten (das Fehlen von Wirkungen bei ausreichender Dosierung, unverständliche Nebenwirkungen etc.) sinnvoll.

Nun fragen Sie sich zu Recht, ob man nicht gleich auf der sicheren Seite wäre, wenn man etwas unterdosieren würde. Klar, was die Toxizität angeht, schon, aber dann können Sie auch keine angemessene Wirkung erwarten. Im schlimmsten Fall nehmen Sie über Wochen eine unterdosierte Substanz ein, ohne dass Sie eine Nebenwirkung, aber auch ohne dass Sie eine Wirkung merken! Sie bleiben depressiv, und die Zeit ist vertan.

Ein anderes Problem ist, dass Antidepressiva nicht bei allen Menschen die sogenannte Blut-Hirn-Schranke in gleicher Weise passieren, sondern dass es genetisch bedingte Unterschiede gibt. Dieser Mechanismus dient dem Schutz unseres kostbarsten Organs, ist aber bei der medikamentösen Behandlung hinderlich. Deswegen müssen manche Menschen höhere Dosierungen nehmen. Wenn ein Antidepressivum auch dann nicht wirkt, kann man über genetische Untersuchungen klären, ob eine andere Substanz vielleicht sinnvoller wäre.

Gibt es das »beste« Antidepressivum?

Für Sie ja, aber generell nein. Sie müssen selbst herausfinden, welche Substanzgruppe für Sie am besten passt, ob Sie ein Antidepressivum oder vielleicht auch zwei Antidepressiva brauchen oder ob Sie zu den Patienten gehören, denen mit einer Elektro-krampftherapie am besten und schnellsten geholfen ist.

Psychotherapien bei Depressionen?

Die akute Depression war die erste Störung, für die eine spezifische Psychotherapie entwickelt wurde. »Spezifisch« heißt, dass diese Therapie nicht wie Psychoanalyse und Verhaltenstherapie für ganz unterschiedliche Störungen, sondern nur bei der akuten unipolaren Depression eingesetzt wird. Es handelt sich um die Interpersonale Psychotherapie (IPT). Aus ihr kann man Grundlegendes schließen, wie Depressionen funktionieren könnten.

Die IPT ist eine Kurztherapie, sie dauert zwischen zwölf und zwanzig Stunden. Für Sie ist das aus zwei Gründen wichtig:

– Depressionen haben meistens einen Verlauf von drei bis vier Monaten, und es hat wenig Sinn, sich mit seinem Therapeuten danach noch monatelang ein- bis zweimal pro Woche zu treffen, um die verschwundene Depression zu behandeln.

– Es geht schnell und konzentriert zur Sache; die IPT wird nach Handbuch durchgeführt. Sie reden nicht lange herum, sondern erarbeiten mit Ihrem Therapeuten konkrete Themen, die einen direkten Bezug zur Depression haben.

In der Anfangsphase stehen die Absicherung der Diagnose und die Wissensvermittlung im Vordergrund. Für Sie ist wichtig:

– Es bringt sehr viel, etwas über die Krankheit Depression zu lernen. Sie können Ihre eigenen Symptome einordnen, verstehen den Krankheitsverlauf und fühlen sich nicht mehr so ausgeliefert.

– Das Wiedererkennen eigener Erfahrungen in der allgemeinen Darstellung und die Erkenntnis, dass es allgemeine Krankheitsabläufe gibt, die bei vielen Patienten vorkommen, mindern die Isolation.

– So einzigartig die Lebenssituation ist, die zu Ihrer Depression geführt hat, so gibt es doch jede Menge Gemeinsamkeiten mit anderen Depressiven. Sie sind also nicht allein, und Sie können von den therapeutischen Erfahrungen, die man mit anderen gewonnen hat, profitieren. IPT kann man auch in Gruppen machen.

Man arbeitet höchstens an zwei von vier Themenschwerpunkten: 1. Trauer und Verlust, 2. Rollenkonflikte, 3. Rollenwechsel, 4. soziale Defizite. Für Sie ist wichtig:
– In zwölf bis zwanzig Stunden Therapie können Sie nicht über alle Ihre wichtigen Lebensthemen sprechen. Die Entscheidung, über was geredet wird, fällt zwischen dem Therapeuten und Ihnen. Ihre Meinung ist also gefragt. Fragen Sie sich nun, ob die Arbeit an nur zwei Schwerpunkten für das ganze Elend ausreichen kann? Sie werden schnell sehen, dass schon die therapeutische Arbeit an einem Schwerpunkt eine große Erleichterung bringt.
Die letzten Stunden sind für die Beendigung der Therapie reserviert. Für Sie ist wichtig:
– Nehmen Sie sich Zeit für den Abschied! Oft scheint in den Abschiedsstunden für einen kurzen Moment die gesamte Symptomatik zurückzukommen. Das geht aber schnell vorbei.

Die eigentliche therapeutische Arbeit könnte man so zusammenfassen: Es wird Ihnen besser gehen, wenn Sie die emotionale Auseinandersetzung mit zwischenmenschlichen Problembereichen nachholen, die Sie bisher vermieden haben.

Und wenn die Depression schon jahrelang gedauert hat?
Wenn Sie eine chronische Depression haben, unterscheidet sich dieser Zustand von einer akuten Depression deutlich: Akute Depressionen sind oft schwer und erfordern eine Zäsur im be-

ruflichen und privaten Bereich, die therapeutisch genutzt werden muss. Wenn man sich darauf einstellt, haben akute Depressionen eine Tendenz zur Selbstheilung. Dagegen erscheinen chronische Depressionen zwar auf den ersten Blick leichter, aber sie färben über Jahre oder Jahrzehnte das gesamte Leben depressiv ein. Als chronisch depressiver Mensch können Sie sich oft gar nicht mehr erinnern, wie sich Normalität anfühlt, beziehungsweise die Depression ist zur Normalität geworden.

Bei chronischen Depressionen hilft am besten eine Kombination aus Medikament und CBASP (Cognitiv Behaviorale Systempsychotherapie). Die CBASP wurde auf der Grundlage verhaltenstherapeutischer Elemente für chronische Depressionen entwickelt.

Das therapeutische Modell unterscheidet sich von dem der akuten Depression: Als Folge von Misshandlungen (sexuell, physisch und psychisch), frühen Verlusterfahrungen oder chronischer Vernachlässigung ist Ihre Entwicklung blockiert worden. Sie können in Ihrem sozialen Umfeld nicht normal handeln und/oder reagieren nicht normal auf andere. Auch Ihre Entfaltung ist sehr behindert.

Sie merken vielleicht, dass Ihre Beziehungen zu anderen Menschen oft beziehungsweise immer unbefriedigend sind. Da diese unser Erleben und Verhalten wesentlich bestimmen, verändert sich Ihre Einstellung zu Ihren Mitmenschen grundlegend zum Negativen: Sie gehen an eine Beziehung schon von vornherein mit negativen Erwartungen heran, erleben sich als wert- und chancenlos. Aus Angst vor weiteren Enttäuschungen fehlen Ihnen für neue Beziehungen die Neugier und die Aufmerksamkeit, Sie entwickeln auf die Dauer ein soziales Vermeidungsverhalten.

Solche Defizite im kognitiven und im sozialen Bereich verhindern, dass Sie sich mit Herausforderungen, die ja durchaus eine positive Komponente haben, adäquat auseinandersetzen können. So erleben Sie immer wieder Ihr Scheitern.

Charakteristisch sind der chronisch niedrige Selbstwert, die allgemeine Hoffnungslosigkeit, Probleme, sich an wichtige Lebenssituationen genau zu erinnern, mangelhafte Fähigkeiten zum genauen Beobachten, zur Selbstwahrnehmung und zu einer angemessenen Erfahrungsverarbeitung.

Die Struktur der CBASP löst dieses krankheitserhaltende Verhaltensgefüge durch Situationsanalysen und interpersonelle Strategien auf. Neue Kommunikationsformen werden modellhaft in der therapeutischen Beziehung erprobt und gestaltet.

Für Sie wichtig: CBASP dauert länger – das passt ja auch zu einer chronischen Depression – und funktioniert nur, wenn sich eine stabile Beziehung zwischen Ihnen und Ihrem Therapeuten entwickelt. Auf diese Beziehung müssen aber nicht nur Sie achten, sondern das tut vor allem der Therapeut.

Durch die Situationsanalyse können Sie erkennen, dass zwischen Ihren Verhaltens- und Denkmustern und Ihren wichtigen Beziehungen ursächliche Zusammenhänge bestehen. Sie lernen Ihre ureigenen, automatisch ablaufenden Gefühls- und Denkmuster kennen und vermögen sie zu analysieren. Auf dieser Grundlage können Sie Alternativen entwickeln und ein kompetentes Interaktionsverhalten trainieren und erproben.

Wenn Sie den Focus auf die interpersonellen Strategien legen und sie am Modell der therapeutischen Beziehung ausprobieren, werden Sie lernen, zwischen den Beziehungsmustern, die Sie »drauf« haben, die aber leider nicht gut funktionieren, und dem Verhalten des Therapeuten zu differenzieren. Dadurch entwickeln Sie eine schärfere Wahrnehmung für Ihre pathologischen Interaktionsmuster, was eine Voraussetzung für Veränderung ist. Wenn Sie erleben können, wie sich Ihre Therapeuten diszipliniert und verantwortungsvoll in Ihre therapeutische Beziehung einbringen, bekommen Sie ein Modell, wie sozial sinnvolle Kommunikationsprozesse aussehen könnten.

Die Methode aus dem »Kuckucksnest«?

Als alternative Behandlungsmethode zu Medikamenten und Psychotherapien gibt es noch die Elektrokrampftherapie (EKT). Das ist jetzt kein Ausflug in die therapeutische Steinzeit! Lange vor der Ära der Antidepressiva hatte man entdeckt, dass die Auslösung von epileptischen Anfällen eine schlagartige Besserung auch schwerer depressiver Störungen bewirken kann. Trotzdem war die Behandlung aus vielen Gründen zu Recht geächtet: Die unkritische und oft zur Disziplinierung eingesetzte Indikation, wie sie zum Beispiel in dem Film »Einer flog über das Kuckucksnest« praktiziert wird, hat ohne moderne Narkose kaum zu tolerierende Nebenwirkungen.

Vor diesem Hintergrund waren wir Psychiater in den letzten Jahren oft überrascht, dass der Wunsch zu dieser Behandlung von den Patienten selbst kam. Sie hatten offenbar über Mundpropaganda von anderen erfahren, dass diese mittlerweile in Kurznarkose vorgenommene Behandlung bei schweren Depressionen oft einen schnelleren Behandlungserfolg bringt als das zum Teil monatelange Ausprobieren von Antidepressiva.

Die EKT ist sicher nicht die Therapie der ersten Wahl, aber man sollte unbedingt darüber nachdenken, ehe man sich lange im therapieresistenten Zustand seiner Depression herumquält. Im Internet finden Sie Kliniken, die Erfahrungen mit dieser Methode haben.

Können Depressionen auch Komplikationen haben?

Ja, an erster Stelle ist hier die Suizidalität zu nennen. Nicht alle, aber sehr viele depressive Menschen haben schon in der ersten Phase ihrer Erkrankung ernsthaft vor, sich das Leben zu nehmen. Eine Erklärung könnte sein, dass sie ihre Depression zu diesem Zeitpunkt noch überhaupt nicht verstanden haben und ihnen bei so etwas angeblich unheilbar (!) Schrecklichem nur der Ausweg in den Tod gangbar erscheint.

Ein Suizid in der Depression ist nicht nur furchtbar und tragisch, sondern hat etwas sehr Vergebliches, weil man durch die verschiedenen Therapien schnell aus diesem tiefen Tal herausgekommen wäre! Wenn Sie Selbstmordgedanken haben, sollten Sie *sofort* zu einem Arzt Ihres Vertrauens gehen und, wenn Sie nicht umgehend einen Termin bekommen, in die Notaufnahme der nächsten Psychiatrie. Sonst ist es demnächst zu spät.

Eine andere Komplikation ist die bipolare Depression. Dabei handelt es sich um eine manisch depressive Erkrankung. Das ist keine Katastrophe! Aber die Therapie ist anders. Antidepressiva darf man bei der bipolaren Störung nur unter gleichzeitigem Schutz von Prophylaktika geben, weil man sonst Manien auslöst, und die erscheinen nur auf den allerersten Blick nett (vgl. dazu auch Kapitel »Endlich fliegen! – Bipolar«).

Therapie im Überblick: Sie brauchen Hilfe!

Wenn die eingangs beschriebene Symptomatik auf Sie zutrifft, brauchen Sie in jedem Fall Hilfe! Versuchen Sie nicht länger, sich selbst unter Druck zu setzen, auch wenn Sie das bisher immer weitergebracht hat. Helfen können Ihnen Antidepressiva und/oder für die Depression geschaffene Psychotherapien. Auf welche Therapie Sie Ihren Schwerpunkt legen sollten, müssen Sie mit einem kompetenten Psychiater und gegebenenfalls einem Psychotherapeuten herausfinden. Da es nicht viele depressionserfahrene Psychotherapeuten gibt, kann es sinnvoll sein, zunächst mit einem Antidepressivum zu beginnen. Vor allem Schlafstörungen, besonders das quälende Früherwachen zwischen 3 und 5 Uhr, sollten mit einem schlafanstoßenden Antidepressivum behandelt werden

Wie Sie mit den Nebenwirkungen zurecht kommen, müssen Sie ausprobieren. Die Empfehlungen der Hersteller beruhen auf Durchschnittserfahrungen; die »leichte Übelkeit« bei einem SSRI kann in Einzelfällen heftig sein, die geringste Mirtazapin-Dosis kann einen Erwachsenen manchmal für anderthalb Tage aus dem Verkehr ziehen, aber andererseits brauchen manche Menschen auch die doppelte oder vierfache Dosis. Sie können lernen, mit Nebenwirkungen umzugehen beziehungsweise das Präparat mit dem für Sie geringsten Nebenwirkungsspektrum herauszufinden.

Noch einmal: Bedenken Sie bitte, dass die Depressionen meistens schlimmer sind als die Nebenwirkungen! Sie ruinieren Ihr Leben und oft auch das Leben Ihrer Angehörigen, vor allem der Kinder, wenn Sie Depressionen aussitzen.

Als junge Mutter depressiv?

Eine junge Frau, im Beruf durchaus erfolgreich, lernt einen jungen Mann kennen, verliebt sich in ihn, nach einiger Zeit wird zusammengezogen und bald darauf geheiratet. Die beiden sprechen oft über Nachwuchs, wollen sich noch etwas Zeit lassen, bis es vom Beruf her passt. Irgendwann scheint es beiden der rechte Zeitpunkt, die Pille wird abgesetzt, die Frau wird programmgemäß schwanger. Der Verlauf der Schwangerschaft ist bis auf eine leichte anfängliche Übelkeit unproblematisch, und so ist auch die Geburt. Ein gesundes Baby ohne jede Komplikation. Alle sind glücklich.

Bis auf die junge Mutter, der die Mutterschaft schon bald nicht mehr geheuer ist und die schnell schwer depressiv wird. Angst um sie und möglicherweise auch um das Baby ist angesagt. Aus einem sorgfältig geplanten Rollenwechsel wird ein Albtraum, der so gar nicht in die kontrollierte Lebensplanung des jungen Paares passt.

»An meine postnatale Depression erinnere ich mich folgendermaßen:

Ich stand, gebeugt von vielstimmigen Unterleibsschmerzen, vor dem Wickeltisch, darauf dieses rote Ding, das für seine Kleinheit viel zu schwer und laut schien. … Ich versuchte, die Windel zuzukleben, ich versuchte, den Body zuzuknöpfen, das Wesen, das mein Sohn war und erst noch richtig werden sollte, strampelte und schrie. Da spürte ich es wie eine Welle kommen, es stieg an mir hoch, wie eisiges, verseuchtes Wasser. Dann hat es mich geschluckt. …

Von der kaltschwarzen Welle blieben Angst und Albträume,

ein zwei Wochen lang. Ich wagte nicht, das Kind an die frische Luft zu bringen, weil innere Bilder mir erzählten, wie ich stolperte und mit ihm die Treppe hinunterfiel. … Ich tat alles, um das Geheimnis zu wahren: dass mir mein Kind fremd schien, dass ich nachts träumte, in Blut zu waten. … In dieser Zeit gibt es keine Leichtigkeit. Genauso wenig gibt es Sexualität, die den Namen verdient. … Gibt klarerweise keine zu. Man gaukelt dem Mann Normalität vor, diese Frauen, von denen man gelegentlich hört, die sich ein Jahr und länger verweigern, die müssen doch andere Probleme haben. …

Alles hat sich verändert und keine gibt es zu. Das ist rührend und die Bedingung dafür, dass alle durchhalten …«[*]

Der jungen Frau geht es richtig schlecht. Sie fühlt sich schuldig, weil sie nicht dankbar und freudig ist angesichts dieses Geschenks eines gesunden Kindes. Alle finden das Baby so süß, nur sie kann in sich keine guten Gefühle entdecken. Sie hat solche Angst, dass sie etwas falsch machen und dem Kind schaden könnte. Obwohl sie es neun Monate in sich getragen hat, kommt es ihr wie ein Fremdkörper vor, der sie aus ihrem gewohnten Leben verdrängt. Sie ist sich selbst nicht geheuer, weil sie in ihrem Befremden vor ihrem Kind so ganz aus ihrem Umfeld zu fallen scheint.

Es muss schrecklich sein, sich so zu erleben.

Katharina Wackernagel hat das eindrucksvoll in »Herbstkind« gespielt, Eva Menasse hat davon erzählt.

Früher hat man solche Geschichten den angehenden Psychiatern als typisches Beispiel einer »endogenen« Depression beschrieben, weil es ja gar keinen nachvollziehbaren Grund für das Elend gäbe. Dabei ist diese Depression der Mütter ein fast schon lehrbuchmäßiges Beispiel, wie das mit den Depressionen funktioniert.

---

[*] Eva Menasse: Quasikristalle; Köln 2013, S. 251–253

Es gibt durchaus Gründe, sie erscheinen der Mutter nur nicht vorzeigbar: Sie hatte ihren Beruf, in dem sie erfolgreich war, sie hatte ihr eigenes Geld, hatte ihre eigene Zeit, über die sie selber verfügen konnte, und den netten Mann, der ganz ihrer war. Sie war mit ihrem Leben im Reinen. Dem wollte sie die Krone aufsetzen, weil zu ihrer vollständigen Lebensplanung Kinder gehören. Und es hat ja auch geklappt, sehr gut geklappt. Sie hat nur übersehen, dass Kinder, vor allem wenn sie so klein und bedürftig sind, die Prioritäten auf den Kopf stellen. Sie musste für dieses Baby sehr viel aufgeben, das ihr mehr bedeutete, als sie wusste. Die berufliche Anerkennung, die Arbeit, die sie liebte, das eigene Geld – natürlich gibt ihr der nette Mann, was auch immer sie braucht, aber Sie wissen auch: Das ist nicht dasselbe, wie es selbst zu verdienen. Sie hat keine eigene Zeit mehr, weil kleine Babys anfangs eben so oft kommen. Da der Mann nun zum einzigen Ernährer der Familie geworden ist, braucht er seinen Nachtschlaf, und, na ja, stillen kann er ja sowieso nicht. Die neue Existenz dieses kleinen Kindes hat ihr tatsächlich alle Freiräume genommen, die ihr anscheinend wichtig waren. Sich mit anderen Müttern beim Kinderwagenschieben zu treffen und die hohen Lieder der ach so wunderbaren Schrazen zu singen, die gerade mal nicht brüllen, ist zwar eine Form der Kommunikation, aber zugegebenermaßen eine sehr spezielle. Das wollte sie so eigentlich nie.

Tja, Sie wissen es, und alle anderen wissen es auch, zwar spricht es keiner aus, aber es ist klar wie der helle Tag: Wer A sagt, muss doch auch B sagen, wer sich ein Kind wünscht und eines bekommt, hat auch die allerkleinste Berechtigung verloren, sich über verlorene Eigenständigkeit zu beschweren oder über verlorene Lebensqualität zu nörgeln. Noch dazu, wenn es ein gesundes und so hübsches Baby ist. Sie hat es sich ja selbst eingebrockt.

Ja, und weil das so ist, wird sie dann auch depressiv.

Wie bitte?

Depressiv wird man, wenn man die jeweils anstehenden Gefühle – und Gefühle sind irrational, (was auch immer irrational bedeutet,) sind nicht richtig, nicht moralisch einwandfrei und schon gar nicht politisch korrekt – aus irgendwelchen übergeordneten Gründen nicht zu ihrem Recht kommen lassen will. Die Traurigkeit nicht, weil man fürchtet, von ihr überwältigt zu werden, die Sehnsucht nach dem früheren guten Leben als akzeptierte Mitarbeiterin nicht, weil das schließlich in keinem Verhältnis zu einem gesunden Baby steht, und die Frustgefühle über das Windelelend nicht, weil sie ja bekommen hatte, was sie sich wünschte.

Was tun?

Man muss ihr helfen, sonst kann das leicht ein böses Ende nehmen. In guten Psychiatrien gibt es Mutter-Kind-Einheiten, wo beide aufgenommen werden, wo man aber der Mutter das Baby auch abnehmen kann, wenn sie mal Zeit für sich selbst braucht. Zeit, und für Psychotherapiestunden. Denn sie muss nachholen, was sie sich an »negativen« Gefühlen nicht zugestehen mochte. Sie muss im geschützten Raum des therapeutischen Kontaktes, wo moralisches Aufrechnen und der ach so gesunde Menschenverstand keine Rolle spielen, um ihre Selbstständigkeit trauern, um die Anerkennung, um die vielen Details ihres geliebten Berufs und auch um die Kleinigkeiten, für die sie sich wirklich geniert: dass sie jetzt auf das »Taschengeld« ihres Mannes angewiesen ist, dass sie einmal wieder durchschlafen möchte …

Und wenn die Therapeutin sie durch Nachfragen und Verständnis so weit befreit hat, dass sie im dadurch gar nicht mehr so stillen therapeutischen Kämmerlein heulen und jammern kann, und wenn sie schließlich genug getrauert hat, dann hebt sich diese ganze depressive Lähmung, dann verschwinden auch die Ressentiments gegenüber dem Baby, und sie kann im Einklang mit sich, ihrem Kind und ihrem Mann wieder weiterleben.

Oft wird es wohl auch von selber wieder. Aber Psychotherapie, gegebenenfalls auch in Kombination mit einem Antidepressivum, kann diesen grauenvollen Zustand abkürzen, verstehbar und erträglicher machen, erleichtern. Gemessen an der Schwere des Dramas eigentlich ganz einfach. Und warum sollte frau leiden, wenn sie nicht muss.

Nimm Dir das Leben! – Suizidalität

Wir werden sterben.

Wenn wir das bedenken, können wir zu einer sinnvolleren Gestaltung unseres Lebens kommen.

Der Wunsch zu sterben ist das Gegenteil. Er folgt der meist momentanen Einschätzung, dass dieses Leben nicht mehr erträglich, sondern nur furchtbar sei. Menschen mit Todeswünschen sind oft tief gekränkt, dass das Leben unfair mit ihnen umgegangen ist.

Lebensmüde zu sein ist legitim – aber sollten Sie trotzdem auf Hilfe verzichten?

Es gibt viele unterschiedliche Begründungen, nicht mehr leben zu wollen.

Bei Depressionen sind Selbsttötungsgedanken häufig, fast ebenso häufig bei Sucht und Abhängigkeit, wahrscheinlich aus der immer massiver werdenden vermeintlichen Gewissheit, dass die Krankheit nicht in den Griff zu bekommen sei. Aber auch chronisch gewordene Angsterkrankungen bergen dieses Risiko. Männer in der Midlife-Crisis werden vehement suizidal, ohne mit irgendjemandem darüber zu kommunizieren, wahrscheinlich weil sie ihr Leben bisher auch gelebt haben, ohne mit jemandem über ihre Gefühle zu reden. Aus diesem Grund finden auch alte Menschen sehr häufig, dass das Leben keinen Sinn mehr hat.

Andererseits fällt auf, dass manche Menschen trotz schwerster Schicksalsschläge nicht auf die Idee kommen, ihrem Leben ein Ende zu setzen, während andere aus relativ leicht erscheinenden Schwierigkeiten heraus nicht mehr weiter wollen. In Diskussionen über dieses Thema wird sehr oft die fiktive Möglichkeit, an einer bösartigen, qualvollen Krankheit zu leiden, als berechtigter Grund für einen Suizid angegeben. In der Schweiz, wo Sterbehilfe legal ist, spielt diese Situation gerade mal in 0,5 Prozent der Todesfälle eine Rolle. Abgesehen davon, dass es sowieso nicht um Berechtigung geht, wollen sich Menschen merkwürdigerweise gerade in solchen Situationen meist nicht umbringen, sondern hängen ganz unglaublich an ihrem Leben. Außerdem wären wir heute medizinisch in der Lage, Schmerz und Qualen gut zu behandeln, wenn wir der Palliativmedizin mehr Aufmerksamkeit widmen würden.

Wann wird es ernst – und warum?

- Suizidalität ist Ihr Thema geworden, wenn Ihnen der Gedanke, dass Sie sterben wollen, immer häufiger in den Kopf kommt.
- Kritisch wird es, wenn Sie immer intensiver darüber nachdenken, wie Sie sich aus dem Leben herausbefördern könnten.
- Unmittelbar bedrohlich wird die Situation für Sie, wenn Sie genaue Vorbereitungen getroffen haben und sich Ihre Selbsttötung immer detaillierter vorstellen. Menschen berichten, dass Todesgedanken schließlich geradezu eine Sogwirkung entwickeln, bis gar keine anderen Alternativen mehr zu bestehen scheinen – auch wenn Hilfe und Rettung in Wirklichkeit immer noch die beste Option wären. Sie müssen sich schon gut überlegen, mit was Sie Ihre Gedanken beschäftigen, wenn es Ihnen nicht gut geht.

Schon wenn Suizidalität ein dominierendes Thema wird, sollten Sie eine Person Ihres Vertrauens, einen Arzt, am besten einen Psychiater, aufsuchen und mit ihm darüber zu sprechen beginnen. Später bleibt Ihnen vielleicht keine Zeit mehr dazu.

Aber Sie meinen es doch ernst? Davon gehe ich aus.

Sie behalten die Freiheit, Ihr Leben zu beenden, ja ohnehin. Niemand kann Sie daran hindern, wenn Sie selbst davon keinen Abstand nehmen. Selbst wenn Sie vorübergehend auf einer geschlossenen Station behandelt werden sollten, irgendwann werden Sie entlassen.

Mir geht es darum, dass Sie sich die Chance geben, noch einmal aus diesem Tunnel mit der Sogwirkung herauszukommen, aus diesem Sog, in dem Sie nicht mehr abwägend handeln können. Ich finde es wichtig, dass Menschen so autonom wie möglich leben – und sterben. Aber von einer Krankheit dahin getrieben zu werden, ist nicht autonom.

Warum?

Ohne suizidale Menschen verunglimpfen zu wollen: Fast immer entsteht die Absicht zur Selbsttötung aus einem Kurzschlussgedanken. Schon nach wenigen Tagen in einer unterstützenden Umgebung denken die meisten völlig anders darüber. Menschen mit Selbstmordgedanken sind meistens ambivalent, das heißt, einerseits wollen sie sterben, weil sie ihr Elend nicht mehr ertragen können, andererseits fänden sie es gut, wenn es einen anderen Weg aus dem Elend gäbe.

Diese Chance sollten Sie nicht ungenutzt verstreichen lassen! Die gute Botschaft ist, dass es immer einen anderen Weg gibt.

In jeder Stadt gibt es Plätze, die attraktiv für selbsttötungsgefährdete Menschen sind. In meiner Stadt ist es eine Hochbrücke.

Ein junger Mann, der wegen Liebeskummer vom höchsten Punkt sprang und mit einigen Prellungen überlebte, sagte mir nachher:

»In dem Moment, in dem ich das Geländer losgelassen hatte, wurde mir klar, dass das eine ganz blöde Idee war!« Er versuchte, das Beste draus zu machen und möglichst gerade ins Wasser einzutauchen. Erfreulicherweise gelang ihm das auch.

Ich frage mich bei dieser Geschichte immer, wie viele andere auch plötzlich die Eingebung haben, dass das eine ganz schlechte Idee ist, ihren Vorsatz aber nicht mehr korrigieren können.

Nimm Dir das Leben und lass es nicht mehr los,
greifs Dir mit beiden Händen,
machs wieder stark und groß ...
Nimm Dir das Leben und lass es nicht mehr los,
denn alles, was Du hast,
ist dieses eine bloß! (Udo Lindenberg 2011)

Sie vergeben sich nichts, wenn Sie bei Suizidgedanken Hilfe suchen. Es ist das Beste, was Sie tun können. Alle Wahrscheinlichkeit spricht dafür, dass es Ihnen nach einigen Stunden oder Tagen sehr viel besser geht.

Wo bekommen Sie Hilfe?

Immer erreichbar sind die Telefonseelsorge oder die in vielen Städten verfügbaren Notfalltelefone. Die Notfallambulanz eines psychiatrischen Krankenhauses ist ebenfalls eine gute Idee. Wenn die Suizidgedanken langsam zunehmen, können Sie auch zu Ihrem/einem Psychiater gehen. Allerdings sollten Sie nicht einen Weg wählen, bei dem Sie über Wochen auf einen Termin warten müssen.

Welche Optionen haben Sie, wenn Sie sich umbringen?

Es gibt niemanden, der weiß, wie es danach weitergeht.

Es gibt nur Spekulationen:

- Wenn mit diesem Leben alles zu Ende ist, verspielen Sie die letzte Möglichkeit, dieses Ihr einziges Leben zu leben.
- Wenn Sie an Wiedergeburt und Karma glauben, dann müs-

sen Sie nach einem Suizid mindestens wieder an dem Punkt anfangen, an dem Sie aufgehört haben. Das können Sie sich eigentlich sparen.

– Wenn Sie an das Leben nach dem Tod glauben, ist der Suizid keine attraktive Option; denn die meisten Theorien, die darüber im Schwange sind, gehen davon aus, dass die Qualität des Lebens danach von unserem Verhalten davor abhängt.

Wie auch immer, der Suizid ist in keinem Fall eine sehr situationsbezogene Lösung.

Wenn Sie sich ernst nehmen, setzen Sie sich mit Ihren Problemen, die Sie im Übrigen mit vielen anderen Menschen teilen, auseinander und holen sich dafür professionelle Hilfe. Sie sind nicht allein!

Mir geht es um Sie. Vielleicht denken Sie trotzdem daran, dass Ihr Suizid für Ihre Angehörigen, Partner oder Kinder, ein furchtbares Ereignis wäre. Ich habe immer wieder erlebt, dass das Leben von Frauen, Männern und vor allem Kindern über Jahre und oft auf Dauer durch den Suizid eines wichtigen Menschen ruiniert wurde. Sie könnten Ihren Angehörigen dieses Schicksal ersparen.

Suizid ist eine alltägliche Realität. Darüber habe ich geschrieben.

Es gibt nichtalltägliche Situationen, wie die Konfrontation mit Folter und Tod in einem totalitären Regime. Darüber steht mir keine Meinung zu.

Endlich fliegen! – Bipolar?

Wieso soll das ein Problem sein, wenn es Ihnen zu gut geht?

Sie fühlen sich schlicht und ergreifend toll, wollen Ihr Befinden auch anderen mitteilen, haben viele Superideen, die Sie gerne umsetzen wollen.

Sie sind leistungsfähiger als sonst, geistig, aber erfreulicherweise auch körperlich.

Sie haben genügend Schwung, jede Idee umzusetzen, allerdings hängen Sie an keiner lange. Was soll's, der beste Einfall wird sich schon durchsetzen!

Schlaf brauchen Sie sehr wenig, und dieses Wenige reicht Ihnen vollkommen aus.

Die Frauen-/Männerherzen fliegen Ihnen zu, Sie könnten drei erfüllte Beziehungen gleichzeitig leben und tun es manchmal auch, denn erfreulicherweise ist Ihre Leistungsfähigkeit auch im Bett viel besser als sonst.

Sie pflegen einen großzügigen Umgang mit dem Geld, das Sie Ihren kreativen Gesamtplänen unterordnen.

Ihre Persönlichkeit hat einen Wandel zur Großzügigkeit durchgemacht – was bitte soll daran schlecht sein?

Es kann auch sein, dass Sie gereizt sind, genervt von diesen begriffsstutzigen Zeitgenossen in Ihrer Umgebung, die nichts auf die Reihe kriegen. Ja, da werden Sie schon mal verbal aggressiv, und wenn es nötig ist, langen Sie auch mal zu. Bedauerlich für die anderen!

Leider auch für Sie, wie Sie noch merken werden. Nur, im Moment merken Sie nichts, gar nichts.

Das Problem besteht darin, dass Sie trotz gesteigerten Denkens und toller Intuition Ihre tatsächliche Situation nicht mehr einschätzen können, nicht merken, wo Sie Dinge tun, die Ihnen noch entsprechen, oder wo Sie mittlerweile völlig abgehoben sind.

Und dass Sie Sachen machen, die Ihnen Ihre Umwelt – Frau, Chef … – nicht verzeihen wird.

Die Menschen um uns können schon mit unseren depressiven Zuständen nicht gut umgehen, aber da überwiegt meist noch das Mitleid. Doch wenn es einem mal etwas zu gut geht, wird sofort drastisch reagiert, mit Rausschmiss oder Scheidung.

Ihr Hochgefühl kann Ihr Leben also nachhaltig ruinieren.

Was ist das?

Vieles spricht dafür, dass Sie eine bipolare Störung haben, bei der sich unterschiedlich ausgeprägte depressive und manische Phasen von unterschiedlicher Dauer und unterschiedlichen Zwischenräumen abwechseln. Das kann in so geringer Intensität ablaufen, dass es außer Ihnen keiner merkt, aber die Schwere kann zunehmen, spontan oder weil Sie zum Beispiel in einer depressiven Phase Antidepressiva nehmen. So gut Antidepressiva bei unipolaren Depressionen wirken, so problematisch sind sie bei bipolaren Störungen, weil sie einen in die Manie »hineinkatapultieren« können.

Es ist also unbedingt wichtig herauszufinden, ob Sie »nur« Depressionen haben oder an einer bipolaren Störung leiden.

Die Diagnose ist nicht leicht zu stellen.

Okay, aus Ihrem Wohlgefühl überhaupt eine Diagnose machen zu wollen, das klingt typisch nach *Shrink**: nicht zur Kennt-

---

* Vor allem in Kalifornien üblicher Ausdruck für Psychiater, der *Schrumpfer!* Lässt tief blicken!

nis nehmen wollen, dass auch bei erwachsenen Menschen überraschend positive Entwicklungen möglich sind, dass Konventionen nicht alles sind, dass man einfach mal gut drauf sein kann. Und das gibt es ja tatsächlich: Manchmal erleben Menschen solche Zustände, wenn sich Ihr Leben grundlegend verändert hat, in einer Liebesbeziehung, wenn Sie von einem neuen Meditationsverfahren begeistert sind, von einer Grenzen sprengenden Sportart, aber auch, wenn Sie einen erschütternden Trauerfall erlebt haben.

Möglicherweise ist es nicht das erste Mal, dass Sie in solch einen Zustand geraten, vielleicht hatten Sie schon ähnliche, wenn auch nicht ganz so ausgeprägte Hochphasen, von denen Sie damals nur profitiert haben. Ihre gesteigerte Kreativität war für Ihren Beruf optimal: Sie konnten Menschen überzeugen, mitreißen, haben schwierige Aufgaben toll gemeistert und viele interessante Menschen kennen gelernt. Zu diesen Zeiten war das einzige Problem, dass der Zustand nicht dauerhaft anhielt, sondern dass dann diese lästigen und kaum zu ertragenden Tiefs folgten, in denen Sie nichts geschafft haben, niedergeschlagen und zurückgezogen waren. Die Sie damals nicht als Depressionen erkennen konnten.

Schwankungen in Stimmung und Antrieb sind normal, unser Befinden ist keine mit dem Lineal gezogene Linie. Abweichungen nach unten sind leider häufiger, aber auch Hochs kommen im Leben vor und sind natürlich zunächst nicht krankhaft. Deswegen ist die diagnostische Zuordnung ausgesprochen schwierig. Und wenn Ihr Psychiater Sie nur depressiv kennt, tut er sich wirklich hart, Ihren normalen Überschwang, dass die Depression endlich vorbei ist, von einer manischen oder hypomanischen (leicht, klinisch nicht auffällig) Phase zu unterscheiden.

Hinweise können sich in Ihrer Familiengeschichte finden, denn bipolare Störungen haben ein stärkeres genetisches Risiko als unipolare Depressionen. Der Großvater, der sein Unternehmen mit waghalsigen, er sagte, »kühnen«, Initiativen an die Wand fuhr und in dem gut nachvollziehbaren Tief, das sich daran anschloss, seinem Leben mit der Jagdflinte ein Ende setzte. Die hübsche Tante, in deren Leben die »Himmelsmacht Liebe« immer wieder vehement einbrach, was sie während ihrer depressiven Zustände aufs bitterste bereute. Die Familienhistorie depressiver Menschen ist reich an solchen Episoden, nur werden sie aus Scham verschwiegen, und es bedarf eines erheblichen detektivischen Spürsinns, um sie zu entdecken.

Auffällig ist, dass wir dazu neigen, kausale Vermutungen mit dem Handeln der Menschen zu verknüpfen: »Weil er das getan hat, hat er sich so oder so gefühlt.« Genauso möglich, und im Fall der bipolaren Störung sicher viel wahrscheinlicher, ist, dass er nur so oder so gehandelt hat, weil er eine gewaltige Antriebssteigerung oder -minderung mit den damit verbundenen Emotionen hatte.

Wenn Sie genau hingucken, finden Sie auch in den Biografien von Künstlern jeder Disziplin Hinweise auf bipolare Störungen. Der kreative Schub in hypomanischen oder manischen Phasen hat manches Lebenswerk geprägt, und der Schweizer Psychiater Jules Angst hat darauf aufmerksam gemacht, dass unsere Kultur ohne die bipolaren Menschen unvorstellbar viel ärmer wäre.

Das härteste Kriterium für eine bipolare Störung ist der Schlaf: Schlafen Sie gut für sechs oder mehr Stunden, so sind Sie ziemlich sicher nicht manisch. Stellen Sie aber fest, dass Ihr Schlaf ausgezeichnet ist, aber pro Nacht nur zwischen zwei und vier Stunden dauert, dann sollten alle Alarmglocken schrillen! So etwas kann allenfalls mal für einige Nächte vorkommen, wenn Sie in einer Extremsituation sind.

Was tun?

Jetzt wird es schwierig. Ich weiß, was jetzt kommt, ist für Sie so schwer anzunehmen. Die harte Wahrheit: Sie müssen Medikamente nehmen, die Sie aus dieser Hochphase herunterbringen. Anders geht es definitiv nicht! Das ist für Sie nicht einzusehen und schon gar nicht akzeptabel. Denn erstens wollen Sie ja gar nicht aus Ihrer Hochphase raus, und zweitens haben diese Medikamente Nebenwirkungen, die unangenehm sein können und die Sie mit Ihrer erhöhten Sensibilität auch noch besonders stark wahrnehmen.

Aber es gibt keinen anderen Weg – und so schön sie sicher wäre, Psychotherapie funktioniert in der akuten Manie nicht. Das dürfte gerade Sie nicht überraschen: Haben Sie doch ständig neue Ideen, die brillanten Gedanken wechseln sich in einem fort ab, und oft können Sie ja auch nicht mehr erinnern, was Sie vor zwei Stunden überhaupt gedacht haben.

Ihrem Therapeuten und Psychiater sind Sie dank Ihres Assoziationsreichtums im Denken hoffnungslos überlegen, die kommen bei Ihrem Tempo schlicht nicht mehr mit. Selbst wenn Sie so lange an einem Gesprächspunkt verweilen könnten, dass Sie zusammen etwas erarbeiten, haben Sie es nach spätestens zwei Stunden vergessen, weil mittlerweile viel interessantere Gedanken des Wegs kommen. Vergessen Sie also Psychotherapie in der akuten Manie! Der Kontakt zu der netten Therapeutin mag Sie faszinieren, aber das hat mit Therapie nichts zu tun.

Medikamente?

Welche Symptome sollten denn behandelt werden?

Möglicherweise sehen Sie selbst ein, dass etwas Beruhigung und eine Normalisierung des Nachtschlafs gut wären. Diesmal kommt allerdings das sonst von mir so geschätzte »schlafanstoßende Antidepressivum« nicht in Frage, weil Antidepressiva eine Manie noch steigern können. Also bleiben Benzodiazepine und sedierende Neuroleptika.

Von den Benzodiazepinen wird oft das starke Clonazepam genommen. Es sediert gut, kann auch gesteigert werden, da es nur wenig toxisch ist, aber – Benzodiazepine machen bekanntlich abhängig! Auch im Zustand der Manie sind Sie gegen Abhängigkeitserkrankungen, sei es Alkohol, seien es Benzodiazepine, nicht immun. Sie müssen ohnehin nach Abschluss Ihrer Manie ganz schön viele Dinge bereinigen, da brauchen Sie nicht auch noch eine Abhängigkeitsproblematik!

Das bedeuet, als antimanische Medikation kann man Ihnen Benzodiazepine nur unter stationären Bedingungen verschreiben, – ein weiteres gutes Argument für eine stationäre Behandlung (siehe Seite 199 ff.)!

Sedierende Neuroleptika sind stark sedierende Medikamente, mit denen es möglich sein müsste, Sie zum Schlafen zu bringen, und die auch Ihre überbordende Kreativität nebst Antriebssteigerung wieder in einen erträglichen Rahmen bringen können. Das wollen Sie nicht, ich weiß! Aber es kann auch nicht so weitergehen! Manien können Monate dauern; Sie selbst sind danach völlig ausgepowert und Ihre Umgebung auch – wenn sie das überhaupt toleriert.

In Frage kommen von den neuen Substanzen in erster Linie Olanzapin, Quetiapin, von den alten Lävomepromazin oder Chlorprothixen. Das sind starke Medikamente, und oft braucht man relativ hohe Dosierungen, um in einer Manie wirklich den gewünschten Effekt zu erreichen. In diesem Zustand scheinen Sie oft wesentlich mehr wegstecken zu können als im Normalzustand. Umso wichtiger ist es deswegen aber, die Dosierung parallel zur klinischen Besserung zu reduzieren! Das kann ziemlich schwierig sein, da man ja kein Wiederaufflammen der Symptomatik will; aber Sie sollten auch in dieser Phase mit Ihrem Arzt gut kommunizieren, um nicht übermäßig niedergedrückt zu sein.

Alle diese Substanzen sedieren nur, gegen die Manie selbst wirken sie nicht, man gibt sie also nur symptomatisch.

Antimanisch wirken nur Lithium und einige Antiepileptika. Beide Substanzgruppen haben den großen Vorteil, dass sie auch prophylaktisch wirken. Wenn Sie sich auf die Akutbehandlung einlassen, tun Sie gleichzeitig etwas dafür, dass Sie aus diesem nervigen Wechsel zwischen Depressionen und Medikamenten herauskommen.

Es gibt also nur einen Weg, oder sagen wir, eineinhalb Wege.

Der Hauptweg:
Sie sollten sich dazu entschließen, eines der genannten Medikamente zu nehmen. Den vernünftigen Entschluss zur Prophylaxe sollten Sie verfestigen, wenn Sie wieder in einigermaßen normaler Stimmungslage sind: In der Depression sagen Sie zu allem Ja und Amen, weil Sie verständlicherweise einfach nur wollen, dass es aufhört; es ist aber sehr schwer, zu diesem Entschluss zu stehen, wenn die Depression vorbei ist. Und in der Manie tun Sie sich mit Entschlüssen zur medikamentösen Behandlung schwer. Warum auch? Es geht Ihnen ja so gut.

Was bedeutet Prophylaxe bei der bipolaren Störung?

Eine Substanz einzunehmen, welche die Amplitude (also den Ausschlag noch oben und unten) der Phasen so weit abschwächt, dass man im idealen Fall nicht klinisch manisch oder depressiv wird. Sehr erfahrene Patienten berichten einem manchmal: »Jetzt wäre ich wohl manisch (oder depressiv), wenn ich das Medikament nicht nehmen würde; ich fühle deutlich, dass es mir immer mal wieder besser (oder schlechter) geht, aber diese Schwankungen erreichen nicht das frühere Ausmaß meiner Krankheitsphasen.«
Wenn sie bei Ihnen wirksam sind, sollten Sie diese Medikamente mehrere Jahre nehmen. Ob sie wirksam sind, merken Sie erst, wenn die Zeitdauer von etwa eineinhalb Krankheitsphasen verstrichen ist, ohne dass Sie auffällig geworden sind. Das setzt voraus, dass Sie Ihre Phasenlänge kennen. Sie dauert vom Beginn einer manischen Episode bis zum Ende der darauf folgenden depressiven Phase. Wenn diese Phasen ausgeprägt sind, ist ihre Zuordnung kein Problem. Es gibt aber Depressionen mit leichten Manien und umgekehrt, und das ist schwer zu erkennen.
Die am zuverlässigsten prophylaktisch wirksame Substanz ist das Lithium. Deswegen sollten Sie eine prophylaktische Behandlung damit beginnen.

Selbstverständlich hat auch Lithium Nebenwirkungen. Sehr sensible Menschen berichten von einer leichten Müdigkeit. Häufigere Nebenwirkungen sind eine Schilddrüsenunterfunktion, die aber gut zu behandeln ist, und ein mehr oder weniger ausgeprägtes Zittern der Hände.

Richtig aufpassen muss man auf die Nierenfunktion. Lithiumsalz verhält sich im Körper wie Kochsalz, das heißt, es wird im Mark der Niere, wo die Konzentrierung des Urins stattfindet, wie alle Blutsalze hoch konzentriert. Während das beim Kochsalz kein Problem ist, wirkt Lithium in höheren Konzentrationen giftig und schädigt die Niere.

Deswegen müssen Sie (Ja Sie! Denn es sind Ihre Nieren, und wenn die kaputt sind, bleibt nur das Transplantationsprogramm!) darauf achten, dass Ihre Lithiumwerte im Blut 1,0 mval nicht überschreiten! Bis dahin ist Lithium nicht nierenschädigend, dann beginnt der kritische Bereich. Sie müssen also Ihren Arzt – der das zugegebenermaßen eigentlich selber wissen sollte! – gelegentlich danach fragen, ob nicht mal wieder eine Bestimmung des Lithiumspiegels fällig wäre.

Bei allen Zuständen, in denen sich die Salzkonzentration des Körpers verändert (viel schwitzen, weil Sie den Sommer lieber in Spanien erleben, Durchfall, Beginn eines Ausdauertrainings) sollten Sie häufiger den Blutspiegel machen lassen. Sie dürfen nach Spanien oder Afrika reisen, Sie dürfen, wenn Sie das unbedingt wollen, auch Marathon laufen, aber Sie sollten die dadurch ausgelösten Flüssigkeitsverschiebungen in Ihrem Körper kennen und die Lithiumeinnahme dem anpassen.

Wenn Sie Lithium nicht vertragen oder wenn es nicht wirkt, kann man auf ein Antiepileptikum umstellen: Carbamazepin, Lamotrigin, Valproat.

Das ist Sache eines Spezialisten, weil sich diese Medikamente sehr unterschiedlich verhalten, mit anderen Medikamenten in Wechselwirkung treten und dann sehr langsam »eingeschlichen« werden müssen.

Generell können Sie davon ausgehen, dass diese Medikamente für den jahre- bis jahrzehntelangen Gebrauch entwickelt wurden und dass man sie auch so lange nehmen kann.

Können Sie Lithium & Co. auch mal wieder absetzen?

Müssen Sie ausprobieren. Bitte nur in enger Kooperation mit Ihrem Arzt! Denn Sie brauchen jemanden, der Ihnen zurückmeldet, wie Sie nach dem Absetzen wirken, ob sich möglicherweise Hinweise für eine akute Manie oder Depression ergeben. Sie selber merken das meist als Letzte/r!

Manchmal ist der Krankheitsprozess nach einigen Jahren zum Stillstand gekommen, es kann aber auch nach 15 Jahren direkt nach dem Absetzversuch wieder losgehen. Ein Hinweis könnte sein, ob Sie trotz der Prophylaxe die Krankheitsphasen noch abgeschwächt wahrnehmen. In diesem Fall ist ein Absetzen nicht zu empfehlen.

Und der halbe Weg? Der ist nur präventiv möglich.

Geregelt leben.

Das ist, wenn Sie es konsequent handhaben, sehr hilfreich, aber es setzt enorm viel Durchhaltevermögen voraus, und wenn man manisch ist, findet man ein geregeltes Leben oft einfach nur langweilig – und lässt es deswegen sein.

Und dabei hilft nun doch die Psychotherapie!

Es gibt eine prophylaktisch wirksame Modifikation der IPT, bei der es vor allem um die sozialen Rhythmen geht, die »Zwischenmenschliche und soziale Rhythmus-Therapie«*. Sie wurde für die Behandlung der bipolaren Störung entwickelt, weil man

---

* Frank E, Swartz HA, Kupfer DJ . Biol Psychiatry. 15. September 2000, 48 (6) :593-604. Zwischenmenschliche und soziale Rhythmus-Therapie

weiß, dass bei Menschen mit entsprechender genetischer Belastung durch positive wie negative Ereignisse Störungen der Zirkadian-Periodik, des Schlaf-wach-Rhythmus, hervorgerufen werden, die bipolare Störungen auslösen können. Die Therapie vermittelt, wie man ein geregeltes Leben auch unter solchen Belastungen durchhalten kann.

Vielleicht hilft Ihnen Ihre Partnerin oder Ihr Partner bei dem Weg ins geregelte Leben, unterstützt Sie bei der so viel Durchhaltevermögen fordernden Medikamenten-Einnahme. Denn Ihre *significant others* leiden am meisten unter diesen Stimmungsschwankungen, können weder verstehen noch auf die Dauer ertragen, wenn der ihnen am nächsten stehende Mensch über Monate niedergeschlagen, energielos ist und dann kein bisschen nachfühlbar vor Energie explodiert, mit allen, die cool und interessant erscheinen, kommuniziert – wobei dieser Begriff oft sehr weit gefasst wird – und brüsk und pampig reagiert, wenn nur ein Hauch von Kritik aufkommt. Nehmen Sie Ihre bipolare Störung ernst, wenn Sie dieses Ihr Leben mit den Ihnen nahestehenden Menschen retten wollen!

Brauchen Sie einen Arzt?*

Oder kriegen Sie das selber hin? Und welchen nehmen Sie, wenn Sie einen brauchen?

Sollten Sie wirklich Medikamente nehmen? Oder sogar eine Psychotherapie machen?

Arzttermine sind Mangelware. Nur weil es Ihnen schlecht geht, bekommen Sie noch lange keinen Termin. Bei einem Psychotherapeuten dauert es etwa drei Monate bis zum Erstgespräch. Gut wäre also, wenn Sie selbst eine Einschätzung entwickelten, wann Sie professionelle Hilfe brauchen oder wann Sie als Laie allein besser klar kommen. »Normale« Gefühlsschwankungen, leichte oder beginnende schwere Störungen kommen bekanntlich nicht mit einem Etikett daher, auf dem steht, was sich in den nächsten Wochen entwickeln wird – klingt die ganze Geschichte wieder ab, oder wird die Sache ohne Behandlung nicht besser, sondern schlimmer?

Man muss es also herausfinden. Wer?

Na, wer schon? Sie selbst. Die Spezialistin oder der Spezialist für Sie sind Sie selbst! Das sind Sie nicht gewöhnt? Dann wird es Zeit, Sie müssen sich nur trauen.

Die entscheidende Voraussetzung ist, dass Sie sich klar darüber werden, wie Ihre Gefühle, Ihre Wahrnehmungen, Ihr Denken in guten Zeiten sind und wie sie sich jetzt geändert haben

---

* Einige zentrale Überlegungen dieses Kapitels verdanke ich dem Buch von Allen Frances: Normal; Köln 2013, S. 309 ff.

oder ändern. Für die Einschätzung seelischer Störungen gibt es zunächst kein besseres Verfahren als die Selbstbeobachtung. Fangen Sie allerdings erst damit an, wenn etwas schief läuft, ist es nicht so einfach; wenn Sie auch in guten Zeiten gelegentlich zur Selbstreflexion geneigt haben, tun Sie sich jetzt leichter. Ein Tagebuch ist hilfreich. Und – die Meinung Ihrer Angehörigen. Die ist oft schwer zu akzeptieren. Gerade wenn Sie von sich selbst genervt sind, sich selbst nicht verstehen, fällt es Ihnen besonders schwer zu akzeptieren, was Ihre Frau an Ihnen beobachtet haben will. Und doch liegt sie damit oft genau richtig.

Sie sollten versuchen, sich selbst gegenüber ehrlich zu sein – und später natürlich auch gegenüber Ihrem Arzt und Therapeuten. Was Ihre Seele da so produziert, erscheint Ihnen vielleicht peinlich, aber Sie können ganz sicher sein, es ist total menschlich. Jedes Individuum ist zwar einzigartig, aber jedes hat eigenartige Anwandlungen, und ganz gewiss hat ein Psychiater schon davon gehört. Sie haben sich vielleicht mit diesen Seiten von sich bisher noch nicht beschäftigen wollen, aber das können Sie ja jetzt tun – es ist auf jeden Fall ein Gewinn.

Auch die Zeit, die Sie brauchen, um sich klarer zu werden, ist auf der Gewinnseite zu buchen, denn nur mit der Zeit wird deutlich, was eigentlich los ist: Ist Ihre Symptomatik vielleicht eine total normale Reaktion auf eine besondere Belastung, die Sie aber in Ihrem Wunsch, dass alles normal weiterlaufen muss, gar nicht als »besonders« eingestuft haben? Oder sind Sie krank? In dieser Phase geht es um Ihre Information und Aufklärung. Noch nie konnten Sie sich so viele Informationen über seelische und körperliche Gesundheit selbst beschaffen wie heute. Wenn Sie das mögen, können Sie sich im Internet anschauen, was andere in einer ähnlichen Situation gemacht haben, Sie können über Ihre Symptome nachlesen, auch über eine mögliche Diagnose.

Mit der sollten Sie allerdings zurückhaltend sein. Je näher man dran ist, desto schlechter ist die diagnostische Kompetenz: Gute Ärzte wissen, dass sie ihre Angehörigen, Frauen, Männer, Kinder, Geliebte, nicht selbst diagnostizieren sollten, weil man dafür Abstand braucht. Und näher als Sie, der/die Betroffene, ist niemand dran. Dafür brauchen Sie also einen Arzt. Verdichten sich die Anzeichen, dass die von Ihnen an sich selbst beobachteten Veränderungen keine Variationen normaler Befindlichkeit mehr sind, machen Sie einen Arzttermin. Die Wartezeit ist überhaupt kein Beinbruch, wie der amerikanische Psychiater Allen Frances in seinem Buch »Normal« schreibt. Denn die Diagnose führt dann sehr schnell, oft zu schnell, zur Therapie. Dazu kommen wir gleich.

In der Psychiatrie können Sie sich einen zeitlichen Aufschub nur bei zwei Situationen nicht leisten: bei der akuten Selbstmordgefährdung und beim Beginn einer Manie. In beiden Fällen muss man sofort, jetzt, heute handeln, weil es sonst zu spät sein wird.

Sie sind immer gefragt – auch beim Arzt!

Wenn Ihr Arzt im Dialog mit Ihnen eine Diagnose stellt, steht als nächster Schritt eine Behandlungsempfehlung an. Auch an dieser Stelle sind Sie sehr gefragt. Denn Sie sind betroffen, Sie müssen die Medikamente schlucken, die Psychotherapie machen. Wenn Sie an dieser Stelle nach dem Prinzip »Augen zu und durch« verfahren, machen Sie unter Umständen alles zunichte, was Sie bisher durch genaue Selbstbeobachtung und einen differenzierten Dialog mit dem Arzt/Therapeuten herausgefunden haben. Es ist unverzichtbar, dass Sie alle Vorschläge Ihres Arztes hinterfragen, so lange, bis Sie sie verstanden haben. Und bis Sie bereit sind, ihnen zu folgen, oder aber eben nicht. Das sollten Sie ihm dann auch sagen. »Ich bin heute noch nicht so weit, das wunderbare schlafanstoßende Antidepressivum einzunehmen, das Sie mir nach bestem Wissen und Gewissen empfohlen haben.« Ich als Therapeut wäre froh, wenn ich das frühzeitig hören würde und nicht erst zwei Wochen später beim nächsten Termin erfahre, dass Sie das Medikament aus Angst vor Nebenwirkungen nicht genommen haben! Und das erst auf Rückfrage, weil es Ihnen doch irgendwie peinlich ist. Sie entscheiden, Sie entscheiden, Sie entscheiden. Es ist Ihre Zeit, Ihr Wohlbefinden.

Zu welchem Arzt sollen Sie gehen? Psychiater oder Hausarzt?

Den Hausarzt kennen Sie, er kennt Sie, Sie wissen, wie er ist und arbeitet. Er kann das plötzliche Auftreten psychiatrischer Symptome schnell erkennen und einordnen, ohne dass Sie ihm alles haarklein erklären müssen. Keine schlechte Sache – wenn er sich mit Psychiatrie beschäftigt und was davon versteht. Was sehr oft, aber nicht immer der Fall ist. Das müssen Sie herausfinden. Einen Nachteil hat der Hausarzt jedoch: Die Budgets für Medikamente sind bei ihm enger gefasst als beim Psychiater, weswegen er sich bei der Verordnung eher beschränken muss. Das muss kein Fehler sein (siehe unten), aber gerade bei den Antidepressiva kommt man manchmal nicht drum herum, Alternativen auszuprobieren.

Die Schwelle zum Psychiater ist höher, ich weiß. Aber wenn es um eine seelische Störung geht, versteht er mehr als der Hausarzt – alles andere wäre ja auch traurig. Der Psychiater sollte mehr Zeit für Sie haben. Manchmal hilft es, wenn Sie zur Klärung der Diagnose wenige Male einen Psychiater sehen, der dann für Ihren Hausarzt eine Behandlungsempfehlung abgibt. Wenn Sie aber eine schwerere Störung haben, wie eine Psychose oder eine bipolare Störung, sollten Sie in psychiatrischer Behandlung sein.

Eine zweite Meinung ist immer gut. In erster Linie für Sie selbst. Deswegen sollten Sie sich auch trauen, sie einzuholen. Und dann mit Ihrem Arzt besprechen, wie sie ausgefallen ist. Sonst haben Sie nichts davon, denn sie ist ja nur eine zweite, nicht eine bessere Meinung als die erste. Ich habe mal ein Ehepaar zur antidepressiven Behandlung der Frau beraten und kam zu einer anderen Ansicht als die behandelnde Ärztin. Einen Tag später bekam meine Sekretärin einen Anruf, wir sollten um Himmels willen der behandelnden Ärztin nichts von diesem Gespräch sagen – was ich unaufgefordert sowieso nicht getan hätte. Das Honorar hätten sich die Leute sparen können.

Sollen Sie wirklich Medikamente nehmen? Sind Sie tatsächlich ein Fall für Psychotherapie?

Die positive Sichtweise: Beide, Medikamente und Psychotherapie, sind bei richtiger Indikationsstellung enorm hilfreiche Mittel, Ihnen schnell (Medikamente) und nachhaltig (Psychotherapie) Erleichterung bei Symptomen zu verschaffen, die Sie ungemein quälen können. Nur ganz wenige Medikamente machen abhängig; welche, werde ich für die jeweiligen Störungen sehr deutlich sagen. Die Nebenwirkungen sind natürlich individuell verschieden, aber generell tolerierbar, sonst wäre das Medikament nicht zugelassen worden. Psychotherapie ist keine Gehirnwäsche. Sie haben die Kontrolle, vor allem wenn Sie nachfragen, und auch Sie – ja Sie! – können die positive Erfahrung machen, dass geistig-seelisches Wachstum eine gute Sache ist.

Die kritische Sichtweise:

1. Nicht jedes Problem braucht eine 40-stündige (und mehr!) Psychotherapie, unter besonderer Berücksichtigung der lebensgeschichtlichen Grundlagen; viele Krisen lösen sich nach fünf bis acht Stunden Beratung, vielleicht in Kombination mit einem schlaffördernden Medikament, wunderbar auf. Wenn sich alles beruhigt hat, können Sie ja immer noch überlegen, ob Sie das Verhältnis zu Ihrer Mutter mal klar kriegen sollten (besonders, aber nicht nur, bei Frauen ist das oft eine ganz ausgezeichnete Idee).

2. Es gibt wirklich nur wenige Indikationen für Medikamente! Das sehen die Pharmafirmen naturgemäß anders, aber es spricht ja nichts dagegen, dass Sie sich den Zusammenhang zwischen In-

teressen und Empfehlungen klar machen. Das ist nicht nur bei der seelischen Gesundheit gut. Wenn Sie aber Medikamente nehmen sollen und wollen, sollten Sie es richtig machen, richtige Dosis, lange genug. Und im vollen Bewusstsein der Nebenwirkungen, die jedes Medikament hat.

Eingebildet krank? – Somatoforme Störung

Wenn Sie vormittags ein Kratzen im Hals spüren, mittags mehr schwitzen als gewöhnlich, wenn Sie bald richtige Halsschmerzen haben, begleitet von Kopfschmerzen, die lieben Kinder kaum noch ertragen können und sich am liebsten ins Bett zurückziehen wollen – dann haben Sie wahrscheinlich eine Erkältung, schlimmstenfalls eine Grippe. Sie werden vermutlich nicht an einen Hirntumor denken, trotz der Kopfschmerzen, auch zunächst mal nicht an eine Hirnhautentzündung. Und wenn die Symptome nach vier bis fünf Tagen abgeklungen sind, ist die Angelegenheit schnell vergessen.

Ernster ist es, wenn Sie Schmerzen in der linken Brust, ausstrahlend in den linken Oberarm, haben, die stärker werden, wenn Sie sich körperlich anstrengen. Sie haben ja deutliches Übergewicht, rauchen leider immer noch eine Schachtel am Tag, und neulich waren die Fettwerte im Blut unerfreulich hoch. Ihr ansonsten eher gelassener Hausarzt wird hektisch werden, wenn Sie mit einer solchen Symptomatik zu ihm kommen, denn Sie haben wahrscheinlich eine Verengung der Herzkranzgefäße, möglicherweise einen beginnenden Herzinfarkt.

Diese beiden Fälle sind so, wie wir uns die Medizin vorstellen: Harmlose Symptome deuten auf harmlose Erkrankungen hin, die Ansammlung vieler Belastungsfaktoren macht eine bedrohliche Störung wahrscheinlicher.

Aber bei Ihnen ist das anders. Sie sorgen sich schon bei Minisymptomen, ob Sie vielleicht eine bedrohliche Krankheit haben.

Was zwar nicht wahrscheinlich, aber auch nicht völlig unmöglich ist: Einen Infarkt können Sie ohne typische Symptomatik bekommen, ohne alle Risikofaktoren, ohne Schmerzen in der linken Brust etc. Kopfschmerzen könnten tatsächlich ein Hinweis auf einen Hirntumor oder eine lebensbedrohliche Hirnhautentzündung sein. Irgendwann haben Sie angefangen, darüber nachzudenken, ob Sie krank sind. Sie hören in sich hinein, nehmen jede Veränderung als Zeichen einer bedrohlichen Krankheit wahr, ständig entdecken Sie neue Symptome.

Medizinstudenten kennen das Phänomen gut: Wenn sie neue Krankheiten lernen und sich intensiv mit den Symptomen beschäftigen, entdecken sie mit einem Mal diese Symptome bei sich selbst. Dass diese Reaktionen harmlos sind, merken die Studenten daran, dass dieses Verhaltensmuster bei jedem neuen Krankheitsbild auftaucht und allmählich zum vertrauten Phänomen wird.

Wie erleben Sie sich?

Dieser Leberfleck auf dem linken Oberschenkel, ist er nicht größer geworden nach der Schönwetterphase, in der Sie fast jeden Nachmittag nach der Arbeit am Strand waren? Jetzt erinnern Sie sich an das Interview mit diesem so kompetent wirkenden Hautarzt, der gesagt hatte, am liebsten wäre ihm, wenn die Menschen überhaupt nicht mehr in die Sonne gingen. Okay, Ihnen bleibt keine andere Wahl, Sie machen einen Termin bei der Dermatologin.

Gottseidank hat sie sich den Leberfleck genau angesehen, mit der Lupe, und dann gesagt, dass das keine Vorstufe des schwarzen Hautkrebses sei. Sehr erleichtert sind Sie von dannen gezogen. Nur, jetzt, zwei Wochen später, und obwohl Sie vorsichtshalber gar nicht mehr beim Sonnenbaden waren, machen Sie sich schon wieder Sorgen, überlegen, ob Sie sich noch mal einen Termin bei der netten Dermatologin geben lassen sollen. Zuerst genieren Sie sich, aber zehn Tage später machen Sie's doch. Etwas peinliche Situation, obwohl die Ärztin wieder nett war und sagte, dass sie Ihre Sorgen verstehen kann. Hautkrebs war es immer noch nicht. Die Erleichterung war fast so groß wie beim ersten Mal, aber sie hielt nicht so lange an. Nach einer Woche konnten Sie vor lauter Sorgen nicht mehr schlafen. Sie haben jetzt einen Termin bei einem anderen Hautarzt gemacht, Sie nennen das »eine zweite Meinung einholen«, wobei Sie genau wissen, dass die erste Meinung schon gereicht hätte, aber eben Ihnen und Ihren Sorgen nicht.

Oder…

Irgendetwas war komisch mit Ihrer Regelblutung, sie kam eher und war viel stärker als sonst. Und seit der Trennung von Ihrem Freund hatten Sie so ein undefinierbares Ziehen im Unterleib, keine richtigen Schmerzen, aber gut war es auch nicht. Dann fiel Ihnen ein, dass Sie schon viel zu lange nicht zur Vorsorge gewesen waren. Also haben Sie versucht, schnell einen Termin beim Frauenarzt zu bekommen, und sich über die blöde Sprechstundenhilfe geärgert, die die plötzliche Dringlichkeit nicht einsehen wollte. Die Untersuchung war irgendwie schmerzhafter als sonst, und Sie hatten den Eindruck, dass Ihr Arzt irgendwie komisch war. Er hat einen Abstrich gemacht und wollte Sie anrufen, wenn am Ergebnis etwas Besonderes wäre, Sie haben ihn aber gebeten, er solle Sie auf jeden Fall anrufen. Jetzt warten Sie schon zwei Wochen auf den Befund und sagen sich, dass das doch eigentlich nicht sein könne. Zwei Tage später überwinden Sie sich und rufen in der Praxis an – und dann: »Der Befund ist schon seit einer Woche da, ganz unauffällig, der Herr Doktor hatte nur vergessen, Sie anzurufen.« Sie sind enorm erleichtert, gleichzeitig wütend, weil er Sie so lange hatte schmoren lassen. Ja, und gestern war wieder dieses komische Ziehen im Unterleib da. Da haben Sie sich gefragt, ob der Arzt Sie wirklich sorgfältig genug untersucht hat. Wer vergisst, Sie anzurufen, kann ja durchaus auch mal was bei der Untersuchung übersehen. Jetzt haben Sie einen Termin bei einer Frauenärztin gemacht.

Oder …

Komisch, dass diese Erkältung überhaupt nicht aufhört, sechs Wochen geht das schon. Die Apothekerin, bei der Sie wegen Naturheilmitteln nachgefragt haben, sagte was von »reduzierter Abwehr«. Auf Ihre Rückfrage erzählte sie von allen möglichen Ursachen und meinte am Schluss: »Ganz selten ist so was auch mal ein Hinweis auf eine Leukämie.« Sie wusste wohl nicht, dass Ihre Tante im letzten Herbst nach langer Krankheit an einer Leukämie gestorben war. Sie haben dann bei Wikipedia nachgesehen, und tatsächlich, hartnäckige Erkältungen können mal ein Hinweis auf eine reduzierte Abwehr bei Leukämie sein. Und jetzt gehen Sie zum Hämatologen.

Allerdings ist das nicht die erste derartige Geschichte, bei der Sie eine mögliche schwere Erkrankung diagnostisch abklären lassen. Da war diese Geschichte mit den Kopfschmerzen, die auf den Hirntumor hindeuteten, und der Knubbel am Oberarm, bei dem Sie unbedingt ein Sarkom abgeklärt haben wollten. Das Vertrackte: Jede dieser Untersuchungen war für sich genommen sinnvoll, denn man kann es ja wirklich nicht wissen. Den Ärzten haben Sie nicht gesagt, dass Sie nach erfolgter Diagnostik erst einmal erleichtert waren, aber dass nach spätestens vierzehn Tagen die Sorgen wieder anfingen. Sie wussten zwar, dass Sie nicht schon wieder eine internistische Abklärung, einen MRT, eine Gewebeprobe machen lassen konnten, aber genau das wäre Ihnen am liebsten gewesen.

Was steckt hinter dieser quälenden Situation?

Das ist eine somatoforme Störung, trotz des unverständlichen Namens eine häufige Störung. Fast jeder zweite der Arztbesucher kommt in die Praxis, obwohl sich kein objektiver Befund nachweisen lässt, und viele von ihnen haben eine somatoforme Störung. Sie ist also verblüffenderweise häufiger als die meisten

»richtigen« Störungen, die eingebildeten Krankheiten sind häufiger als die echten. Denn das Echtheitszertifikat hängt eben nicht an der Symptomatik dran. Dorthin, wo Sie am besten aufgehoben wären, nämlich bei Psychiater und Psychotherapeut, gehen Sie nur in den seltensten Fällen, denn das, was Sie verspüren, spricht ja für körperliche und nicht für seelische Symptome. Und wenn Sie zum dritten Mal kommen, fällt den Körpermedizinern allenfalls ein, dass Sie simulieren, was Sie nun wirklich nicht tun, denn Sie haben ja »etwas«.

Welche Spielarten gibt es?

- Müdigkeit, Adynamie,
- das Gefühl, nicht genügend Luft zu bekommen, zu enge Atemwege zu haben,
- Herzbeschwerden aller Art,
- Auffälligkeiten im Magen-Darm-Trakt,
- Unterleibsbeschwerden im Bereich der Gebärmutter oder der Eierstöcke, der Prostata,
- Beschwerden beim Wasserlassen
- und vor allem alle Arten von Schmerzen.

Woher kommt das?

Sie erinnern sich vielleicht, dass diese Symptomatik anfing, als Sie für kurze Zeit glaubten, an einer schlimmen Krankheit zu leiden Der Verdacht auf einen Eierstockkrebs, der sich als harmlose Zyste entpuppte, der Knubbel am Unterarm, der nach der ersten Diagnostik vom unerfahrenen Radiologen für ein Sarkom gehalten wurde, bis sich nach zwei Wochen herausstellte, dass es eine harmlose Fettgeschwulst war. Sie hatten große Angst, das Leben sei jetzt vorbei. Sie würden den Arm verlieren, mit dem Sie doch gerade erst angefangen hatten, Tennis zu spielen, oder Sie würden eine Totaloperation machen lassen müssen, bevor Sie überhaupt die Chance hatten, ein Kind zu bekommen.

An diesen Horror schloss sich eine Phase von einigen Wochen an, in denen Sie sehr aufmerksam, »dünnhäutig« waren. Und da-

96

nach ging es los. Bei jeder noch so harmlosen Auffälligkeit war die plötzliche »Gewissheit« da, eine richtig schlimme Krankheit zu haben. Daraus entwickelte sich das drängende Bedürfnis, darüber unbedingt mit einem Arzt zu sprechen, auch wenn er nicht begeistert davon war, dass Sie schon wieder vor ihm saßen.

Rückblickend fällt Ihnen ein, dass Sie immer schon eine gewisse Neigung zum Schwarzsehen hatten, die Dinge negativ zu sehen, vor allem sich selbst und Ihre eigenen Fähigkeiten. Andere gehen mit einem Ihnen völlig unverständlichen Urvertrauen durchs Leben – dass schon alles gut werden wird. Sie können das überhaupt nicht nachvollziehen und, wenn Sie sich richtig erinnern, konnten Sie das noch nie. Hängt das damit zusammen, dass Ihre Mutter Sie schon als Kind gewarnt hat, dass Sie die Dinge nicht so leicht nehmen sollten?

Was tun?

Das ist nicht so einfach.

Wenn Sie den Eindruck haben, irgendwas stimmt mit Ihnen nicht, wenn Sie neue und undefinierbare Schmerzen haben, Herz- oder andere Beschwerden, dann sollten Sie das untersuchen lassen, weil die Einschätzung, diese Beschwerden seien psychisch bedingt, immer eine Ausschlussdiagnose ist. Und Sie sollten sich die Befunde aller Untersuchungen erklären lassen, bis Sie sie wirklich verstanden haben. Dann sollten Sie Ihre Gefühle und Ihr Verhalten genau beobachten: Bleibt die Erleichterung über einen sogenannten negativen Befund, dass sich also nichts Pathologisches finden lässt, bestehen, oder weicht sie nach Stunden oder Tagen erneutem Grübeln und Sorgen, man könne vielleicht doch etwas übersehen haben? Sie tun sich keinen Gefallen, wenn Sie noch einmal denselben oder auch einen anderen Spezialisten aufsuchen; jetzt gehören Sie zu einem Psychiater oder Psychotherapeuten.

Gab es da nicht noch die Sache mit der zweiten Meinung? Eine zweite Meinung ist sinnvoll, und Sie sollten davon Gebrauch machen, wenn ein seltener oder unklar bleibender Befund vorliegt, wenn es keine Klarheit über die sinnvollste Therapie gibt. Aber ein klarer Untersuchungsbefund, von einem dafür spezialisierten Arzt erhoben, braucht keine zweite Meinung; ein unauffälliges EKG ist unauffällig, eine unauffällige Koronarangiografie ebenfalls und auch ein von einem Spezialisten bei klarer Fragestellung beurteiltes MRT. Ein normales Blutbild schließt die Leukämie aus, ein unauffälliger Befund samt Abstrich das Cervixkarzinom, und ein Dermatologe kann zwischen einem schwarzen Hautkrebs und einer Alterswarze sehr wohl unterscheiden.

Was brauchen Sie jetzt? Ideal wäre die Kombination aus einem Psychiater/Psychotherapeuten und einem in dieser Störung erfahrenen Hausarzt, die beide gelegentlich über Sie kommunizieren. Denn in erster Linie sollten Sie Ihre Ängste und deren Ursachen psychotherapeutisch bearbeiten. Aber es kann ja immer mal wieder ein neues Symptom auftauchen, bei dem der Psychotherapeut nicht entscheiden kann, ob vielleicht doch eine körperliche Untersuchung angebracht wäre. Eine solche Entscheidung sollte der auf diesem Gebiet erfahrene Hausarzt treffen, im Dialog und nach Rücksprache mit den »Psychos«.

Medikamente helfen nicht. Es sei denn, der akute Zustand ist wesentlich durch eine Depression verschlechtert, die sich antidepressiv behandeln lässt.

Was kaum jemand versteht, ist diese unglaubliche Panik, die aufsteigt, wenn Sie wieder ein neues Symptom entdeckt haben. Lernen müssen Sie, dass das Ausdruck erhöhten Stresses, einer unbefriedigenden Lebenssituation ist und eben nicht der entscheidende Hinweis auf eine gefährliche Krankheit, die unbedingt jetzt sofort diagnostiziert und behandelt werden muss. In der Therapie können Sie allmählich lernen, wie diese Zusammenhänge aussehen und wie Sie die Ursachen dieser Panik in den Griff bekommen.

Es ist (fast) alles im Kopf – Schmerz

Wenn Sie seit gestern heftige Zahnschmerzen haben, sollten Sie zum Zahnarzt gehen und nicht zum Psychotherapeuten. Letzterer bietet sich nur an, wenn Sie den Zahnarzt auf Teufel komm raus vermeiden und deswegen eine »Instant-Verhaltenstherapie« brauchen, damit der Zahn nicht ganz zugrunde gegangen ist, wenn Sie es endlich zum Zahnarzt schaffen. So etwas gibt es tatsächlich. Verhaltenstherapie oder Schmerzmanagement durch Hypnose sind die Methoden der Wahl.

Akut auftretende Schmerzen sind zunächst ein Warnsignal, auf das Sie spätestens dann reagieren müssen, wenn die Schmerzen stärker werden und nicht innerhalb weniger Stunden wieder weggehen; sonst wird es bedrohlich, egal, welches Organ betroffen ist – seien es Zähne, Blinddarm, Nieren- und Gallensteine, Herz! Und Schmerzmittel sollten Sie ganz sicher erst dann nehmen, wenn die Ursache geklärt ist, denn Art und Lokalisation der Schmerzen sind wichtige Hinweise für eine Diagnose.

Andere Schmerzen kommen und gehen phasenweise.

Insbesondere »Kopfschmerzen«.

Was merken Sie?

Eine Vorphase von Stunden bis Tagen geht dem eigentlichen Schmerz voran. Sie können auffällig müde sein und gähnen sehr häufig, sind geräuschempfindlich oder haben Stimmungsschwankungen, die für Sie sonst eigentlich nicht typisch sind. Manchmal fühlen sich Magen und Darm anders an als sonst, Sie haben ungewohnten Heißhunger oder Verstopfung.

Vier Fünftel aller Kopfschmerz-Patienten haben keine »Aura«, aber weil die so spektakulär ist, wird sie sehr häufig beschrieben: Meistens ist das Sehen für etwa eine halbe Stunde beeinträchtigt, Ihr Gesichtsfeld ist in einem Bereich verdunkelt, oder es treten Blitze, Flimmern, leuchtende, oft gezackte Linien auf, seltener mit Taubheitsgefühl in einer oder mehreren Köperregionen, mit Kribbeln oder manchmal auch mit Lähmungen. In diesem Zustand beginnen die Kopfschmerzen, die typischerweise halbseitig sind, ziemlich heftig, pochend oder pulsierend, es können aber auch »ganz normale« Kopfschmerzen sein. Sie werden durch körperliche Aktivität verstärkt. Wahrscheinlich kommt es Ihnen auch gar nicht in den Sinn, körperlich aktiv zu werden, sondern Sie suchen Ruhe, meistens in einem dunklen Raum, denn Ihnen ist häufig übel bis zum Erbrechen, und Sie sind licht- und geräuschempfindlich.

Was ist das?

Das ist höchstwahrscheinlich eine Migräne-Attacke. Wahrscheinlich wissen Sie schon, dass Sie Migräne haben, und kennen »Ihre« Migräne* ganz gut. Wenn Sie solche Symptome aber noch nie gehabt haben und diese nicht nur einmal auftreten, sollten Sie einen auf Schmerzen spezialisierten Neurologen aufsuchen. Denn diese Beschwerden können auch symptomatisch sein, also Hinweis auf eine andere, zu behandelnde Krankheit, zum Beispiel eine Hirngefäßerkrankung, einen Tumor, eine Entzündung. Und dieser Spezialist macht eben nicht nur die Diagnostik, sondern gibt Ihnen klare Empfehlungen zu Therapie und/oder Prophylaxe.

Wie erkennen Sie, dass Sie beim richtigen Spezialisten sind? Er nimmt sich Zeit! Schmerzdiagnostik dauert. Die Vorgeschichte

---

* »Die« Migräne gibt es nicht, sondern wie alle anderen Störungen tritt auch sie immer in individueller Ausprägung auf.

ist wichtig, die Spezialuntersuchungen, und vor allem muss Ihnen dieser Spezialist Ihre Störung und die Therapiemöglichkeiten so gut erklären, dass Sie sie wirklich verstanden haben – und dann bitte auch danach handeln! Es gibt jede Menge Migräne-Patienten, die (fast) alles über ihre Störung wissen, aber trotzdem chronisch darunter leiden, weil sie beim Spezialisten nicht genau nachgefragt, nachgefragt, nachgefragt und deswegen die Bedeutung und die Art einer Prophylaxe nicht begriffen haben. Deswegen machen sie gar keine Prophylaxe, oder die falsche.

Woher kommt eine Migräne?

So richtig klar ist das nicht, aber es gibt Vermutungen.

Eine Hypothese besagt, dass das Nervensystem von Migränikern übererregbar werden kann, möglicherweise aufgrund einer genetischen Auffälligkeit. Beginnend in der Sehrinde, breitet sich diese Übererregung über die gesamte Hirnrinde aus. Offensichtlich wird bei der Migräne vermehrt Serotonin freigesetzt, ein Nervenbotenstoff, der in bestimmten Konzentrationen auch eine Erweiterung der Hirngefäße verursachen kann.

Was tun?

Als Mittel der ersten Wahl gelten die Nichtopioid-Analgetika Acetylsalicylsäure, Ibuprofen, Naproxen, Diclofenac und Paracetamol, unter Umständen auch in Kombination mit Koffein – die Anwendung als Brausetabletten hilft beim schnellen Wirkungseintritt –, und spezifische Migräne-Therapeutika wie Sumatriptan. Diese Medikamente sollten unbedingt nur zur Akutbehandlung und nicht dauerhaft eingesetzt werden. Besonders Ibuprofen und Diclofenac können auf Dauer nierenschädigend wirken.

Die Triptane unterscheiden sich in ihrer Bioverfügbarkeit, weswegen es sinnvoll sein kann, dass Sie unterschiedliche Präparate ausprobieren. Wichtig ist, dass Sie Triptane rechtzeitig während eines Anfalls einnehmen und auch genügend hoch dosieren, bei nicht vollständiger Wirkung noch nachdosieren, da sich die Wirkung sonst verringert. Auch Triptane sollten auf keinen Fall auf Dauer eingenommen werden.

Interessant ist, dass es offenbar auch nicht medikamentöse Methoden gibt, die wirksam sind: Im Vordergrund stehen Reizabschirmung und Autogenes Training.

Haben Sie häufige Attacken – mehr als drei pro Monat –, die länger als drei Tage andauern, ist eine Prophylaxe sinnvoll.

Die Betablocker Metoprolol und Propranolol sind die erste Wahl zur Langzeitprophylaxe. Alternativ können Sie prophylaktisch den Calciumantagonisten Flunarizin einnehmen. Auch die Antiepileptika Valproinsäure und Topiramat gelten als Mittel der ersten Wahl, wenn keine Betablocker eingesetzt werden können. Allerdings ist Valproinsäure für diese Indikation nicht zugelassen; die Gabe entspricht also einem *off label use,* das heißt, einem nicht für diese Indikation zugelassenen Gebrauch; was wiederum bedeutet, dass Sie Ihr Arzt darauf hinweisen muss, nicht zuletzt, weil die Krankenkasse die Kosten nicht zwingend übernehmen muss, weswegen man auch mit ihr vorher reden sollte.

Schwer zu verstehen ist, dass sich von den Antidepressiva lediglich das Amitriptylin in klinischen Studien zur Migräne-Prophylaxe durchsetzen konnte. Ebenfalls rätselhaft ist die Gleichwertigkeit der Akupunktur mit medikamentöser Prophylaxe, vor allem weil die Position der Nadeln keine Rolle spielt. Die Progressive Muskelentspannung nach Jacobson und das Biofeedback können ebenso eine wirksame Möglichkeit der Migräne-Prophylaxe sein. Daneben stehen verschiedene andere Methoden zur Verfügung, zum Beispiel Ernährungsmaßnahmen, Entspannungstechniken, Yoga, autogenes Training und leichter Ausdauersport. Ihre migräneprophylaktische Wirksamkeit ist jedoch nicht ausreichend evaluiert.

Wenn der Kopf nervt – Cluster-Kopfschmerz und Spannungskopfweh

Eine gewisse Ähnlichkeit mit den halbseitigen Migräne-Kopfschmerzen hat eine üble Kopfschmerzvariante: Sie haben heftigste, immer auf der gleichen Seite auftretende Kopfschmerzattacken, die meistens in der ersten Schlafphase auftreten, manchmal auch am frühen Morgen oder mittags. Diese Schmerzen sind unerträglich, bohrend, brennend, den Kopf zerreißend. Sie sitzen in der Schläfengegend, nahe dem Auge, das auch meistens in Mitleidenschaft gezogen ist, tränt und gerötet, oft geschwollen ist, bei verengter Pupille, das Augenlid hängt. Oft läuft auch die Nase oder ist verstopft. Anders als bei der Migräne haben Sie einen massiven Bewegungsdrang, wollen herum- oder weglaufen, weil Sie es im Bett nicht aushalten. Diese Qual dauert zwischen einer Viertelstunde und drei Stunden, manchmal besteht zwischen zwei Attacken ein leichter Schmerz im Hintergrund.

Schwer von der Migräne abzugrenzen sind die Symptome, wenn eine Aura mit optischen Phänomenen, Geräusch- und Lichtempfindlichkeit und Übelkeit auftritt.

Was ist das?

Der sogenannte Cluster-Kopfschmerz.

Woher kommt der?

Wir wissen es nicht. Ich verstehe, dass dies für Sie als Betroffenen (diesmal mehr Männer) ziemlich unbefriedigend ist Die früher verdächtigten Durchblutungsveränderungen oder Entzündungszeichen in Gehirngefäßen ließen sich entweder gar nicht bestätigen oder scheinen sekundär zu sein. Auffällige Hirnbefunde finden sich vor allem im Hypothalamus, der Hirnstruktur, die für die Hormonregulation, die Stressreaktion und auch den Schlaf-wach-Rhythmus verantwortlich ist.

Was tun?

Bei Wikipedia finden Sie die lapidare Feststellung: »Cluster-Kopfschmerz ist eine Erkrankung, die durch medizinische Maßnahmen nicht heilbar ist. Die Intensität der Schmerzattacken und die Attackenhäufigkeit können durch geeignete vorbeugende Behandlung meistens vermindert werden.« Tja …

Akut wirksam sind die Inhalation von 100 Prozent medizinischem Sauerstoff über eine Hochkonzentrationsmaske (Non-Rebreather-Mask) mit Reservoirbeutel und Rückschlagventilen und die auch bei der Migräne wirksamen Triptane.

Auch die Vorschläge zur Prophylaxe wirken etwas hektisch: Ein Calciumantagonist, diesmal das Verapamil oder das Steroid Prednisolon, kann versucht werden. Prednison und Prednisolon sollten nicht dauerhaft eingenommen werden (maximal 4 Wochen), sondern nur als überbrückende Therapie bis zum Wirkungseintritt von Verapamil. Die einzigen in Deutschland zur Prophylaxe zugelassenen Medikamente sind die Lithiumsalze. Wenn Verapamil und Lithiumsalze versagen, kann ein Versuch mit Valproinsäure unternommen werden.

Der Dritte im Bunde tritt im ganzen Kopf auf und ist nicht pulsierend, sondern ziehend oder drückend. Er ist auch nicht so stark wie Migräne oder gar Cluster-Kopfschmerz, was einem aber nichts nützt, wenn man keinen Vergleich hat! Er dauert zwischen Minuten und Tagen, und meistens treten auch keine körperlichen Begleitsymptome auf, aber nicht so selten psychische: Ängstlichkeit, Depressivität, Schlafstörungen und eine gewisse Neigung, Schmerzmittel zu nehmen.

Was ist das?

Der Spannungskopfschmerz.

Woher kommt er? Wahrscheinlich von der Seele. Die über Verspannungen der Kau- und Nackenmuskulatur diesen Kopfschmerz auszulösen scheint.

Was tun?

Die Schmerzmittel Acetylsalicylsäure (ASS), Paracetamol, Ibuprofen, Naproxen, Metamizol sind wirksam, allerdings können sie ihrerseits zum medikamenteninduzierten Kopfschmerz führen. Äußerlich angewandtes Pfefferminzöl hat diesen Nachteil nicht. Und für die Prophylaxe werden Methoden empfohlen, die der Seele guttun, etwa Entspannungsübungen nach Jacobson, Biofeedback, regelmäßiger Ausdauersport, Stressbewältigungstraining. Beim chronischen Verlauf sind offenbar verschiedene Antidepressiva gut wirksam, alte Trizyklika ebenso wie Mirtazapin und Venlafaxin. Die Kombination von Antidepressivum und Stressbewältigungstraining scheint besonders wirksam zu sein.

Schmerz wird gelernt

Und dann gibt es ja noch weitere chronische körperliche Schmerzen. Um so bezeichnet zu werden, sollten sie länger als drei Monate dauern.

Ihnen tut die Muskulatur an verschiedenen Stellen weh, in ganz unterschiedlichen Körpergegenden, in Armen, Beinen und vor allem im Rücken. Sie fühlen sich steif und haben den Eindruck, Hände und Füße seien geschwollen. Ihre Schmerzempfindlichkeit scheint erhöht zu sein, besonders wenn Sie auf Muskeln, Sehnen oder Knochen drücken. Sie fühlen sich dauernd müde oder sogar erschöpft, können sich nur schlecht konzentrieren. Vor allem schlafen Sie schlecht, wachen häufig während der Nacht oder viel zu früh am Morgen auf. Irritiert sind Sie, dass Labor- und Röntgenuntersuchungen keinen wesentlichen Befund erbringen, sich Ihre Störung also nicht objektivieren lässt. Es gibt auch keine Hinweise auf eine rheumatische Erkrankung, was einerseits positiv ist, weil man so etwas nicht gerne haben will, Ihnen aber nicht hilft, mit dieser Störung fertig zu werden.

Was ist das?

Das Fibromyalgie-Schmerzsyndrom.

Woher kommt das?

Man weiß es ehrlich gesagt nicht. »Eine Störung der Schmerzverarbeitung im Gehirn« ist ja nicht sehr präzise ausgedrückt, aber man konnte eine verminderte Schmerzhemmung in Rückenmark und Gehirn nachweisen und eine höhere Empfindlichkeit auf Schmerzreize. Teilweise werden auch Reize als schmerzhaft empfunden, die bei anderen Personen gar nicht so wirken. Möglicherweise spielt auch der Untergang kleinster Nervenfasern eine Rolle. Auffällig sind die vielen Symptome, die an eine depressive Störung erinnern, und die zumindest teilweise Wirksamkeit von Antidepressiva.

Was tun?

Sie können sich Antidepressiva verschreiben lassen, aber bitte in der Dosis, die auch bei Depressionen wirkt. Effektiver ist auf die Dauer der vorsichtige (!) Wiederaufbau Ihres körperlichen Ausdauertrainings und unter Umständen eine Psychotherapie. In der Biografie von Fibromyalgie-Patienten gibt es meist so einiges, was man therapeutisch bearbeiten könnte und was zu deren Hilflosigkeit beiträgt. Noch wichtiger ist, dass Sie sich mit Ihrem Vermeidungsverhalten auseinandersetzen:

Vermeiden ist nicht grundsätzlich unvernünftig. Warum soll ich etwas tun, das mir Schmerzen verursacht, vor denen ich wiederum Angst habe? Nur bewegen Sie sich mit dieser Haltung in einen Teufelskreis, aus dem Sie mit Vernunft nicht mehr herauskommen. Denn die Inaktivität verstärkt die Fibromyalgie-Schmerzen, wegen derer Sie sich immer weniger bewegen. Das wiederum ruiniert Ihren Kreislauf, Sie fühlen sich matt und erschöpft; wenn Sie schnell aufstehen, wird Ihnen schwindlig, und wenn Sie Pech haben, stürzen Sie oder entwickeln Herzrhythmusstörungen.

Sie müssen wieder anfangen, in kleinen Schritten Ihre Aktivitäten aufzubauen: Ausdauertraining, zum Beispiel Schwimmen oder Fahrradfahren, ist sicher die wichtigste Grundlage, aber auch Krafttraining ist wichtiger, als Sie vermuten, denn kräftigere Muskeln sind wesentlich weniger schmerzempfindlich. Beginnen sollten Sie jedes Training mit Gymnastikübungen. Die Devise heißt »Tango statt Fango«!

Sie brauchen eine/n Trainer/in, am besten eine/n gut ausgebildete/n Physiotherapeutin/ten, denn Sie sind unsicher und vorsichtig, Ihre Vermeidungshaltung überwiegt, bis Sie andere Erfahrungen gemacht haben. Mit deren Unterstützung können Sie Ihren Radius in kleinen Schritten erweitern und Ihre Schmerzen tatsächlich wieder verlernen.

Sie sind skeptisch, dass Sie Schmerzen verlernen können? Dann müssten Sie sie ja auch gelernt haben? Haben Sie auch.

Denn chronische Schmerzen entstehen im Kopf, genauer gesagt im Gehirn, das sich ständig selbst neu organisiert. Jede Information, die einströmt, führt zu einer neuen Vernetzung. Das Gehirn ist also nicht fest verdrahtet, sondern plastisch. Starke Schmerzreize sind auch Informationen und verändern die schmerzverarbeitenden Strukturen im Zentralnervensystem. Wir »lernen« diese Schmerzen, und wie jeder Lernvorgang sind somit chronische Schmerzen psychisch beeinflusst. Wir können sie aber auch wieder verlernen, wenn wir uns darauf einlassen.

Um unsere seelische Grundhaltung bei chronischer Schmerzverarbeitung zu verstehen, ist es gut, sich klar zu machen, dass Sie sehr schnell eine Angstreaktion entwickeln, wenn Sie mehrfach hintereinander starke Schmerzreize wahrnehmen. Diese Angst führt unmittelbar zum Vermeidungsverhalten: Logischerweise wollen Sie den Schmerz nicht wieder spüren und vermeiden deswegen alles, was dazu führen könnte. Da Sie ja nicht wissen, was den Schmerz überhaupt auslöst, vermeiden Sie einfach alles. Deswegen kann es zum Beispiel nötig sein, Physiotherapie nur unter Schmerzmitteln zu machen. Denn wenn Sie während dieser Therapie, die Sie sowieso sehr viel Überwindung kostet, starke Schmerzen bekommen, wird das Ihre Vermeidungstendenz enorm verstärken, und Sie werden – bewusst oder unbewusst – die Physiotherapie immer häufiger ausfallen lassen.

Psychische Modulation heißt, dass Erfahrungen, die Sie vor dem Schmerzerlebnis gemacht, und alles, was Sie davor im Umgang mit positiven und negativen Erlebnissen gelernt haben, die Grundlage für Ihr Schmerzverhalten bilden. Deswegen reagieren Sie so auf Schmerzen und ein anderer anders. Einige grundsätzliche Bemerkungen zu Schmerzmitteln: Viele Ärzte haben die Neigung, solche Medikamente »bei Bedarf« anzusetzen. Das führt unvermeidlich dazu, dass Sie Ihre Aufmerksamkeit darauf richten, wann und wie der Schmerz wieder auftaucht, und damit gleichsam auf den Schmerz warten. Was dann wieder die Angstkonditionierung steigert.

Das von vielen Ärzten favorisierte Schmerztagebuch kann in die gleiche Richtung wirken, wenn es benutzt wird, um Schmerzen zu erfassen, statt ihr Unterbleiben unter einer geeigneten Schmerzmedikation festzuhalten.

Do not harm!

Wenn ich einem Menschen mit einer Depression vorschlage, ein Medikament zu nehmen, könnte ich fast darauf wetten, dass sofort die Frage auftaucht: »Wird mir das auch nicht schaden?« Selbst wenn ich als Mediziner dann leicht genervt reagiere – Hallo, ich will helfen, nicht schaden! –, so ist die Frage keineswegs unberechtigt. Fast alle wirksamen Medikamente können auch schaden, manche von ihnen erheblich. Mögliche Nebenwirkungen richten sich nach der Dosierung, der Wechselwirkung mit anderen Medikamenten und natürlich der richtigen Einnahme. Ich erkläre Ihnen also genau, wie Sie dieses konkrete Medikament einzunehmen haben – und wundere mich, wenn ich feststelle,

- dass Sie Medikamente, die morgens eingenommen werden sollen, abends nehmen,
- dass Sie die empfohlene Dosis so weit vermindern, dass Sie eigentlich keine Wirkung erwarten können,
- dass Sie als ehrliche Patientin sagen, nach der Lektüre des »Waschzettels« hätten Sie das teure Medikament nicht genommen, weil Sie zum Beispiel nicht zunehmen wollen.

Der Gedanke »Do not harm!« ist ein Grundprinzip der Medizin, das schon im Hippokratischen Eid auftaucht. Dabei geht es nicht um das »vorsätzliche« Schaden, sondern um die Abwägung, ob eine von mir als hilfreich oder heilend gedachte Maßnahme nicht auch durch eine andere, potenziell weniger gefährliche zu ersetzen wäre.

Spontanheilung, oder welche Behandlung ist am ungefährlichsten?

Heute wollen viele Menschen lieber Psychotherapie machen als Tabletten einnehmen, weil sie denken, Gespräche können nicht so viel Schaden anrichten wie Chemie. Grundsätzlich nehmen sich Medikamente und Psychotherapie allerdings bezüglich des potenziellen Schadens wenig. Natürlich wirken sie unterschiedlich, aber beide haben Nebenwirkungen: die Medikamente durch ungewollte pharmakologische Effekte auf Körperfunktionen, Denken, Wahrnehmung und Fühlen, die wirksamen Psychotherapien, weil sie sich tiefgreifend auf die Lebenssituation auswirken werden, auf das Verhältnis zur Familie, zum Beruf, und weil Sie nicht selten nach einer wirksamen Psychotherapie Ihr Leben neu ordnen werden. Letzteres kann durchaus gut sein, aber Sie sollten sich das schon vorher klarmachen.

Eine andere, potenziell weniger gefährliche Maßnahme wäre es, gar nichts zu tun, den Spontanverlauf abzuwarten.

Warum nicht?

Über Spontanverläufe wissen wir auf einer soliden wissenschaftlichen Basis fast nichts, weil die Medizin im Überschwang des Handelns immer nur die Folgen irgendwelcher hilfreichen Maßnahmen untersucht, frei nach Pu dem Bären, der entnervt vom depressiv nörgelnden Esel I-Ah beschloss, »etwas Hilfreiches zu tun«.

Ihre Depression hat einen Spontanverlauf: Sie haben wie andere Patienten vielleicht erlebt, dass Ihre erste Depression ohne Behandlung vergangen ist. Geholfen hat wahrscheinlich, dass Sie sich »rausgenommen« haben, sich krankschreiben ließen, Hilfe akzeptierten etc., also all das, was auch der Placebo-Wirkung zugrunde liegt. Andererseits sind Depressionen zu scheußlich, als dass Sie sie länger als unbedingt nötig ertragen sollten: Depressionen rauben jegliche Lebensqualität, auch wenn sie nur leicht sind, zerstören die Kommunikation mit Angehörigen, vor allem mit Kindern (!!), und lösen bei vielen Menschen schon während der ersten Phase suizidale Gedanken aus. Sie müssen sich also genau überlegen, auf was Sie sich einlassen, wenn Sie bei einer solchen Störung auf die spontane Besserung bauen.

Schlafstörungen sollten Sie behandeln lassen! Sie sind, neben der Suizidalität, ein »harter« Grund für Antidepressiva, denn sie vergehen nicht von selbst oder erst ganz am Schluss, wenn die Depression vorbei ist. Sie sind vor allem dann schwer zu ertragen, wenn Sie morgens lange vor allen anderen wach sind und nur nervige Grübelgedanken haben; sie sind gesundheitsschädigend, denn sie machen dick. Ja, ja, nicht nur schlafanstoßende Antidepressiva machen dick, sondern auch chronische Schlafstörungen, und damit begünstigen sie Bluthochdruck, Zuckerkrankheit, Herz- und Gefäßerkrankungen, auch die Gelenke leiden – vom Aussehen mal ganz abgesehen! Entschuldigen Sie bitte diesen Ausflug in die Geisterbahn medizinischer Folgeerkrankungen. Ich konnte der Versuchung nicht widerstehen, Ihnen als Patientin – die Männer sind da indolenter, zu deren wundem Punkt kommen wir gleich – die Meinung zu sagen, weil Sie das schlafanstoßende Antidepressivum absetzten, nachdem Sie im Waschzettel entdeckt hatten, dass es dick mache. Es macht nicht dick! Sie machen sich dick. Antidepressiva enthalten keine Kalorien. Der Zeiger auf Ihrer Waage schlägt aus, weil Ihnen, vielleicht nach längerer depressionsbedingter Appetitlosigkeit, das Essen wieder schmeckt, manchmal sehr gut. Wenn Sie aufpassen, was und wie Sie essen, werden Sie unter Antidepressiva kaum zunehmen. Die Verantwortung für Ihren Körper haben Sie. Wenn Sie Medikamente schlucken, erst recht. Sie sind ein komplexes Wesen, immer!

Antidepressiva stören die Sexualität. Alle. In unterschiedlicher Weise und bei jedem anders, wie üblich bei Medikamenten, aber diesen Effekt kann man nicht wegreden. Das härmt vor allem die

Männer, oft gewaltig, und es nervt gelegentlich sehr, vor allem wenn ich als Ihr Arzt Ihnen das vorher nicht gesagt habe. Ihr erster Impuls ist häufig, das Medikament Knall auf Fall abzusetzen. Nur – dann kommt die Depression zurück. Vielleicht hilft eine kleine Dosis Realitätsprinzip: Sex kann toll sein, gigantisch! Doch jeder von uns hat schon Phasen durchgemacht – Wochen, Monate, vielleicht manchmal auch das eine oder andere Jahr –, in denen unser Sexualleben vom Exzellenzlevel ein ziemliches Stück entfernt war. Nicht zuletzt in der Depression, die allem, was mit Lust zu tun hat, den Garaus macht. Entscheiden Sie also, ob das ein Grund ist, ein gut helfendes Antidepressivum abzusetzen. Was Sie konkret machen können, diskutieren wir im Kapitel über Depression.

Wie ist die Nutzen/Schaden-Relation bei Trauma, Angst und Psychosen?

Beim Trauma geht es um Psychotherapie, denn Medikamente helfen bei posttraumatischen Störungen nicht.

Die Zeit unmittelbar nach einem Trauma können Sie nur schwer ertragen, quälende Erinnerungen, Angst, Reizbarkeit, Schlafstörungen… In dieser Phase sind Ruhe, Sicherheit (wenn machbar) und »unspezifische«, also nicht therapeutisch gemeinte, Unterstützung sinnvoll. Dagegen scheint es zu diesem Zeitpunkt schädlich zu sein, eingehend und intensiv über die Trauma-Situation zu reden. Es gibt Studien, die zeigen, dass »Debriefing« (das heißt, sofort im Anschluss an das traumatisierende Ereignis – Zugunfall, Überfall auf eine Schule etc. – eingehend über alle Details der Erlebnisse zu sprechen) mehr schadet als nützt.

Bei drei Vierteln aller Traumatisierten klingt die Akutsymptomatik nach vier bis zwölf Wochen ab, das Leben normalisiert sich wieder, auch wenn Sie als Betroffene sich das nicht vorstellen können.

Wenn das nicht so ist und wenn sich eine Posttraumatische Störung entwickelt, brauchen Sie Therapie, damit Sie sich nicht isolieren, durch Selbstmedikation abhängig werden und/oder Ihrem Leben ein Ende setzen. Therapie hilft Ihnen jetzt, sich nicht in einer Rückzugsnische zu verkriechen, die auf den ersten Blick Schutz zu versprechen scheint, aus der Sie aber immer schwerer in ein normales Leben zurückfinden können.

Angststörungen bringen einen gewöhnlich so durcheinander, dass man vieles tut, um sie loszuwerden. Das spontan Vernünftigste scheint Vermeidung zu sein. Bei Phobien, den Ängsten mit Auslöser, funktioniert das manchmal: Sie müssen ja nicht unbedingt in den Zoo gehen, wenn Sie eine Schlangenphobie haben, und Spinnen oder Mäuse sind in unserer Zivilisationsform auch nicht ständig präsent.

Ansonsten, etwa bei Höhenangst (Brücken, hohe Gebäude), Angst vor engen Räumen (Aufzug, U-Bahn, Flugzeug), zahlen Sie für das Vermeiden einen hohen Preis, nämlich den, dass Sie das Gesamtspektrum Ihrer privaten und beruflichen Aktivitäten auf ein »Restleben« reduzieren. Also ist Vermeiden keine wirklich gute Alternative.

Nur bei Panikattacken wirken Antidepressiva (siehe dort) ganz gut, aber beim Absetzen ist die Gefahr eines Rückfalls nicht gering. Benzodiazepine sind wegen des Abhängigkeitsrisikos, das bei Angststörungen noch höher als bei Schlafstörungen zu sein scheint, schlicht und ergreifend sinnlos. Also Psychotherapie, konfrontative Verhaltenstherapie. Kann man wirklich behaupten: »We do not harm«, wenn Sie etwas tun müssen, was Sie im Inneren Ihrer Seele überhaupt nicht wollen? Ja, es hilft! Nur das hilft, und es schadet nicht.

Antipsychotische Medikamente sind wegen ihrer Nebenwirkungen und wegen der Spätfolgen mit großer Vorsicht einzunehmen, wobei Wirkung und Nebenwirkungen je nach Persönlichkeit,

Motivation und Empfindlichkeit des Patienten sehr unterschiedlich sind. Und trotzdem: Wenn Sie an einer akuten Psychose und vor allem an einer Schizophrenie leiden mit ihrem hohen Potenzial, Ihr Leben auf Dauer tiefgreifend und in einer Weise, wie Sie es wirklich nicht wollen, zu verändern, dann bleibt Ihnen keine andere Wahl. Denn in der akuten Psychose hilft Psychotherapie allein definitiv nicht. Sie müssen in der akuten Phase Medikamente nehmen, die Sie schwer tolerieren und die auch erheblichen Schaden anrichten können. »Do not harm!« ist hier ein schmaler Grat. Ein etwas hinkender, aber annähernder Vergleich ist der mit den Antikrebs-Medikamenten, bei deren akuten Nebenwirkungen man zunächst auch manchmal den Eindruck hat, sie bringen einen schneller um als der Krebs.

Wägen Sie ab und probieren Sie gemeinsam mit Ihrem Psychiater aus, welches Medikament Sie vertragen. Letzteren brauchen Sie dafür unbedingt! Suchen Sie sich einen guten aus. Vielleicht müssen Sie ihn erst von einem abwägenden und vorsichtigen Vorgehen überzeugen, denn bei Psychosen gibt es besonders schnelle Behandlungsreflexe; aber die Rechtslage ist auf Ihrer Seite. Ich habe viel von meinen Patienten gelernt und tue es immer noch.

Was ist die Konsequenz aus all diesen Überlegungen?

Sie ganz allein müssen angesichts der Empfehlungen für eine Therapie entscheiden, ob Ihnen die Krankheit oder die Behandlung nachteiliger erscheinen. Weil diese Entscheidung enorm weitreichende Folgen hat, sollten Sie die gesamte informative Power aus Büchern, aus dem Internet und Ihres Arztes nutzen, um sich klar zu werden. Bei allen schweren Störungen werden Sie sich wahrscheinlich für die Therapie entscheiden, aber bei mittleren oder leichten Störungen mag das anders sein.

Es ist Ihr Leben.

Keine gute Nacht – Schlafstörungen

Gut schlafen, schlecht schlafen, wann sollten Sie etwas ändern? Und können Sie das überhaupt?

Solange ich gut schlafe, kann ich alle anderen Entbehrungen ertragen. Wenn ich nicht gut schlafe, wird es schnell eng.

Wenn Sie über Ihren Schlaf nachdenken, stoßen Sie bald auf ein Phänomen, das immer wieder auftritt, wenn Sie sich mit Ihrem Gehirn auseinandersetzen: Sie können guten Schlaf nicht erzwingen, er kommt – oder auch nicht. Und manchmal hört er viel zu früh auf und bleibt dann weg. Mit Sex ist es ähnlich.

So wenig, wie Sie sich befehlen können: »Heute schlafe ich gut!«, können Sie den Schlaf in einer einzelnen Nacht beeinflussen. Wenn Sie dem Kindes- und Jugendalter entwachsen sind, wird es immer mal wieder Nächte geben, nach denen Sie morgens feststellen, dass Sie schlecht geschlafen haben und müde sind.

Aber es gibt Regeln, deren Einhaltung Ihre Chance auf guten Schlaf erheblich verbessern.

Gut schlafen werden Sie nur, wenn Sie regelmäßig schlafen: Gehen Sie nach Möglichkeit immer zur gleichen Zeit ins Bett und stehen Sie zur gleichen Zeit auf. Dabei spielt es für die Schlafqualität keine Rolle, ob Sie regelmäßig zwischen halb zehn am Abend und halb sechs morgens oder zwischen 1 Uhr nachts und 9 Uhr schlafen. Warum machen Sie das nicht? Weil Sie ein aktives Sozialleben führen wollen, was ja auch nicht schlecht ist, und weil Regelmäßigkeit den Touch des Langweiligen hat. Mit Letzterem sollten Sie sich abfinden, für Ersteres gilt, dass Ausnahmen auch in diesem Fall nichts gegen die Regel aussagen; wenn Sie eine Nacht Party gemacht haben, werden Sie eben am nächsten Tag müde sein. Ihren grundsätzlichen Schlafrhythmus wird das nicht zerstören. Viel kritischer ist, wenn Sie unregelmäßig, aber häufig bis tief in die Nacht arbeiten, um den Vortrag oder die Bilanz fertig zu machen, die Deutscharbeit zu korrigieren usw.

Die individuelle Schlafdauer ist sehr unterschiedlich. Sie finden Ihre heraus, wenn Sie ohne größeres Schlafdefizit dann ins Bett gehen, wenn Sie müde geworden sind, und so lange schlafen, bis Sie ohne Wecker aufwachen. Sie können das ganz unkompliziert am Wochenende herausfinden. Versuchen Sie, diese Schlafdauer im normalen Alltagsleben einzuhalten. Schlafforscher sind der Meinung, dass zu wenig Schlaf für viele Zivilisationsleiden – Übergewicht, Bluthochdruck, Diabetes mellitus, aber auch für Gedächtnis- und Konzentrationsprobleme – verantwortlich ist.

Mit zunehmendem Lebensalter braucht man ausgehend von der individuellen Schlafdauer immer weniger Schlaf. 85-Jährige kommen nicht selten mit sechs Stunden Schlaf aus. Wenn jüngere und ältere Menschen in einem Haushalt zusammenleben, hat das für den Lebensrhythmus erhebliche Konsequenzen!

Auch für alte und/oder demente Menschen in Senioren- oder Pflegeheimen gilt, dass sie nur noch wenig Schlaf brauchen. Wenn die Heimordnung vorsieht, dass die Nachtruhe zwischen 18 und 20 Uhr beginnt, wird die Mehrzahl der Insassen zwischen zwei und vier Uhr morgens wieder wach sein! Das kollidiert gewöhnlich mit der Tatsache, dass der Tagdienst nicht vor sechs Uhr morgens seine Arbeit aufnimmt, nachts nur wenig Personal eingesetzt wird, das allerdings mit den hellwachen älteren Herrschaften hoffnungslos überfordert ist. Und dann werden Schlafmittel gegeben, die bei alten Menschen noch fatalere Nebenwirkungen haben als ohnehin schon.

Mittagsschlaf addiert sich zur Gesamtschlafzeit, das heißt, er muss – leider – vom Nachtschlaf abgezogen werden. Wenn Sie acht Stunden Schlaf brauchen und sich mit dem beginnenden Ruhestand zwei Stunden Mittagsschlaf erlauben, werden Sie feststellen, dass Sie nachts nur noch sechs Stunden schlafen können! Viel cleverer ist es, sich mit Hilfe eines Weckers im Handy ein Nickerchen (nap) von 10 bis 15 Minuten anzutrainieren: Danach sind Sie wieder frisch, Sie brauchen nicht so lange, bis Sie wieder in die Gänge kommen, wie nach einem längeren Mittagsschlaf, und die kurze Mittagsschlafdauer mindert Ihren Nachtschlaf nicht wesentlich. Leonardo da Vinci hat das auch so gemacht.

Schlechter Schlaf – was heißt das?

Sehr Unterschiedliches: nicht einschlafen können, mitten in der Nacht wach werden, herumwandern oder zu früh, zwischen 3 und 5, wach werden und nicht mehr einschlafen oder so »flach« schlafen, dass man nachher nicht weiß, ob man nun geschlafen oder wach gelegen hat.

Schlechter Schlaf heißt vor allem Tagesmüdigkeit, morgens nicht erquickt sein, obwohl man doch eigentlich lang genug im Bett gelegen ist.

Das alles ein- oder zweimal im Monat ist kein Problem, aber wenn solche Störungen über Wochen anhalten, sollten Sie darauf reagieren.

Viele Schlafstörungen sind selbstgemacht, weshalb es eine lange Liste sinnvoller »schlafhygienischer« Empfehlungen gibt:
– Regelmäßig zur gleichen Zeit ins Bett gehen,
– das Schlafzimmer sollte kühl (unter 18 Grad) sein,
– zwei Stunden vor dem Einschlafen nicht mehr viel essen, keinen Sport machen, nicht über schwierige Dinge nachdenken oder diskutieren,

– Alkohol nicht in größerer Menge trinken (sowieso!), denn er stört wegen seiner diuretischen Wirkung den Schlaf;
– wenn frau/man nachts halbwach im Bett rumliegt, das Licht anmachen, gegebenenfalls aufstehen, um ganz wach zu werden. Meist merken Sie dann sehr schnell, wie müde Sie doch noch sind, und können kurz danach wieder einschlafen. Wenn das nicht ausreicht, tun Sie etwas, das Sie müde macht, zum Beispiel bügeln, das Haus putzen; ich lerne Gedichte auswendig, gerne auch in anderen Sprachen, dem Erfindungsreichtum sind keine Grenzen gesetzt – wie in allen Dingen sollten Sie auch hier herausfinden, was für Sie passt. Bitte nicht im Bett auf den Schlaf warten! Der kommt nicht, wenn Sie auf ihn warten! Grundsätzlich nicht.

Unsere Schlafstörungen haben wir meistens »gelernt«: ein zufälliges Aufwachen hat noch keine Folgen. Aber wenn wir unsere Aufmerksamkeit angsterfüllt darauf richten, wieder einzuschlafen, und dabei die – selbstverständliche – Erfahrung machen, dass das nicht funktioniert, dass unser ach so kostbarer Wille hier keine Chance hat, dann geben wir diesem harmlosen Ereignis eine herausragende Bedeutung. Das merkt sich unser Organismus!

Zum Beispiel: Ich habe tagsüber nicht genug gegessen und werde nachts mit einem Wolfshunger wach, den ich umgehend und ausführlich mit angenehmen Nahrungskomponenten stille, leckerem Käse, dem guten fettreichen Joghurt, dem ich noch Rosinen beimische. Die Wahrscheinlichkeit ist hoch, dass ich dieses Verhalten nach ein- oder zweimaliger Wiederholung gelernt habe und dass es fortan zu meinem gestörten Schlaf beiträgt.

Wenn der Schlaf durch vieles Nachtarbeiten mit unregelmäßigem Zubettgehen etc. richtig durcheinander ist, hilft es, eine Nacht komplett »durch«zumachen – also gar nicht zu schlafen! – und danach wieder zur normalen Einschlafzeit (nicht eher!) ins Bett zu gehen.

Wenn Sie über mehrere Zeitzonen fliegen, folgen Ihre Körperrhythmen nicht mit der Reisegeschwindigkeit (Jetlag). Pro Tag können Sie zirka eineinhalb Stunden aufholen, das heißt, bei einer Reise nach Kalifornien (neun Stunden Zeitunterschied) brauchen Sie etwa sechs Tage, bis Sie wieder im normalen Rhythmus sind. Sinnvoll ist, am Zielort in den dortigen Rhythmus zu springen, also erst zur dortigen Schlafenszeit ins Bett zu gehen. Da Licht ein starker Zeitgeber ist, hilft es, viel im Freien zu sein und sich der Sonne auszusetzen. Die Zeitumstellung von Osten nach Westen empfinden wir weniger schwierig als umgekehrt.

Schichtarbeit ist eigentlich auch nichts anderes als ein Jetlag, nur dass Sie im Lande bleiben. Sie zwingen Ihrem Körper einen neuen Rhythmus auf, entsprechend einer Zeitverschiebung von acht oder zwölf Stunden. Dafür könnten Sie ganz schön weit reisen! Sinnvoll ist, die Ost-West-Bewegung nachzuahmen, zum Beispiel Frühdienst, Spätdienst, Nachtdienst, und danach mindestens zwei bis drei Tage Pause einzuhalten, in denen man versucht, den Rhythmus wieder zurückzustellen.

Umstellungen für mehrere Tage sind sinnvoller, als nur für einen Tag zu schichten, allerdings hat das Konsequenzen für die sozialen Kontakte.

Wann sollten Sie eine Schlafdiagnostik machen?

– Wenn Sie trotz genügender Schlafdauer morgens nicht fit sind, Ihr/e Partner/in genervt berichtet, dass Sie nicht nur schnarchen, sondern jetzt auch noch nächtliche Atemaussetzer haben: Dann könnte bei Ihnen eine sogenannte Schlafapnoe vorliegen, die Ihre Leistungsfähigkeit sehr vermindert und ein hohes Risiko für Herz-Kreislauf-Krankheiten birgt. Untersuchungen hierzu werden von ambulanten oder stationären Zentren gemacht, die sich darauf spezialisiert haben. Gut sind solche Zentren, wenn dort Internisten, Hals-Nasen-Ohren-

Ärzte und Psychiater kooperieren. Viele Krankenkassen machen Druck, solche Untersuchungen nur ambulant durchführen zu lassen, weil das weniger kostet, aber das ist nicht unbedingt ein Qualitätskriterium für die Krankenkasse! Denn die Untersuchung macht ambulant nur dann Sinn, wenn die Störung nicht kompliziert ist und – als mögliches Problem nicht zu unterschätzen! – wenn Sie mit dem mitgegebenen Gerät umgehen können. Sonst kommt dabei nur Unsinn heraus, die Untersuchung muss wiederholt werden, oder Sie brechen Diagnostik und Therapie frustriert ab, was die für Sie schlimmste Variante wäre.

– Wenn Sie sich müde hinlegen, aber aus dem Einschlafen immer wieder aufschrecken, weil Sie »unruhige Beine« fühlen, die Sie am Schlafen hindern und sich ausgesprochen unerträglich anfühlen: Sie könnten am sogenannten Restless-legs–Syndrom leiden, das durch fast alle schlafanstoßenden oder müde machenden Medikamente verstärkt wird und eine besondere Behandlung benötigt.

Wenn Sie regelmäßig Stunden vor der normalen Aufstehzeit wach werden, nicht mehr einschlafen können und sich mit Sorgen und negativen Gedanken im Bett wälzen, brauchen Sie wahrscheinlich keine Schlafableitung, sondern sollten sich erst einmal zu einem Psychiater oder Hausarzt mit Erfahrung in psychiatrischen Erkrankungen begeben. Wahrscheinlich ist, dass Sie an einer Depression oder einem Vorläuferstadium leiden und von einer antidepressiven Behandlung profitieren werden. Allerdings haben wir in den letzten Jahren, in denen wir auch depressive Patienten bei komplizierteren Verläufen im Schlaflabor untersucht hatten, gelernt, dass die Kombination aus Depression und Apnoe gar nicht selten ist, dass das eine sogar das andere zu fördern scheint. Widersteht die Depression den etablierten Behandlungsversuchen hartnäckig, so bringt eine Untersuchung im Schlaflabor möglicherweise die Erklärung.

Wenn Sie sich blendend fühlen und überhaupt nicht darunter leiden, dass Sie nur zwei bis vier Stunden Schlaf benötigen, sollten Sie ebenfalls sofort zu einem Psychiater gehen. Ziemlich wahrscheinlich befinden Sie sich in einem hypomanischen oder manischen Zustand, der unbedingt behandelt werden muss, weil er sonst zu ausgesprochen leidvollen Konsequenzen bei Ihnen und/oder Ihren Angehörigen führen wird.

Lebensregeln für einen guten Schlaf, auch und besonders im Alter

– Führen Sie ein regelmäßiges Leben! Schlaf ist einer von vielen Körperrhythmen, die umso stabiler sind, je weniger sie gestört werden. Vor allem sollten Sie zur gleichen Zeit aufstehen, weil dieser Zeitgeber den Takt des Tages vorgibt.
– Bewegen Sie sich regelmäßig, gehen Sie zügig spazieren, walken Sie (Walking-Stöcke entlasten die Gelenke!), joggen Sie, schwimmen Sie oder fahren Sie sportlich Fahrrad. Nicht nur Ihr Schlaf profitiert davon, wenn Sie körperlich fit sind. Moderates Krafttraining kann übrigens auch nicht schaden; wenn Sie älter werden, ist es ein Muss.
– Legen Sie die abendliche Mahlzeit nicht später als zwei Stunden vor die Einschlafzeit, vor allem, wenn das Ihre Hauptmahlzeit ist.
– Ein Glas Rotwein vor dem Einschlafen ist in Ordnung*, eine Flasche ist zu viel – wegen der Alkoholmenge an sich und weil Sie wegen der diuretischen Wirkung durch den Harndrang im Schlaf gestört werden.
– Beschäftigung mit problematischen Dingen sollten Sie ebenfalls zwei Stunden vor dem Einschlafen abgestellt haben.
– Fernsehen: Für manchen ist es ein unfehlbares Einschlafmit-

---

* Falls Sie kein Alkoholproblem haben!

tel, was das Problem mit sich bringt, dass Sie vor der Glotze eingeschlafen sind, nach eineinhalb Stunden aufwachen, durch den Transfer zum Bett hellwach werden und nicht mehr einschlafen können.

- Auf keinen Fall sollten Sie sich herumzappend um Ihre Einschlafphase bringen.
- Dummerweise kommen die wenigen interessanten Sendungen vor allem zur besten Schlafenszeit; eine schlafmedizinisch sinnvolle Maßnahme wäre, die Sendung aufzuzeichnen.
- Gefährlich ist, den Fernseher einzuschalten, wenn man nachts plötzlich wach wird. Wenn Sie Pech haben, geraten Sie an eine wirklich interessante Sendung und verlieren zwei Stunden Nachtschlaf.

Welche Medikamente sind zur Behandlung von Schlafstörungen geeignet?

Das ideale Schlafmittel sollte
1. auf alle gleich wirken,
2. die Verkehrstauglichkeit nicht beeinträchtigen,
3. einen normal strukturierten Schlaf bewirken,
4. keinen *overhang* produzieren und
5. auf keinen Fall abhängig machen!

Ein solches Medikament gibt es nicht!

Zu 1: Die individuellen Unterschiede sind gewaltig! Ein und dieselbe Dosis eines Medikaments kann einen gut trainierten Mann um die vierzig für eineinhalb Tage ausknocken, während eine 65-jährige unsportliche Dame gerade mal zwei Stunden länger schläft – oder umgekehrt. Daraus folgt, dass Sie Dosis und Präparat ausprobieren müssen! Am besten am Freitag beginnen, wenn Sie am Wochenende keine Verpflichtungen haben. Unter Umständen müssen Sie mit Ihrem Arzt mehrere Präparate und Dosierungen ausprobieren. Bleiben

Sie dran! Wenn das erste verordnete Medikament nicht oder zu sehr wirkt, gehen Sie bitte zu Ihrem Arzt und erzählen ihm das! Das ist dann nicht Ihre persönliche Macke, sondern Sie müssen noch eine Dosis- oder Präparatefindung betreiben.

Zu 2: Alle schlafanstoßenden Medikamente beeinflussen die Verkehrstauglichkeit. Die Empfehlung ist ganz eindeutig: Wenn Sie regelmäßig ein potenziell sedierendes Medikament einnehmen, müssen Sie bei gleichbleibender Dosis mindestens zwölf Wochen warten, bis Sie wieder ein Auto fahren sollten. Aus Sicht der Verkehrssicherheit ist es aber nicht viel besser, bei chronischer Schlafstörung und massiver Tagesmüdigkeit Auto zu fahren!

Zu 3: Normaler Schlaf ist durch eine rhythmische Abfolge bestimmter Schlafstadien charakterisiert. Nur die wenigsten Schlafmittel erhalten diese Struktur (etwa Trimipramin), viele unterdrücken den Traumschlaf. Sie merken dann, dass Sie fester schlafen, aber dass dieser Schlaf irgendwie nicht normal ist.

Zu 4: Hier gilt das unter 1. Geschriebene: ausprobieren! Da Sie in der ersten Zeit ohnehin kein KFZ fahren sollen, ist ein gewisser Überhang vielleicht tolerierbar. In vielen Fällen reduziert er sich ohnehin nach einigen Tagen.

Zu 5: Unter den heute verschriebenen Medikamenten machen Benzodiazepine und pharmakologisch Verwandte abhängig. Das ist deswegen so bedauerlich, weil diese Medikamentengruppe auf den ersten Blick wunderbar angstlösend und schlafanstoßend wirkt und scheinbar ohne weitere Nebenwirkungen ist – was nicht stimmt. Zum Beispiel ist die motorische Koordination merkbar beeinträchtigt; Sie werden das sehr schnell herausfinden, wenn Sie mit einer akuten Benzodiazepindosis skifahren oder turniertanzen wollen, im normalen Leben ist die Fallneigung erhöht.

Wenn sich eine Abhängigkeit entwickelt, verstärken sich bei gleichbleibender Dosis die Symptome, wegen derer Sie das Medikament genommen haben, Sie schlafen wieder schlecht und bekommen Angstzustände. Selbstmedikationen mit Dosissteigerung und -verminderung, um der Abhängigkeit zu entgehen, führen zu extrem schwer zu diagnostizierenden Befindlichkeitsstörungen.

Benzodiazepine dürfen nur für kurze Zeit unter stationärer Beobachtung gegeben werden und müssen vor der Entlassung komplett ausgeschlichen sein.

Für Sie ist wichtig:
Belastungsabhängige Schlafstörungen dauern nur wenige Tage und klingen von selbst ab. Schlafstörungen im Rahmen eines Trauerfalls sind normal und sollten erst behandelt werden, wenn sie eine Woche überdauern.

Bei hartnäckigen Schlafstörungen sollten Sie zunächst klären, dass Sie alle schlafhygienischen Maßnahmen ausgeschöpft haben. Bei einer Depression mit Schlafstörungen werden die aber nicht helfen.

Ich starte bei meinen Patienten am liebsten mit Trimipramin. Das ist ein Antidepressivum, das in Dosen zwischen 10 und mehr Milligramm gut als Schlafmittel gebraucht werden kann. Die meisten Patienten brauchen zwischen 25 und 75 mg. Es macht nicht abhängig, darf aber beim grünen Star nicht und bei kardialen Rhythmusstörungen nur nach Absprache mit dem Internisten gegeben werden!

Der besondere Vorteil ist, dass es dieses Präparat auch in Tropfenform gibt. Sie können also selbst ausprobieren, wie viel Sie brauchen, und können, nachdem Sie das herausgefunden haben, auf die Tablettenform umsteigen.

Vergleichbar wirken Amtryptilin oder Doxepin.

In etwa gleichwertig ist das chemisch völlig unterschiedliche Mirtazapin, 7,5 bis 30 mg. Das gibt es nicht in Tropfenform, es macht nicht abhängig und kann wie das Trimipramin über längere Zeit genommen werden, auch beim grünen Star und bei Herzproblemen.

Ebenfalls bewährt hat sich das Trazodon, 50 bis 150 mg; bei restless legs scheint es die einzige Alternative zu sein

Bei schweren psychotischen Schlafstörungen oder bei der Manie kommen vor allem Laevomepromazin 25 bis 75 mg oder Chlorprothixen 25 bis 75 mg zur Anwendung.

Auch manche Borderline-Patientinnen nehmen diese Präparate gerne.

Beide sind sehr starke sedierende Medikamente. Auch wenn Ärzte und Angehörige ihre Gabe gelegentlich für eine gute Idee halten, weil dann auch mal Ruhe ist, müssen Sie als Betroffene/r über diese Wirkung gut aufgeklärt werden.

Das wäre es dann auch schon.

Benzodiazepine sind außerhalb des stationären Rahmens obsolet, und die sogenannten Non-Benzodiazepin-Schlafmittel sind bezüglich des Abhängigkeitsrisikos hoch verdächtig, weswegen man von ihnen die Finger lassen sollte.

Ein spezielles Problem ist die Medikation am Abend vor einem operativen Eingriff. Die Welt geht nicht unter, wenn man in dieser Situation mal schlechter schläft. Andererseits wollen viele Operateure, dass ihre Patienten in der Nacht vorher gut schlafen. Es ist sicher kein Beinbruch, wenn man in dieser Situation einmalig ein Benzodiazepin bekommt. Wenn Sie mit Benzodiazepinen aber früher Probleme hatten, sollten Sie fragen, was Ihnen die Nachtschwester da verabreichen will, und auf das Benzodiazepin verzichten.

Ist das Leben zu zweit leichter? – Paarprobleme

Sie waren beide sehr verliebt, und da Sie gewöhnt sind, wichtige Ziele rasch umzusetzen, sind Sie schnell zusammengezogen und haben im Jahr drauf geheiratet. Inzwischen sind Sie fünf Jahre zusammen –

und es knirscht.

Begonnen hat es nach der Geburt Ihres ersten Kindes. Obwohl das Baby ein Wunschkind war, das auch die höchsten Erwartungen von Mutter und Vater mehr als erfüllte. Sie wissen immer noch nicht genau, was sich eigentlich geändert hat; aber irgendwie war plötzlich diese wunderbar intime Zweisamkeit verschwunden, die Sie vom Kennenlernen an so genossen hatten. Natürlich fanden Sie Ihre Frau/Ihren Mann immer noch toll, aber es war nicht wie »früher«. Die Sexualität hat sich rasch wieder ergeben, und so kam dann Ihr zweites Kind zu schnell, nach zwei Jahren, obwohl Sie eigentlich mindestens drei Jahre warten wollten. Ihr erstgeborener Sohn wurde eifersüchtig, übrigens wie zu erwarten, und die ersten Monate mit zwei Kindern waren Stress pur, wie leider auch nicht anders zu erwarten.

Trotzdem, Sie haben sich weiter gut ergänzt, waren ein eingespieltes Team – nur ist ein Team halt etwas anderes als ein Liebespaar.

Im vierten Jahr fiel Ihnen (Ehemann) auf, dass Sie sich schon ein paar Mal nach fröhlich unbeschwerten, attraktiven Frauen umgesehen haben, Ihnen (Ehefrau) fiel auf, dass er einfach nicht mehr so liebevoll und einfühlsam war wie in Ihrer ersten Zeit. Da haben Sie einige Male der Versuchung nicht widerstehen können, sich schlafend zu stellen, als er nach Ihnen ins Bett kam. Plausibel war das ja, bei der vielen Hausarbeit und den zwei kleinen Kindern – obwohl Sie genau wussten, wie sehr er den Sex mit Ihnen liebte. Den »Trick« hatten Sie von Ihren Freundinnen. Das sei völlig normal.

Völlig normal ist, bei all dem Stress auch mal keine Lust auf Sex zu haben, ja – und der Kalauer mit dem kürzesten Vorspiel war auch häufige Realität geworden, obwohl Sie (Ehefrau) das immer so schön und intim gefunden hatten.

Mit dem Sex ist es dann deutlich weniger geworden, zurzeit (Ende fünftes Jahr) ist ziemlich Funkstille. Sie (Ehefrau) denken manchmal, dass das eben in vielen, sicherlich auch guten Ehen so sei und dass wahrscheinlich andere Qualitäten das tolle Scharfsein aufeinander ersetzt haben. Sie wissen nicht – und könnten es auch nicht glauben, denn das entspricht seinen Prinzipien so gar nicht, für die Sie ihn unter anderem lieben –, dass er seit drei Monaten ein Verhältnis mit einer Mitarbeiterin hat. Sie (Ehemann) haben deswegen ein furchtbar schlechtes Gewissen gegenüber beiden Frauen, der netten, unbeschwerten Kollegin und natürlich Ihrer Frau gegenüber.

Eine Freundin hat Ihnen (Ehefrau) erzählt, dass sie in einem Vortrag von zwei Paartherapeuten (sie + er) gehört hätte. Auch bei solchen, aus Ihrer Sicht ja noch undramatischen, Veränderungen in der Beziehung wäre eine Paartherapie nicht schlecht.

Sie (Ehemann) haben damit ein Problem, das Sie aber nicht offen benennen können: Sie sind intelligent genug, um zu wissen, dass eine Paartherapie, in der Sie lügen, rausgeworfenes Geld ist, von Ihrem Verhältnis wollen Sie aber um keinen Preis der Welt reden (siehe oben – Prinzipien!). Aber richtig gute Argumente dagegen haben Sie nicht. Sie beschließen, diese Therapie mit Ihren vielen sonstigen Terminen zu boykottieren, was auch gelingt, da Ihre Frau ebenfalls nicht vehement entschlossen zu sein scheint.

Was Sie beide nicht wissen: In zwei Jahren werden Sie geschieden sein, nach einem ziemlich wüsten Rosenkrieg. Sie (Ex-Ehemann) werden Ihre so sehr geliebten Kinder nur jedes zweite Wochenende sehen, die andere Beziehung wird wegen Ihrer Launen kaputt gegangen sein, eine andere wird nicht in Sicht sein – wie lange kann ein Mann eigentlich ohne Sex normal bleiben? –, und Sie (Ex-Ehefrau) werden den Wiedereinstieg in den Beruf, von dem Sie geträumt hatten, auf unbestimmte Zeit verschoben haben, weil Sie – wahrscheinlich zutreffend – vorausgesehen haben, dass Sie zwei kleine Kinder und Beruf nicht unter einen Hut bekommen würden. Unterhaltsmäßig wird sich das trotz aller Tricks Ihres Ex-Ehemannes positiv bemerkbar machen, für Ihr Selbstgefühl wird es eine ziemliche Katastrophe sein.

Das ist e i n Szenario.

Ein anderes:

Anders als das vorige Paar haben Sie die Zeit mit den Kindern mehr oder weniger zufriedenstellend über die Runden bekommen, alle drei haben das Abitur gemacht und studieren, Sie sind beide mittlerweile Ende fünfzig, und Sie (Ehemann) konnten Ihre Frau überreden, Golf zu lernen, um in der vielen freien Zeit, die auf Sie zukommen wird, etwas zu tun zu haben. Sie haben sich innerlich auf einen gemütlichen Lebensabend mit viel Golf, schönen Reisen – zu den Golfplätzen Europas – ohne irgendwelche unliebsame Aufregungen eingestellt. Sie (Ehefrau) fühlen sich unausgefüllt, haben immer wieder den Gedanken, dass das doch noch nicht »alles« gewesen sein könne, und entschließen sich, gegen den massiven Widerstand Ihres Ehemanns, eine Psychotherapie anzufangen. Schließlich sind Sie Ihre eigene Frau.

Sie wissen nicht, dass Sie (Ehefrau) sich in zwei Jahren in einen netten, etwas schüchternen Golfpartner verlieben und bald eine erstaunlich heiße Beziehung anfangen werden. Da Sie ehrlich sind und es Ihrem Mann erzählen werden, erwartet Sie eine emotionale Hölle, bis sich nach einiger Zeit, nachdem auch Ihr Mann eine Beziehung zu dieser viel zu dicken, wahrscheinlich alkoholkranken Golferin mit dem katastrophalen Handicap hatte, alles normalisieren wird. Sehr zur Erleichterung der ziemlich fassungslosen Kinder.

Noch eine andere Geschichte:
Eine 80-jährige Dame nimmt 40 Tabletten eines starken Schlafmittels, um zu sterben. Nachdem sie unter Einsatz ziemlich vieler Tricks der modernen Medizin überlebt hat, werde ich als Psychiater dazu gerufen. Auf meine Frage, was sie denn in ihrem Alter, in dem das Leben ja ohnehin bald zuende gehen werde, zu einem Suizidversuch motiviert habe, sagt sie: »Ich ertrage diesen Mann nicht!« – »Warum?« – »Er sitzt nur noch vor der Glotze, hat keine anderen Interessen und redet nicht mehr mit mir!« Auf meinen Einwand, dass das ja sicher nicht erst seit sechs Wochen so ist, meint sie: »Nein! Seit 20 Jahren! Aber ich habe immer gehofft, das wird besser.«

Es gäbe noch 25 weitere Szenarien, alle etwas anders und doch alle ähnlich.
So viel Herzblut vergossen, so viele Verletzungen zugefügt, so viele Träume zerstoben.

Warum funktionieren Beziehungen so selten?

Ihr Mann hat sich als Charakterschwein erwiesen, Ihre Frau als frustrierte Zicke, jeder kann mal ins Klo greifen.
Blödsinn. Und Sie wissen es.
Paarbeziehungen über den heute angesagten Zeitraum zu führen war dem Urmenschen, von dem wir abstammen, nicht an der Wiege gesungen worden. Damals und noch viel später war man froh, wenn man die ersten dreißig Lebensjahre über die Runden brachte und sich sicher vermehren konnte, Frauen starben in der Regel früh.

Eine lange und gute Partnerschaft, in der sich beide verwirklichen und oft glücklich miteinander sind, ist überhaupt nicht selbstverständlich, sondern eine durch eigentlich gar nichts begründete Utopie! Machen Sie sich das klar, wenn Sie anfangen! Versuchen können Sie es aber trotzdem, nur sollten Sie wissen, auf was Sie beide sich da einlassen.

Die Gründe, warum es so schwierig ist, sind enorm vielfältig. Was Solides weiß man nicht, weil es darüber kaum Forschung gibt.

Ich vermute (mit guten Gründen):

- Die Attraktivität zwischen Frauen und Männern entsteht aus ihrer Unterschiedlichkeit, aber wenn sich diese Attraktivität aufgebraucht hat, sind die Unterschiede oft kaum noch zu ertragen.

- Frauen und Männer wählen ihre Partner oft (vor allem die ersten Partnerschaften!), um die Verletzungen zu heilen, die ihnen von Mutter/Vater, jeweils vice versa, zugefügt wurden. Frau/man sucht also im Partner die »gute« Mutter, den »guten« Vater; auch wenn das natürlich unbewusst geschieht, ist es ein Spiel mit gezinkten Karten, weil der Partner von dieser vergangenheitsträchtigen Rolle, die er da spielen soll, nichts weiß. Das ist ein häufiger Grund, warum Partner so enttäuscht voneinander sind.

- Mein/e Partner/in ist nicht dafür da, alle meine ausgesprochenen oder unausgesprochenen Bedürfnisse zu erfüllen, und schon gar nicht, meine Wunden aus der Vergangenheit zu heilen. Wenn er/sie einfühlsam und fürsorglich ist, kann das eine Beziehung sehr bereichern, aber es ist nicht einklagbar und nicht für immer.

- Zu Beginn einer Liebe wollen beide so viel Nähe wie möglich, tags, nachts, immer. Wenn man/frau sich so nahe sind, können sie sich nicht mehr richtig wahrnehmen, und Attraktivität hat nun mal auch etwas mit dem Wahrnehmen der Besonderheit der/des Anderen zu tun. Deswegen ist es gut, auf Nähe auch wieder Distanz folgen zu lassen. Beziehungen, die das ertragen, sind sehr stabil. Wenn Distanz als Entfremdung verstanden wird oder als Signal des bevorstehenden Verlustes, dann funktioniert die Verbindung bereits nicht mehr. Ähnlich ist es mit Harmonie und Zoff: Ein wie eine Sauce Hollandaise über jedes Beziehungsgemüse ausgegossenes Harmonieverlangen lähmt, aber die Entharmonisierung kann unglaublich bedrohlich empfunden werden. Tatsächlich scheinen Beziehungen mit einer gewachsenen Streitkultur stabiler zu sein.

– Eifersucht. Moderat und als Ausdruck der Tatsache, dass man die/den Andere/n als etwas Kostbares empfindet, das man unter keinen Umständen verlieren will, ist ein gewisses Maß an Eifersucht okay; um den Anderen zu kämpfen, kann manchmal auch angesagt sein. »Blinde« grundlose Eifersucht ist eine beziehungszerstörerische Landplage und ein guter Grund für eine Einzeltherapie – der/des Eifersüchtigen wohlgemerkt! (Neulich stellte sich eine Dame bei mir vor, die nach Auffassung ihres Partners eine Einzeltherapie machen sollte, damit er nicht mehr eifersüchtig sein müsse.)

– Das Organ, das als »Sitz der Seele« gilt und unser Verhalten bestimmt, ist unser Gehirn*. Man schätzt, dass uns 98 Prozent seiner für unser Verhalten wichtigen Funktionen überhaupt nicht bewusst sind, geschweige denn, dass wir sie kontrollieren könnten, weswegen manche Forscher meinen, dass die Verantwortung für unser Handeln nicht mehr als ein frommer Wunsch ist. Ein Prinzip dieses Organs ist sein kaum bezähmbarer Drang nach neuen, lustbetonten Erlebnissen – »the brain runs on fun«, hat ein berühmter Neurowissenschaftler gesagt. Das hat zwei logische Konsequenzen: Erstens bringt es nichts, gar nichts, und bildet die Realität noch nicht einmal richtig ab, den Anderen wegen seiner Aktivitä-

---

* Darüber könnte man eine Bibliothek schreiben, obwohl man bisher nur wenig dazu weiß.

ten außerhalb der Beziehung zu beschimpfen und ihm diverse Formen von Charakterschwäche zu attestieren. Eigentlich verhält er sich ziemlich normal menschlich. Trotzdem tut das dem/der Anderen weh! Zweitens: Will man dieses Leid vermeiden, so sollte man das eigene Sicherheitsbedürfnis hinterfragen, auch wenn es verstehbar schwer fällt. Die Gewissheit, mit dem Trauschein Sicherheit für die nächsten sechzig Jahre eingehandelt zu haben, ist eine solide Garantie für die Trennung. Das Leben ist nicht sicher, und es ist eine leichtfertige Fehleinschätzung, ausgerechnet aus so etwas Fragilem und Kostbarem wie einer Partnerschaft Sicherheit abzuleiten.

– Selbst wenn Mann und Frau alles richtig machen, kann es schiefgehen. Das ist traurig und, wie schon bemerkt, schmerzhaft, manchmal auch eine Katastrophe, aber es kann passieren und passiert täglich. Vielleicht wäre es gut, sich das von Anfang an klar zu machen. Dann würden Frau und Mann vielleicht etwas behutsamer miteinander umgehen, um das Wunder einer guten Beziehung so lange wie möglich zu erhalten.

Ein paar schlichte Tatsachen zur Ergänzung:

Sie sind, wie Sie sind. Und nicht, wie Sie gerne wären. Das gilt für die/den Andere/n genau so.

Sie gehen meistens erwachsen, mit einer mehr oder weniger fertigen Persönlichkeitsstruktur in eine Beziehung. Ihre grundlegenden Persönlichkeitseigenschaften, Ihre Stärken und Schwächen bringen Sie mit. Auch wenn es Ihnen und Ihrer/m Partner/in nicht gefällt, werden Sie sich höchstwahrscheinlich nicht mehr ändern. Das bedeutet, dass Sie beide sich so nehmen müssen, wie Sie sind. Erwachsene ändern Ihre wesentlichen Merkmale nicht mehr, und falls doch, dann nur im Rahmen langer und schmerzhafter Prozesse.

Wenn Sie einen anderen Menschen lieben und mit ihm zusammenbleiben wollen, ist Akzeptanz die wichtigste Grundhaltung! Machen Sie sich das bitte von Anfang an klar. Auch wenn

Ihr Gegenüber guten Willens ist, sind grundlegende Änderungen seiner Persönlichkeitsstruktur keine Option; wenn Sie darauf beharren, machen Sie Ihre Beziehung sinnloser Weise schwer und schmerzhaft.

Deswegen ist Ehrlichkeit sinnvoll! Lügen Sie möglichst wenig, sonst vertun Sie nur Ihre Zeit. Wenn Sie allerdings in Ihrer Kindheit das Lügen gelernt haben, weil die Wahrheit immer wieder mit zu schmerzhaften Konsequenzen verbunden war, werden Sie das als Erwachsene/r wohl beibehalten. Am meisten schaden Sie sich selbst damit, aber es gibt keine Wahrheitsverpflichtung.

»Keine Liebe widersteht einem Unbekannten, der eine Bar betritt«

Können Sie sich als Paar Ihre Liebe so erhalten, wie sie am Anfang war, mit den »Schmetterlingen im Bauch«, mit der Sehnsucht nach dem Anderen, dem großen Glück, wenn Sie zusammen waren? Ist eine solche Erwartung nicht etwas hoch gegriffen? Kann so etwas funktionieren? Schauen Sie sich doch diese gealterten oder längst zerbrochenen Partnerschaften an! Na ja. Es gibt beides, Gelingen und Scheitern, wobei das erste zugestandenermaßen seltener als das zweite ist. Auch wenn es kein Patentrezept gibt, wäre eine grundlegende Möglichkeit, dass Sie offen für Veränderung bleiben, vor allem Ihre eigene, oder – anders ausgedrückt – dass Sie lebendig bleiben. »Aber manchmal braucht eine… Ehe die Gefahr. Damit man wieder spürt, wie sehr man sich mag. Ich bin ein großer Anhänger der Untreue… Allein schon, weil Marguerite Duras diesen unvergesslichen Satz geschrieben hat: ›Keine Liebe widersteht einem Unbekannten, der eine Bar betritt.‹«[*] Das heißt nicht, dass die Liebe kaputt ist. Aber es gibt Konkurrenz, immer. Das darf man nicht vergessen.

---

[*] Fanny Ardant, *Süddeutsche Zeitung Magazin* 4. Oktober 2013, S. 18 ff.

Vielleicht ist Ihnen das zu abgehoben. Also machen wir es etwas irdischer.

Wie bleiben Sie für die/den Andere/n und die/der für Sie interessant? In wen und was an ihm/ihr verlieben Sie sich? Was macht das Glück denn aus?

Im Zustand der beginnenden Liebe widerfährt mir etwas, das unerwartet kommt, das mich ganz ungemein interessiert, weil es neu ist und mich gleichzeitig wie etwas Vertrautes berührt. Sie interessieren sich für mich, für meine Augen, meine Stimme und sagen mir das. Das passiert mir nicht alle Tage und ist wie ein warmer Regen, ich blühe auf, und mein höchstes Ziel wird, auch für Sie die/der *significant other* zu werden. Klar, dass Sie das immer haben wollen. Haben gibt's bekanntlich nicht, aber wir können was daraus lernen.

Was lernen wir daraus für eine Liebesbeziehung?

Sie ist aufregend und spannend, entsteht aus Unbekanntem, kommt unerwartet, ist neu und gleichzeitig vertraut. Komisch, dass wir uns auf so etwas einlassen!

Okay, und nun?

Sie winken jetzt vielleicht angeödet ab, denn Sie haben weitergedacht und schlussgefolgert, dass Beziehungen ja eben nach einiger Dauer vorhersagbar, gewohnt, oder schlimmer, gewöhnlich werden, und die Essenz des Gesagten wäre demnach, dass Beziehungen eben gar nicht anders können als langweilig, ganz und gar nicht mehr beglückend zu werden. Nach drei bis vier Wochen, Monaten, Jahren. Je nach dem.

Vielleicht ist das so.

Doch wären vier gute Jahre voller Liebe und Leidenschaft nicht toll? Alltäglich wären sie auf keinen Fall. Schon, aber vier Jahre reichen ja hinten und vorne nicht aus für das Großziehen der Kinder, für den Aufbau der gemeinsamen Existenz, für das Abzahlen des Eigenheims.

Was wollen Sie eigentlich? Selbst wenn Sie sehr materialistisch veranlagt sind, werden Sie wahrscheinlich zugestehen, dass das Abzahlen des Eigenheims in der Regel kein Liebesinhalt ist. Zum Kaufen hat Ihnen Ihr Banker geraten, kein ausgewiesener Spezialist in Liebesfragen.

Die Kinder sind schon viel näher dran an der Liebe. Aber die berühmte intakte Liebesbeziehung – was das schon für eine Wortschöpfung ist!! – der Eltern ist entgegen weitverbreiteten Behauptungen, vor allem der sich als verlassen erlebten Ehepartner, nicht die wesentliche Voraussetzung für das Gedeihen der Kinder! Damit die eine reelle Chance bekommen, brauchen sie eine frühe Kindheit mit verlässlichen emotionalen Kontakten, sie müssen vom ersten bis zum letzten Tag als eigenständige Persönlichkeiten ernst genommen werden, und sie brauchen Eltern, die ihnen vorleben, wie sie mit den Herausforderungen des Lebens umgehen könnten, auch wenn es in das Eigenheim mal reinregnet. Sie brauchen nicht zwingend das Zusammenleben von Mutter und Vater unter einem Dach, wenn selbst dem Vierjährigen schon ersichtlich ist, dass die beiden sich nichts Liebevolles mehr zu sagen, geschweige denn zu geben haben.

Ein Versuchsmodell wäre, das Arbeitskonzept der ewigen Dauer über Bord zu werfen und die Liebe des anderen nicht als garantiert zu nehmen, nie.

»Wenn man jung ist, denkt man, man hat sein Leben im Griff. Doch die Männer, die man liebt, die Kinder, die man von ihnen kriegt – das läuft nur selten so wie geplant… Du musst Demut und Bescheidenheit lernen und nicht versuchen, das Leben zu kontrollieren. Denn es entscheidet für Dich, wie Du es lebst« (Fanny Ardant).

Garantiertes ist nicht interessant, unerwartet, spannend, neu. Das alles bleiben Sie nur, wenn Sie, und das gilt für Ihren Partner genauso, auch für die eigene, gelegentlich überraschende Weiterentwicklung offen bleiben. Ziemlich riskant, aber eine Chance!

Noch eine Chance – Fehler!

Und da wäre noch die Sache mit den Enttäuschungen. Partner, vor allem Liebespartner, machen Fehler. Nassim Nicolas Taleb, der große Spezialist für das unerwartete Desaster im Katastrophenterrain unseres Jahrzehnts, dem Bankencrash (dem »Schwarzen Schwan«*), hat intensiv darüber nachgedacht, wie man Systeme stabiler machen könnte. Er meint, dass Fehler ein toller Mechanismus gegen Zerbrechlichkeit sind, wenn man sie sinnvoll verarbeitet. Banken tun sich damit schwer, aber für die Beziehung wär's ein Ansatz. Das funktioniert aber nur, wenn wir Fehler, unsere eigenen und vor allem die des Anderen, als Chancen begreifen, das System Beziehung stabiler zu machen. Uns also nicht durch Fehler enttäuschen lassen. Enttäuschung, der Beziehungskiller schlechthin, entsteht, wenn ich die Fehler des anderen so interpretiere, dass er meine Erwartungen nicht erfüllt, schlimmer noch, nicht erfüllen will. Das Desaster nimmt dann so richtig Fahrt auf, wenn ich mir den Luxus von, oft unausgesprochenen, Erwartungen leiste: Er ist doch nicht so, wie ich ihn mir vorgestellt habe (ist er nie!); er ist anders (vielleicht fand ich gerade das interessant!). Enttäuschung ist mein Gefühl, ist eine Reaktionsbildung von mir, mit der ich den anderen von nun an etikettiere – und die Beziehung ihrem sicheren Ende zuführe. Erwartungen sind nicht schlecht, wenn wir grundsätzlich davon ausgehen, dass für die Erfüllung vorzugsweise wir selber zuständig sind! Das ist schwierig genug; den Job brauchen wir nicht anderen Menschen und schon gar nicht dem Geliebten aufzubürden. Etwas anderes ist das Glück, wenn sich die unerwartete und überhaupt nicht einklagbare Erfüllung ereignet. Weihnachten ist öfters.

Wie bleiben Sie, wie Ihr Partner interessant?

Wenn Sie nicht ausgerechnet, nicht ausgedacht werden können. Wenn ich um den anderen ein Gedankenschloss baue, brau-

---

* Nassim Nicolas Taleb: Der Schwarze Schwan; München 2008

che ich ihn in der Realität nicht mehr. Beziehungen sind weniger fürs Denken als für das Sein, das Handeln da. Und der immer wieder beklagte, nicht nur sexuelle Unterschied zwischen Männern und Frauen ist die wesentliche Voraussetzung, dass es etwas zwischen ihnen zu entdecken gibt.

Ich vermute, das reicht Ihnen nicht. Sollte es auch nicht, denn Sie müssen selber was dazu tun, wenn Sie Ihre Beziehung lebendig erhalten wollen.

Wie gesagt, diese Zeilen sind als Annäherung gedacht.

Paartherapie kann helfen

Je rechtzeitiger, desto besser, aber was rechtzeitig gewesen wäre, geht einem oft erst sehr spät auf. Doch nach dem vorher Bemerkten kann auch Paartherapie nicht Ihre Persönlichkeiten ändern. Sie kann Ihnen allerdings helfen, klarer zu kommunizieren. Und das ist sehr sinnvoll, denn ein Großteil der Probleme zwischen Partnern beruht auf chronischen Kommunikationsproblemen.

Die Krankenkassen, auch die privaten, zahlen Paartherapie in der Regel nicht. Sie müssen also selbst in die Tasche greifen. Sehen Sie es positiv, als ein Investment in die eigene und familiäre Zukunft. Das erhöht zumindest die Motivation, zügig klar zu kommen. Am besten teilen Sie die Honorarkosten zwischen sich auf, entsprechend dem jeweiligen Einkommen.

Wenn Paartherapie von zwei Therapeuten gemacht wird, haben Sie mehr Sicherheit, dass beide Partner adäquat berücksichtigt werden. Ein solider Therapeut wird sich immer darum bemühen, aber das ist für Sie als Betroffene in der Hitze des Gefechts oft nicht mehr zu erkennen.

Der Ausgang einer Paartherapie ist immer offen. Grundsätzlich. Sie kann zur Trennung führen oder zu einem besseren, erfüllteren, glücklicheren Zusammenleben.

Erfahrene Paartherapeuten finden, dass Paartherapie meistens

schnell geht. Die Paarprobleme, aus denen sich Veränderungs-
strategien ergeben, sind in der Regel nach acht bis zehn Stunden
identifiziert, und das Paar ist wieder zusammen oder beschließt,
sich zu trennen. Wenn es länger dauert, hat eine/r von beiden ein
größeres Problem und sollte erst einmal für sich eine Therapie
machen.

Oft kann man/frau als Betroffene/r gar nicht glauben, dass es
nach einem richtig großen Krach, nach Untreue oder anderen
Verletzungen noch eine Zukunft geben kann. Muss es auch nicht.
Aber immer wieder stellt sich heraus, dass es doch eine Reserve
des guten Willens gibt, die bei guter Gesprächsanbahnung frei-
gelegt werden kann.

Manchmal hilft auch etwas aus dem reichhaltigen Esoterik-An-
gebot, aber eigentlich nur, wenn beide damit etwas anfangen
können. Dass Menschen auch eine spirituelle Dimension haben,
scheint bei uns weitgehend vergessen zu sein, und der Zugang
zu dieser Dimension kann auch der Paarbeziehung zugute kommen. Bemühen Sie sich dabei um seriöse Angebote. Die Well-
nesswoge hat so einiges an Land gespült, was seine Daseinsbe-
rechtigung aus Mumpitz und Gewinnstreben zieht. Generell ist
ein anerkannter Abschluss nichts Schlechtes, wobei das Zertifi-
kat der Ärztekammer nicht unbedingt hochwertiger ist als die
Ordination zum ZEN-Meister. Fragen Sie die Therapeuten nach
Ausbildung und Abschluss und achten Sie auf Ihr Gefühl. Kann
nicht schaden.

Zu dick, zu dünn – wie kompliziert kann essen sein?

Wann haben Sie zuletzt aus Hunger gegessen?

Genau. Das ist nicht mehr üblich. Essen hat in unserer Gesellschaft inzwischen viele andere Funktionen, die Nahrungsaufnahme steht eher im Hintergrund: *Get together*, Familienzusammenführung in der Burnout-Welt, Stressbewältigung, Belohnung. Wir essen »sozial« und/oder damit wir uns wohlfühlen. Manche essen auch möglichst wenig, damit sie sich wohlfühlen, aber das ist selten.

Zunächst ist das alles ziemlich wertfrei: Das gemeinsame Familienabendessen, bei dem Mutter und Vater etwas zu viel essen, weil es sich gut anfühlt, den Tagesstress hinter sich zu haben; nur der pubertierende 14-Jährige erklärt: »Ich habe keinen Hunger«; das Essen beim Italiener mit Freunden, nach dem man sich immer wieder fragt, warum nicht alle Italiener übergewichtig sind – ja, Nudeln sind gut für die Seele, und wenn der Stress sich nicht anders bekämpfen lässt, dann lieber so, als sein Opfer zu werden.

Essen ist fast überall, fast jederzeit, fast in jeder gewünschten Zusammensetzung und Qualität zu bekommen, und so ist seine ursprüngliche Bedeutung, die der Nahrungsaufnahme zur Bekämpfung des Hungers, sehr weit in den Hintergrund gerückt. In den Vordergrund gekommen sind dafür die Störungen, die mit Essen zusammenhängen, allen voran Übergewicht, Bulimie, Magersucht – und die Konsequenzen, zum Beispiel, dass wir glauben, unser Gewicht durch regelmäßigen Sport kontrollieren zu müssen.

Den Vorfahren, aus denen sich der heutige Mensch entwickelt hat, wären unsere Essgewohnheiten wahrscheinlich unbegreiflich gewesen, wie allerdings auch das uneingeschränkte Vorhandensein von Nahrung jeder Art. Vermutlich sind sie ständig auf der Flucht vor Feinden und auf der Suche nach Essbarem durch die Gegend gerannt, unterernährt oder bei entsprechend hoher Stellung in der Stammeshierarchie auch mal athletisch gebaut. Wenn es etwas zu essen gab, wurde es gegessen, weil es sonst verdorben oder von anderen gegessen worden wäre. Essen wurde als Überlebensmittel wertgeschätzt, es wegzuwerfen, wäre unvorstellbar gewesen.

Wir dagegen essen unachtsam, als Nebenbeschäftigung, wir reden, arbeiten, fernsehen, lesen dabei. Der Vorschlag aus Achtsamkeitskursen, uns nur auf das zu konzentrieren, was wir gerade machen, zum Beispiel auf das Essen, erscheint fast undurchführbar. Versuchen Sie es ruhig einmal.

Auch wenn ich finde, dass sich unsere Essgewohnheiten nicht gut für moralische Appelle eignen, sollten Sie sich bewusst sein, was Sie tun und was die Konsequenzen Ihres jeweiligen Essverhaltens sind. Und Sie sollten sich wohlfühlen mit Ihren Gewohnheiten.

Wie gut ist Übergewicht?

Dass Ihnen mit fünfundvierzig die Sachen nicht mehr passen, die Sie mit zwanzig getragen haben, erscheint Ihnen ziemlich normal, es geht ja fast allen Ihren Freunden/innen oder Kollegen so. Mit Erreichen der jetzigen Stufe auf der Hierarchieleiter hat sich irgendwann Ihr Körpergewicht auf dem aktuellen Wert eingependelt. Sie frühstücken nur zwei Tassen Kaffee, essen mittags schnell etwas in der Betriebskantine, nachmittags ein Hefeteilchen aus der neuen Cafeteria, und richtig gegessen wird abends, wenn Sie nach Hause kommen, im Kreise der Familie. Falls die nicht vorhanden ist und Sie keinen Nerv haben, für eine Person zu kochen, hilft der Pizzaservice, dessen Produkte man sich gut vor der Glotze reinschieben kann. Zweimal in der Woche gehen Sie ins Fitness-Studio, Ihr Hausarzt meint, Blutfette und sonstige relevante Werte seien normal. Sie sind im Gleich-Gewicht, alles in Ordnung. Nicht so richtig in Ordnung finden Sie die Urlaubsfotos vom Strand in Spanien, obwohl die Bemerkung Ihrer Frau, Sie hätten eine ziemliche Wampe, ziemlich daneben ist. Sie muss gerade reden.

Was ist das?

Sie haben Übergewicht.

Nicht viel und nicht bedrohlich, aber schlicht und ergreifend Übergewicht.

Was tun?

Da gehen die Meinungen weit auseinander.

Es gibt die solide wissenschaftlich untermauerte Meinung, dass leichtes Übergewicht in Ordnung ist, dass Sie damit lange leben werden und besser als diejenigen, die sich mit irgendwelchen Diäten unter Stress setzen. Denn Gewicht wird vom Gehirn geregelt, das Ihre gesamten Aktivitäten, Essgewohnheiten, Stressgewohnheiten, Sportgewohnheiten integriert, bis ein ziemlich stabiles Gleichgewicht dabei herauskommt. Ziemlich stabil heißt, dass Sie es nicht einfach so ändern können. Und wenn Sie es versuchen, werden Sie feststellen, dass Sie bald wieder am Ausgangswert angekommen sind.

Das gilt vor allem für die Diäten, die zutreffender Weise mit dem Symbol des Jo Jo charakterisiert werden, weil das Gewicht nach Beendigung oder noch während der Diät fast ebenso schnell wieder raufrutscht, wie es unter der Diät runtergerutscht war.

Das gilt aber auch für Sport, und der muss noch nicht einmal zur Gewichtsabnahme eingesetzt werden: Meine Familie war vor einigen Jahren in einen Vorort gezogen, und ich beschloss, auch weiterhin mit dem Fahrrad zur Arbeit und wieder zurückzufahren, jeden Tag zusammen 28 Kilometer. Ich freute mich über die Zunahme meiner Fitness, die auch eine Steigerung meiner Stresstoleranz mit sich brachte, begeistert war ich über die deutliche Gewichtsabnahme. Anfangs musste ich mich sogar anstrengen, um genügend zu essen, damit ich tagsüber nicht von völlig ungewohnten Hungergefühlen gepackt wurde! Aber nach drei Monaten brauchte ich nicht nur eine neue Kette und neue Zahnkränze, sondern mein Gleichgewicht hatte sich neu eingestellt, ich war wieder bei meinem Ausgangsgewicht angelangt. Welch wunderbares Regulationsorgan ist doch das Gehirn!

Die Theorie von der gewichtsregulierenden Rolle des Gehirns berücksichtigt besonders die stressmindernde Wirkung der Nahrungsaufnahme. Stress spüren wir vor allem im Magen-Darm-Trakt. Sie bekommen das mit dem Stress ganz gut hin, wenn Sie immer mal wieder »eine kleine Mundvoll« einplanen, wie Pu der Bär es ausdrücken würde.[*] Meine Stressbekämpfungswaffen waren lange Zeit Snickers, 2 × 1/Tag. Bis ich in einer Weight-Watchers-Broschüre, die mir meine Frau zugesteckt hatte, las, dass diese Dosis zwei Drittel meines Kalorientagesbedarfs abdeckte. Auf orales Stressmanagement zu verzichten ist aber nicht so einfach. Wir nehmen nur die Stressreduktion wahr, die zusätzlich aufgenommenen Kalorien entgehen unserer Aufmerksamkeit völlig!

Ein anderer Stress-Aspekt: Sie merken, dass Sie über den Tag viele kleine Belohner zu sich nehmen müssen, mit den entsprechenden Effekten an Bauch, Beinen und Po. Verzichten Sie darauf, werden Sie missgestimmt, traurig. Essen, vor allem hochkalorische Kleinigkeiten, kann in unserem Belohnungssystem das ersetzen, was wir eigentlich bekommen wollten: Wertschätzung, Streicheleinheiten, Sex. Wenn Sie aus Diätgründen auch noch auf diese Belohnungssurrogate verzichten, besteht die Gefahr, dass Sie verkümmern.

Sie müssen entscheiden, was Ihnen wichtiger ist. Dass Sie mit Ihrem Stress zurecht kommen, oder die paar Kilo mehr.

---

[*] Alan Alexander Milne: Pu der Bär; Hamburg 2003

Kritisch wird die Situation eigentlich erst dann, wenn das vielleicht inzwischen nicht mehr so marginale Übergewicht Konsequenzen hat: Sie lassen das regelmäßige Tennismatch mit Ihrem Freund immer öfter ausfallen, weil Ihnen die Gelenke zu weh tun, Sie joggen aus eben diesem Grund nicht mehr; was natürlich Ihr Gleichgewicht aus Bewegung und Nahrungsaufnahme richtig durcheinanderbringt, wenn der Hausarzt einen leicht erhöhten Blutdruck oder erste Anzeichen für einen Diabetes mellitus feststellt. Klar, das sind keine unheilbaren Krankheiten, man kann sie mit Hilfe der Pharmakologie wieder in den Griff bekommen. Aber ich finde, Ihnen sollte schon klar sein, dass Ihre ganz persönliche Form von Stressmanagement, Ihr individuelles Gleichgewicht zwischen Nahrung und Bewegung, zu Störungen geführt hat, die chronisch werden, wenn Sie alles beim Alten lassen.

Ein anderer, den meisten kaum bewusster Faktor der Gewichtsregulation ist der Schlaf. Viele Studien sprechen dafür, dass chronischer Schlafmangel unsere Neigung steigert, mehr und schneller verfügbare Kalorien zu uns zu nehmen. Am drastischsten merken Sie das, wenn Sie nach einem Rückflug über mehrere Zeitzonen von West nach Ost geflogen sind, zum Beispiel von Kalifornien nach Deutschland. Der Jetlag ist ein unangenehmer Zustand, der sich zumindest kurzfristig besser anfühlt, wenn Sie einen starken Kaffee mit ein paar süßen Teilchen zu sich genommen haben. Und es scheint eben nicht nur der Kaffee zu sein, der hilft, dass Sie sich besser fühlen.

Wollen Sie an Ihrem Gewicht etwas ändern, geht das nur, wenn Sie das gesamte Gefüge im Auge behalten. Ein sehr grundsätzlicher, aber wahrscheinlich auch sehr wirksamer Weg ist die Achtsamkeit. Die schwierige Übung ist, alles, was Sie tun, achtsam zu tun. Sich auf das, und nur auf das, zu konzentrieren, was Sie gerade machen, und auf das, was Sie dabei empfinden. Zum Beispiel auf das Essen. Dann würden Sie zum Beispiel schneller merken, wann Sie satt sind und wann Sie nur noch weiteressen, weil es halt so gemütlich ist und sich so gut anfühlt.

Eine der bekannteren Achtsamkeitstechniken wird bei den Mindfulness-Based-Stress-Reduction-Kursen (MBSR) nach Jon Kabat-Zinn vermittelt.

Das bisher diskutierte Übergewicht wird von den meisten Betroffenen und auch von ihren Ärzten nicht als Krankheit wahrgenommen. Vermutlich zu Recht. Es ist eher eine Vorstufe als eine manifeste Krankheit.

Anders ist das bei den im Folgenden dargestellten Essstörungen Bulimie und Anorexie.

Zu viel oder zu wenig – alles im Kopf

Was merken Sie?

Die Anspannung baut sich über den Tag so gewaltig auf, dass Sie vor dem Feierabend die Voraussetzungen für den Befreiungsschlag schaffen und richtig im Supermarkt einkaufen. Was dann folgt, soll Sie erleichtern, ist aber nicht wirklich lustig: Alles, Süßes und Salziges, Zuckerzeug und Essiggurken plus Chips, durcheinander essen und gut mit verschiedenen Alkoholika spülen, bis nichts mehr reingeht. Dann kommt der Ekel, und wenn Sie das mit den zwei Fingern in den Hals schaffen, erbrechen Sie wieder. Alternativ versuchen Sie, die enorme Kalorienaufnahme mit Hilfe von Abführmitteln an der Realisierung im Körpergewicht zu hindern. Beides funktioniert offenbar nicht so richtig, denn Sie nehmen zu. Manchmal moderat, manchmal gewaltig.

Bevor Sie das mit dem Zunehmen merken, fällt Ihnen etwas anderes auf: Sie fühlen sich mies, richtig mies. Dagegen ist die Übelkeit nach der Fressorgie noch harmlos.

Was ist das?

Eine Bulimie oder auch Binge-Eating-Störung.

Stress führt zu Fressen, was durch selbst herbeigeführtes Erbrechen oder durch Abführmittel kompensiert werden soll. Da beides nicht klappt, kommt es zur Gewichtszunahme. Ein weiterer Grundmechanismus der Bulimie ist ein völlig darnieder liegendes Selbstwertgefühl, vor dem alle Mechanismen zur Stressverarbeitung die Waffen strecken. Dementsprechend entwickeln sich aus der Bulimie häufig Depressionen, weil der ständige und immer wieder verlorene Kampf als dauernde Niederlage verbucht wird.

Damit ist die Bulimie die härteste Variante der »Stress-Fress«-Gruppe.

Was tun?

Wichtig ist der Entschluss, etwas Therapeutisches zu tun, weil Sie als Bulimiker/in über lange Zeit glauben, Ihr Problem selbst in den Griff zu bekommen. Während Sie damit scheitern, bauen sich die Probleme auf: die Folgestörungen Diabetes mellitus, Missbrauch von Abführmitteln, Alkoholabhängigkeit, Gelenkprobleme, Angst vor Stigmatisierung und die ständig zunehmende Verzweiflung über das tägliche Scheitern, die nicht selten zur Suizidalität führt.

Und die Magersucht?

Was merken Sie?

Eigentlich waren Sie ja nicht zu dick, aber richtig gefallen haben Sie sich auch nicht. Sie kamen sich gewöhnlich, mittelmäßig vor. Um das zu ändern, wollten Sie mehr aus einem Guss sein, schlanker, tougher, akzeptierter.

Eine Freundin erzählte Ihnen von der Nulldiät. Die ersten Tage wären hart, aber dann bräuchten Sie nur noch genug trinken, ansonsten wären Sie wie auf Wolke sieben, alles wäre nicht so heavy, Sie würden nicht müde, der Alltagsstress im Büro perle an Ihnen ab, Essen wäre überhaupt nicht attraktiv.

Genauso ist es. Immer noch.

Die ersten beiden Tage waren hart, ein ekliger Geschmack im Mund, das Abführen mit Glaubersalz ging schnell und schmerzlos, eigentlich ein gutes Gefühl, sich mal so richtig von innen zu reinigen! Kopfschmerzen, heftig und pulsierend – ja ja, Sie hatten schon immer zu viel Kaffee getrunken, und das war jetzt wohl der Koffeinentzug. Komisch, dass Sie jetzt seit Monaten wunderbar mit leichten Früchtetees auskommen. Reizbar, stinkig, waren Sie, besser war es, nichts von Ihnen zu wollen. Aber dann, so ab dem dritten Tag, ging es Ihnen schnell erstaunlich gut. Ein dauerndes Hochgefühl, permanente Leistungsfähigkeit, keine Müdigkeit, okay, das Schlafen ging nicht gut, aber Sie kamen über die Runden. So gut hatten Sie sich alles in allem schon lange nicht mehr gefühlt. Fast hätten Sie vergessen, dass Sie ja irgendwann wieder mit dem Essen anfangen mussten…

Und das war richtig mies!

Keiner begreift, wie schwierig es ist, sich aus diesem Kokon aus Endorphinen und Stolz über Ihre Härte gegen sich selbst wieder rauszubegeben. Dieses Sich-mittelmäßig-Fühlen, dieses Voll-und-gebläht-Sein war nicht auszuhalten. Auch Ihre Freundin hatte Ihnen erzählt, dass sie sich damit hart getan hatte; jede Art von Nahrung war suspekt, zumal man ja bei dem ganzen Dreck, den man nicht selbst zubereitet, überhaupt nicht weiß, welche Kalorien drin sind. Nach diesem heiteren Schweben des Fastens fühlten Sie sich jetzt geradezu beschmutzt, wenn Sie etwas gegessen hatten. Obst und Salat (ohne Dressing!) ging gerade noch, etwas fettfreies Fleisch, okay, aber Brot, Reis, Nudeln oder gar Kartoffeln kamen Ihnen nicht mehr in den Magen. Das war anscheinend der Scheideweg: Die meisten Ihrer Freundinnen schafften den Weg in die Niederungen des normalen Übergewichts – Sie wurden magersüchtig.

Sind Sie nicht? Das sei kompletter Quatsch? Ja, Sie seien schlank, Fett sei an Ihrem Körper nicht mehr zu finden, wäre ja auch schwierig bei zwei Stunden Joggen am Tag, fast nur Trockenobst, jede Menge Wasser und zweimal Abführen pro Woche. Wenn Sie mal schwach werden und zu viel reinschlingen, hilft Erbrechen.

Das konnten Sie gottseidank immer schon gut. Aber Sie fühlen sich toll, so effektiv haben Sie früher nie gearbeitet, Ihre Laufzeiten sind besser denn je, nur normal essen können Sie nicht.

Was ist das?

Sie wollen das nicht hören oder lesen. Sie sind magersüchtig. Aus dieser harmlosen Nulldiät hat sich mit der Zeit ein schwerstes, chronisches Krankheitsbild entwickelt. Das glauben Sie nicht? Was soll denn so schlimm an diesem Zustand sein?

Sie befinden sich in einem langfristigen chronischen Ungleichgewicht, in dem Sie immer weniger werden, bis Sie schließlich mit lebensgefährlichen Symptomen eingewiesen werden, bei erster Gelegenheit die Klinik wieder verlassen und irgendwann am akuten Herz-Kreislauf-Versagen sterben. Ihre Körpersalze kommen durch Erbrechen und chronisches Abführen völlig durcheinander, besonders die niedrigen Kaliumwerte werden Ihnen irgendwann den Rest geben. Das Gemeine ist, dass Sie das selber nicht mehr mitkriegen, weil sich Ihre Kognition verändert hat. Ihre Körperwahrnehmung ist grotesk verzerrt; Sie schätzen Ihre Körperbreite so ein, als ob Sie durch keine Tür durchkämen, obwohl Sie real vielleicht noch eine Viertelperson sind. Ihr Denken kreist nur noch um das Vermeiden von Essen oder um kreative Möglichkeiten, wie Sie die paar aufgenommenen Kalorien durch ein erweitertes Joggingprogramm schnellstens wieder loswerden. Dass Ihr Freund mit diesem Gebilde aus Haut und Knochen schon lange nicht mehr schlafen will, dass er es eigentlich nur noch bei Ihnen aushält, weil er sich Sorgen um Sie macht, haben Sie nicht mitbekommen. Diese Denkstörung hat wahrscheinlich auch eine organische Grundlage, denn man hat mit der Bildgebung herausgefunden, dass die Gehirne von Magersüchtigen schrumpfen.

Gibt es eine Chance?

Die Geschichte läuft immer wieder ähnlich: Eltern, Lehrer, Partner machen total besorgt einen Termin für Sie, den Sie ja eigentlich nicht einsehen, aber aus purer Freundlichkeit noch wahrnehmen. Der Psychiater, Internist erklärt Ihnen irgendwelche Zusammenhänge, die Sie nicht an sich heranlassen, er bietet Ihnen an, sich jederzeit – es könne ja gefährlich werden – wieder bei ihm melden zu können, was Ihnen nicht im Traume einfallen wird.

Alles für die Katz, leider! Diese Bemühungen der anderen bringen nichts – solange Sie nicht selber einsehen, dass Ihre Störung eine miserable Prognose hat, wenn Sie nicht sehr bald etwas tun.

Was? Medikamente helfen nichts, die Aufnahme in irgendeiner, nicht auf Essstörungen spezialisierten Psychiatrie oder Psychosomatik ist auch nicht sinnvoll, weil Sie bei denen allenfalls das Team aufmischen, die notfallmäßige Aufnahme auf eine Intensivstation ist zur Behandlung lebensbedrohlicher Symptome nötig und sinnvoll, wird aber an Ihrer Grundproblematik nichts ändern.

Eine Chance haben Sie nur, wenn Sie selbst einsehen, dass es so nicht weitergeht, dass Sie Hilfe brauchen und Ihr Leben grundlegend ändern müssen. Wenn Sie das eingesehen haben, kommt eine harte Zeit auf Sie zu, denn Sie müssen zunehmen, ohne jede Diskussion. Sie müssen lernen, wieder normal zu essen, müssen sich täglich neu an diesen Ihnen jetzt unbekannten Körper gewöhnen, der plötzlich Fettpolster bekommt, wo noch nie welche waren, zumindest erinnern Sie sich nicht daran; Sie müssen lernen, wieder normal zu essen, zu kochen und, das ist eine der schwierigsten Übungen, auch wieder mal in einem Restaurant essen zu gehen. Das ist so schwierig, weil Sie dort keine Chance haben, die aufgenommenen Kalorien zu kontrollieren. Es muss eine auf Essstörungen spezialisierte Klinik sein, die wesentliche

Therapieform ist die Verhaltenstherapie, und Sie brauchen unbedingt eine gute ambulante Nachbehandlung.

Ob Sie sich dazu durchringen werden?

Die Statistiken sind nicht gut.

Eine Liste der Spezialkliniken, die vom Bundesverband für Essstörungen empfohlen werden, finden Sie unter http://www.bundesfachverbandessstoerungen.de/de/44bfekliniken.html.

Das Licht kommt vom Ende –
Alter als Chance

Alter ist Veränderung mit sehr gewissem Ausgang. Wir werden sterben, und das wissen wir vom Anbeginn. Aber wir haben es mehr oder weniger intensiv geschafft, uns mit wichtigeren Dingen zu beschäftigen. Je älter wir werden, desto schlechter gelingt dieses Wegsehen. Manche verdrängen weiter, manche verzweifeln.

In Wahrheit liegt im Bewusstsein, dass unser Leben ein Ende hat, die große Chance, gut zu leben. Im Alter haben wir die letzte Möglichkeit, etwas aus unserem Leben zu machen, es zu genießen, ihm einen Sinn zu geben. In unserer Gesellschaft haben viele diese Möglichkeit. Anderswo ist Alter das pure Elend. Neben den Ressourcen, prosaisch ausgedrückt, dem Geld, hängt das Outcome des Projekts »Altern« an unserer Einstellung. Und diese Einstellung ist viel zu häufig defizitär gefärbt: als hätten Sie mit dem Job den sozialen Status verloren, als hätte älteres Leben von einem Tag auf den anderen keine Lebensqualität mehr. Und nicht selten ist diese Einstellung durch eine Depression bedingt, deren wichtigste klinische Merkmale – Antriebsverlust, Freud-, Lust- und Hoffnungslosigkeit und nicht zuletzt die Müdigkeit am Leben – irrtümlich mit dem Alter gleichgesetzt werden. Gerade im Alter sollten Sie Depressionen umgehend behandeln lassen, weil Sie schlicht keine Zeit zu verlieren haben.

Denn das Licht kommt vom Ende. Das Bewusstsein, dass nicht alles immer so weitergeht, führt zur Neuordnung aller Werte. Probieren Sie es aus! Dann könnte aus dieser existenziellen Herausforderung die Kraft erwachsen, all unser Wissen und all unsere Emotionalität einzusetzen, um das Wie unseres Alterns so bewusst und so gut wie irgend möglich zu gestalten. Wenn wir unser Bild vom Alter ändern, schaffen wir die Voraussetzungen für eine neue Realität.

Was ändert sich mit dem Alter?

Ziemlich viel.

Unsere körperlichen und geistigen Möglichkeiten verändern sich. Sie werden sagen, alles wird weniger – bis auf das Gewicht. Aber das ist nur die halbe Wahrheit, denn in allem, was mit Erfahrung zusammenhängt, können Sie besser werden. Vorausgesetzt, Sie sind offen für Erfahrungen. Ihr emotionales Gespür kann besser werden, wenn Sie sich darauf einlassen.

Alternd werden wir hilfsbedürftiger; wenn Sie sehr aktiv leben, geschieht das langsamer, wenn Sie krank werden, schneller.

Die Krankheit, mit der die meisten am schlechtesten umgehen können, ist die Demenz, der allmählich fortschreitende Verlust unserer Persönlichkeit und unserer Autonomie, gegen die bis heute nur eine symptomorientiert-lindernde Behandlung möglich ist. Schon die Vorstellung macht uns hilflos. Gerade deswegen ist es unbedingt nötig, Vorkehrungen zu treffen, solange Sie noch bei klarem Verstand sind. Wenn die Demenz fortschreitet, nimmt unsere Autonomie drastisch ab, ändert sich unsere rechtliche Rolle in der Gesellschaft, andere werden unsere Interessen wahrnehmen, für uns entscheiden.

Bleibt uns die Demenz erspart, so können wir unsere gesellschaftliche Rolle mit allen ihren Facetten bis zum Ende wahrnehmen. Das ist die Voraussetzung, um respektiert zu werden als die komplexe, manchmal schwierige Persönlichkeit, die wir nun mal sind. Und es verhindert diese unsägliche Verniedlichung, die alte Menschen oft ertragen müssen.

Das Verhältnis zu den anderen, vor allem zu unseren Kindern, ändert sich ebenfalls, je hilfsbedürftiger wir werden, umso mehr. Im Verhältnis zu den uns nahestehenden Menschen liegt unsere Chance auf ein emotional erfülltes Altern. Denn Gefühle beziehen sich in erster Linie auf unser Verhältnis zu anderen. Wenn wir unseren Kindern, ohne zu reflektieren oder es offen mit ihnen zu diskutieren, mit Hilfe der Macht des Faktischen die Last unserer Pflege für die immer länger werdenden Jahre unseres Überlebens aufbürden, verspielen wir diese Chance.

Der Beginn der Rente oder The Independence Day

Irgendwann ist dann der Tag X da, an dem Sie in die Rente gehen, vornehmer heißt das Pension, Ruhestand, endlich Zeit für die Hobbys, für Reisen, für das, was Sie immer schon machen wollten und wozu Sie nie kamen.

Entschuldigung, aber ich glaube, das ist Quatsch! Der lange Abschnitt des Lebens, aus dem Sie wie die meisten von uns Ihre Bestätigung, Ihre Statur, Ihr Ansehen, den Respekt und Ihren Wert gewonnen haben, ist nun vorbei. Und Sie stehen da, so wie Gott Sie geschaffen hat, oder vielleicht besser, wie er Sie bis hierher hat altern lassen.

Das wird nicht ganz leicht für Sie, aber Sie können es schaffen.

Sich finden, oder sich neu erfinden, herausfinden, wer Sie sind, ohne all das Äußerliche, ohne die mehr oder weniger soliden Leistungsnachweise des Berufslebens, auf die Sie so stolz waren.

Wer sind Sie eigentlich ohne Beruf?

Wer sind Sie in Ihrer Partnerschaft? War die immer nur ein Anhängsel Ihrer Berufspersönlichkeit? Wie weit hat der Herr Abteilungsleiter in Ihre Ehe hineingespielt, wie sehr hat die Dreiviertelstelle als Lehrerin verhindert, sich mal grundlegend mit dem Göttergatten auseinanderzusetzen, weil Sie ja erfreulich selten da waren? Diesen Aspekt Ihres Lebens müssten Sie wohl neu erfinden.

Wie sieht es jetzt aus, mit Ihrer Bonität? Sie lassen bei der Bank, bei der Sie seit 25 Jahren sind, verlauten, Sie hätten gerne den Kredit über 20 000,– €, um sich das Wohnmobil zu kaufen, von dem aus Sie Ihren Ruhestand genießen wollen. So eine Summe war ja nie ein Problem. Der etwas übergewichtige Banker, der Ihnen bis zum Tag X fast jeden beliebigen Kreditwunsch erfüllte, bevor Sie selbst noch recht wussten, wie viel Sie brauchten, schraubte seinen Liebenswürdigkeitsindex etwas zurück, als er das hörte: Ja, für diesen Kredit von 20 000 €, da bräuchte er ja jetzt eine Sicherheit von allermindestens 15 000 €, und, übrigens, das Überziehungslimit von 11 000 € auf Ihrem Girokonto, das wäre eigentlich nicht mehr angemessen. Angemessen an was? Ja klar, an die Tatsache, dass Sie Rentner sind, dass nun ja nicht mehr als Ihre Rente – er hat nicht Pension gesagt!! – reinkommt, keine Boni oder andere Zahlungen außer der Reihe mehr. Sie merken jetzt, dass Ihre Kreditwürdigkeit nie Ihnen selbst galt, obwohl sich das schon ziemlich gut angefühlt hatte. Vielleicht müssen Sie nun Ihre Planungen etwas langfristiger anlegen, bis Sie etwas angespart haben.

Aber Sie haben jetzt so viel Zeit, und jeder meint, Sie sollten sich nun mal richtig Ihren Hobbys widmen. Ja.

Irgendwann fällt Ihnen auf, dass Ihr Auftritt auf dem Golfplatz schon auch etwas mit Ihrem Handicap zu tun hatte, aber dass sich Ihr gutes Standing bei den anderen Mitgliedern nicht ganz unwesentlich aus dem Job speiste, vielleicht aus den günstig vermittelten Jahreswagen, zumindest, wenn Sie Ihr Handicap wieder einmal weit überspielten.

Klingt zu negativ? Vielleicht. Aber damit Sie die jetzt kommende Lebensphase positiv erleben können, sollten Sie genau hinschauen, wie die Chance aussieht, die Sie jetzt haben. Independence day und keinesfalls der ominöse Einstieg in die ewige Ruhe des Ruhestands! Keine Besprechungen mehr, in denen

153

Ihnen der Chef immer klar gemacht hatte, dass er und nicht Sie der mit dem Durchblick war, keine Zielvereinbarungen mehr, die kaum einzuhalten waren, keine burnout-verdächtige Zeitplanung mehr – aber auch nicht mehr diese halbherzigen Wochenenden oder Kurzurlaube mit der Familie, derweil Sie doch ständig an diesen unfertigen Projektplan denken mussten.

Jetzt können Sie so richtig in die Vollen gehen, aus Ihrer Zeit das machen, was Sie schon immer gerne daraus gemacht hätten, und das, was Sie tun, richtig und mit ganzem Herzen tun.

Und wie soll das gehen?

Die Chance liegt darin, über Ihre Werte nachzudenken und sie gegebenenfalls neu zu definieren. Widerstehen Sie der großen Versuchung, sich immer wieder mit den Kollegen zu treffen, die jetzt die Kollegen von früher sind, sich anzuhören, wie Ihr Nachfolger alles das verspielt, was Sie mühsam aufgebaut haben, oder – genau so schlimm! – wie er es wirklich besser macht. Sagen Sie tschüss! Die Heimeligkeit der alten Denkroutinen ist kein Antidot zu dem Gift, das dabei rüberkommt.

Die alten Routinen beenden, das wäre es! Es liegt eine große Lust darin, die Wege, die Sie jetzt gehen, neu zu gehen, jeden neuen Schritt auszukosten, Neues zu lernen, Neues auszuprobieren, im Hobby, in der Partnerschaft, in der Zeiteinteilung, im Leben.

Krank werden wäre jetzt eigentlich blöd.

Jetzt haben Sie die Chance, einmal die ganzen undefinierbaren Wehwehchen abzuklären, die vielleicht gar nicht so harmlos sind, aber zu deren Klärung Sie nicht die Zeit fanden, mal eine Entscheidung zu treffen, ob das mit dem Übergewicht für alle Zeit so bleiben soll oder ob eine neue Ernährung, ein neuer Sport vielleicht auch neues Glück bringen. Kosmetikerin, Fußpflege? Sie doch nicht? Jetzt hätten Sie die Chance, so was mal auszuprobieren, ganz ohne schlechtes Gewissen und vielleicht sogar mit Lust.

Eine attraktive Sackgasse

Die Komfortzone suchen wir in allen Altersstufen auf, der Aufenthalt dort spart Stress und Energie. Deswegen geht der Daueraufenthalt dort ja auch meistens mit einer Gewichtszunahme einher. Aber das hatten wir schon.

Im Älterwerden machen wir das besonders gnadenlos; wir richten das Leben so ein, dass es möglichst bequem ist: der obligate, weil so bequeme Kurzhaarschnitt bei Frauen, statt die eigene Erscheinung wie früher immer mal wieder mit einer neuen Frisur aufzupeppen, der biergespeiste Rettungsring bei den Männern, die bequeme Unisexmode*, statt was pfiffiges Neues auszuprobieren, das Essen in der Karstadt-Kantine, statt sich auf das Abenteuer des Selberkochens einzulassen.

Auf den Punkt gebracht hat das Charles Aznavour in seinem Chanson »Du lässt Dich gehn!«. (Den Text können Sie ruhig mal googeln.)

Über dem Eingang steht »Ruhestand«. Das Versprechen hieß, wir hätten uns im Alter unsere Ruhe verdient, jetzt endlich wäre Gemütlichkeit angemessen, die Komfortzone müssten wir nicht mehr verlassen. Leider ist das gelogen!

Dass es vielleicht gerecht wäre und dass wir uns wünschen, nach einer langen aktiven Phase unseres Lebens, mit viel Stress und oft auch unerfreulichen Belastungen, jetzt in möglichst großer Sicherheit alt werden zu können, ist eine Sache. Eine andere ist, dass Ruhe und Komfort für keine Altersstufe so absurd und so verhängnisvoll erscheinen wie für das Alter. Nie in unserem Leben war es so wichtig wie jetzt, aktiv zu bleiben, uns mit Neuem zu konfrontieren und achtsam mit unseren Gefühlen umzugehen.

Haben Sie nicht gewusst? Ist ja nie zu spät.

———————

* Am fürchterlichsten in identischen, nur unterschiedlich gefüllten Trainingsanzügen vor allem bei nicht-sportlichen Anlässen.

Apropos Ruhe und Komfort: Sie dachten ja, dass Sie den Albträumen Ihrer Kindheit längst entronnen wären, ein aktives Leben mit wirtschaftlichem Erfolg, zumindest einer akzeptablen Rente, haben ausradiert, was Sie in Kindheit und Jugend ängstigte – die Angst vor Abhängigkeit und Armut, die Angst vor bedrückenden Wohnverhältnissen, aber auch vor emotionaler Bedürftigkeit und last not least vor dem Alleinsein. Irritierenderweise stellen Sie jetzt, an der Schwelle zum Alter, plötzlich fest, dass diese früheren Ängste nur schliefen, dass sie gerade jetzt, wenn Sie sie am wenigsten brauchen können, wieder wach werden. Vielleicht nehmen wir wahr, dass wir im Alter viel näher an der Schwelle zur Abhängigkeit stehen, als wir uns das vorher träumen ließen; aber nicht bearbeitete Ängste bleiben eben aktiv. Jetzt ist der Zeitpunkt gekommen, sich doch noch mit den »bösen« Seiten der Kindheit auseinanderzusetzen – am besten in einer Psychotherapie. O Gott, das haben Sie doch immer vermieden! Tja, so ist das mit dem Vermeiden. Aber darauf kommen wir gleich noch.

Der Umgang, unser Umgang, der gesellschaftliche Umgang mit diesem Veränderungsprozess Alter ist nicht definiert, nicht etabliert, nicht ritualisiert, weil die Menschen noch nicht lange die Chance hatten, so alt zu werden. Da gibt es was für uns zu tun! Raffen Sie sich auf, und definieren Sie, wie Sie mit dem Alter, mit Ihrem und unserem Alter umgehen wollen, wie Sie neue, menschliche, altersgerechte Wege finden können. Zeit zu vertun haben wir nicht. Im Alter nie.

Ich war doch immer der Gleiche – warum ändert sich jetzt alles?

Was merken Sie?

Erst geschieht es unmerklich, alles geht etwas langsamer – Sky Dumont hat einmal gesagt, früher habe er immer die Leute gezählt, die er beim Joggen überhole, jetzt zähle er die, die ihn überholen.

Es tut häufiger irgendwo weh, Knie, Hüfte, Sprunggelenk, auch die Kommunikation ist nicht mehr so gut, hauptsächlich weil die anderen immer mehr nuscheln.

Was ist das?

Man wird älter.

Am deutlichsten merkt man das Altern, wenn man einen eigentlich undramatischen Ausfall hatte, Grippe, Muskelfaserriss, Bruch, und danach feststellt, dass man jetzt viel länger braucht, um das alte Niveau wieder zu erreichen, als noch vor wenigen Jahren. Man wird also tatsächlich älter.

Manchmal ist das Joggen jetzt eine Quälerei, weil die Gelenke doch zu wehtun, vor allem morgens. Und Tennis spielen Sie deswegen schon lange nicht mehr.

Zu schwer zum Sport?

Die Medienstory vom Gewicht können Sie schlecht verstehen, und das nicht etwa, weil Sie begriffsstutzig geworden wären: Die wissenschaftliche Literatur ist völlig uneinheitlich und reicht vom Statement, dass leichtes Untergewicht mit langem Leben am besten vereinbar ist, bis zum Bestseller, dass mollige Menschen länger leben und Stress besser vertragen. Wahrscheinlich müssen Sie es selbst herausfinden. Sie sind auf dem richtigen Weg, wenn Sie sich dabei wohl und fit fühlen.

Die anderen nuscheln so.

Bei einigen stimmt das sogar. Besonders schwierig zu verstehen finde ich Männer mit tiefer Stimme, die in sich hinein statt nach draußen sprechen.

Aber Sie sollten sich nicht vor der Tatsache verschließen, dass viele Ältere – und vielleicht auch Sie – mit den Jahren schlechter hören. Wenn Sie den Nuschelfaktor ausschließen wollen, können Sie mal prüfen, wie leise Frau und Kinder den Fernseher einstellen und ob Sie dabei noch ein Wort verstehen.

Sind Ihnen mit dem Alter die Gefühle abhanden gekommen?

Man vermutet immer, wie alles im Alter weniger wird, so würde auch die Gefühlsintensität weniger. Viele Menschen erleben es anders, berichten vom Gegenteil. Dazu passt, dass Schauspieler und Musiker oft sagen, das Lampenfieber werde mit zunehmendem Alter stärker. Das ist vielleicht gut für Sie zu wissen, weil Sie sich dann nicht so komisch vorkommen mit Ihrer Sensibilität.

Als Widerspruch dazu erscheint die Abnahme der Empathie: Sie sind unwillig, sich auf die Probleme anderer einzulassen, wollen deren Kummer gar nicht anschauen. Weil Sie Sorge haben, dass Ihre eigenen Probleme dann zu sehr in den Hintergrund geraten? Ihre eigenen Probleme: Im Alter sind das die Angst vor dem Alleinsein, der Verlust der Autonomie, nicht mehr stark auftreten zu können – was besonders den mächtigen Männern zu schaffen macht.

Und wenn Sie vergesslich werden?

Namen, auch vertraute, wollen Ihnen einfach nicht mehr einfallen, nach Begriffen und Bezeichnungen müssen Sie suchen. Ihr Auto finden Sie erst nach einer halben Stunde auf dem Parkplatz wieder, Sie vergessen, dass Sie einen Termin beim Friseur hatten?

Na ja, Namen waren noch nie Ihre Stärke, und das kann alles auch stressbedingt sein.

Aber haben Sie denn tatsächlich so viel Stress, oder entsteht der nur, weil Sie mit Ihrem normalen Leben nicht mehr zurecht kommen?

Ihre erwachsenen Kinder reagieren verlegen.

Was kann das sein?

Ja, das kann eine beginnende Demenz sein.

Ich gebe zu, auch für mich mit meinen jetzt 65 Jahren ist das eine der schlimmsten Vorstellungen! Hilflosigkeit, Kontrollverlust, nicht mehr über mich selbst entscheiden können, ab ins Heim! Dabei wäre spätestens jetzt der Zeitpunkt, Vorsorge zu treffen, dass diese beängstigenden Entwicklungen nicht über Sie hereinbrechen, auch wenn Sie dement werden sollten.

Was könnten Sie tun?

Geben Sie es zu: Am liebsten würden Sie vermeiden, sich mit diesen Plagen auseinanderzusetzen! Vermeiden? Verdrängen, begraben unter einer meterdicken Betonschicht! Ich würde das. Wenn es funktionieren würde.

Aber – Vermeiden ist das Verhängnis, das uns hindert, die richtigen Schritte zu tun, das alles nur noch schlimmer macht. Nichts würde durch Vermeiden besser.

Sie kennen das vielleicht von der Angst. Die macht einem Stress, aber die eigentlichen Probleme, wie Rückzug, Jobverlust, Vereinsamung, bringt das ach so plausibel erscheinende Vermeiden.

Das ist beim Älterwerden nicht anders:

Eigentlich ist es ein cleverer Gedanke, eine halbe Stunde vor dem Training eine Tablette Ibuprofen oder Diclofenac zu nehmen, dann sind die Schmerzen weg. Der Nachteil liegt darin, dass sich mit der, durch den Sport gesteigerten Organdurchblutung auch die schädigende Wirkung beider Medikamente auf die Nierendurchblutung steigert. Wenn man diese Präparate häufiger nimmt, sollte man sie mit Protonenpumpenblockern kombinieren, aber das ist dann schon nicht mehr so spontan und einfach handhabbar. Und da Schmerz ein wertvolles Hinweiszeichen auf eine zu starke Belastung sein kann, riskieren Sie mit dieser Selbstbehandlung eine Verschlechterung der Gelenkprobleme respektive Knorpel- und Bandschäden.

Wenn Sie schon vorher ansetzen und den Sport, zum Beispiel das Laufen, vermeiden, berauben Sie sich einer der wirksamsten Präventionsmaßnahmen gegen Alterskrankheiten, Demenz, Diabetes, Hochdruck, und werden feststellen, dass Sie sich gleich viel schlechter fühlen. Der Kreislauf wird wackelig, die Stimmung schwankt vor sich hin, zu vielem können Sie sich nicht mehr aufraffen.

Die berühmten No-sports-Persönlichkeiten der Weltgeschichte, wie Winston Churchill oder Helmut Schmidt, hatten bzw. haben

159

eben doch sehr spezielle Gene und sind nicht beispielhaft für ein gesundes Alter!

Eine wesentliche Voraussetzung für sportliche Betätigung ist Kraft. Das ist nicht erst im Alter so, aber erst im Alter beginnen Sie, darüber nachzudenken, weil mit mangelnder Bewegung auch die Kraft abnimmt. Die fehlende Kraft ist ein wesentlicher Grund für die Verletzungsanfälligkeit im Alter. Sportwissenschaftler und Physiotherapeuten sagen, Krafttraining sei gerade beim Älterwerden wichtig. Nein, nicht um Sylvester Stallone nachzueifern, aber kräftige Muskeln sind weniger verletzungsanfällig, stabilisieren Gelenke und Sehnen besser. Die Schmerzen werden weniger oder verschwinden ganz, und Sie können vielleicht wieder ohne Schmerzen Joggen. Um das zu erreichen, müssen Sie Ihre Muskeln regelmäßig trainieren, wenn sie in Ruhe gelassen werden, bauen sie ab!

Mit welchen Sportarten tun Sie sich im Alter leichter?

Nordic Walking statt Joggen hat nicht nur den Vorteil, dass die Gelenke der unteren Extremitäten entlastet werden, sondern stärkt auch die Muskulatur der oberen. Wenn Sie das sorgfältig unter Anleitung trainieren (denn sonst zerren Sie sich), können Sie mit diesen Stöcken sogar joggen, langsamer zwar, aber immerhin so, dass Ihre Herzfrequenz so weit ansteigt, dass Sie einen ausreichenden Konditionseffekt erreichen.

Schwimmen wäre ebenfalls eine gute Alternative; Sie können sich ohne Ende auspowern, ohne Ihre Gelenke zu belasten.

Auch Radfahren ist gut, im Fitness-Studio oder in der Realität. Wenn Sie das lange nicht gemacht haben, wäre es gut, die besonderen Bewegungsmuster und den Gleichgewichtssinn in ruhigen Straßen behutsam zu trainieren – auch wenn das Fahrrad vor dreißig Jahren ein Organ Ihres Körpers war! Ein dem Fahrradfahren unbemerkt entwöhnter Kollege wollte im Urlaub mal wieder mit dem Rad zum Bäcker fahren und fand sich schnell auf dem Boden wieder, als er nach dynamischem Anrollen das Bein im Fahren über den Sattel schwingen wollte. Sein Gehirn hatte das Bewegungsmuster nicht verlernt, aber die ausführenden Organe seines Bewegungsapparats ermangelten der nötigen Beweglichkeit. Auch wäre es wahrscheinlich gesundheitsfördernd, sich an den Straßenverkehr in der verwundbaren Position eines Radfahrers erst wieder zu gewöhnen.

Wenn Ihnen Marathonlaufen Spaß macht, dann laufen Sie nach solider sportmedizinischer Beratung und entsprechendem Training Marathon! Wenn Sie lieber schwimmen, dann schwimmen Sie!

Golf ist eine tolle Idee, selbst wenn sich gerade diejenigen das zunächst nicht vorstellen können, die nach den ersten Versuchen geradezu süchtig werden. Das Schöne am Golf: Sie setzen sich mit Ihrem eigenen Ego auseinander, eigentlich nur damit. Ein bisschen Gymnastik machen, um beweglicher zu sein, die Bewegungsabläufe trainieren, nichts Großes, dann müssen Sie eigentlich nur noch Ihre Denkmaschine disziplinieren, und Sie spielen wie eine junge Göttin, ein junger Gott. Na ja, vielleicht nicht ganz – aber der Mensch wächst an seinen Herausforderungen.

Auch am Tanzen. Tanzen fördert Gleichgewichtssinn, Ausdauer, Gedächtnis und macht auch noch Spaß. Und – Sie können es mit der Dame/dem Herrn Ihres Herzens machen. Wie beim Golf gibt es fast keine Altersgrenze. Fangen Sie mit Standardtänzen an, Tango fällt älteren Anfängern ziemlich schwer, auch wenn er machomäßig gut rüberkommt.

Alle Herausforderungen, die komplex sind, also nicht nur ein Organsystem betreffen, die mit Bewegung und mit Neu-Lernen zu tun haben, sind sehr gut! Und dann können Sie ja herausfinden, ob Sie das lieber mit zehn Kilo mehr oder weniger tun.

Wie sollen Sie es denn nun mit dem Gewicht halten? Abnehmen oder eine Schutzschicht pflegen?

Zunächst mal: Die meisten Menschen brauchen mit zunehmendem Alter weniger Nahrung, um ihren Kalorienbedarf zu decken. Wenn Sie achtsam mit sich umgehen, stellen Sie schnell fest, dass die meisten Brötchen einfach zu groß gebacken werden. Sie nehmen schon zu, wenn Sie beim gemütlichen Zeitungsfrühstück zwei so gesunde Körnerbrötchen statt einem essen.

Aber Ihr Gewicht hängt ja keineswegs nur von der Nahrung ab, sondern von Ihrer Einstellung. Denn die Nahrungsaufnahme und -verarbeitung wird wesentlich durch den Zustand und das Befinden unserer Seele bestimmt – nicht der Darm, sondern das Gehirn reguliert das Gewicht.

Das faktische Endgewicht ist das Ergebnis einer höchst komplexen Wechselwirkung von individuellem Wohlbefinden, Schlafverhalten, Bewegungsgewohnheiten und den Stressfaktoren, die Sie aus Ihrer Umgebung herausfiltern.

Und alles hängt mit allem zusammen:

Schlechter Schlaf steigert den Kohlenhydratbedarf, Bewegung fördert die Schlafqualität, aber mit zu viel Gewicht ist Bewegung beschwerlich und tut weh. Sie brauchen mehr Muskeln, um mehr Gewicht zu bewegen, ohne Schmerzen zu bekommen. Diese Muskeln müssen Sie sich antrainieren, und die verbrauchen auch wieder Fett.

Tatsächlich scheint eine gewisse Speckschicht die Stresstoleranz zu verbessern.

Ist das Ertragen von Stress der Königsweg, notfalls eben mit Hilfe von mehr Fettgewebe, oder führt es Sie in ein gesünderes Alter, wenn Sie sich mal mit Ihren persönlichen Stressauslösern befassten? Das würde bedeuten, etwas am Leben zu ändern, beizeiten!

Appetit hat etwas mit Appetenz zu tun, also frei übersetzt: ob Sie Lust zu etwas haben. Appetit macht, was gut schmeckt, nicht, was Sie in großen Mengen verschlingen. Finden Sie das raus! Testen Sie es.

Mein Standardspruch war, dass Nudeln gut für die Seele sind. Sind sie, wenn Sie Ihr seelisches Gleichgewicht mit Marathon- oder anderen Langstreckenläufen aufpeppen. Sonst ist gut für die Seele, was gut schmeckt, auch ohne Kohlehydratkalorien. Und der beste Weg, Wohltaten für die Seele sicherzustellen, ist kochen zu lernen! Alles, was Sie selber zubereiten, birgt zumindest die Chance, dass Sie es nicht schlingend vernichten, sondern achtsam genießen. Das hilft der Appetenz und dem Hungergefühl. Wenn Sie selbst kochen, können Sie auch gleich lernen, Gemüse so schmackhaft zuzubereiten, dass Kartoffeln, Nudeln und Reis tatsächlich eine Beilage und nicht der Hauptkalorienlieferant werden.

Das Wichtigste: Wenn Sie kochen lernen, lernen Sie auch, – wieder – zu schmecken, zu riechen, neue Abläufe zu organisieren, Fähigkeiten, die neu für Sie sind. Nichts ist besser für Ihr Gehirn.

Appetenzgenerator Sex!*

Obwohl es durchaus Unterschiede zwischen Männern und Frauen gibt, was die Art und Weise angeht, wie Sex Spaß macht, ist das einer der tollsten Verstärker, die uns das Leben spendiert.

Wahrscheinlich wissen Sie das ohnehin.

Vielleicht wissen Sie aber nicht, dass Sex zwar seine volle Power zum Zweck der Fortpflanzung entfaltet, aber auch in einem Alter noch höchst attraktiv sein kann, in dem Fortpflanzung kein Thema mehr ist.

»Bin ich ein Glückpilz«, ruft Jack Nickolson**, als er bei einem

---

* Hervorragend ist die Aufklärungsbroschüre der Bundeszentrale für Gesundheitliche Aufklärung (BZGA) zum Thema Sexualität! Bestellen oder herunterladen: http://www.bzga.de/botmed_13010000.html
** »Was das Herz begehrt« (2003), US-amerikanische Filmkomödie von Nancy Meyers.

heißen Techtelmechtel mit Diane Keaton im Bett landet und auf die – ritterlich gemeinte – Verhütungsfrage die Antwort »Menopause!« erhält.

Diesen »tollen Verstärker« gibt's aber nur »außerhalb der Komfortzone«!

Gewöhnung ist nicht erst im Alter absolut lustfeindlich. Sex ist – wie übrigens das Leben als Ganzes – nichts, woran man sich gewöhnen sollte, nichts Selbstverständliches. Nur wenn es uns gelingt, unsere Beziehungen lebendig und unerwartet zu halten, machen sie Spaß!

O ja, das wär's, eine schöne, heiße Liebesbeziehung bis ins hohe Alter! Doch das ist – die hohe Kunst? Gnade? Jedenfalls ist es nicht selbstverständlich. Sie können es nicht kaufen, und die Idee, dass Sie nur Ihre jetzige öde Beziehung beenden müssten, um direkt in eine solche Liebesbeziehung reinzufliegen, ist schlicht drollig! Die langjährige Beziehung, in der sich nicht nur nichts mehr abspielt, sondern in der Sie sich kräftigst auf die Nerven gehen, sich manchmal das Leben zur Hölle machen, ist ja selbst gebastelt, nicht selten, weil Sie eben nicht allein sein können! Denn für viele Beziehungen wäre es sehr heilsam, wenn die eine oder der andere mal sagen könnte: »Ich brauch' jetzt mal ein paar Wochen für mich alleine!« Nicht mit der/m heimlichen Freund/in. Alleine. Und wenn Beziehungen nur aufrechterhalten werden, weil die/der Leidende sich das Alleinsein nicht vorstellen kann, dann ist das der direkte Weg in die Hölle. Erinnern Sie die Geschichte der 80-Jährigen, die aus massivem Frust über die Partnerschaft nach einem schweren Suizidversuch in die Psychiatrie kam? Mit fünfzig kann man durchaus noch eine Paartherapie machen oder sich notfalls trennen, aber mit achtzig?

Leben Sie allein oder mit einem *significant other* zusammen? Es heißt, Frauen könnten besser allein alt werden als Männer, was wohl bedeutet, dass Frauen besser mit sich allein zurecht kommen als Männer. Wofür einiges spricht, solange man diese

Aussage allgemein mit der entsprechenden statistischen Abweichung nimmt. Einige Gedanken dazu:

Allein sein sollten Sie gelernt haben, auch wenn es Ihnen nicht als höchste Lebensform erscheint. Nicht mit sich allein sein zu können, ist ziemlich unpraktisch, denn das kann Ihnen aus vielen Gründen jederzeit passieren. Sie machen sich sehr abhängig, wenn Sie nicht allein sein können. Wenn Sie jedes Mal, nachdem eine Beziehung auseinanderging, zwanghaft sofort wieder eine/n andere/n Partner/in suchen müssen. Warum wollen Sie nicht auch mal allein sein? Sind es die niederen Arbeiten? Putzen, bügeln, kochen? Es wäre gut, wenn Sie das könnten, denn – nur – aus solchen Gründen einen Partner zu beschäftigen, ist schon etwas entwürdigend.

Mein Großvater war – generationsbedingt – der Pascha schlechthin, ein netter Pascha zu seinen Enkeln, aber er machte zu Hause nichts, überhaupt gar nichts. Das könnte sich die in den letzten dreißig Jahren sozialisierte Männergeneration überhaupt nicht vorstellen. Dann bekam meine Großmutter Alzheimer – oder eine andere Demenz, so genau hat man das damals noch nicht genommen.

Es fing ganz allmählich an: mal das Essen auf der Platte verkocht, mal einen wichtigen Geburtstag vergessen, die Wäsche mit Spülmittel gewaschen, die Kleidung vernachlässigt, obwohl sie bis dahin immer äußerst penibel mit ihrem Äußeren gewesen war. Das alles war ihm peinlich, er wollte nicht, dass es jemand erfährt, auch Tochter und Enkel nicht. Deshalb begann er, sich ebenso allmählich, wie die Demenz der Großmutter zunahm, in den Haushalt einzuarbeiten. Und lernte, wie er die Omi pflegen konnte. Sie war bei ihrem Tod nur wenige Tage im Krankenhaus gewesen. Da war er der perfekte Hausmann und nervte meine Mutter, indem er mit 84 seine Gardinen noch selbst abnahm, wusch und wieder aufhängte. Keiner, der ihn kannte, hätte das vorher für möglich gehalten.

Ältere Menschen empfinden nicht weniger, aber sie erleben häufig, dass ihre Gefühle nicht mehr von Belang zu sein scheinen, weil niemand da ist, der etwas damit anfangen kann und will. Der Herzschmerz des jungen Werther hat viele – aus psychiatrischer Sicht viel zu viele – Nachahmer gefunden, die sich dann alle umzubringen versuchten, aber die romantische Not eines Alten, der sich in eine Junge verguckt, wird als kurios abgetan, sieht man mal von »Mr. Morgan's Last Love« ab. Wenn wir unsere Gefühle vernachlässigen, Verluste nicht betrauern, Schönes nicht mehr wertschätzen und uns daran freuen, dann haben wir im Alter einen Gefühlswust angehäuft, der kaum noch zu bewältigen ist, außer wir verkneifen uns alle Gefühle und so auch die Empathie. Seelische »Altershygiene« wäre also, starke Gefühle nicht in uns vergammeln zu lassen, sondern sich ihnen dann zu stellen, wenn sie kommen.

Denn eigentlich haben Sie es selbst in der Hand: Ihre eigenen Gefühle nicht ernst zu nehmen, ist der Anfang vom Verlust des Selbstwerts, ist der Beginn der Gefühlskälte gegenüber anderen. Sie müssen nicht gleich wie Goethe einen »West-östlichen Diwan« schreiben, um etwas aus seiner Geschichte mit Marianne von Willemer zu lernen.

Die Probleme mit dem Alleinsein haben wie üblich mit der Kindheit zu tun. Allein sein ist so ein Horror, weil Sie sich als Kind irgendwann in irgendeinem Zusammenhang verlassen gefühlt haben oder de facto verlassen wurden und diese Erfahrung furchtbar für Sie war. Aber – das kann Ihr/e Partner/in nicht heilen! Das kann, auch wenn Sie schon älter sind, eigentlich nur eine Psychotherapie. Bewegen Sie sich, es wird Zeit. Unter Umständen retten Sie Ihre Partnerschaft damit.

Andererseits muss man es nicht übertreiben, mit der Kunst, allein zu sein. Wie aller geistigerNeuerwerb schadet es auch im Alter nicht, sich mit Kompromissbereitschaft und Selbstkritik vertraut zu machen, um besser in Ihrer Beziehung leben zu können.

Ist das die Alterspersönlichkeit?

Sie sitzen nur noch rum. Sie haben zu nichts Lust. Alles ist ein Angang, auch Dinge, die mal Spaß gemacht haben. Die Enkel – zu laut. Die Tanzpartnerin – zu zickig, Urlaub – zu teuer.

Was ist das?

Das Alter?

Das glauben viele.

Aber das ist Quatsch, vollkommener Quatsch. Wie sehr, realisieren Sie, wenn Sie mal richtig lebensfrohe Alte erleben.

Nein, Sie haben die häufigste seelische Störung, die im Alter eben besonders häufig ist – eine Depression. Wegen dieser Häufung wird depressives Verhalten und Alter von vielen gleichgesetzt. Aber das ist nicht richtig, und Sie können viel Lebensqualität gewinnen, wenn Sie Ihre Depression behandeln lassen. Auch mit achtzig. Denn Depressionen sind ungleich besser zu behandeln als eine Demenz.

Das sollten Sie aber auch deshalb tun, weil die Risiken beachtlich sind. An vorderster Stelle steht die Suizidgefahr. Selbst wenn man das mit dem Image vom antriebsschwachen Alterchen nicht in Einklang bringt, machen gerade alte Menschen oft besonders vehemente Suizidversuche, die schließlich auch gelingen. Das zweite Risiko besteht darin, dass Depressionen für die Überlebensfähigkeit von Nervenzellen ausgesprochen ungesund sind. Und das können Sie sich mit +/– 80 eigentlich überhaupt nicht leisten.

Raffen Sie sich also auf, und lassen Sie Ihre Altersdepression behandeln!

Ich gebe zu, das Hörgerät war eine hohe Schwelle. Vermeiden bedeutet hier einen drastischen Verlust an Lebensqualität; es ist kein Gewinn, wenn man morgens nicht mehr vom Gesang der Vögel gestört wird, denn Sie schlafen im Alter ohnehin nicht mehr so lang. Die Reduktion Ihrer Außenkontakte macht das

Leben öde und Sie einsam. Dieser Prozess setzt lange, bevor Sie ihn bemerken, ein, und ein Hörgerät macht vor allem Sinn, bevor Sie Ihre Außenwahrnehmung eingestellt haben, einsam geworden sind, weil Sie sich nicht mehr unter Menschen trauen, die Sie nicht verstehen. Bedenken Sie, dass der Verlust an Wahrnehmung ebenso wie an Fähigkeiten meist mit einem Verlust an grauer Nervensubstanz einhergeht!

Außerdem gibt es mittlerweile viele Geräte, die Andere kaum bemerken.

Und wenn es nun doch ans Eingemachte geht?

Was sollten Sie tun, wenn Sie ernsthaft befürchten, eine Demenz zu haben? Gehen Sie zu einem Arzt Ihres Vertrauens, und lassen Sie eine ausführliche Diagnostik machen: Termine beim Psychiater und beim Neurologen, eine Bildgebung des Gehirns, ein MRT*, gegebenenfalls auch ein PET** und vor allem eine ausführliche neuropsychologische Testung*** und eine Entnahme des Nervenwassers****.

Auch wenn Sie solche Untersuchungen im Grunde Ihres Herzens verabscheuen und vermeiden wollen – das alles ist nicht besonders unangenehm und überhaupt nicht gefährlich, bringt aber eine vollständige Bestandsaufnahme, die etwas darüber aussagt, ob Sie eine Depression, ein Mild Cognitive Impairment oder eine Demenz haben. Auch wenn es eine Demenz ist, macht die

---

* Magnetresonanztomogramm: eine maximal detaillierte Analyse der Gehirn**struktur** ohne Röntgenstrahlen, die etwas über eine Hirnatrophie (= Gehirnsubstanzabbau) aussagt.

** Positronenemissionstomografie: Mit Hilfe radioaktiv markierter Substanzen wird die Aktivitätsverteilung der Hirn**funktionen** dargestellt.

*** Nur die detaillierten Untersuchungen der verschiedenen psychologischen Leistungen gibt Auskunft, ob tatsächlich ein **Leistungsverlust** vorliegt.

**** Durch Lumbalpunktion kann man im Nervenwasser analysieren, ob bestimmte demenztypische Abbauprodukte vorhanden sind.

ganze Prozedur sehr viel Sinn, denn das klinische Bild der Demenz kann in immerhin 15 Prozent auch symptomatisch sein, also durch eine Überdosierung von Medikamenten bedingt, Ausdruck einer hormonellen Dysfunktion, auch mal eines Hirntumors.

Egal, was dabei herauskommt, Sie sollten jetzt über alle Maßnahmen nachdenken, die auch dann greifen würden, wenn Sie sicher wären, eine Demenz zu bekommen. Schon vorher sollten Sie Vorkehrungen fürs ganz normale Altern getroffen haben, denn wenn Sie älter werden, ändern sich auch die Möglichkeiten, was Sie allein, selbstständig, nur auf sich gestellt tun können.

Alte Menschen brauchen Unterstützung. Manche mehr, manche weniger, aber zunehmend allemal. Irgendwann wird das auch für Sie offensichtlich, und dann sollten Sie Vorkehrungen getroffen haben, sollten Sie wissen, was Sie wollen. Ja, wollen! Wenn Sie rechtzeitig planen, können Sie noch wollen, wenn Sie ungeplant in die Hilflosigkeit reinrasseln, dann müssen Sie! Sie brauchen im Alter zunehmend Unterstützung, beim Einkaufen, Kochen, Putzen.

Wer soll das tun? Jetzt müssen Sie entscheiden, ob Sie sich als Ehepaar selber helfen, was allerdings das festgefügte Rollenverhalten strapaziert, ob Sie Geld ausgeben und eine Hilfe einstellen, ob Sie Ihre Kinder oder Enkelkinder fragen. Gerade Letztere verdienen sich vielleicht gerne Geld, aber wahrscheinlich ist Ihnen das nicht so lieb, und es ist auch nicht das stabilste Modell.

Können Sie Ihre jetzige Wohnsituation weiter aufrechterhalten?

Sie wohnen seit zwanzig oder dreißig Jahren in Ihrer Wohnung, Sie fühlen sich dort wohl und wollen nach Möglichkeit dort bleiben, solange Sie leben? Gehen tut das. Selbst wenn Sie irgendwann zum Pflegefall werden, könnten Sie theoretisch von ambulanten Pflegediensten in Ihrer Wohnung betreut werden. Das ist aber kein gutes Konzept, wenn Ihre Wohnung zum Beispiel ohne Aufzug im dritten Stock gelegen ist. Da brauchen Sie noch gar nicht mal hinfällig zu werden, es reicht schon, dass Sie sich ein Bein brechen und das Treppensteigen für ein paar Wochen ausfällt. Denn dann kommen Sie einfach nicht mehr in Ihre Wohnung. Zelten können Sie nicht.

Ist Ihre Wohnung altersgerecht ausgestattet? Sind Dusche und Badewanne komfortabel und sicher, Fernseher und Telefon altersgerecht?

Auch wenn Sie das nicht wollen, sollten Sie sich jetzt fragen, in welchem Zustand die für Sie bezahlbaren und wunschgemäß gelegenen Altersheime sind.

Glauben Sie nicht an wunderbare Hochglanzprospekte, sondern machen Sie eine Besichtigungstour, informieren Sie sich, wie sauber es da ist, wie es riecht. Leider sind viele Heime genau so, dass Sie sie eben noch nicht mal ansehen wollen, solange Sie bei Sinnen sind. Aber dann wollen Sie dort auch nicht einziehen – oder?

Falls Sie sich für ein Altersheim entscheiden, sollten Sie rechtzeitig dorthin ziehen. Als älterer Mensch brauchen Sie länger, um sich einzugewöhnen und Bekanntschaften zu schließen.

Eine Pflegestation sollte dabei sein. Ja, schon – auch wenn Sie nicht dahin wollen. Sie können nicht ausschließen, dass Sie pflegebedürftig werden, und deshalb sollten Sie sich bei Ihrer Besichtigungstour auch einen Eindruck von der Pflegestation und den Bedingungen dort verschaffen. Und das ist bitter notwendig! Pflege in Deutschland, in diesem reichen Land, ist ein Riesenproblem geworden. Sie können ruhig auch sagen, das ist eine Schande für diesen unseren Staat! So sehr, dass sich einige sehr intelligente Menschen überlegen, ob sie deswegen nicht vor das Bundesverfassungsgericht ziehen sollten (siehe dazu Seite 312 f.). Diese Beurteilung bedeutet für Sie, dass Sie nicht voraussetzen können, im Pflegefall gut und menschenwürdig versorgt zu werden. Sie müssen auswählen und sich entscheiden, wo Sie nicht hinwollen und ob das, was Sie wollen, für Sie bezahlbar ist. Na-

170

türlich gibt es auch gute Pflegestationen, aber davon sollten Sie sich schon selbst überzeugen.

Geschenkt bekommen Sie das nicht, und damit sind wir beim Geld. Rechnen Sie es durch. Wie hoch ist Ihre Rente? Haben Sie gespart und /oder können Sie sich in ein passables Seniorenheim einkaufen, wenn Sie Ihr Haus oder Ihre Eigentumswohnung verkaufen? Aber das sollten doch Ihre Kinder bekommen! Wollen die das auch? Zu diesem Punkt kommen wir gleich noch. Denn Eigentum für die Kinder erhalten bedeutet in vielen Fällen, dass die Sie auch pflegen müssen, weil dann das Geld für Altersheim und Pflegestation fehlt.

Steht Ihnen Geld aus der Pflegeversicherung zu?

Dazu brauchen Sie eine Pflegestufe, das heißt, Ihr Arzt muss ein Gutachten schreiben, und der medizinische Dienst der Krankenkassen muss es akzeptieren. Dieser Vorgang ist eine Wissenschaft für sich, für die Sie auf jeden Fall Unterstützung brauchen. Da die bisherige Praxis stark kritisiert wurde, werden die Regeln gerade neu formuliert(!), aber weil es um viel Geld geht, ist nicht garantiert, dass es damit für die Betroffenen besser wird.

Also nein! Ein Seniorenheim kommt für Sie nicht in Frage. Was dann? So viele Szenarien gibt es nicht.

Szenarium 1: Sie bleiben einfach in Ihrer Wohnung und vertrauen darauf, dass Sie lange fit bleiben und irgendwann plötzlich sterben. Bewertung: Ziemlich unwahrscheinlich; wahrscheinlich ist vielmehr, dass Sie irgendwann krank werden, aber dank unserer hochentwickelten Medizin nicht akut versterben und in der Folge pflegebedürftig sind, aus dem Krankenhaus in die Kurzzeitpflege und dann in ein Pflegeheim verlegt werden. Das wollten Sie ja nun definitiv nicht. Deswegen haben Sie sich auch keines ausgesucht und sich auch nicht auf die Warteliste setzen lassen. Also kommen Sie dorthin, wo etwas frei ist. Wie die Qualität dort ist, können Sie raten. Falls Ihr/e Partner/in oder die Kinder hoch motiviert sind und sich richtig reinhängen, können Sie immer noch in ein gutes Pflegeheim kommen. Sofern genug

Geld da ist, können Ihre Kinder mehrere Pflegerinnen rund um die Uhr organisieren, und Sie können zu Hause bleiben. Im besten Fall haben Sie nicht vorgesorgt, sondern die anderen arbeiten lassen, und bekommen doch noch eine relativ passable Lösung, im wahrscheinlicheren schlechten Fall landen Sie für Ihre letzten Monate oder Jahre – der Mensch überlebt länger, als Sie dachten – in einer Umgebung, in die Sie nie wollten.

Szenarium 2: Sie bauen darauf, dass Ihre Kinder Sie betreuen und pflegen werden. Kinder heißt in diesem Fall meistens »Töchter«, da sich die Söhne dazu, warum auch immer, nur sehr selten bereit finden. Wenn Sie zu Ihren Kindern ein exemplarisch gutes Verhältnis haben und die noch Prinzipien pflegen, die eigentlich schon ausgestorben sind, dann kann das funktionieren. Haben Sie, ja Sie, tatsächlich ein so gutes Verhältnis zu Ihren Kindern? Sind Sie so toll? Trotzdem sollten Sie sich überlegen, ob Sie das einfordern wollen.

Szenarium 3: Sie mobilisieren alles Geld, das Sie haben, und rechnen durch, ob Sie sich für die Ihnen wahrscheinlich verbleibenden Jahre eine Betreuung, später eine Pflege zu Hause leisten können. Teurer als ein Heim ist das auch nicht, aber – Ihre Wohnung muss barrierefrei sein, das Bad möglichst sturzsicher … (siehe oben).

Alles nicht so einfach. Die meisten Informationen bekommen Sie heute aus dem Internet, aber möglicherweise können Sie damit nicht mehr umgehen. Hilfreich ist der Kontakt zum nächstgelegenen Sozialdienst, wo man Sie wahrscheinlich am genauesten informieren wird.

Das Beste wäre, wenn Sie vor Einsetzen der Demenz Ihr Leben so organisiert hätten, wie es Ihnen, Ihnen ganz persönlich, richtig erscheint: Wohnen, Pflege und natürlich das Testament. Wenn Sie nicht mehr geschäftsfähig sind, können Sie es nicht mehr machen (siehe das Folgende).

Die Alten und die Jungen

Alte Menschen sind Menschen. Menschen sind in der Regel nicht gut und edel, oft nicht einmal nett. Sie haben alle guten und schlechten Eigenschaften, die Menschen so haben. In einer komplexen Mischung. Wie Sie und ich auch. Es heißt: Eltern tun alles für ihre Kinder, und deshalb sollten Kinder auch alles für ihre Eltern tun. Eigentlich. Aber so einfach ist es nicht.

Alte Eltern verdienen selbstverständlich, wie Menschen behandelt zu werden und nicht wie Unmündige, mit denen man schwierige Dinge nicht besprechen kann und denen man auch nicht zurückmelden kann, wenn sie sich unmöglich verhalten. Was man bei Kindern ja spätestens dann sehr wohl macht, wenn sie den Windeln entwachsen sind. Allerdings ähneln sich das aufgesetzt Kindische, mit dem viele Erwachsene Kindern begegnen und hinter dem sich ein Mangel an selbstverständlichem Respekt verbirgt, und der entmündigende Umgang mit Alten.

Es hängt wohl mit dem Rollenwechsel – aus dem aktiven handelnden Leben in ein nicht so genau definiertes »altes« Leben – zusammen. Wahrscheinlich passiert das, wenn Sie als Alternder verpassen, sich aktiv eine neue Rolle zu suchen und zu definieren. Auf Ihre Umgebung können Sie dabei nicht zählen, denn das Gegenüber als komplexen Menschen ernstzunehmen ist jeden Moment wieder eine neue Herausforderung, und wenn man uns lässt, machen wir es uns gerne einfacher. Wir reduzieren – bei den Kindern wie bei den Alten.

Aber es ist noch etwas komplizierter. Hygiene und moderne Medizin schieben den Todeszeitpunkt immer weiter hinaus, die Lebenserwartung wächst und wächst. Dadurch wird der Zeitraum vom ersten Wahrnehmen des Alterungsprozesses bis zum Greisenalter immer länger. Mit gesteigerter Lebenserwartung gewinnen wir also nicht etwa die Lebensqualität der Jugend, sondern eine Lebensphase, die hinsichtlich Vitalität und Lebensqualität, vorsichtig gesagt, problematisch ist.

Auch unser Verhältnis zu den Jungen wird dadurch nicht einfacher. Nur wenn wir uns den Herausforderungen dieser Lebensphase aktiv stellen, unsere Hilfsbedürftigkeit akzeptieren, haben wir eine Chance, von der Verlängerung unseres Lebens auch profitieren zu können. Neid und Missgunst gegenüber den Jüngeren, denen wir ihre größere Vitalität nicht gönnen, kann einem das Alter ganz schön vergällen.

Das andere Extrem ist das Kultivieren der eigenen Bedürftigkeit. Alte Menschen können auf die sie pflegenden Jungen wie Vampire wirken, die ihnen die Lebenskraft entziehen und – im Fall häuslicher Pflege – den gesamten Alltag besetzen.

Alternd kommen wir am Ende unseres Lebens wieder in einen Zustand, der mit der frühen Kindheit vergleichbar ist, wir können nicht mehr hinreichend für unsere Bedürfnisse sorgen. Und dadurch geraten die Jüngeren unter Druck, sich um uns zu kümmern. Die Kinder haben aber einen ganz anderen Weg hinter sich. Kleine Babys brauchen die Eltern zum Überleben. Erst wenn Kinder älter werden, wird die Bedürftigkeit durch Abgrenzung ersetzt, was teilweise ja nur mit erheblichem Krach funktioniert. Im Alter passiert nun das Umgekehrte: Jetzt sind es wir Eltern, von denen sich unsere Kinder mal mühsam abgegrenzt hatten, die jetzt bewusst oder unbewusst von ihnen fordern, ihre Grenzen wieder zu öffnen und die Fürsorge zurückzugeben – allerdings ohne dass wir unsere überlegene Elternrolle abgeben wollen. Für diese Situation hat unsere Gesellschaft keinerlei Rituale entwickelt. Was sicher damit zusammenhängt, dass Menschen noch nie so alt geworden sind wie heute.

Welche Auswirkungen haben die hohe Lebenserwartung und die dadurch erforderliche lange Unterstützung und Pflege so vieler Menschen auf das Leben unserer Kinder? Es ist eine Sache, ob Sie für wenige Jahre Ihres Lebens die eigenen Vorstellungen, Projekte etc. zurückstellen, um Vater oder Mutter oder beide zu betreuen, aber eine gänzlich andere, dies für zehn oder zwanzig Jahre zu tun. Heute geborene Mädchen haben eine Lebenserwartung von hundert. Nehmen wir an, dass sie alt und hilfsbedürftig zwischen achtzig und hundert sein werden (was sehr knapp kalkuliert ist), und nehmen wir weiter an, dass sie ihr erstes Kind mit 25 bekommen, dann müsste dieses Kind seine Mutter im eigenen Alter zwischen 55 und 75 pflegen, 20 Jahre lang, also viel länger, als sie selbst von den Eltern abhängig war! So lange die alten Eltern zu pflegen, ist schon vom Zeitraum her erschreckend und praktisch wahrscheinlich gar nicht möglich, weil Pflegen eine der körperlich und seelisch aufzehrendsten Tätigkeiten ist. Der von Politik und Finanzwelt immer deutlicher vorgetragene Vorschlag, die Pflege in den privaten Bereich zu verlagern, ein Prozess, der ja schon in vollem Gange ist, erscheint deshalb so entlarvend unwahrhaftig.

Diese schwierige Situation würde zumindest ehrlicher, wenn wir Alten unseren Rollenwechsel aktiv und weitgehend autark gestalten und die Unterstützung durch die Jüngeren nicht automatisch voraussetzen, sondern im Dialog explizit thematisieren und auch über Gegenleistung reden. Und zwar, solange wir noch geistig und körperlich fit sind. Dann käme mehr Frischluft in die Thematik, dann könnten die Jungen sagen, ja, will ich, oder, nein, so viel will ich dir nicht geben. Und wir Alten wüssten, woran wir sind.

Aus Sicht der Jungen kann sich das so darstellen:

Mutter/Vater hat es richtig gemacht und für ihr/sein Alter vorgesorgt. Nach Besichtigung der in Frage kommenden Altersheime hat sie/er mit Ihrer Zustimmung beschlossen, in ihrem/seinem Haus oder Wohnung alt zu werden.

Sie, Tochter/Sohn, stehen menschlich voll und ganz dahinter, und auch die finanzielle Lage spricht für diese Lösung: Um ein akzeptables Altersheim bezahlen zu können, müssten Haus oder Wohnung verkauft werden, das Ihnen ja mal zufallen sollte. Und da ist es doch nur recht und vor allem billig, dass Sie sich dafür in einer kritischen Lebensphase um Mutter oder Vater kümmern. Eigentlich. Was bedeutet das alles?

Sie werden Verantwortung für Ihre Eltern übernehmen. Im am wenigsten einschneidenden Fall, der Generalvollmacht, sollten Sie im Sinn der Alten entscheiden, im Fall der rechtlichen Betreuung in den Bereichen Gesundheitsfürsorge, Aufenthalt und Finanzen für Ihre Eltern müssen Sie weitgehende konkrete Entscheidungen treffen, zum Beispiel, ob dem alten Menschen, der weder Nahrung noch Flüssigkeit zu sich nehmen kann/will, noch eine Sonde gelegt werden soll*. Sie wissen, was Ihre Eltern wollen, und identifizieren sich so weit mit ihren Entscheidungen, dass Sie zukünftig vertreten, was Sie für den Willen Ihrer Eltern halten. Wenn Sie eine schöne Kindheit und ein gutes Eltern-Kind-Verhältnis hatten, sind Sie dazu zumindest motiviert. Wenn Sie aber unter der dauernden ätzenden Kritik Ihrer Mutter oder den cholerischen Ausbrüchen Ihres Vaters noch heute leiden, wird es vielleicht auch funktionieren, aber es wird Ihnen alles abverlangen, eine schwere und zermürbende Bürde sein. Wollen Sie das? Für viele Jahre?

Eine Demenz schreitet fort, und irgendwann wird Ihre Mutter/Ihr Vater pflegebedürftig.

Kochen ist ja easy, und schon das gilt dann nicht, wenn Sie nicht das Richtige kochen, wenn Ihr Vater Ihnen diskret, aber unüberhörbar zu verstehen gibt, dass die Klopse von Mutter schon eine ganz andere Sache waren als das, was Sie da jetzt wieder gezaubert haben.

Wäsche waschen – alte Menschen nässen auch mal ein und müssen oft gewindelt werden – ist schon viel schwieriger. Mit allen Konsequenzen körperlich pflegen, wollen Sie das wirklich? Bedenken Sie, dass Pflege ein Ausbildungsberuf ist, den Sie nicht gelernt haben. Und manche Sachen kann man/frau bei fremden Menschen viel eher machen als bei den eigenen Eltern.

Da eine Demenz meist mit einem erheblichen Abbau norma-

---

* Palliativmediziner raten davon übrigens ab, weil damit der einzige Weg, auf dem ein Mensch noch »von selbst« sterben kann, verbaut wird.

ler geistiger Strukturen einhergeht, wird sich die Persönlichkeit der Eltern ändern, und Sie bekommen wahrscheinlich keinen Dank für Ihre Bemühungen. Wahrscheinlicher sind verbale oder auch tätliche Aggressionen. So etwas ist für Sie ganz fürchterlich, weil sie immer noch die Persönlichkeit der Eltern hinter solchen Handlungen sehen, einen Bezug zu Ihren eigenen Handlungen herstellen und automatisch in das schlechte Gewissen Ihrer Kindheit verfallen, obwohl Sie doch nur das Beste wollten. Die aus so etwas folgende emotionale Belastung ist enorm. Werden Sie die aushalten?

Die meisten Schwierigkeiten macht Ihnen, dass die einst allmächtigen Eltern, von denen Sie sich mit so viel Auseinandersetzungen während der Pubertät emanzipiert haben, Sie jetzt in Ihrer Hilflosigkeit wieder ganz nah zu sich heranziehen.

Wenn die Demenz einmal da ist und vorher nichts entschieden wurde, bleibt Ihnen in der Tat wenig Spielraum. Aber Sie könnten rechtzeitig mit sich selbst ins Reine kommen und dann mit Ihren Eltern sprechen, wie denn alles werden soll. Sie können die Wünsche Ihrer Eltern anhören und überlegen, ob Sie die erfüllen können. Wenn nicht, müssen Sie es Ihren Eltern sagen. Dann gibt es sicher Krach und viele hoch emotionale Argumente. Aber es ist viel besser, diesen Krach im Zustand gegenseitiger Fitness und Unabhängigkeit über die Bühne gehen zu lassen, als wenn einer der Kontrahenten hilflos geworden ist und Ihnen wirklich nichts anderes mehr übrig bleibt.

Alle Ausreden nützen nichts, es ist eine Demenz!

Wenn Sie nun schon eine Demenz hätten? Kann man etwas machen, gibt es Behandlungsmöglichkeiten? Man kann lindern, verlangsamen, heilen lässt sich die Demenz nicht. Auf dem heutigen Stand medizinischen Wissens kann eine Demenz nicht rückgängig gemacht und auch nicht verhindert werden. Möglich ist es,

177

das Tempo der Verschlechterung deutlich zu verlangsamen. Dieser Effekt ist im Einzelfall schwer zu messen, aber da es gut ist, Zeit zu gewinnen, würde ich solch eine Behandlung auf jeden Fall beginnen, wenn die Diagnose feststeht. Da alte Menschen nicht besonders tolerant gegenüber Nebenwirkungen sind und da die Einnahme nicht zu kompliziert sein sollte, halte ich Memantine für ein gutes Medikament, um Aufschub zu gewinnen.

Ich habe im Lauf der Jahre eine ganze Reihe dementer Patienten behandelt, und mir ist klar geworden, dass jeder Verlauf individuell ist wie die Person auch.

Es gibt Menschen, bei denen die Demenz ganz allmählich einsetzt, nur für die nächsten Angehörigen spürbar, die sich lange überall zurecht finden und umgänglich bleiben.

Leider gibt es auch andere Verläufe.

Zu Hause könnten Sie bleiben, wenn Ihre Angehörigen bereit sind, sich um Sie zu kümmern. Das geht erfahrungsgemäß meistens so lange gut, wie Sie die betreuenden Angehörigen nachts schlafen lassen. Und das hängt davon ab, dass auch Sie nachts schlafen. Ich habe das in dem Kapitel über den Schlaf allgemein abgehandelt, will hier noch einmal darstellen, was für Sie in diesem Zusammenhang wichtig ist:

Jeder Mensch hat eine individuelle Schlafdauer, die mit zunehmendem Alter kürzer wird. Bei einer/m 70- bis 80-Jährigen sind das höchstens sechs bis sieben Stunden. Daraus ergibt sich, dass Sie normalerweise nicht vor 23 Uhr ins Bett gehen sollten, wenn Sie nicht sehr lange vor 6 Uhr aufwachen wollen. Den ausgiebigen Mittagsschlaf von zwei Stunden müssen Sie leider weglassen, denn sonst bleiben Ihnen nur noch vier Stunden Nachtschlaf! Eine Alternative wäre, dass Sie lernen, ein Nickerchen zu halten. Das ist ein höchstens 15-minütiger Kurzschlaf, nach dem Sie sich sicher wecken lassen müssen. Er erquickt, ohne den Nachtschlaf zu mindern.

Ein richtiges Problem entsteht, wenn Sie durch Unachtsamkeit den Schlaf-wach-Rhythmus umdrehen, Sie also am Tage schlafen und nachts im Haus herumgeistern. Das hält kein pflegender Angehöriger aus, und meistens steht dann der Übergang ins Alters- und Pflegeheim unmittelbar bevor.

Solche Rhythmusverschiebungen kann man durch Medikamente nicht ausgleichen, und außerdem soll man bei alten Menschen mit sedierenden Medikamenten extrem vorsichtig sein, – zum einen, weil solche Medikamente die Gefahr von Stürzen massiv erhöhen, zum anderen, weil fast alle sedierenden Medikamente im hohen Alter mit einem erhöhten Schlaganfall-Risiko einhergehen.

Zwei andere Aspekte der medikamentösen Behandlung sind wichtig:

– Alte Menschen brauchen bei allen Medikamenten sehr viel geringere Dosierungen; das sollte man auch bei der Gabe von dringend notwendigen internistischen Medikamenten bedenken, denn überdosiert ist ihr Nutzen nicht mehr vorhanden.

– Unterschiedliche Medikamente beeinflussen ihren Abbau wechselseitig, es kann also zu einem Spiegelanstieg eines Medikaments bei zusätzlicher Gabe eines anderen kommen. Dazu gibt es computergestützte Programme, und man kann Blutspiegel auch messen. Man (Ihr Arzt) muss nur die Muße haben, daran zu denken, und das Budget, solche Untersuchungen anzuordnen!

Rechtliche Regelungen[*]:

Wenn Sie dement werden, kommen Sie irgendwann in einen Zustand, in dem Sie nicht mehr geschäftsfähig sind: Sie können Sinn und Folgen finanzieller und rechtlicher Maßnahmen, die Notwendigkeit, den Nutzen und die Risiken medizinischer Behandlungen nicht mehr richtig verstehen. Dann können Sie auch nicht mehr sinnvoll Entscheidungen treffen.

---

[*] Als eine für Sie und auch für Ihre Angehörigen übersichtliche Zusammenfassung der von Ihnen getroffenen Regelungen empfiehlt sich zum Beispiel »Meine Vorsorgemappe« (München 2013). Das Set enthält Vorsorge füt den Notfall, für Unfall, Krankheit und Alter, Vorsorge für den Erbfall.

Unter diesen Umständen ist der rechtlich korrekte Weg die Einrichtung einer Betreuung (siehe auch Kapitel »Von der Krankschreibung bis zum § 63«): Ein Richter überzeugt sich unter Einschaltung eines Gutachters, ob Sie tatsächlich geschäftsunfähig sind. Er muss auch Sie anhören und versuchen, Ihre Meinung zu den zentralen, Sie betreffenden Fragen zu erfahren. Aber Ihre Möglichkeiten, sich zu artikulieren, sind natürlich umso eingeschränkter, je dementer Sie sind. Letztlich ist es ein Entscheidungsprozess, den Sie wegen Ihrer reduzierten geistigen Fähigkeiten nur marginal beeinflussen können. Wenn Sie selbst Einfluss nehmen wollen, müssen Sie das tun, so lange Sie noch geschäftsfähig sind!

Vielfach wird die Einrichtung einer Vorsorgevollmacht durch Sie selbst favorisiert, die eine Betreuung unter Umständen überflüssig machen könnte.

Aus der Website des Bundesjustizministeriums*:

1. Wofür sollte ich Vorsorge treffen?
Was kann schon passieren?

Jeder von uns kann durch Unfall, Krankheit oder Alter in die Lage kommen, dass er wichtige Angelegenheiten seines Lebens nicht mehr selbstverantwortlich regeln kann. Sie sollten sich für diesen Fall einmal gedanklich mit folgenden Fragen befassen:

- *Was wird, wenn ich auf die Hilfe anderer angewiesen bin?*
- *Wer handelt und entscheidet für mich?*
- *Wird dann mein Wille auch beachtet werden? Oder noch konkreter gefragt:*
- *Wer erledigt meine Bankgeschäfte?*
- *Wer kümmert sich um meine Behörden- und Versicherungsangelegenheiten?*

---

* http://www.bmj.de/DE/Buerger/gesellschaft/Patientenverfuegung/_doc/_doc.html

- *Wer organisiert für mich nötige ambulante Hilfen?*
- *Wer sucht für mich einen Platz in einem Senioren- oder Pflegeheim?*
- *Wer kündigt meine Wohnung oder meinen Telefonanschluss?*
- *Wie werde ich ärztlich versorgt?*
- *Wer entscheidet bei Operationen und medizinischen Maßnahmen? Und überhaupt:*
- *Wer kümmert sich um meine persönlichen Wünsche und Bedürfnisse?*

Dies sind nur einige von vielen Gesichtspunkten, die Sie beschäftigen sollten.

2. Aber ich habe doch Angehörige! Mein Partner oder meine Kinder werden sich doch um mich und meine Angelegenheiten kümmern?

Natürlich werden Ihre Angehörigen Ihnen – hoffentlich – beistehen, wenn Sie selbst wegen Unfall, Krankheit, Behinderung oder einem Nachlassen der geistigen Kräfte im Alter Ihre Angelegenheiten nicht mehr selbst regeln können. Wenn aber rechtsverbindliche Erklärungen oder Entscheidungen gefordert sind, können weder der Ehepartner/die Ehepartnerin oder der Lebenspartner/die Lebenspartnerin noch die Kinder Sie gesetzlich vertreten. In unserem Recht haben nur Eltern gegenüber ihren minderjährigen Kindern ein umfassendes Sorgerecht und damit die Befugnis zur Entscheidung und Vertretung in allen Angelegenheiten. Für einen Volljährigen/eine Volljährige können hingegen die Angehörigen nur in zwei Fällen entscheiden oder Erklärungen abgeben: entweder aufgrund einer rechtsgeschäftlichen Vollmacht oder wenn sie gerichtlich bestellte Betreuer sind.

Entscheidend für die Sinnhaftigkeit einer Vorsorgevollmacht ist aber, dass Ihre konkrete Willensbildung tatsächlich in die Vorsorgevollmacht eingegangen ist und dass Sie bei der Abfassung noch geschäftsfähig waren. Im anderen Fall führt an der Betreuung kein Weg vorbei.

Eine Betreuung können Sie auch freiwillig einrichten, einen Betreuer vorschlagen, aber auch, wer es unter keinen Umständen werden soll; das ist die rechtlich und menschlich wahrscheinlich sauberste Regelung, die auch für das Betreuungsgesetz verbindlich ist. Sie können sich vorher mit dem von Ihnen vorgesehenen Betreuer verständigen, ihm Ihre Wünsche mitteilen und sehen, welche Meinung er dazu hat. Im Sinne Ihrer Sicherheit ist es, dass der Betreuer Ihre Angelegenheiten so zu besorgen hat, wie es Ihrem Wohl entspricht, und dass er alle weitreichenden Maßnahmen und Entscheidungen mit dem Gericht absprechen muss, das ihn kontrolliert. Auch wenn es zwischen dem von Ihnen gewählten Betreuer und den Sie behandelnden Ärzten zu einem Dissens kommt, muss das Betreuungsgericht entscheiden.

Die Patientenverfügung ist die am wenigsten weit reichende Regelung. Über sie können Sie für die Ärzte verbindlich regeln, wie Sie behandelt oder eben nicht behandelt werden wollen. Eine Missachtung entspricht einer Körperverletzung, mit den entsprechenden rechtlichen Folgen für den Arzt. Allerdings muss dies eindeutig sein und die jeweilige Situation genau erfassen! Erfahrene Kollegen sagen mir, dass sie kaum je eine Patientenverfügung erlebt haben, die wirklich hieb- und stichfest war.

Ihr Testament, die Entscheidung über Ihr Erbe, sollten Sie schon längst gemacht haben oder es spätestens jetzt tun. Wenn der Verdacht entsteht, dass Sie Ihr Testament zu einem Zeitpunkt abgefasst haben, zu dem Sie schon nicht mehr geschäftsfähig waren, kann es angefochten werden, was mit erheblichem Ärger für Ihre Erben verbunden ist. Ihnen kann das dann allerdings egal sein.

Das Licht kommt vom Ende

Alt werden ist nicht leicht. Und leicht verlieren Sie aus den Augen, wie gutes Altern gehen könnte. Im alltäglichen Kleinkram hilft es, sich auf die Perspektive zu besinnen.

Zurzeit wird ein Buch viel gelesen, in dem Sterbende davon sprechen, was sie aus heutiger Sicht im Leben lieber anders gemacht hätten. Ich finde, dass diese Betrachtungsweise ganz schön befreiend wirkt[*]. Aus Sicht auf den Tod können wir das Leben besser machen. Hinschauen!

---

[*] Christiane zu Salm: Dieser Mensch war ich. Nachrufe auf das eigene Leben; München 2013.

Brauchen – missbrauchen – abhängig werden

Können Sie diese ganze wunderbare Vielfalt der Chemie, all das, was clevere Pharmakologen entdeckt haben, und auch den Alkohol, denn der wirkt ja auch über seine chemische Substanz, nicht auch sinnvoll einsetzen? Zur Besserung Ihrer Performance? Denn die normale Leistungskurve innerhalb der 14 Stunden Wachheit reicht ja nicht immer aus, wenn in Studium oder Arbeit Druck herrscht, wenn Prüfungen oder Terminabschlüsse anstehen. Sie müssen ja nicht unbedingt abhängig werden!

Es muss doch die Möglichkeit geben, souverän mit dem umzugehen, was Natur und Menschenwitz gefunden haben: das Glas Rotwein, um abends runterzukommen, die Tablette Modafinil, um sich auch dann auf geistige Touren zu bringen, wenn Sie eigentlich müde und nicht mehr leistungsfähig wären. Und wenn Sie die Modafinil zu spät eingenommen haben, weil der Bericht halt zwischen 20 und 2 Uhr nachts fertig gemacht werden musste, dann kommt das Glas Rotwein oder der schottische Whisky nicht mehr dagegen an. Ausnahmsweise müsste es doch möglich sein, eine Alprazolam oder Lorazepam zu nehmen! Macht euch die Erde und die auf ihr gedeihende Chemie untertan!

Sucht ist ja nicht alles

Klar, können Sie machen. Wer sollte Sie auch hindern? Den Untergang des Abendlandes werden Sie damit auch nicht heraufbeschwören.

Seit einigen Jahren wird der Begriff des Neuroenhancement intensiv wissenschaftlich diskutiert, also die Möglichkeit, die individuellen geistigen Kapazitäten durch Psychopharmaka zu steigern. Die Zahl der Substanzen ist nicht gering: Das zur Behandlung der Aufmerksamkeitsdefizitstörung zugelassene Methylphenidat, das bei bestimmten Störungen mit zu großer Müdigkeit eingesetzte Modafinil, serotonerg wirksame Antidepressiva, Antidemenzmittel, die den Spiegel bestimmter Neurotransmitter im ZNS steigern, und nicht zuletzt Koffein stehen zur Verfügung. Piloten, auch der Bundeswehr, scheinen Methylphenidat oder Modafinil mit Erfolg bei langen Einsätzen zu nehmen, und obwohl die Zahlen zwischen 5 und 25 Prozent schwanken, spricht einiges dafür, dass die durch Bachelor und Master unter Druck gesetzten Studenten auch von dieser Möglichkeit Gebrauch machen.

Die ethische und medizinische Bewertung ist sehr uneinheitlich, es gibt ein Memorandum führender Neurowissenschaftler[*], diese Substanzen nicht zu verteufeln, und man kann in ihrem Gebrauch durchaus eine legitime Indikationserweiterung sehen. Das sei nicht natürlich? Was, bitte, läuft in unserem Leben noch »natürlich« ab?

Meine eigene Einschätzung wirkt vielleicht etwas rückständig: Wenn Sie müde und erschöpft sind, so ist das eine wahrscheinlich normale Reaktion Ihres Organismus auf 10 bis 14 Stunden Arbeit, möglicherweise schon seit mehreren Tagen. Sie müssen also Gründe haben, warum Sie dieser Reaktion nicht folgen und

---

[*] Greely, H. et al.: Towards Responsible Use of Cognitive-Enhancing Drugs by the Healthy. In: Nature 10.1038/456702a, 2008.

Ihren Arbeitslevel nicht zurückfahren wollen. Es geht zum Beispiel um Ihre Karriere, um das Wohlwollen des Chefs, um den Bonus. Und Sie sind bereit, diese Gründe für wichtiger zu halten als Ihre Müdigkeit und Erschöpfung. Wenn Sie das mal machen, ist es wahrscheinlich kein Problem, wenn Sie das ständig machen, wird es wahrscheinlich eines. Zugunsten bestimmter gedanklich-emotionaler Ziele strapazieren Sie die Möglichkeiten Ihres Organismus gewaltig. Sie tun so, als wenn es um Leben und Tod ginge, um das Erreichen des Südpols oder die Einhand-Weltumseglung. Bei solchen Extremvorhaben kann man nun mal nicht geregelt schlafen. Ich rate Ihnen, den Wert der Ziele, für die Sie so viel arbeiten, dass Sie sich erst stimulieren und dann wieder runterbringen müssen, einfach mal mit anderen wichtigen Zielen zu vergleichen und dann zu entscheiden, ob sie das wert sind. Sie können über Ihre Grenzen gehen, aber es wäre gut, wenn Ihnen klar wäre, dass Sie das tun – und dass Ihnen die Nachteile der »Runterbringer« Alkohol und Benzodiazepine bewusst sind. Irgendwie können es ja nicht nur einige besessene Einzelgänger sein, wenn die AOK im Report 2013 moniert, dass viel zu viele Menschen Alkohol als Selbstmedikation gegen Arbeitsstress einsetzen. Angeblich sind die Fehlzeiten durch die Einnahme von Suchtmitteln in den vergangenen zehn Jahren um 17 Prozent gestiegen*.

Wahrscheinlich halten Sie es ebenso wie ich für harmlos, dass ich morgens eine große Tasse starken Kaffee brauche, um in die Gänge zu kommen. Ich stelle allerdings auch fest, dass die Zeiten, in denen ich vormittags vier und zwischen Mittagessen und Arbeitsschluss auch wieder vier Tassen brauchte, vielleicht nicht die waren, in denen ich mich am besten fühlte. Das liegt wohl weniger an der Koffeindosis, sondern an dem Druck, den ich mir selbst mache, der mich die acht Kaffees zum Anschieben mei-

---

* http://www.aok-bv.de/presse/pressemitteilungen/2013/.

186

nes zu trägen Ichs konsumieren lässt. Die Frage ist also: Will ich, dass ich angeschoben werden muss? Und wieder gebremst werden muss, durch ein bis zwei Pils oder große Gläser Rotwein?

Ein Freund, ein wichtiger, international gut vernetzter Wissenschaftler, fliegt öfter mal eben so für zwei Tage nach Japan, um einen Vortrag zu halten. Der Flieger geht hier mittags weg und kommt nach elf Stunden gegen 8 Uhr früh in Japan an, der Zeitunterschied beträgt sieben Stunden. Das funktioniert mit Rotwein zum Einschlafen nicht, weil er am frühen Nachmittag nicht einfach acht oder mehr Stunden schlafen kann, also nimmt er ein Benzodiazepin. Er hat damit dann zwar ganz gut geschlafen, aber leider ist der Vortrag für 11 Uhr morgens angesetzt, was nach seiner inneren Uhr 4 Uhr früh entspricht. Ich weiß ja nicht, wie es Ihnen geht, aber 3 bis 4 Uhr morgens ist mein absolutes Tief, konstruktiv denken ist Fehlanzeige, auch mit drei Tassen Kaffee. Auf Touren kann er sich nur mit Modafinil bringen. Es funktioniert, der Vortrag läuft richtig gut, und mit etwas Glück bekommt er direkt danach den Rückflug, mit dem er am späten Nachmittag wieder zu Hause ist. Dabei sollte er dann aber nicht schlafen, weil er sonst seinen Rhythmus völlig verschiebt, aber er nimmt abends in seinem eigenen Bett dann wieder ein Benzodiazepin, um gut schlafen zu können.

Nein, süchtig wird er davon nicht.

Er muss nur selber überlegen, ob es ihm das wert ist.

Jeder trinkt Alkohol – wieso müssen wir darüber reden?

Was fällt Ihnen auf?

Es gibt keinen Tag mehr ohne Alkohol. Nach der Arbeit den Prosecco zum Relaxen, vor dem Essen den Aperitif, zum Essen einen leichten Weißen oder Roten, je nach dem, danach den Grappa, abends das eine oder andere Glas Rotwein, das beim

Einschlafen helfen soll. Am Wochenende auch schon mal den Sekt zum Frühstück. Im Vereinsheim das Bier mit dem Klaren. Andere trinken dort ein alkoholfreies Hefeweizen. Diese Idee ist Ihnen noch nicht gekommen.

Alkohol ist fester und, wie Sie demnächst merken werden, unverzichtbarer Bestandteil Ihres Lebens geworden.

Warum ist das ein Problem?

Alkohol tut wohl.

Er entspannt, färbt den grauen Herbsttag bunter, wärmt. Kühlt den Tropenurlaub.

Alkohol ist toxisch, ist ein Gift, immer.

Ob Sie den Alkohol in Form von Grand Crus, Beaujoulais nouveau, dem »gepflegten« Pils oder dem Inhalt von Flachmännern, die Sie an der Supermarktkasse erbeutet haben, zu sich nehmen – Alkohol ist immer ein Gift. Wie bei allen Giften macht es die Menge – und die Widerstandsfähigkeit Ihres Systems, wobei ab gewissen Mengen kein System mehr widerstandsfähig ist.

Alkohol ist viel mehr Gift als jedes Medikament, zum Beispiel sind die Opiate pharmakologisch harmlos dagegen. Sie sollten jetzt trotzdem nicht umsteigen, denn unsere Gesellschaft hat aus nicht-pharmakologischen Gründen entschieden, den freien Gebrauch von Opiaten zu kriminalisieren.

Wieso wird Alkohol für Sie – ja Sie! – ein Problem? Weil Sie nicht wissen, ob er für Sie ein Problem ist, und falls ja, wann er das wird. Viele Menschen, die Mehrzahl, schaffen es, maßvoll damit umzugehen, ihn nur zu selteneren Gelegenheiten und in der Regel nicht hochprozentig zu sich zu nehmen – so wie man mit Giften eben umgehen sollte.

Aber einige schaffen es nicht. In Deutschland derzeit etwa 3,5 Millionen.

Dass Sie zu denen gehören, merken Sie unter anderem daran, dass Sie mehr davon brauchen, immer mehr, um den ursprünglichen Effekt zu erreichen. Eigentlich ist schon was faul, wenn Sie einen Effekt erreichen wollen. Also Entspannung, Abschalten, und nicht deshalb trinken, weil Sie etwa der Wein interessiert, weil er zu dem Kochrezept besonders gut schmeckt. Ein zentrales Problem des Alkohols ist eben, dass Sie sich an ihn gewöhnen – um den gleichen Effekt zu erzielen, brauchen Sie immer mehr davon, was dann auch immer toxischer wirkt.

Irgendwann können Sie nicht mehr ohne Alkohol leben.

Dann sind Sie abhängig.

Woran merken Sie, dass es kritisch wird?

– Wenn Sie ihn brauchen!

Um zu entspannen, um einzuschlafen, um sich relaxt in Gesellschaft begeben zu können, um Sex haben zu können, um Ihr Leid und das der Welt ertragen zu können.

– Wenn Sie unter Alkohol Dinge getan haben, die Sie später bereuen!

Autofahren, in netter Gesellschaft ausfallend werden, sexistische Bemerkungen machen, Ihrer Frau eine »knallen«, Ihre Kinder oder andere Menschen verprügeln (auch in unserer, ach so aufgeklärten Gesellschaft »passiert« das ständig).

– Wenn Sie den Alkohol auch in Situationen trinken, wo er definitiv nichts zu tun hätte!

Bei der Arbeit, während der Schwangerschaft, während des Heimwerkens, vor dem Autofahren.

– Wenn Alkohol Sie krank macht!

Der »dicke Kopf« ist noch keine Krankheit, aber das Erbrechen, die erhöhten Leberwerte, die Konzentrationsprobleme, das Übergewicht (Alkohol hat ja so viele Kalorien!).

– Wenn Ihre Frau sich trennen will, wenn Ihr Arbeitgeber Sie abgemahnt hat, wenn der Führerschein weg ist …

– Wenn Sie Entzugssymptome bekommen, obwohl Sie noch Alkohol im Körper haben!

Diese Symptome bedeuten, dass Sie definitiv eine Alkoholerkrankung haben!

Ja, Sie haben richtig gelesen. E R K R A N K U N G! Das hat nichts mit Willensschwäche oder schlechtem Charakter zu tun, es handelt sich um eine anerkannte und behandlungsbedürftige Erkrankung.

Was tun?

Nein, ich werde Ihnen jetzt keine guten Vorschläge präsentieren, die Sie dann sowieso ablehnen, weil Sie ja gar nicht betroffen sind. Ein Schritt wäre:

Infomieren Sie sich!

Was gibt es für Hilfsmöglichkeiten? Wer zahlt für Entgiftung und für Entwöhnung? Welche Selbsthilfegruppen* kommen für Sie in Frage?

Diese Informationen bekommen Sie bei der nächsten Suchtberatungsstelle!

Doch! Doch! Da gehören Sie hin! Sie!

Gehen Sie zu einer Selbsthilfegruppe! Die kennen Ihr Problem und werden Sie in den nächsten Monaten unterstützen.

Diese Typen sind nicht Ihr Niveau, die passen nicht zu Ihnen? Höchstens weil die bereits den Alkohol ernst nehmen und Sie noch nicht. Außerdem gibt es so viele verschiedene Selbsthilfegruppen, dass Sie nach einigem Suchen schon die richtige für sich finden werden. Wenn Sie nur annähernd so viel Zeit in Ihre Genesung stecken, wie Sie Zeit ins Trinken, Ausnüchtern, Beschaffen, Vertuschen, ja, auch ins Lügen investieren, haben Sie eine reelle Chance.

Hören Sie auf!

Jetzt! Sofort! Spülen Sie Ihre Alkoholvorräte – alle! – ins Klo, bitten Sie Ihre/n Partner/in, Ihnen zu helfen.

Wenn Sie jetzt Entzugssymptome bekommen – Schwitzen, Herzrasen, Angst, Schlafstörungen, weißes Kribbelgetier sehen –, gehen Sie sofort (!) in die nächste psychiatrische Klinik

---

* Auf die Dauer eines der effektivsten Unterstützungsverfahren!

zum Entzug: Wer freiwillig kommt, hat die besten Chancen, auch freiwillig wieder zu gehen.

Melden Sie sich zur Entwöhnungstherapie an!

Sie müssen lernen, wie Sie es hinbekommen, nie wieder zu trinken. Das geht nicht von alleine. Umdenken und neu lernen ist gefragt.

Besuchen Sie weiter Ihre Selbsthilfegruppe.

Für Sie ist wichtig:

Alkohol ist legal, er wird von sehr vielen Menschen als unproblematisches Genussmittel benutzt. Selbst wenn man die Kategorien des mäßigen Genusses mit all seinen Facetten der Kennerschaft verlässt und zum Rausch kommt, aus dem unstrittig viel Unheil erwächst, wird es immer wieder Verteidiger geben, die den quasi religiösen Wert von Rauschzuständen betonen, obwohl doch die Alltäglichkeit rauschhafter Zustände zwischen Volksfest und Verkehrstoten mit Religion nicht viel zu tun hat.

Alkohol ist gesellschaftlich anerkannt.

Alkoholabhängige werden von eben dieser Gesellschaft geächtet!

Alkoholismus ist eine chronische Erkrankung, die Sie ein Leben lang begleiten wird. Ob Sie es wollen oder nicht. Trocken werden ist die einzige – die einzige, die einzige, die einzige Alternative! Das muss Ihr Ziel sein. Wenn Sie es nicht im ersten, zweiten, dritten Anlauf schaffen, dann eben im vierten, fünften oder sechsten. Immer wieder scheitern gehört dazu, wie auch sonst zum Leben. Sich zu kasteien und im Elend zu versinken, ist keine Alternative. Es immer wieder versuchen, bis Sie trocken sind, ist schon eine. Und wenn Sie nach 15 Jahren einen Rückfall haben? Entgiften Sie so schnell wie möglich! Kontaktieren Sie Ihre Gruppe! Informieren Sie Ihre jetzige Partnerin, was eigentlich los ist! Machen Sie einen neuen Anfang.

Anders als bei vielen anderen chronischen Erkrankungen haben Sie hier einen sehr hohen Einfluss auf den Verlauf der Erkrankung. Sie haben es in der Hand, ob es im Desaster endet oder ob Sie wieder ein normales Leben führen können.

Eine Therapie zu beginnen, die persönlichen Hintergründe der Erkrankung zu erkunden und Veränderungen einzuleiten, bedeutet, in seiner Persönlichkeit zu wachsen. Ein Bereich, wo Wachstum noch in ist.

Tatsächlich – und das merkt man beim Erstkontakt mit einem Alkoholkranken in der Regel nicht – sind Alkoholiker oft besonders sensible Menschen, die mit ihrer Sensibilität, mit ihrer Dünnhäutigkeit schlecht zurecht kommen und durch Zufall gelernt haben, dass der Alkohol dämpft, schützt, gleichgültiger macht. Wenn Sie dazu gehören, macht Therapie so richtig Sinn, weil Sie dort Alternativen im Umgang mit Ihrer Sensibilität lernen können.

Wer zahlt?

Wenn Sie sich ernsthaft zum Aufhören entschlossen haben, wird es dummerweise erst mal richtig schwierig: Sie müssen dafür sorgen, dass die Kosten übernommen werden. Es ist also wichtig, dass Ihr Entschluss steht!

Es geht um das Bezahlen. In unserem schönen Land ist die Bezahlung von Suchttherapie komplex geregelt:

Der erste Teil – der Entzug, die Entgiftung – ist noch einfach, denn das zahlt die Krankenkasse. Konkret: Der zwei- bis dreiwöchige Krankenhausaufenthalt zur Behandlung der Entzugssymptome wird bezahlt.

Wenn Sie keine Krankenkasse mehr haben, springt das Sozialamt für drei bis fünf Tage ein, woraus man lernen könnte, dass

»sozial« immer etwas weniger ist als das normale Programm. Einen rechtlichen Anspruch auf Entgiftung haben Sie nicht.

Das Problem beginnt danach. Die eigentliche Therapie, die Sie brauchen, um eine reale Chance zu haben, die sogenannte Rehabilitation, wird nicht von der Krankenkasse bezahlt, sondern von Ihrem Rentenversicherungsträger*.

Sie wissen nicht, wer das ist? Kann in den besten Familien passieren.

Sie können es rausfinden, und die Suchtberatung hilft Ihnen dabei. Die brauchen Sie in dieser Phase ohnehin, denn die Entwöhnungstherapie muss beantragt werden, mit Formularen etc. etc., und das kriegen Sie in Ihrem Zustand – nach einem richtigen Alkoholexzess braucht Ihr Gehirn, um wieder normal zu funktionieren, etwa ein Jahr!!! –, also in diesem Zustand nicht hin.

Die Bearbeitung bei den Rentenversicherungsträgern dauert, Wochen, auch mal Monate. Wenn Sie finden, dass das eine Sauerei ist, dann stehen Sie mit dieser Meinung nicht allein da. Aber so ist es, und daran ist nichts zu ändern. Sie haben theoretisch die Möglichkeit eines Eilantrages während der Entgiftung. Die Bearbeitungszeit dauert, wenn Sie Glück haben, zwei bis drei Wochen.

Ihnen kommt da ein Gedanke? Mir auch.

Es ist ziemlich unwahrscheinlich, dass Sie diesen Zeitraum ohne Rückfall überstehen. Sie haben ja noch keine Therapie gemacht.

Wenn doch, ist es toll.

Wenn Sie einen Rückfall haben, sollten Sie bedenken, dass viele Therapie-Einrichtungen Sie zur Entwöhnung nicht aufnehmen, wenn Sie noch ausgeprägte Entzugssymptome haben. Ist der Rückfall also entsprechend schwer, müssen Sie zwei Wochen vor

---

* Ausnahme: Bei Rentnern zahlt die Krankenkasse auch die Rehabilitation, ebenso bei Privatpatienten – und bei Patienten, die keine Ansprüche gegen die Rentenversicherung haben. In jedem dieser Fälle muss die Rehabilitation beantragt werden!

dem Termin zur Entwöhnung noch mal eine Entgiftung einplanen, stationär! In der Regel gibt es die Entgiftungsmöglichkeit auch in den meisten Rehakliniken.

Wenn Sie regelmäßigen Kontakt zur Suchtberatung halten, helfen die Ihnen dabei. Dann können Sie endlich mit der Entwöhnungstherapie anfangen.

Was ist das?

Die Entgiftung ist nicht die Therapie?

Natürlich nicht, sie ist die Voraussetzung, damit Sie mit halbwegs klarem Kopf lernen können, wie Sie dem Alkohol zukünftig entgehen können.

Denn – wenn Sie einen Entzug nach vorherigem Trinkexzess hinter sich haben, kommt Ihnen nur allzu leicht über die Lippen, dass der Alkohol Sie anwidert, dass Sie überhaupt keinen Drang verspüren, etwas zu trinken. Ein Wunder wäre es nicht, Sie sind gerade ziemlich krank gewesen, möglicherweise dem Tod von der Schippe gesprungen!* Gefährlich wird es jetzt, wenn es Ihnen wieder gut geht, so gut, dass Sie meinen: »Ach, ein Bierchen kann doch nicht schaden…« Diese verhängnisvolle Illusion kann Ihnen sogar noch Jahre nach achtsamster Trockenheit vorgaukeln, dass Alkohol jetzt kein Problem mehr wäre. Deswegen machen Sie die Entwöhnungstherapie. Sie lernen zum Beispiel, mit dem *Craving* (Suchtdruck) umzugehen, das Sie gerade, wenn alles in Ordnung scheint, sozusagen aus tiefstem Frieden überfällt.

Sie lernen Alternativverhalten, Entspannung, um mit dem erhöhten Stresslevel, an den Sie als sensibler Mensch leichter herankommen als andere, besser umgehen zu können. Motivation spielt eine große Rolle, und wenn Sie's noch nicht sind, werden Sie an eine Selbsthilfegruppe »angebunden«.

---

* Das ist keine therapeutische Übertreibung: Auch im Zeitalter der modernen Intensivmedizin stirbt immer mal wieder einer im Delir. Durch die Schädigung nahezu aller lebenswichtigen Organe – Herz, Lunge, Leber, Bauchspeicheldrüse und natürlich Gehirn – entstehen oft so viele Komplikationen, dass die Medizin dem umfassenden Organversagen nicht mehr hinterherkommt.

Ich bin nicht abhängig – Medikamente helfen doch!

Ja – Sie sind nicht von selbst auf diese Idee gekommen. Ein freundlicher Arzt hat Ihnen dieses wunderbare Mittel zum ersten Mal verschrieben. Möglicherweise hat er nicht erwähnt, dass es abhängig machen kann. Möglicherweise haben Sie es auch vergessen, wir sind alle nur Menschen.

Es wirkt so toll: Angst und Anspannung gehen weg, der Puls normalisiert sich, Sie können wieder schlafen, die schmerzhaften Kanten Ihres Lebens werden rund.

Jetzt stehen Sie am Scheideweg:

Entweder

nutzen Sie die verschriebene Dosis für zwei bis vier Tage, um Ihre Lebenskrise zu bereinigen, setzen das Medikament dann mit Hilfe Ihres Arztes wieder ab und nehmen es fortan nicht mehr.

Oder

Sie mögen sich nicht davon trennen, nehmen es über Wochen und Monate …

Ihr Medikament verrät Sie.

Sie merken:

Das Zeug hilft nicht mehr!

Wenn Sie's gegen Ängste genommen haben,

stellen Sie plötzlich fest, dass dieses Anspannungsgefühl wieder da ist, die Angstgefühle zurückkommen –

oder sogar schlimmer werden!!

Wenn Sie es gegen Schlafstörungen genommen haben,

werden Sie wieder in der Nacht wach und können nicht mehr einschlafen, sorgen sich, grübeln, bekommen Albträume, die Sie vorher eigentlich nicht gehabt hatten, verbunden mit massiven Angstzuständen …

Es kann sogar sein, dass Sie die Benzodiazepine gar nicht wegen seelischer Symptome genommen haben, sondern wegen einem Hexenschuss, wegen Bandscheibenschmerzen. Die Kollegen Orthopäden geben dann gerne und in bester Absicht »muskelentspannende« Medikamente, die nichts anderes als Benzodiazepine sind! Sie wirken an den gleichen Bindungsstellen in Gehirn und Muskeln und machen genauso abhängig wie sogenannte psychotrope Medikamente.

Sie können als medizinischer Laie natürlich nicht wissen, hinter welchen Namen sich Benzodiazepine verbergen. Deswegen habe ich Ihnen die wichtigsten Präparate aufgelistet:

Alprazolam, Bentazepam, Bromazepam, Brotizolam, Chlordiazepoxid, Clobazam, Clonazepam, Clotiazrepam, Delorazepam, Diazepam, Clorazepat, Etizolam, Flunitrazepam, Flurazepam, Lorprazolam, Lorazepam, Lormetazepam, Medazepam, Midazolam, Nitrazepam, Nordazepam, Oxazerpam, Phenazepam, Prazepam, Temazepam, Tetrazepam, Triazolam.

Diese Substanzen sollten Sie sich nicht oder nur mit sehr guten Gründen und für sehr kurze Zeit verschreiben lassen!

Was jetzt kommt, sollten Sie sehr genau lesen, denn hier scheiden sich die Geister!

– Die einen erhöhen die Dosis, nach dem einfachen Grundsatz: »Mehr hilft mehr«!

Nach kurzer Beruhigung stellen Sie dann irgendwann überrascht fest, dass Schlaf und Angstzustände schlimmer sind als zuvor, sich kurzfristig verbessern, wenn Sie die Dosis steigern, was Sie dann wieder und wieder tun.

Wenn Ihr Arzt dann rumzickt, suchen Sie sich einen neuen, der Ihre Geschichte noch nicht kennt und Ihnen wegen der vorgelogenen akuten Krise wiederum Benzos verschreibt.

Natürlich gibt es keine Aufrichtigkeitsverpflichtung gegenüber Ärzten, aber ausgerechnet den persönlichen Arzt anzulügen ist nicht so richtig schlau, denn es wirkt unmittelbar gegen Ihre eigenen gesundheitlichen Interessen.

Vielleicht fragen Sie sich einfach, was mit Ihnen los ist, wenn Sie solche Lügen brauchen.

»Benzodiazepine sind aber viel weniger toxisch als Alkohol!«

Stimmt – Opiate sind auch nicht so toxisch.

Auch wenn Benzodiazepine nicht toxisch sind, beeinträchtigen sie Aufmerksamkeit und Konzentrationsfähigkeit, schränken Koordination und Motorik ein, erhöhen bei älteren Menschen die Sturzwahrscheinlichkeit und –

dürfen nicht abrupt abgesetzt werden!

– Die anderen treffen die einzig richtige Entscheidung: Entzug! So sollten auch Sie sich verhalten.

Trotz der richtigen Entscheidung geht das nicht so einfach, denn Benzodiazepin-Entzüge können – genau so wie Alkohol – zu schweren Entzugssyndromen führen, bis hin zu epileptischen Anfällen, und dürfen daher nur unter klinischen Bedingungen, das heißt stationär, durchgeführt werden.

Das kann Wochen dauern, denn das jeweils bevorzugte Medikament wird aus Gründen der besseren Handhabbarkeit auf die Dosis Diazepam umgestellt, unter der keine Entzugssymptome auftreten. Wenn Sie damit symptomfrei sind, wird langsam reduziert.

Wenn Sie dann »clean« sind, achten Sie bitte in Zukunft sehr genau darauf, dass Ihnen niemand mehr Benzodiazepine verschreibt. Sie müssen das tun! Ärzte vergessen immer wieder, dass Sie jetzt dafür besonders sensitiv sind und jederzeit wieder eine Abhängigkeit entwickeln können. Außerdem sind die Benzos verzichtbar!

Ein spezielles Problem der Benzodiazepine ist, dass bei manchen Menschen noch lange nach dem klinischen Entzug anhaltende Verstimmungs- und Angstzustände auftreten. Das ist nicht pharmakologisch zu erklären, wahrscheinlich neigen diese Menschen zu solchen Symptomen, und die kommen eben wieder, wenn die »Wundermedikamente« abgesetzt sind.

Wenn Sie das betrifft, sollten Sie einen Psychiater aufsuchen. Der kann versuchen, diese unangenehmen Zustände mit einem

Antidepressivum oder einem Antiepileptikum (zum Beispiel Carbamazepin) zu behandeln.

Die einzig sinnvolle Behandlung für Angstzustände ist Psychotherapie!

Von der Krankschreibung bis zum § 63 – Selbstverständlichkeiten oder juristische Fallstricke?

Ich muss Sie einweisen.

Wie finden Sie das?

Eine Krankschreibung ist keine Einweisung zur stationären Behandlung. Aber beides ist ein nach außen sichtbares Eingeständnis, dass Sie Ihre seelischen Probleme nicht einmal eben so abwettern können, sondern in Ihren sonstigen Aktivitäten pausieren müssen. Und jetzt kommt das Stigma zum Vorschein, die Angst, anders zu sein und deswegen ausgegrenzt zu werden.

Angesichts der Häufigkeit seelischer Störungen ist jede Art von Stigmatisierung lächerlich: Unter Depressionen leiden 20 bis 40 Prozent der Menschen, unter Angsterkrankungen 18 Prozent; dazu kommen Abhängigkeiten, Schlafstörungen und andere Störungen – jeder zweite hat mindestens einmal im Leben Probleme mit seiner Seele. Aber soll Ihr Arbeitgeber davon wissen? Die Diagnose erfährt er ja nicht, doch er sieht am Stempel, dass Sie beim Psychiater waren. Das müssen Sie wohl aushalten. Die Alternative wäre, dass er »es« irgendwann angesichts Ihrer schlechteren Arbeitsleistung von selbst merkt.

Da es bei psychiatrischen Störungen nicht ums Operieren geht, was ja bei Chirurgen, Orthopäden, Gynäkologen etc. meistens ein Grund für stationäre Behandlungen ist, stellt sich die Frage, ob man mit einer Krankschreibung, also ohne Einweisung, nicht auch eine wesentliche Besserung erreichen kann.

Wann also ist eine Krankschreibung sinnvoll? Immer dann, wenn Ihre Störung so ausgeprägt ist, dass Ihre Genesung bei

199

gleichzeitig wie gewohnt weitergehender beruflicher Belastung behindert oder unmöglich gemacht wird; aber auch wenn Sie infolge Ihrer Störung nicht mehr in der Lage sind, Ihren Beruf zufriedenstellend auszufüllen. Ein typisches Beispiel ist die Situation bei einer Depression. Depressive Menschen stecken oft in einer Spirale der beruflichen oder emotionalen Selbstüberforderung, aus der sie sich ohne eine klare Unterbrechung nicht befreien können, weil sie auf dem Pfad, der sie in die Depression geführt hat, immer weiter rennen. Und das, obwohl sie die Überforderung sehr wohl spüren. Die Entlastung durch Krankschreibung ist nicht selten der erste therapeutische Schritt. Wie wichtig dieser Schritt ist, merke ich oft daran, wie vehement depressive Menschen sich gegen die Krankschreibung zur Wehr setzen. In der Psychotherapie der Depression wurde in diesem Zusammenhang der Begriff »Akzeptanz der Krankenrolle« formuliert – und genau darum geht es!

Gäbe es nicht die Merkwürdigkeiten in der Finanzierung ambulanter Behandlung in unserem System (siehe unten), so könnte man viele psychiatrische Störungen sehr gut ambulant behandeln. Allerdings versuchen die gesetzlichen Krankenkassen, das zu behindern. Sie haben mittlerweile ein System etabliert, in dem Sie nach vier Wochen aufgefordert werden, sich beim Medizinischen Dienst der Krankenkassen vorzustellen. In einem von vielen Patienten als ausgesprochen unangenehm erlebten Gespräch werden Sie zu Ihrer Störung befragt. Dabei ist oft deutliche Skepsis spürbar, ob diese Krankschreibung überhaupt gerechtfertigt ist. Auch krankschreibende Ärzte werden angerufen und erleben diese Prozedur als willkürlich und oft unwürdig. Hintergrund ist natürlich die Lohnfortzahlung durch die Krankenkasse. Bedenkt man, dass schon unkomplizierte Depressionen zwei bis drei Monate dauern können und dass bereits bei mittelschweren Depressionen zweimonatige Krankschreibungen überhaupt nichts Außergewöhnliches sind, so erscheint diese Praxis durchaus fragwürdig; eine Fortsetzung der Stigmatisierung ausgerechnet durch die von uns selbst finanzierten Kostenträger!

Muss ich wirklich stationär in die Psychiatrie?

Sie haben sich durchgerungen und sind wegen Beschwerden, die sich als Depression herausgestellt haben, die den Verdacht auf eine beginnende Psychose nahe legen oder sich als Hinweise auf ein größeres Alkoholproblem herauskristallisiert haben, zum Psychiater gegangen. Und dann sagt der, er wolle Sie nicht ambulant behandeln, sondern er müsse Sie einweisen. Ist das nun der Super-GAU? Was können Sie erwarten, was ist sinnvoll, wogegen sollten Sie sich zur Wehr setzen?

Wann können Sie von einem stationären Aufenthalt profitieren?

– Wenn die Bedingungen in Ihrer gewohnten Umgebung Ihre Krankheit eher verschlechtern als verbessern: Bei der Depression ist es meist der Antriebsmangel, bei der Panikstörung die Überwältigung durch hochfrequente Angstattacken, bei der Psychose die zunehmende Irritation für Sie und Ihre Umgebung durch die schwer zu verstehenden Symptome, die sich »draußen« eher verschärfen, bei der Alkoholkrankheit die Versuchung, weiter zu trinken. Es ist zu erwarten, dass solche Störungen stationär schneller besser werden und wirksamer behandelt werden können als ambulant.

– Wenn die ambulanten Kontakte nicht ausreichen. Zum Verständnis: Unser Ambulanzsystem ist, gelinde gesagt, merkwürdig: Wenn Sie eine ambulante Psychotherapie machen sollten, stellt Ihr Therapeut einen Antrag, nach dessen Bewilligung Sie zum Beispiel vierzig wöchentliche oder zweiwöchentliche Sitzungen in Anspruch nehmen können. Wenn Sie aber nicht so weit sind, zu entscheiden, ob Sie eine Psychotherapie machen, sondern erst einmal einige Termine beim Psychiater, der Ihnen ein Antidepressivum verschreibt, wahrnehmen wollen, also ein völlig vernünftiger und auch leitlinienkonformer Weg, dann ist das viel schwieriger. Denn für den niedergelassenen Psychiater sind Sie am lukrativsten, wenn Sie nur ein- oder zweimal im Quartal kommen. Bei einer akuten psychiatrischen Störung reicht das aber auch nicht ansatzweise aus; anfangs sind meist wöchentliche Termine indiziert, später zwei- bis vierwöchentliche Kontakte. Leider tragen Sie damit zum wirtschaftlichen Niedergang Ihres Psychiaters bei. Deswegen macht in solchen Fällen ein stationärer Aufenthalt durchaus Sinn*.

– Wenn Sie selbstgefährdend sind, wenn die Gedanken, dass das Leben keinen Sinn mehr habe und eine Qual sei, mehr und mehr werden, wenn Sie zunehmend Szenarien ausprobieren, wie Sie sich aus dem Leben befördern könnten, dann sollten Sie sich stationär behandeln lassen; denn die Wahrscheinlichkeit, dass Sie diese meist nach einigen Tagen oder Wochen vorübergehende Phase unbeschadet überstehen, ist im stationären Rahmen einfach größer. Auch die regelmäßige Gesprächsmöglichkeit mit Pflegepersonal oder Therapeuten, die Chance, sich schnell und unkompliziert an jemanden wenden zu können, wenn Suizidimpulse plötzlich überstark werden, sind auf einer Station besser.

In vielen solchen Fällen ist die geschlossene Station die sicherere Alternative.

Ich weiß, das ist für viele eine Schreckensvision. Deshalb sollten wir darüber reden.

---

* Das klingt zunächst etwas absurd und wird erst verständlich, wenn man sich die unterschiedlichen Abrechnungsmodalitäten im ambulanten und stationären Bereich klar macht: Ihr Psychiater bekommt pro Fall ein Budget, es wird jedes Jahr neu festgesetzt und unterscheidet sich zwischen den einzelnen Bundesländern; in Schleswig-Holstein beträgt es derzeit 85–100 €. Bereits auf den ersten Blick wird deutlich, dass der niedergelassene Kollege um so weniger an Ihnen verdient, je häufiger Sie kommen müssen… Im stationären Bereich erhält das Krankenhaus für Sie ein Budget, das an den Behandlungstagen, an Ihrer Diagnose und dem Schweregrad ausgerichtet ist. Ohne sich in berufspolitischen Details zu verlieren, wird schnell klar, dass Störungen, die häufigere und intensivere Behandlungstermine brauchen, ambulant nur schwer behandelt werden.

202

Warum geschlossen, Sie sind doch kein/e Verbrecher/in?

Geschlossene Stationen heißen heute meist »geschützte«. Der Wert solcher sprachlichen Verschönerungen ist fraglich; man sollte die Energie lieber in die personelle Ausstattung dieser Stationen stecken.

Geschlossene Stationen werden oft für ein Überbleibsel aus finsteren Vorzeiten der Psychiatrie gehalten, in denen ganze Kliniken geschlossen waren. Tatsächlich kann man fast alle Probleme auch »offen« lösen, außer der

- akuten Selbstgefährdung (siehe oben),
- akuten Manie: Auch wenn Sie sich toll fühlen, Sie machen in einer akuten Manie lauter Sachen, die alle anderen und vor allem Sie selbst nach Abklingen dieser Lebensphase überhaupt nicht gut finden. Die geschlossene Tür verhindert das;
- fortgeschrittenen Demenz: Altersdemenz kann ein relativ friedlicher Zustand sein, in dem Sie zwar zunehmend mehr Hilfe brauchen, aber weder sich noch anderen etwas Böses tun. Sie können aber verloren gehen, denn zur Demenz gehört oft eine Orientierungsstörung, wegen der Sie sich nicht mehr in Ihrem Ort, geschweige denn in fremden zurecht finden. Sie verirren sich und, wenn Sie noch gut zu Fuß sind, in einem recht weitläufigen Gelände, in dem man Sie nicht mehr findet. Die Spitze dieses Eisberges taucht dann in den Verkehrsnachrichten auf, wenn nach der »älteren Dame im lila Bademantel« gefahndet wird, die sich vor drei Stunden aus ihrem Altersheim entfernt hat und jetzt unauffindbar ist. Besonders im Winter kann so ein unfreiwilliger Ausflug sehr schnell lebensgefährlich werden, und am besten hilft dagegen die geschlossene Tür; noch besser wäre eine engmaschige Betreuung durch geeignetes Personal, aber angesichts der real existierenden Personalsituation in Altersheimen ist diese Möglichkeit, vorsichtig gesagt, nicht alltäglich;
- seltenen Fremdgefährdung: Bei Psychosen und sehr selten

bei der Manie kann es dazu kommen, dass Sie vorübergehend für andere eine Gefahr darstellen, weil Sie sich zum Beispiel verfolgt fühlen und in Ihrer Verzweiflung glauben, sich der eingebildeten Verfolger entledigen zu müssen.

Sie können freiwillig auf eine geschlossene Station gehen, oder nach PsychKG oder Betreuungsgesetz gegen Ihren Willen dort untergebracht werden. Alles andere ist Freiheitsberaubung. Sie können sich auch aktiv dagegen wehren. Welchen Weg Sie in jedem Einzelfall wählen sollten, ist schwer zu entscheiden. Ziemlich sicher würde auch ich mich mit Händen und Füßen dagegen wehren, geschlossen behandelt zu werden, aber ist das wirklich angemessen?

Ich rate Ihnen, freiwillig zu gehen, wenn Ihnen Personen Ihres Vertrauens dazu raten. Es ist immer besser, unangenehme Dinge aus eigener Einsicht zu tun als gezwungenermaßen. Außerdem sichert Ihnen der Status der Freiwilligkeit gegenüber Ärzten und Pflegepersonal eine höhere Akzeptanz und eine größere Gesprächsbereitschaft. Wenn Sie sich freiwillig auf eine geschlossene Station begeben, können Sie nicht gleichzeitig zwangsweise untergebracht werden. Allerdings kann es zur Unterbringung kommen, wenn Sie sich trotz fortbestehender Gefährdung plötzlich entlassen lassen wollen. Wenn Sie es auf eine Auseinandersetzung ankommen lassen wollen, dann seien Sie konsequent und nehmen sich einen kompetenten Anwalt.

Manche Kliniken kommen ohne geschlossene Station aus. Entweder haben solche Kliniken einen sehr guten Personalschlüssel – mit einer eins-zu-eins-Betreuung können Sie sich oft die geschlossenen Türen sparen –, oder Sie nehmen nicht an der Regelversorgung teil, können solche gefährdeten PatientInnen also abweisen.

Wie sollte die Psychiatrie beschaffen sein, in die Sie sich freiwillig begeben?

Der Personalschlüssel sollte zufriedenstellen, und die entsprechenden Stellen sollten auch besetzt sein. Das gilt nicht nur für Ärzte oder Therapeuten, sondern auch für das Pflegepersonal. Mit Schwestern und Pflegern werden Sie wahrscheinlich viel mehr sprechen als mit den beiden anderen Berufsgruppen. Erkundigen Sie sich vorher bei der Krankenhausleitung und erbitten Sie eine verbindliche Auskunft. Das stößt wahrscheinlich auf Verwunderung, ist aber aus zwei Gründen angemessen: Wir steuern seit Jahren in einen Mangel an Fachpersonal – Therapeuten, Ärzte, Pflegepersonal –, und in etwas abgelegenen Kliniken auf dem Lande – früher hat man Psychiatrien gerne abgelegen gebaut – oder in Kleinstädten ist es oft schwer, gut geschultes Fachpersonal zu finden. Wenn Sie etwas mitreden können, sollten Sie sich stationäre Behandlungen sparen, bei denen lediglich Medikamente verteilt werden und Sie gerade mal alle zwei Wochen ein therapeutisches Gespräch bekommen.

Zum anderen gibt es gar nicht wenige Krankenhausträger, denen der finanzielle Gewinn wichtiger ist als der medizinische. Wenn *par ordre du moufti* die Gewinnmargen hochgesetzt wurden, lässt sich das fast nur dadurch erreichen, dass man Stellen unbesetzt lässt, die Kassen zahlen ja weiter. Damit kann man ganz schön Geld verdienen. Solche Einrichtungen sollten Sie meiden, denn für seelische Erkrankungen ist das Gespräch immer noch unverzichtbar. Eigentlich selbstverständlich.

Psychiatrie oder Psychosomatik?

Ein alter Kampf zwischen Mutter und Tochter!

Eigentlich sollten beide Fächer unterschiedlich arbeiten. Psychosomatische Kliniken, deren Fälle von Störungen von den Krankenkassen gerne in den schlechter bezahlten Reha-Bereich geschoben werden, haben aber seit langem entdeckt, dass die Behandlungen akuter Depressionen, Angststörungen etc. nun mal

205

besser bezahlt werden. Deswegen hat man solche Schwerpunkte aufgebaut, was zu einem ständig schwelenden Streit zwischen beiden Disziplinen führt. Da psychosomatische Kliniken anders als die Regelversorgungspsychiatrien gerne von potenten Investoren aufgekauft oder betrieben werden, sind sie, was Nasszellen und Einzelzimmer angeht, meist besser ausgestattet als die Psychiatrien und können so leichter Patienten akquirieren. Sie sollten allerdings bedenken: Wenn Sie an einer psychiatrischen Störung leiden, sind die gute Personalausstattung und aktuelle störungsspezifische Behandlungsverfahren vielleicht doch wichtiger als eine hübsche, esoterisch anmutende Möblierung. Und: Wenn Sie an einer Störung leiden, in deren Rahmen Sie suizidal werden könnten, sollte gewährleistet sein, dass man in dieser Einrichtung auch damit umgehen kann. Es gibt idyllisch gelegene psychosomatische Kliniken, die ihre suizidalen Patienten regelhaft in die gar nicht so nah gelegene, aber zuständige Psychiatrie verlegen müssen, in die sich eben diese Patienten freiwillig wahrscheinlich nicht begeben hätten.

Nebenwirkungen der stationären Psychiatrie?

Hospitalisierung! Sie glauben gar nicht, wie schnell Sie sich die für die normale Lebensführung unabdingbaren Fertigkeiten abgewöhnen können: Kaffee und Frühstück machen, Wäsche waschen, einkaufen, kochen, Umgang mit der Post etc. etc.

Wichtig ist also, dass man in der von Ihnen ausgewählten Klinik Wert darauf legt, dass Sie bei Zeiten wieder zur Selbstständigkeit hingeführt werden.

Da war noch was – die »dunkle Seite« der Psychiatrie

Mein Selbstverständnis als Psychiater und Psychotherapeut beruht darauf, dass ich Sie in schwierigen Lebenssituationen, bei seelischen Problemen und Krankheiten unterstützen und Ihnen helfen kann, einen für Sie angemessenen Weg zu finden. Unser Verhältnis ist in besonderer Weise sehr persönlich: Sie gehen davon aus, dass ich Ihre und nur Ihre Interessen im Auge habe. Was Sie mir sagen, ist durch die ärztliche Schweigepflicht geschützt, die Psychiater besonders ernst nehmen.

Vor diesem Hintergrund werden Sie möglicherweise erschüttert sein, wenn Sie feststellen, dass es in allen Bundesländern Gesetze gibt, nach denen Sie gegen Ihren Willen in eine psychiatrische Klinik eingewiesen und behandelt werden können und dass Psychiater bei diesem Vorgang als Gutachter mitwirken. Das ist eines der Spannungsfelder, in denen sich Psychiatrie abspielt, und es mag Ihnen als die »dunkle Seite« unseres Berufes vorkommen. Bei aller medizinischen und therapeutischen Normalität, die ich in diesem Buch praktiziere, sind schwere psychische Störungen offensichtlich doch keine Blinddarmentzündung.

Es gibt in Deutschland ein Gesetz für psychisch Kranke und ein Betreuungsrecht, und wenn Sie Im Rahmen einer seelischen Krankheit eine Straftat begangen haben, können Sie nach Paragraph 63 des Strafgesetzbuches in eine forensisch-psychiatrische Abteilung eingewiesen werden. Diese gesetzlichen Regelungen sollten Sie kennen, wenn Sie an einer schwereren seelischen Störung leiden. Denn es ist möglich, dass diese Gesetze gegen Sie zur Anwendung kommen. Ihr Sinn besteht darin, Menschen mit seelischen Störungen in extremen Situationen zu helfen, aber auch die Gesellschaft vor den von ihnen möglicher Weise ausgehenden Gefährdungen zu schützen. Von den Betroffenen selbst wird in erster Linie ihre freiheitseinschränkende und bevormundende Seite erlebt, weswegen sich viele Menschen vehement dagegen sträuben. Die Stigmatisierung der Psychiatrie beruht zu einem nicht geringen Teil auch darauf.

PsychKG

Das Gesetz für psychisch Kranke, das im täglichen Gebrauch oft auch Unterbringungsgesetz genannt wird, gibt es mit geringen Abweichungen in jedem Bundesland. Ich beziehe mich im Folgenden auf das »Gesetz zur Hilfe und Unterbringung psychisch kranker Menschen (Psychisch-Kranken-Gesetz – PsychKG) vom 14. Januar 2000, das in Schleswig-Holstein gültig ist.

Sie können sich den folgenden Text zunächst einfach als Ganzes durchlesen, auf einzelne wichtige Begriffe gehe ich später besonders ein.

§ 1 Anwendungsbereich; Grundsätze für den Umgang mit psychisch kranken Menschen

(1) Dieses Gesetz regelt Hilfen für psychisch kranke Menschen und ihre Unterbringung in einem Krankenhaus.

(2) Psychisch kranke Menschen im Sinne dieses Gesetzes sind Personen, bei denen eine seelische .

1. Krankheit,

2. Behinderung oder

3. Störung von erheblichem Ausmaß

einschließlich einer Abhängigkeit von Rauschmitteln oder Medikamenten erkennbar ist.

(3) Im Umgang mit psychisch kranken Menschen ist auf ihre Rechte, ihre Würde und auf ihr Befinden besondere Rücksicht zu nehmen. Ihren Wünschen nach Hilfen soll entsprochen werden. Sie sollen nach Möglichkeit in einer Patientenverfügung vor Behandlungsbeginn festgehalten werden. Personen ihres Vertrauens sind in geeigneter Weise einzubeziehen. Ambulante Formen der Hilfe haben Vorrang.

Tatsächlich gibt dieses Gesetz eine ganze Reihe von »Hilfen« vor, die es ermöglichen sollen, Ihre Krankheit besser zu behandeln, und zwar, mit Vorrang, im ambulanten Rahmen. Der Hinweis, dass »auf Ihre Rechte, Ihre Würde und auf Ihr Befinden besondere Rücksicht zu nehmen« sei, ist angemessen und sinnvoll, so dass Sie sich als psychisch kranker Mensch mit diesem Gesetz ganz wohl fühlen könnten, wenn Sie sich nicht schon fragen, warum es nicht auch Gesetze für internistisch, chirurgisch oder gynäkologisch etc. kranke Menschen gibt.

Im Rahmen dieses Gesetzes hat die Patientenverfügung eine besondere Bedeutung, als wichtiges Instrument, mit dem Sie Ihre Wünsche einbringen können, bevor Sie krank sind; Sie können auf diesem Weg klar machen, wie Sie zum Beispiel im Rahmen eines stationären Aufenthalts behandelt werden wollen, welche Medikamente sich Ihrer Meinung nach bewährt haben und welche Sie überhaupt nicht vertragen. Ihre Wünsche sind auch dann zu respektieren, wenn Sie in der konkreten Situation dann nicht einwilligungsfähig sein sollten. Sie können in diese Patientenverfügung schreiben, von wem Sie besucht werden wollen und von wem nicht, oder wer Ihre Interessen vertreten darf. Jede psychiatrische Abteilung ist gehalten, dies zu berücksichtigen! Jede Person mit einer chronischen oder öfters wiederkehrenden Erkrankung kann sich mit der Patientenverfügung vor vermuteten oder realen Willkürmaßnahmen schützen und sollte zumindest daran denken, davon Gebrauch zu machen.

Das Problem dieser eigentlich positiven Regelung liegt in der personellen Ausstattung von Gesundheitsämtern und psychiatrischen Krankenhäusern: Gibt es genug Mitarbeiterinnen und Mitarbeiter, und haben sie hinreichend Erfahrung? Die gute Absicht des Gesetzes verpufft ins Leere, wenn mit den Stellen auch Würde und Rücksicht auf dem Altar des Budgets geopfert wurden. Denn dann rücken die eigentlich erst als letztes Mittel vorgesehenen, am Ende der verschiedenen Stufen des Hilfssystems stehenden Zwangsmaßnahmen in den Vordergrund. Dass das oft die Realität ist, geht aus dem sprachlichen Gebrauch hervor, wenn nur noch vom »Unterbringungsgesetz« gesprochen wird.

Mehr als ein Schönheitsfehler ist die Formulierung »Störung

209

von erheblichem Ausmaß« bei der Definition, was psychisch kranke Menschen ausmache. Bei allem Respekt vor einem Gesetzestext muss man leider sagen, dass das eine Gummiformulierung ist, mit der man im Grunde jeden, der sich außerhalb der üblichen Normen bewegt, zum psychiatrischen Patienten machen könnte. Und so scheint diese Formulierung wohl auch gemeint zu sein, denn der Krankheitsbegriff ist über die Klassifikation der psychiatrischen Diagnosen mittlerweile so genau eingegrenzt, dass sich irgendwie auffällige, aber nicht kranke Menschen darunter nicht mehr fassen und dann auch nicht mehr einweisen lassen. Da man bei der »Störung von erheblichem Ausmaß« auch noch auf eine Definition verzichtet, was ein erhebliches Ausmaß denn nun sei, wird dieses Unterbringungsgesetz für viele Betroffene zu einer diffusen Bedrohung, vor der die eigentlich gemeinten Hilfen in den Hintergrund und ins Hintertreffen geraten.

§ 7 Voraussetzungen der Unterbringung

(1) Psychisch kranke Menschen können gegen oder ohne ihren Willen in einem geeigneten Krankenhaus untergebracht werden, wenn und solange sie infolge ihrer Krankheit ihr Leben, ihre Gesundheit oder Rechtsgüter anderer erheblich gefährden und die Gefahr nicht anders abgewendet werden kann.

(2) Eine Gefahr im Sinne von Absatz 1 besteht insbesondere dann, wenn sich die Krankheit so auswirkt, dass ein schadenstiftendes Ereignis unmittelbar bevorsteht oder unvorhersehbar ist, jedoch wegen besonderer Umstände jederzeit damit gerechnet werden muss.

Das ist der Kern des Unterbringungsgesetzes: Es geht um Leben, um Gesundheit, von Ihnen und anderen. Sehr klar und eindeutig, eine Formulierung, deren Sinn niemand widersprechen könnte. Aber dann stehen da noch die »Rechtsgüter anderer«. Diese Formulierung stand in der ursprünglichen Version nicht drin. Früher waren das Vorliegen einer seelischen Erkrankung sowie die Gefährdung des Lebens von Ihnen und von anderen die entscheidenden Voraussetzungen. Nur Handlungen, die Ihr Leben oder das anderer gefährden, waren Grund genug, Sie gegen Ihren Willen einzuweisen. Die jetzige Formulierung ist nach meinem Verständnis einer der Gründe, warum dieses Gesetz nur mit großer Vorsicht zu genießen ist! Denn die »Rechtsgüter anderer« sind wie einige andere »Gummiformulierungen« überhaupt nicht klar definiert.

Eine ähnlich vage Formulierung hat sich im nächsten Absatz eingeschlichen: Zunächst wird klar eingegrenzt, dass das schadenstiftende Ereignis unmittelbar bevorstehen muss, doch der anschließende Satz, dass »wegen besonderer Umstände jederzeit damit gerechnet werden muss«, lässt eigentlich nur die Frage zu: wegen welcher? Da das nicht gesagt wird, bleibt dieser Punkt offen – und trägt wahrscheinlich dazu bei, dass Sie das als bedrohlich empfinden!

§ 8 Unterbringungsantrag
Die Unterbringung kann nur auf schriftlichen Antrag des Kreises oder der kreisfreien Stadt angeordnet werden. Dem Antrag ist ein Gutachten beizufügen, in dem die Erfüllung der Voraussetzungen für die Unterbringung durch entsprechende Tatsachenfeststellungen sowie durch Beurteilungen einer in der Psychiatrie erfahrenen Ärztin oder eines in der Psychiatrie erfahrenen Arztes bescheinigt wird.

Das Gericht entscheidet, Ärztin oder Arzt geben ein Fachgutachten ab. Diese Zweiteilung ist sinnvoll und auch in Ihrem Sinn. Ein solch gravierender Eingriff wie die Aufhebung oder Einschränkung Ihrer persönlichen Freiheit kann nur durch einen Richter vorgenommen werden, die Mediziner liefern lediglich die fachliche Kompetenz. Die Richter müssen der medizinischen Einschätzung nicht folgen und tun es oft auch nicht. Wenn Sie sich falsch eingeschätzt fühlen, ist die Anhörung durch den Richter Ihre reale Chance.

Die Definition der »Psychiatrie-Erfahrung« der Ärzte, die eine Beurteilung abgeben, kann in der Praxis zum Problem werden: Wegen der schon erwähnten Personalknappheit kommen durchaus auch KollegInnen im ersten Facharztjahr in die Situation, solche Gutachten zu schreiben; von Erfahrung kann da bei allem Respekt eigentlich nicht die Rede sein.

Ein grundsätzliches und nicht leicht zu lösendes Problem besteht mit der Schweigepflicht. Wenn der Arzt, den Sie wegen Ihrer Probleme aufgesucht haben und dem Sie beispielsweise auch von Ihrer Suizidalität berichtet haben, dann das Gutachten für die Unterbringung nach dem PsychKG schreibt, begibt er sich aus der Position des Arztes in die Position des Gutachters; für den gilt dann die Schweigepflicht nicht mehr. Dass diese Möglichkeit besteht, müsste der Arzt Ihnen eigentlich von Anfang an sagen, damit die Situation auch für Sie transparent ist. Faktisch geschieht das nur selten, wahrscheinlich weil es die Gesprächssituation ziemlich absurd macht, wenn der Arzt oder Therapeut Sie gleich zu Beginn darauf hinweist, dass er Sie unter bestimmten Bedingungen gegen Ihren Willen in die Psychiatrie einweisen kann. Ehrlicher wäre es allemal, und wissen sollten Sie, dass die Möglichkeit besteht, auch wenn sie nur selten umgesetzt wird. Die sauberste Lösung wäre, wenn das Gutachten immer von einem anderen Arzt geschrieben würde. Wegen der schon erwähnten zunehmenden Personalknappheit wird diese Lösung wohl kaum noch stattfinden.

§ 16 Anwendung besonderer Sicherungsmaßnahmen

(1) Ein untergebrachter Mensch darf zeitweise durch eine Maßnahme nach Absatz 2 in seiner körperlichen Bewegungsfreiheit beschränkt werden, wenn und solange die Gefahr besteht, dass er

1. gegen Personen gewalttätig wird oder
2. sich selbst tötet oder erheblich verletzt.
Eine Maßnahme hat zu unterbleiben, wenn die Gefahr auch anders abgewendet werden kann oder ein durch die Maßnahme zu erwartender Schaden erkennbar außer Verhältnis zu dem angestrebten Erfolg steht. Der von einer Maßnahme betroffene Mensch ist ständig in geeigneter Weise zu betreuen.
(2) Besondere Sicherungsmaßnahmen dienen der Beschränkung der körperlichen Bewegungsfreiheit durch mechanische Vorrichtungen oder auf andere Weise, insbesondere durch
1. Fixierung oder
2. Ruhigstellung durch Medikamente.

Nicht so einfach, oder? Es geht darum, dass man Sie fixieren kann, wenn die Gefahr nicht anders abwendbar ist, dass Sie sich oder anderen etwas antun. Dann werden Sie durch einen Gurt um den Bauch und einen Fuß – ja, man kann das nicht anders sagen – festgebunden. Das erscheint Ihnen vielleicht so seltsam, weil Fesselung in unserer Gesellschaft nicht die Regel ist. Klar! Wenn Sie gegen die Polizei tätlich werden und randalieren, bekommen Sie Handschellen verpasst, eine übrigens sehr schmerzhafte Angelegenheit, wenn Sie sich dagegen wehren. Aber als Teil einer ärztlichen Behandlung kennen Sie Festbinden nicht. Man könnte Sie auch durch Medikamente ruhigstellen, was aber in der Regel auf eine massive Sedierung hinausläuft und von den meisten Betroffenen eher abgelehnt wird. Die Voraussetzungen sind genau definiert. Es geht um Gewalttätigkeit gegen Personen oder gegen die eigene Person mit dem Ziel der Tötung oder der erheblichen Verletzung. Wir sprechen also über die Verhütung von Extremsituationen. Auch wenn Ihnen diese Möglichkeit der persönlichen Einschränkung monströs vorkommen mag, sollten Sie wissen, dass es immer wieder Menschen gibt, die durch ihre krankheitsbedingte Antriebssteigerung so gequält sind, dass sie eine Fixierung als Erleichterung erleben, etwa im Rahmen einer manischen Erkrankung.

(4) Eine Maßnahme nach Absatz 2 darf nur von einer Ärztin oder einem Arzt aufgrund eigener Untersuchung befristet angeordnet werden. ...

(5) Bei Maßnahmen nach Absatz 2 sind mindestens aufzuzeichnen:

1. die Ankündigung oder ihr Unterbleiben,
2. die Gründe für die Anordnung,
3. die Art und der Beginn,
4. die Art der Betreuung sowie
5. die Verlängerung und das Ende. ...

Fixierung und medikamentöse Ruhigstellung werden also vom Gesetz als ärztliche Maßnahmen eingestuft, die genauestens zu dokumentieren sind. Das dient der nachträglichen, nicht selten juristischen Überprüfbarkeit. In jedem Fall bedürfen Fixierung und medikamentöse Ruhigstellung gegen Ihren Willen der Unterbringung und können sonst nicht vorgenommen werden. Auch wenn alte und demente Patienten fixiert werden sollen, um sie davor zu bewahren, zu stürzen und sich dabei selbst zu verletzen, ist dies ohne richterliche Genehmigung nicht erlaubt.

§ 29 Unterrichtung in besonderen Fällen

Ist aufgrund der Art und Schwere seiner Erkrankung anzunehmen, dass ein psychisch kranker Mensch sich oder andere durch das Führen eines Kraftfahrzeuges oder durch den Umgang mit Waffen gefährden könnte, so kann die Leitung des Sozialpsychiatrischen Dienstes oder die ärztliche Leitung des Krankenhauses, in dem der Mensch untergebracht ist, die zuständige öffentliche Stelle über die getroffenen Feststellungen unterrichten. ...

Ich habe mit dieser Regelung immer meine Probleme gehabt: Während einer akuten Erkrankung ist es zweifelsohne meist berechtigt, einen Menschen daran zu hindern, ein KFZ zu führen, weil er sich krankheitsbedingt nicht konzentrieren kann oder durch die medikamentöse Behandlung sediert ist. Das gilt erst recht für den Umgang mit Waffen mit ihrem viel größeren Gefährdungsrisiko. Andererseits wird die Schweigepflicht gegenüber einer staatlichen Institution gebrochen, bei der diese Information unter Umständen lange aufbewahrt wird. Auch wenn dies im Interesse des höheren Rechtsgutes, Ihres Lebens oder dem von anderen, geschieht, sollte mit diesem Instrument der »Unterrichtung in besonderen Fällen« extrem sorgsam umgegangen werden, denn es kann die wesentliche Grundlage des Arzt-Patienten-Kontaktes nachhaltig beschädigen. Dieser Schaden ist mit Sicherheit kaum wieder gut zu machen, wenn Sie nach der Entlassung feststellen, dass Ihr Führerschein wegen Ihrer Unterbringung eingezogen worden ist und Sie sich mit Amtspersonen über Details Ihrer seelischen Problematik auseinandersetzen dürfen, die Sie im Vertrauensverhältnis zu Ihrem Arzt oder Ihrer Ärztin sicher aufgehoben wähnten! Sie könnten sich davor schützen, indem Sie Ihrem Arzt Autopapiere und Schlüssel zur Verwahrung geben, wenn der Ihnen sagt, dass Sie nicht autofahren dürfen. Und Ihr Arzt sollte Sie informieren, bevor er auf dem Amtsweg der zuständigen Behörde mitteilen muss, dass Sie nicht verkehrstüchtig sind. Das fällt unter die Umgangsregeln zur Rettung besonderer Beziehungen, die leider nirgendwo aufgeschrieben sind, aber dennoch sehr hilfreich wären.

Ich kann mir gut vorstellen, dass Sie dieses Unterbringungsgesetz als Zumutung empfinden. Als Betroffener würde ich das wahrscheinlich ähnlich sehen.

Trotzdem: Nehmen Sie als Patient sehr ernst, dass es so was gibt und wie die Detailbestimmungen sind. Sie verspielen das hohe Gut Ihrer bürgerlichen Rechte, wenn Sie im Vertrauen auf einen nebulösen *Common Sense* davon ausgehen, dass Ihnen trotz mehrerer Episoden einer seelischen Krankheit so etwas nicht passieren werde. Nicht zuletzt an Ihrer Einstellung zu Ihrer Krankheit liegt es, ob Sie seine Anwendung vermeiden können, was für alle Beteiligten der bessere Weg wäre.

Die Ärzte sollten bedenken, dass der Umgang mit diesem in Psychiatrien höchst alltäglichen Instrumentarium des PsychKG letztlich darüber entscheidet, ob sie als Ärzte oder als Handlanger der Ordnungsämter erlebt werden. Ein österreichischer Kollege hat einmal gesagt, dass Lebensqualität in der Medizin diesen Namen nur verdient, wenn sie auch und gerade unter den schwierigen Bedingungen der Unterbringung in einer geschlossenen psychiatrischen Station realisiert wird, und nicht nur im gepflegten Umfeld hochpreisiger Sanatorien!

Der bessere Weg – Betreuungsrecht

Wenn Sie von sich wissen, dass Sie gelegentlich in Zustände kommen, in denen Sie Ihre Angelegenheiten nicht mehr selbst regeln können, und wenn Sie dafür klare Verhältnisse bevorzugen, sollten Sie sich mit dem sogenannten »Betreuungsrecht« (v. a. §§ 1896 BGB ff.) vertraut machen. Es kann nicht so schnell umgesetzt werden wie das PsychKG, enthält aber differenziertere Regelungen. Es setzt sich aus unterschiedlichen Gesetzen des BGB zusammen. Die Kernsätze:

(1) Kann ein Volljähriger aufgrund einer psychischen Krankheit oder einer körperlichen, geistigen oder seelischen Behinderung seine Angelegenheiten ganz oder teilweise nicht besorgen, so bestellt das Betreuungsgericht… für ihn einen Betreuer. Nach § 104 BGB ist geschäftsunfähig…, wer sich in einem die freie Willensbestimmung ausschließenden Zustand krankhafter Störung der Geistestätigkeit befindet…

Ein Betreuer darf nur bestellt werden, wenn das Amtsgericht ein Sachverständigengutachten über die Notwendigkeit, den Umfang und die voraussichtliche Dauer der Betreuung eingeholt hat. Der Sachverständige ist verpflichtet, vor der Erstellung seines Gutachtens den Betroffenen persönlich zu untersuchen oder zu befragen. Betreuungsgutachten sind ausführlicher als Unterbringungsgutachten und werden auch nicht so schnell benötigt, weswegen es kaum ein Problem ist, einen Gutachter mit Sachverstand zu finden.

Die Bestellung eines Betreuers ist keine Entrechtung. Die Wirksamkeit der von ihm abgegebenen Erklärungen beurteilt sich wie bei allen anderen Personen allein danach, ob er deren Wesen, Bedeutung und Tragweite einsehen und sein Handeln danach ausrichten kann.

Die/der Betroffene kann dabei mitreden, ...

Schlägt der Volljährige eine Person vor, die zum Betreuer bestellt werden kann, so ist diesem Vorschlag zu entsprechen, ... schlägt er vor, eine bestimmte Person nicht zu bestellen, so soll hierauf Rücksicht genommen werden. Schlägt der Volljährige niemanden vor, der zum Betreuer bestellt werden kann, so ist bei der Auswahl des Betreuers auf die verwandtschaftlichen und sonstigen persönlichen Bindungen des Volljährigen, insbesondere auf die Bindungen zu Eltern, zu Kindern, zum Ehegatten und zum Lebenspartner sowie auf die Gefahr von Interessenkonflikten Rücksicht zu nehmen.

Besser kann man die Interessen der Betroffenen kaum wahren.

An die Betreuer werden relativ hohe Anforderungen gestellt, irgendeine/r darf das nicht machen:

Wird eine Person erstmals in dem Bezirk des Betreuungsgerichts zum Betreuer bestellt, soll das Gericht zuvor die zuständige Behörde zur Eignung des ausgewählten Betreuers anhören.

Sie können also damit rechnen, dass Betreuer in der Regel sorgfältig ausgewählt und für ihre Aufgaben geeignet sind.

Welche Aufgaben hat der Betreuer? Je nach dem, welche Unterstützung für die Betroffenen im Einzelfall erforderlich ist, können dem Betreuer einzelne, mehrere oder auch alle Aufgabenkreise übertragen werden. Die wichtigsten sind Aufenthaltsbestimmung, Vermögensverwaltung und/oder Gesundheitsfürsorge. Nur für die ihm übertragenen Aufgabenkreise hat der Betreuer die Stellung eines gesetzlichen Vertreters.

Von zentraler Bedeutung ist, dass

der Betreuer Wünschen des Betreuten zu entsprechen hat, soweit dies dessen Wohl nicht zuwiderläuft und dem Betreuer zuzumuten ist. Dies gilt auch für Wünsche, die der Betreute vor der Bestellung des Betreuers geäußert hat, es sei denn, dass er an diesen Wünschen erkennbar nicht festhalten will. Ehe der Betreuer wichtige Angelegenheiten erledigt, bespricht er sie mit dem Betreuten, sofern dies dessen Wohl nicht zuwiderläuft.

Der Betreuer ist also kein »Bestimmer«, der über Ihren Kopf hinweg in Ihr Leben eingreifen kann, sondern er muss alle Maßnahmen eng mit Ihnen absprechen!

Die Einrichtung einer Betreuung ist auch nicht für alle Zeiten festgelegt, sondern

… innerhalb seines Aufgabenkreises hat der Betreuer dazu beizutragen, dass Möglichkeiten genutzt werden, die Krankheit oder Behinderung des Betreuten zu beseitigen, zu bessern, ihre Verschlimmerung zu verhüten oder ihre Folgen zu mildern. Er ist dabei aber nicht frei, sondern die Einwilligung des Betreuers in eine Untersuchung des Gesundheitszustands, eine Heilbehandlung oder einen ärztlichen Eingriff bedarf der Genehmigung des Betreuungsgerichts, wenn die begründete Gefahr besteht, dass der Betreute auf Grund der Maßnahme stirbt oder einen schweren und länger dauernden gesundheitlichen Schaden erleidet. Ohne die Genehmigung darf die Maßnahme nur durchgeführt werden, wenn mit dem Aufschub Gefahr verbunden ist.

Sie können in »guten Zeiten« über eine Patientenverfügung Vorsorge treffen, wie Sie behandelt werden möchten, wenn es Ihnen schlechter geht und Sie möglicherweise nicht geschäftsfähig sind:

Hat ein einwilligungsfähiger Volljähriger für den Fall seiner Ein-willigungsunfähigkeit schriftlich festgelegt, ob er in bestimmte, zum Zeitpunkt der Festlegung noch nicht unmittelbar bevor-stehende Untersuchungen seines Gesundheitszustandes, Heil-behandlungen oder ärztliche Eingriffe einwilligt oder sie unter-sagt, prüft der Betreuer, ob diese Festlegungen auf die aktuelle Lebens- und Behandlungssituation zutreffen. Ist dies der Fall, hat der Betreuer dem Willen des Betreuten Ausdruck und Geltung zu verschaffen. Liegt keine Patientenverfügung vor oder treffen die Festlegungen einer Patientenverfügung nicht auf die aktuelle Lebens- und Behandlungssituation zu, hat der Betreuer die Be-handlungswünsche oder den mutmaßlichen Willen des Betreuten festzustellen und auf dieser Grundlage zu entscheiden, ob er in eine ärztliche Maßnahme einwilligt oder sie untersagt.

Auch im Rahmen des Betreuungsgesetzes können Sie gegen Ihren Willen untergebracht werden. Auch das muss durch das Betreuungsgericht genehmigt werden:

Eine Unterbringung des Betreuten durch den Betreuer, die mit Freiheitsentziehung verbunden ist, ist nur zulässig, solange sie zum Wohl des Betreuten erforderlich ist, weil

1. aufgrund einer psychischen Krankheit oder geistigen oder seelischen Behinderung des Betreuten die Gefahr besteht, dass er sich selbst tötet oder sich erheblichen gesundheitlichen Schaden zufügt,

– dies entspricht dem oben genannten Unterbringungsgesetz –

oder

2. eine Untersuchung des Gesundheitszustandes, eine Heilbe-handlung oder ein ärztlicher Eingriff notwendig ist, die ohne die Unterbringung des Betreuten nicht durchgeführt werden kann und der Betreute aufgrund einer psychischen Krankheit oder geistigen oder seelischen Behinderung die Notwendigkeit der Unterbringung nicht erkennen oder nicht nach dieser Einsicht handeln kann.

Der Betreuer kann also in allen wichtigen Fragen nicht aus eigener Machtvollkommenheit handeln, sondern muss sich mit dem Gericht abstimmen und dessen Zustimmung erreichen. Sie können sicher sein, dass dies ernst genommen wird. Da Richter nicht im Tagesgeschäft der Ärzte stehen, sind deren Zwänge für sie nicht zwingend. Sie müssen jedes Mal aufs Neue wie ein medizinischer Laie entscheiden. Auch wenn das für die Durchführung ärztlicher oder pflegerischer Maßnahmen hinderlich sein mag, in Ihrem Sinne ist es allemal.

Auch beim Betreuungsgesetz entscheidet der Richter über Fixierungen oder medikamentöse Ruhigstellung. Sonst ist das Freiheitsberaubung, und Freiheitsberaubung wird mit Freiheitsentzug (§ 239 StGB) bestraft.

Aus meiner Sicht ist eine Betreuung, die übrigens auch auf Ihren Wunsch eingerichtet werden kann, weil Sie zum Beispiel den Eindruck haben, dass Sie mit Ihren Finanzen nicht mehr zurecht kommen, eine sehr klare und transparente Angelegenheit, bei der alle für Sie schwerwiegenden Entscheidungen durch Mitwirkung eines immerhin unabhängigen Richters entschieden werden.

Ein besonderes Thema ist die Zwangsbehandlung im Rahmen der Betreuung, weil das Betreuungsgesetz zunächst nicht klar geregelt hatte, ob ein kranker Mensch gegen seinen Willen behandelt werden könne. Die Voraussetzungen der Zwangsbehandlung sind seit Februar 2013 im § 1906, Abs. 3 BGB gesetzlich geregelt. *Voraussetzung für die Durchführung einer Zwangsmaßnahme ist, »dass der Patient die Notwendigkeit der ärztlichen Maßnahme nicht erkennen oder nicht nach dieser Einsicht handeln kann. Wenn er eine Maßnahme nur ablehnt, weil er vielleicht unvernünftig aber einwilligungsfähig ist, kann er nicht zwangsbehandelt werden.«* Der entscheidende Begriff ist also die Einwilligungsfähigkeit: *Einwilligungsfähig ist, wer Art, Bedeutung und Tragweite (Risiken) der ärztlichen Maßnahme erfassen kann.*

Entscheidend ist, ob die/der Betroffene die Fähigkeit besitzt, die Komplexität einer Behandlung konkret zu erfassen. Diese Fähigkeit kann je nach der Art des Eingriffs und der Verfassung des Patienten auch bei dem Geschäftsunfähigen gegeben sein oder bei dem Geschäftsfähigen fehlen. Sie ist in erster Linie durch den jeweiligen Arzt zu beurteilen. Der sollte in der Tat sehr genau überlegen, ob ein konkreter Patient einwilligungsfähig ist, denn wenn er ihn ohne Einwilligung behandelt, macht er sich im Sinne einer Körperverletzung strafbar.

Die Ärzte müssen also stets im Einzelfall prüfen, ob Einwilligungsfähigkeit gegeben ist oder nicht.

Es muss versucht worden sein, die Patienten von der Notwendigkeit der ärztlichen Maßnahme zu überzeugen.

Die Zwangsmaßnahme muss von einem Richter genehmigt werden, und zwar auch, wenn Gefahr im Verzug ist. Ist aus irgendwelchen Gründen ein Richter nicht verfügbar, so bleibt lediglich die Möglichkeit einer Behandlung unter »Notstandsgesichtspunkten«. Dem zuständigen Arzt muss klar sein, dass er sich in der obligat folgenden richterlichen Anhörung einem sehr hohen Rechtfertigungsdruck ausgesetzt sehen wird.

Der Ablauf ist so, dass der Richter ein ärztliches Gutachten eines erfahrenen Arztes für Psychiatrie, der in diesem Fall der behandelnde Arzt sein kann, einfordert und dann den Patienten anhört. Ein Zwangsbehandlungsbeschluss ist zunächst auf zwei Wochen zu begrenzen.

Der Richter muss sich dabei sehr genau zu den Inhalten der Behandlung äußern, wie Angabe des Medikaments, Dosierung und Verabreichungshäufigkeit.

Ist abzusehen, dass die Zwangsbehandlung länger als zwei Wochen dauern wird, so muss ein sogenanntes Hauptsacheverfahren eröffnet werden, das auch auf sechs Wochen begrenzt ist, aber so oft wie nötig verlängert werden kann. Hier ist eine schriftliche Begutachtung nötig, die ein externer Arzt vornehmen muss; wenn 12 Wochen überschritten werden, muss das ein Arzt

221

sein, der den Betroffenen bisher weder behandelt noch begutachtet hat, nicht in der Einrichtung tätig ist.
Wichtig ist auch, dass es um den sogenannten »natürlichen Willen« des Betroffenen geht, das heißt, dass aus seinem Verhalten hervorgeht, dass er mit der Behandlung nicht einverstanden ist. Ist das nicht so, so liegt auch keine Zwangsbehandlung vor, selbst wenn der Patient einwilligungsunfähig ist.

Die »forensische« Psychiatrie

Wahrscheinlich sind Sie der Meinung, dass eine Einweisung in die forensische Psychiatrie so ziemlich das Letzte ist, was Ihnen passieren könnte. So sicher sollten Sie sich dessen nicht sein, wie der Fall Gustl Mollath zu zeigen scheint, der durch die bewundernswerte Beharrlichkeit der *Süddeutschen Zeitung* ins Bewusstsein vieler Menschen rückte. Auch wenn die rechtliche Bewertung noch nicht vorliegt, ließ dieser »Fall« große Irritationen über die Angemessenheit unseres Rechtssystems aufkommen und über die Rolle, die von der Psychiatrie dabei gespielt wurde.

Eine Unterbringung nach dem § 63 kommt dann in Betracht, wenn aufgrund eines Gutachtens deutlich wird, dass eine Straftat im Zustand der vollständigen (§ 20 StGB) oder teilweisen (§ 21 StGB) Schuldunfähigkeit begangen wurde. In diesem Fall wird der Betroffene zunächst formal freigesprochen, weil er die Verantwortung für seine Tat nicht tragen konnte. Im günstigen Fall war es das. Macht das psychiatrische Gutachten aber die Feststellung, dass die Gefahr einer Wiederholung der Straftat bestehe, so kann das Gericht die Einweisung in eine forensisch-psychiatrische Abteilung nach § 63 verfügen. Daraus ergeben sich für die Betroffenen einige schwerwiegende Probleme:

– Im Gegensatz zu einer Haftstrafe ist die Unterbringung nach § 63 nicht befristet. Sie wird in regelmäßigen Abständen durch einen Richter der Strafvollstreckungskammer überprüft, der sich auch dabei auf ein psychiatrisches Gutachten stützt. So kann es geschehen, dass jemand wegen einer vergleichsweise geringfügigen Straftat länger im Freiheitsentzug bleiben muss als ein Mensch, der zum Beispiel einen Totschlag begangen hat.

Die Schwere der Ausgangsstraftat ist kein Kriterium für die Gültigkeit des § 63. Ich habe selbst einmal einen über Jahrzehnte nach § 63 Untergebrachten betreut, der wegen wiederholter Fälle von Mundraub im Wert weniger Mark (!) eingewiesen worden war und keine Chance hatte, zu Lebzeiten wieder aus der Forensik entlassen zu werden.

Die Kriterien, ob und wann ein Patient aus der Forensik entlassen werden kann, scheinen vollkommen unklar zu sein, da es zwischen den Bundesländern gewaltige Unterschiede gibt, die sich weder durch die Schwere der Taten noch der Krankheiten erklären lassen.

Was können Sie tun, wenn Sie in die Situation kommen, dass Sie Gefahr laufen, nach § 63 eingewiesen zu werden? Im Gegensatz zu den anderen Unterbringungsformen (PsychKG, Betreuungsgesetz) haben Sie für das Gerichtsverfahren einen Anwalt. Sie sollten darauf achten, dass er sich mit den Bedingungen des § 63 gut auskennt. Die Folgen der vordergründigen Entlastung durch die psychiatrisch attestierte Schuldunfähigkeit sind in ihren Konsequenzen oft viel furchtbarer als ein regulärer Urteilsspruch.

Als kritische Frage wurde gerade von Gustl Mollath thematisiert, wie weit Sie mit dem forensischen Gutachter kooperieren sollten. Er hat das im Wesentlichen verweigert, weil er der Meinung war, er habe keine psychische Störung, und weil er befürchtete, dass die Gutachter voreingenommen seien. Diese aus seiner Sicht verständliche Haltung kehrte sich gegen ihn, da man ihm eine misstrauische Grundhaltung attestierte und die dann wieder als ein Symptom für eine schwerere psychiatrische Störung wertete und, da er bei seiner Haltung blieb, folgerichtig auf ein Fortbestehen seiner vorher postulierten Störung schloss. Ob sein Fall anders beurteilt worden wäre, wenn er in eine psychiatrische Begutachtung eingewilligt hätte, ist nachträglich nicht zu entscheiden. Dass es sein Recht war, sich so zu verhalten, mildert die Härte seines Schicksals in keiner Weise.

Mir steht überhaupt nicht zu, Mollath zu kritisieren – ich habe keine Ahnung, was ich in seiner Situation getan hätte, und bin froh, dass mir ein solches Schicksal bisher erspart geblieben ist –, ich halte es aber für sinnvoller, mit dem Gutachter zu kooperieren. Zu Ihrer Sicherheit können Sie ja einen Zeugen zu dem gutachterlichen Gespräch mitnehmen. Der Gutachter ist die einzige Instanz, die kompetent eine Aussage darüber machen kann, ob bei Ihnen nun eine seelische Erkrankung vorliegt oder nicht. Zwar entscheidet der Richter, ob er diese Meinung übernimmt oder nicht, aber ihm fehlt der psychiatrische Sachverstand, der die Voraussetzung der Wahrheitsfindung ist.

Warum konfrontiere ich Sie so ausführlich mit relativ seltenen Konsequenzen seelischer Probleme, von denen Sie wahrscheinlich lieber nichts wissen wollen und die Ihnen das letzte bisschen Vertrauen in Psychiatrie und Psychotherapie nehmen könnten? Weil ich finde, dass Sie wissen müssen, wie Ihre höchst privaten seelischen Probleme durchaus und sehr schnell zum Gegenstand gesetzlich definierter staatlicher Maßnahmen werden können und wie der Gesetzgeber mit den Extremen seelischer Störungen umgeht. Nur dann können Sie sich darauf einstellen.

Die dürre Wahrheit ist, dass Sie wegen einer seelischen Krankheit gegen Ihren Willen in eine geschlossene psychiatrische Station gebracht werden können, vorausgesetzt, man hält Sie für selbst- oder fremdgefährdend. Gegen Ihren Willen behandelt werden können Sie wirklich nur unter verschärften Auflagen, aber auch das geht.

Was tun?

Die erste und wichtigste Konsequenz ist: Gehen Sie achtsam

mit Ihrer seelischen Krankheit um, nehmen Sie sie ernst, achten Sie darauf, dass Sie früh Hilfe suchen, machen Sie gegebenenfalls eine Patientenverfügung oder suchen Sie sich sogar einen Betreuer – kurz, sorgen Sie dafür, dass Sie die Kriterien dieses Gesetzes nicht erfüllen oder im einwilligungsfähigen Zustand möglichst viele Dinge vorgeben. Lassen Sie Ihre seelische Krankheit nicht so entgleisen, dass Sie im Zustand der Unzurechnungsfähigkeit Straftaten begehen, die für Sie und andere furchtbare Konsequenzen haben!

Als Psychiater bin ich ambivalent. Oft bin ich froh, dass es diese Gesetze gibt,

- weil ich unter Umständen Menschen in der kurzen Phase ihrer Suizidalität, zum Beispiel bei Depression, davor bewahren kann, sich das Leben zu nehmen, eine Absicht, die sie nach drei Wochen wieder anders sehen,

- weil ich einen hoch manischen Patienten so davor bewahren kann, sich und seine Familie komplett zu ruinieren, was er in seiner nachfolgenden Depression heftig bedauern würde, ohne noch etwas daran ändern zu können, und weil mir ein Richter kompetent dabei hilft, diesen juristisch schwierigen Vorgang über die Runden zu bringen,

- weil ich auf diese Weise einen der – extrem wenigen – fremdaggressiven schizophrenen Patienten davor bewahren kann, dem in seinem Verfolgungswahn irrtümlich projizierten Feind Böses anzutun.

Als derselbe Psychiater ärgere ich mich immer wieder über die alltägliche Schlamperei bei der Handhabung dieser Gesetze, denn in der Praxis wird nur allzu oft die Integrität meiner psychisch kranken Mitbürger verletzt,

- sei es, weil ich, der ich ja auch Kollege der handelnden Ärzte bin, in überarbeitetem Zustand in meinem Gutachten ungenau bin und Voraussetzungen als gegeben annehme, die bei genauem Hinschauen nicht gegeben sind,

– sei es, weil das Gesundheitsamt lästige Personen unter sehr weiter Auslegung der entsprechenden Paragraphen einweisen lässt, die eigentlich gar nicht in die Psychiatrie gehören,
– sei es, weil ein überarbeiteter und deswegen schlecht gelaunter und poltriger Richter die Tatsache ausnutzt, dass ein denkgestörter und durch seine Krankheit in seiner Wahrnehmungsfähigkeit beeinträchtigter Kranker sich nicht wehren kann und natürlich nicht auf die Idee kommt, sich einen kompetenteren Anwalt zu nehmen.

Auch wenn ich selbst gelegentlich darüber gestöhnt habe und wenn mich mancher Kollege verfluchen wird, nehmen Sie sich, wenn Sie irgend können, einen richtig guten und auf solche Fragen spezialisierten Anwalt! Die Regularien der freiheitseinschränkenden Gesetze sind kompliziert, und ein Laie kann sie kaum überblicken.

Als betroffener Patient sehen Sie diese Gesetze wahrscheinlich meistens anders als die zuständigen Psychiater, weil Sie die Einschränkung Ihres freien Willens und die Freiheitsberaubung als unerträglich fundamentale Bedrohung Ihrer Integrität wahrnehmen. Das sähe ich wahrscheinlich genauso, wenn ich an Ihrer Stelle wäre. Unsere unterschiedlichen Auffassungen sind also von unseren unterschiedlichen Situationen abhängig.

Über die Vor- und Nachteile des Denkens

Denken ist selbstverständlich, es passiert ständig, Sie können sich nicht vorstellen, dass Sie mal nicht denken. Aber wenn Sie versuchen, Ihr Denken zu kontrollieren, wird es schwierig. Schnell merken Sie, dass nicht Sie Ihr Denken im Griff haben, sondern dass ständig Gedanken von irgendwoher auftauchen – auch solche, die Sie so nicht wollten.

Wer denkt eigentlich?

Wir werden bei kaum einer geistigen oder körperlichen Aktivität so mit der komplizierten Struktur unserer Persönlichkeit, unseres Ichs konfrontiert wie beim Denken. Solange »es« denkt, wie wir das wollen, fällt es uns nicht auf, erst wenn Gedanken uns überrennen, überfordern, überwältigen, stört das Denken. Und ganz schwierig wird es, wenn uns Gedanken in den Kopf kommen, uns mehr und mehr dominieren, die wir ablehnen oder die wir als fremd empfinden.

Zum Beispiel:

Herr M. war für einen amerikanischen Flugzeughersteller als Endkontrolleur nach den routinemäßigen Flugzeuginspektionen zuständig. Er erklärte mir, dass die großen Jets alle paar Monate zur Inspektion müssten, sie würden mehr oder weniger zerlegt und nach Prüfung der kritischen Details wieder zusammengebaut. Am Schluss muss einer sein Zeichen unter die Dokumente setzen, dass die Inspektion okay war und alle Teile wieder ordnungsgemäß eingebaut wurden. Dieser eine ist Herr M., fast zwei Meter groß, unerschütterlich ruhig. Er kennt sich mit jedem Detail »seiner« Flieger aus, den Fluggästen würde es gefallen, dass ihre Sicherheit auch in seinen Händen liegt. So sah er das auch selbst, bis er sich eines Abends, zu Hause, kurz vor dem Zubettgehen, plötzlich mit der Frage konfrontiert sah, ob diese eine Schraube in der komplizierten Flügelkonstruktion wieder eingesetzt worden war.

War sie oder war sie nicht? Er ließ die gesamte Abschlussroutine vor seinem geistigen Auge ablaufen, aber die Schraube tauchte in diesem Ablauf nicht auf. War er abgelenkt gewesen, musste er an den bevorstehenden Urlaub mit Frau und Kindern denken, oder war diese Schraube wirklich vergessen worden? Gedanklich ließ sich das nicht klären, und tun konnte er nichts, der Flieger war längst wieder in der Luft – und hoffentlich blieb er dort auch. Wenn Sie jetzt glauben, die Frage hätte sich in den nächsten Tagen geklärt, so täuschen Sie sich. Natürlich verfolgte Herr M. in den nächsten Wochen sehr aufmerksam die Nachrichten, ob irgendwo ein Flieger seines Typs notlanden musste oder gar abgestürzt war. War er nicht, aber auch das blieb nur ein schwacher Trost, denn seine Firma gab für jede derartige Abschlusskontrolle eine 30-jährige Gewährleistungsgarantie! Aus Ihrer oder meiner Sicht des Fluggastes durchaus beruhigend, für Herrn M. aber nicht: Er stellte sich vor, dass er nun jeden Tag, bis tief in seinen Ruhestand hinein, mit Angst in Tageszeitung oder Tagesnachrichten hineinschauen werde, ob eines der von ihm gewarteten Flugzeuge abgestürzt sei, dass man nach Analyse des Flugschreibers und aller gefundenen Trümmerteile zum Schluss gekommen sei, dass er, Herr M., schuld sei und dass man ihn jetzt vor den Kadi schleppen werde.

Sie kennen das? Sind Sie auch Flugzeuginspekteur?

Nein, gottseidank nicht. Aber sehr viele von uns kennen dieses Phänomen, dass unser Denken plötzlich Fragen aufwirft, die sich nicht klären lassen, uns die Ruhe rauben und uns immer wieder in die gleichen Denkschleifen zwingen.

Das ist der Nachteil unserer Fähigkeit, alle tatsächlichen und eingebildeten, für unser Leben in irgendeiner Weise relevanten Vorgänge, in Vergangenheit und Zukunft, gedanklich wieder und wieder durchspielen zu können. Wenn ein entsprechender Vorgang auch noch gefühlsbesetzt ist – bei Herrn M. durch das Gefühl Angst, ausgelöst durch die Annahme, einen für ihn irgendwann furchtbar folgenreichen Fehler gemacht zu haben –, dann wird dieser Vorgang immer wieder »gedacht«, wie im Hamsterrad die eine Sprosse wieder- und wiederkommt. Getrieben wird das Rad von der Hoffnung, so den emotionalen Drive durch eine wie auch immer geartete Klärung abschwächen zu können. Vergeblich, denn Gefühle können auf diese Weise nicht abgebaut werden.

Bei dieser und ähnlichen Gelegenheiten merken Sie, dass Sie eben nicht Herr in Ihren eigenen Denkgebäuden sind, sondern dass Ihr Denken von etwas getrieben wird, was zumindest nicht Ihrer bewussten Willensbildung zugänglich ist.

Im Guten ist das Denken ein wunderbares Werkzeug, uns mit der Welt, mit unserer Welt auseinandersetzen zu können, Erlebnisse zu erinnern, uns Abläufe vorzustellen, die real so sein könnten, aber nicht sein müssen. Denken als Werkzeug der Phantasie, der Kreativität. Kein Erfinder hätte ohne dieses Werkzeug irgendetwas erfunden, kein Forscher etwas entdeckt, kein Inspektor im realen oder im Sonntagabend-Krimi etwas aufgeklärt. Es hat aber offenbar auch Nachteile, denn wir können mit dem Denken nicht entscheiden, ob etwas nun real oder eingebildet ist: die Schraube von Herrn M., das nicht ausgeschaltete Bügeleisen von Frau R. oder Ihre Einsicht im ICE, dass Ihr Backofen, in dem Sie den inzwischen sicher in Alufolie eingepackten Kuchen für die Enkelkinder gebacken haben, immer noch auf 200 °C vor sich hinbacken könnte. Für die nächsten fünf Tage.

Aber auch die immer massiver sich aufdrängende Vermutung, dass Ihr Mann vielleicht ein Verhältnis mit seiner Sekretärin haben könnte, es bestimmt oder mit letzter Sicherheit hat – auch diese Vorstellung kann Ihr Denken generieren – und zwar ohne jeden realen Kern, ebenso wie die Einschätzung, dass Ihr Kollege in der Firma gegen Sie arbeitet, dass Ihre Sekretärin Ihrem Chef sehr persönliche Informationen über Ihr Privatleben zuschanzt, und so weiter und so fort.

Gerade am Beispiel der Eifersucht wird die Verstrickung aus Realität und Vermutung sehr deutlich: Die Vermutung setzt bei einer Nichtigkeit an, die Sie vielleicht zunächst vergessen und die Ihnen erst später bedeutsam erscheint, viele Puzzleteile fügen sich plötzlich ineinander. Wenn Sie Ihren Partner konfrontieren und er plausibel aufklärt, dass alles ganz anders ist, kommt die Dynamik erst einmal zur Ruhe, um sich wenige Tage später wieder neue Nahrung zu suchen. Sie werden schnell zum Opfer Ihrer eigenen Phantasien.

Zwei Triebkräfte schieben solche Denkprozesse so richtig an: Wenn Gefühle dahinterstehen, die man nicht wahrnehmen will, aber stattdessen über Denken zu lösen versucht, oder wenn Sie Ihre Unsicherheit über die Sie umgebende Welt, die Ihnen nicht ganz geheuer ist, durch Denken zu kontrollieren versuchen. Das funktioniert bestenfalls nur zum Teil und führt dazu, dass die aus Ihrer Sicht kontrollbedürftige Situation ständig wieder durchgespielt werden muss. Jedes Mal stellt sich eine kurzfristige Erleichterung ein, die aber durch neue Zweifel schnell wieder zunichte gemacht wird.

Das kann sich alles wohl noch an der Grenze der Normalität abspielen. Aber Sie können sich damit ganz schön quälen. Ein früherer Chef, der es wissen musste, sagte mir, dass ein gewisses Maß an Paranoia durchaus karriereförderlich sei – etwas Misstrauen gegenüber den Motiven von KollegInnen und Vorgesetzten ist da verständlicherweise besser als Zutraulichkeit. Große Auswahl, wie Sie sich verhalten sollen, haben Sie in diesem Punkt wahrscheinlich nicht, weil das Verteilungsmuster dieser Grundhaltungen persönlichkeitsbedingt ist.

Wenn Sie genau darüber nachdenken, dann fällt Ihnen sicher

auf, dass auch die großen Themen der Politik, der Religion mit Realität oder Wahrheit nicht viel zu tun haben. Auf der anderen Seite gibt es gerade in den östlichen Traditionen Techniken, die uns helfen sollen, nicht völlig zu Sklaven dieser Denkprozesse zu werden. Meditation wäre eine solche hoch wirksame Technik.

Furchtbar anstrengend – Zwänge

Haben Sie »Besser geht's nicht« gesehen? Jack Nicholson spielt einen furiosen Querschnitt durch die Varianten einer Zwangserkrankung: Kontrollzwänge (die Bodenplatten nur in einem bestimmten Bewegungsmuster berühren), Verunreinigungszwang (nur mit eingeschweißtem Plastikbesteck essen), nichts Ungewöhnliches, keine Veränderung tolerieren. Die Konfrontation mit so starken Gefühlen wie der Liebe ist eine fast unerträgliche Herausforderung, der Kampf zwischen gut und angepasst sein wollen und den Zwängen ist schier übermenschlich.

Was merken Sie?

Jetzt haben Sie schon dreimal überprüft, ob die Haustür abgeschlossen ist, und sind sich immer noch nicht sicher? Das Bügeleisen – war doch aus, oder? Das kennt fast jeder: Wenn der Stress zunimmt und Sie zu viel im Kopf haben, konzentrieren Sie sich nicht mehr, sind nicht mehr achtsam, und dann müssen Sie eben nachkontrollieren.

Wie es angefangen hat, wissen Sie noch ganz genau: Da war dieser Artikel über die multiresistenten Keime, gegen die kein Antibiotikum mehr hilft. Gründliches Waschen ist die einzige Chance. Sie waren schon immer sauber, essen ohne vorheriges Händewaschen kam nicht in Frage. Aber jetzt läuft es irgendwie aus dem Ruder: Sie spülen vor, seifen ein, dann kommt die Bürste, nachspülen. Die Hände sind rot, wenn Sie das hinter sich haben, und sauber. Dann kommt Ihnen der Gedanke, in der Bürste könnten sich Keime festsetzen, man kann ja nicht wissen.

231

Sie kaufen drei Bürsten dazu und kochten sie nach jedem Gebrauch aus, so dass Sie immer eine sterile Bürste zur Verfügung haben. Apropos auskochen: Das Wasser, das Sie zum Nachspülen benutzen, wird immer heißer; Sie stellen den Boiler hoch, bis das Wasser fast kochend ist und die Hände krebsrot. Das einfache Ritual reicht nicht mehr aus, um Ihnen die Angst vor den Keimen zu nehmen, zweimal, inzwischen viermal hintereinander wird gespült, eingeseift, gebürstet, gespült – und dann wieder von vorne. Die Hände sehen furchtbar aus, die Haut ist trocken und spröde, voller Schrunden, dazwischen aufgesprungen und wund. Es ist absurd: Die Gefahr, sich über die so zugerichteten Hände zu infizieren, ist jetzt viel größer! Das ist Ihnen klar, Sie sind ja nicht blöd! Aber Sie können nicht mehr aufhören. Einmal haben Sie es versucht, um Ihrem Freund einen Gefallen zu tun, der das nicht mehr mitansehen konnte. Das Resultat waren unvorstellbare Angst und Unruhe; Sie wären fast aus der Haut gefahren – bis Sie sich wieder waschen konnten. Ihr Freund hat Sie verlassen, was das Gute hat, dass Sie sich nicht mehr rechtfertigen müssen. Ja, es ist Ihnen peinlich, total peinlich, und Ihnen ist bewusst, dass die Wascherei ein absurdes, verrücktes Verhalten ist. Aber das hilft nichts.

Eine andere Variante wäre zum Beispiel, dass Sie die Schuhe in einer Desinfektionswanne abstellen, wenn Sie von draußen kommen, absprühen, abwischen, wieder absprühen, so lange, bis der Küchenkrepp, auf den Sie die Schuhe immer wieder stellen, weiß bleibt. Es stinkt im Flur nach dem Desinfektionsmittel, auf den Balkon trauen Sie sich nicht, weil die Nachbarn das nicht mitbekommen sollen.

Als Sekretärin machen Sie schon seit Monaten Überstunden, nicht, weil Sie so viel Arbeit hätten, sondern weil Sie jedes von Ihnen geschriebene Schriftstück erst zweimal, jetzt schon fünfmal auf Schreibfehler kontrollieren müssen, bevor Sie es wegschicken. Sie sind auch schon mal wieder von zu Hause zurückgekommen, haben die Post aus dem Postausgangskorb geholt und noch mal kontrolliert. Warum? Wenn Sie ehrlich sind, müssen Sie sich eingestehen, dass Sie es nicht wissen. Der Anschiss von Ihrem Chef, als Sie wegen dem Stress zu Hause mal in einem Brief vier Schreibfehler hatten, kann es doch nicht gewesen sein.

Auf der Verhaltensebene gibt es nichts, was nicht zu Zwang entarten könnte, aber es gibt auch Zwänge, die sich nur in der Gedankenwelt abspielen: Zählen – bestimmte Autonummern, die Zahl der Platten auf den Gehwegen vor den Häusern, die VWs, die Ihnen entgegenkommen. Wenn Sie glauben, sich vertan zu haben, müssen Sie wieder bis zur Haustür zurückgehen und neu anfangen. Nicht selten kommen Sie deswegen zu spät zur Arbeit. Andere Zwangsgedanken sind bedrohlicher, etwa der Drang, das Auto im Berufsverkehr auf die Gegenspur zu lenken. Sie wollen auch niemandem erzählen, dass Sie in Gegenwart Ihrer kleinen Tochter dieses scharfe große Küchenmesser nicht mehr aus der Schublade nehmen können, aus Angst …

Der Hintergrund der Zwänge ist Angst, weswegen die Zwangsstörungen auch bei den Angststörungen eingeordnet werden. Angst, die panikmäßig stark wird, wenn Sie versuchen, die Zwänge zu unterdrücken.

Woher kommt das?

Wie so oft, weiß man das nicht genau. Es gibt neurobiologische Befunde, nach denen die Signale zwischen der Hirnrinde und den Basalganglien, zuständig für die programmatische Umsetzung von Absichten, die in der Hirnrinde generiert wurden, gestört sind. Henne oder Ei?

Können Sie etwas tun?

Auf jeden Fall. Aber Sie müssen sich schon einen Spezialisten für Zwangsstörungen suchen, der normale Hausarzt ist überfordert. Nach der gängigen therapeutischen Empfehlung hilft gegen Zwangshandlungen Verhaltenstherapie, gegen Zwangsgedanken SSRIs, eher hoch dosiert. Die Verhaltenstherapie muss sehr systematisch aufgebaut werden, sonst halten Sie das nicht aus: Die

Grundlage ist ein stabiles Vertrauensverhältnis zum Therapeuten; wenn Sie ihm nicht trauen, werden Sie sich nicht darauf einlassen, Ihre Zwangshandlungen zu unterlassen, weil die Angst zu groß wird. Ist das Vertrauen da, folgt eine detaillierte Analyse des Zwangs – Auslöser, Beginn, Steigerung, welche Ängste dadurch unterbunden werden. Das braucht Zeit. Und dann – ich weiß, das können Sie sich nicht vorstellen – kommt das Auslassen der Zwangshandlungen und das Aushalten der Angst, so lange, bis Letztere weniger wird und schließlich verschwindet. Ganz verschwindet! Solange noch ein kleiner Rest da ist, müssen Sie weiter üben, denn sonst ist die Rückfallrate hoch. Üben und immer wieder mit dem Therapeuten durchsprechen. Besondere Aufmerksamkeit müssen der Therapeut und Sie auf einen möglichen Symptomwechsel richten: Gerade bei Zwangsstörungen kann es immer wieder vorkommen, dass sich Ihr Kontrollwunsch ein neues Betätigungsfeld sucht, wenn das alte tapfer und entschlossen therapiert wurde. Dann wäre nichts gewonnen.

Eine unheimliche Geschichte! – Wie sind denn ausgerechnet Sie da hineingeraten?

Man will Sie vergiften, man verfolgt Sie, will Ihnen ans Leben. »Die« sind schon lange hinter Ihnen her, durch Zufall sind Sie denen auf die Schliche gekommen. Erst waren Sie sich nicht sicher, aber jetzt haben Sie Gewissheit.

Komisch war das, als Sie auf einmal Ihre Gedanken hörten, als wenn Sie mit sich selbst sprächen. Aber allmählich bekam dieses andere Ich so einen fiesen Unterton, gehässige Kommentare nahmen zu, und immer häufiger erhielten Sie Befehle. Und jetzt ist es die Stimme eines anderen, klar von Ihnen selbst abgegrenzt.

Der Strommast kam Ihnen von Anfang an seltsam vor. Er war irgendwie anders als die anderen Masten der Telekom. Und als Sie diese Kopfschmerzen bekamen, zuerst sehr verhalten, dann immer stärker, da fiel es Ihnen wie Schuppen von den Augen: Sie werden bestrahlt, Sie wissen auch, von wem, werden es mir aber bei allem Respekt nicht sagen, das wäre zu gefährlich für Sie.

Die anderen wenigen, die Sie ins Vertrauen ziehen, versuchen Ihnen das auszureden, so zu tun, als merkten sie es nicht; okay, kann ja sein, vielleicht, dass nur Sie selbst es mitbekommen. Als Ihnen das zum ersten Mal widerfahren ist, haben Sie gegenüber der netten jungen Ärztin ausgepackt. Sie kam Ihnen irgendwie bekannt vor und schien Sie zu verstehen. Das machen Sie nicht wieder. Alles beschrieb sie plötzlich als Symptom, und Sie wurden als krank stigmatisiert! Das hat Sie in die innere Emigration getrieben.

Was ist das?

Das ist nicht mehr gesundes Misstrauen oder eine nützliche paranoide Einstellung – das ist eine Psychose.

Ich weiß, Sie sehen das wahrscheinlich anders. Ich verstehe auch, dass der Normalitätsbegriff keine moralische Bedeutung hat, sondern lediglich das Recht des Stärkeren wiedergibt, dass der Standpunkt des Richters, der Ihre Zwangseinweisung unterschreiben würde, intellektuell deprimierend ist. Aber für Ihre weitere Zukunft wäre es zumindest nicht schlecht, wenn Sie sich einmal anhören könnten, was ich dazu meine. Sie leben in einer Gesellschaft, die durch die Mehrheitsmeinung bestimmt wird, und selbst wenn Sie diese Meinung tausendmal für Unfug halten, wird die – auch Ihre – Realität dadurch bestimmt. Mir ist auch bewusst, dass es oft die klügsten Köpfe sind, die ungewöhnliche Einsichten haben, wie Sie. Aber es könnte auch sein, dass Sie überdreht sind, dass Ihre Einschätzung einfach zu weit geht. Es könnte! Wäre es denn so völlig inakzeptabel, doch mal über die doppelte Buchführung nachzudenken? Anders kann es für Sie sehr dornenvoll werden. Das können Sie an Gustl Mollath sehen. Der hatte wahrscheinlich keine Psychose, auf jeden Fall hat er nichts gravierend Schlimmes getan, weigerte sich aber, zu kooperieren, und war jahrelang in der Psychiatrie!

Der scheinbare Kern Ihrer Problematik ist die unterschiedliche Einschätzung der Realität, durch Sie – und die »Anderen«. Ich weiß, dass Ihre Wahrnehmung ganz klar, mit unabweisbarer Gewissheit dafür spricht, dass Sie Recht haben. Sie haben sich im Verlauf der Entstehung Ihrer Problematik auch viel mehr Gedanken über diese Realität gemacht als die Anderen, die – aus Ihrer Sicht – mehr oder weniger dumpf davon ausgehen, dass schon alles gut werden wird, wie die Mehrheit eben meint. Ich weiß, dass Realität wirklich schwer oder vielleicht gar nicht zu beweisen ist. Die Neurophilosophen gehen davon aus, dass wir für unseren Gebrauch nur einen sehr beschränkten Realitätsanteil aus der unfassbar großen Wirklichkeit herausfiltern. Aber wie auch immer, das begründet nicht, dass Ihre Realitätssicht die überlegene ist.

Sie müssen einen Weg finden, sich mit der Meinung der Mehrheit zu arrangieren, denn nur so finden Sie Möglichkeiten, sich aus dieser Sackgasse, in der Sie festsitzen, heraushelfen zu lassen.

Das Thema kommt bei der Therapie noch mal.

Wie entstehen Psychosen?

E i n e Ursache ist es nicht, es sind viele mögliche; denn Psychosen scheinen eine Reaktionsform des Gehirns auf ganz unterschiedliche Belastungen zu sein.

Zum Beispiel
– entwickeln manche Menschen als Reaktion auf eine hochdosierte Behandlung mit Steroiden, etwa im Rahmen einer Entzündungserkrankung, paranoide Psychosen, die von einer schizophrenen Psychose nicht zu unterscheiden sind,
– können Tumoren Psychosen auslösen, Entzündungen des Gehirns, Durchblutungsstörungen oder hormonelle Störungen, vor allem der Schilddrüse;
– sind es in etwa 15 Prozent solche Ursachen oder
– die bereits erwähnte schizophrene Psychose.

Und deren Ursache – kennt man letztlich nicht. Was man kennt und in den letzten Jahrzehnten intensiv beforscht hat, ist eine Vielfalt aus genetischen, infektionsmedizinischen, sozialmedizinischen und sonstigen Befunden, die Teilaspekte schizophrener Störungen erklären können. Die Gesamtschau ist deswegen so schwierig, weil die Schizophrenie eine Erkrankung des Gehirns ist, und das ist eben nur sehr schwer oder gar nicht zu verstehen.

Wie sehen akute Psychosen aus?

Für den Hausgebrauch gibt es etwa drei wichtige Erscheinungsformen der Schizophrenie:

Die häufigste ist die sogenannte paranoid-halluzinatorische Form; bei der erleben Sie vor allem die oben geschilderten Symptome.

Bei der sogenannten hebephrenen Form spielen solche Symptome eine geringe Rolle; die Hebephrenie beginnt meist sehr früh, im Jugendalter mit oder nach der Pubertät. Die Symptome, aus dem Ruder laufende Gefühle, vor allem Aggressionen, Drogenmissbrauch, kindisches Verhalten, sind von einer etwas heftig verlaufenden Pubertät nur sehr schwer zu unterscheiden, letzten Endes zeigt es sich am Verlauf, der bei der Pubertät in aller Regel viel besser ist als bei einer Schizophrenie.

Sehr selten tritt heute die sogenannte katatone Schizophrenie auf: Bei ihr kommt es zu Zuständen der Erstarrung, oft in bizarren Körperhaltungen, die dann über Stunden und Tage beibehalten werden. Sie wirken, als würden Sie überhaupt nicht auf Ihre Umgebung reagieren, sind dabei aber sehr klar, manchmal viel klarer als sonst. Sie nehmen äußerst intensiv wahr. Paranoid-halluzinatorische Symptome können im Hintergrund vorhanden sein, manchmal kann die Starre in einen Sturm von Erregung umschlagen.

Eine große Rolle, auch für die Prognose, spielt der Verlauf.

Manchmal bricht eine solche Entwicklung unvermittelt los. Die Welt, die anderen Menschen ändern sich, die vertraute Umgebung ist innerhalb weniger Tage gar nicht mehr vertraut, Sie werden gejagt, verfolgt, sind ständig auf der Flucht. Auch Ihr eigenes Denken ändert sich, aber das nehmen Sie kaum wahr in Ihrem Bedürfnis, sich gegen die von außen kommende Bedrohung zu wehren. Der schnelle Beginn spielt vor allem eine Rolle, wenn Psychosen durch Medikamente, eine andere Krankheit oder auch plötzlichen, übergroßen Stress ausgelöst werden.

Aber oft ist der Beginn so schleichend, dass Sie ihn nicht bemerken. Man hat herausgefunden, dass sich die ersten Veränderungen fünf Jahre vor der stationären Einweisung anbahnen können! Die sind dann aber ganz anders als das, was ich oben unter der typischen Symptomatik beschrieben habe. Für sich genommen können Sie diese Veränderungen nicht als einen eigenständigen Krankheitsprozess wahrnehmen, weil die Symptome sich so stark unterscheiden:

Oft fängt es damit an, dass Sie sich mehr und mehr zurückziehen; Ihre sozialen Kontakte, Freunde, Sportverein, Freizeitaktivitäten mit Kollegen, das alles interessiert Sie nicht mehr. Sie stellen irgendwann fest, dass Sie nichts mehr von dem machen, was Sie früher beschäftigt oder fasziniert hat. Ihr beruflicher, aber auch Ihr sportlicher Ehrgeiz verschwindet allmählich und ersatzlos, Ihr persönlicher Stil in Kleidung, Hobbys und Interessen spielt keine Rolle mehr, ist Ihnen nicht mehr wichtig. Aus Ihrer Beziehung ziehen Sie sich zurück, emotional schwingt Ihre Freundin jetzt anders als Sie, sogar Sexualität interessiert Sie stetig weniger. Im weiteren Verlauf wird immer unklarer, was Sie richtig und falsch finden, Sie sind vielen Dingen gegenüber ambivalent, nichts macht mehr Spaß, nichts ist real. Eines Tages, nach Monaten oder Jahren, stellen Sie fest, dass Sie sich an nichts mehr richtig freuen können. Ja, das erinnert sehr an eine Depression, obwohl es in der Intensität die Depressionskriterien meist nicht erreicht.

Sie fühlen sich nicht gut, irgendwie komisch, und können sich selbst schwer ertragen; viele probieren in diesem Stadium wahllos irgendwelche Medikamente, versuchen, durch Cannabis wieder zu sich zu kommen.

Therapeutisch wirkt das in keiner Weise, sondern es beschleunigt den »Krankheitsprozess« erst richtig. Ängste, Panikattacken können auftreten. Rückblickend stellen Sie vielleicht fest, dass sich Ihr Leben, Ihre Persönlichkeit in den letzten Jahren von Grund auf geändert haben. Mit Logik zu begreifen sind diese Entwicklungen nicht. Sie gewinnen eher den Eindruck, einem fremden, von Ihnen nicht beeinflussbaren Prozess ausgeliefert zu sein.

Und dann erscheinen die ersten »handfesten« Symptome. Gedanken werden laut, werden Ihnen fremd, die ersten Hinweise tauchen auf, dass Sie verfolgt werden. Jetzt ziehen Sie sich definitiv aus Ihrem »normalen« Leben zurück, Sie haben ja auch genug zu tun, sich vor den gegen Sie geschmiedeten Ränken zu schützen. Sie leben nur noch in dieser neuen, fremden Welt, die durch viele Unheimlichkeiten und Bedrohungen charakterisiert ist, sie brechen berufliche und private Kontakte ab. Dass Sie den Job verlieren, interessiert Sie nicht. Allmählich, oder auch ganz plötzlich, werden Sie für die Sie umgebende Gesellschaft auffällig, tun merkwürdige Dinge, versuchen, sich in der Fußgängerzone zu verstecken, oder überqueren bei Rot die Schnellstraße. Sie wissen, warum, denn Sie müssen die Ihnen zu nahe gekommenen Verfolger abschütteln, Sie sprechen laut mit Ihren Stimmen, die Sie übel anpöbeln, während Sie im Kaufhaus einkaufen. Die Welt wird immer unwohnlicher, Sie sind dauernd auf der Flucht, essen nur noch unregelmäßig, der Schlaf-wach-Rhythmus hat sich verflüchtigt, Sie werden von einer unheimlichen inneren Spannung angetrieben, werden aggressiv zu anderen, fangen sogar Schlägereien an, weil man Ihnen zu nahe auf den Pelz rückt.

Der Rest erscheint den anderen folgerichtig: Die Polizei wird gerufen, und Sie werden in die geschlossene Psychiatrie gebracht, selbstverständlich gegen Ihren Willen. Obwohl Sie es kaum ertragen können, ist das in diesem Stadium Ihrer Störung wohl tatsächlich das Beste. Tatsächlich wäre es viel besser gewesen, wenn Sie sich schon vor Wochen in ambulante und dann wohl auch in stationäre Behandlung begeben hätten, aber aus Ihrer Sicht war das komplett abwegig. Warum sollten Sie so etwas tun?

Prophylaxe? Nicht so einfach

Wäre es nicht genial, diesen Verlauf mit dem bitteren Ende von Zwangseinweisung, Ausgrenzung, Stigmatisierung, Verlust von Beruf und oft auch Beziehungen verhindern zu können? Wäre es nicht befreiend, diese für alle anderen außer Ihnen selbst sich immer deutlicher entwickelnde Störung zu behandeln, bevor sie zum Ausbruch kommt? Genau dieses heroische Unterfangen versucht man zurzeit umzusetzen. Warum heroisch? Weil die Aufgabe, vorsichtig ausgedrückt, sehr komplex ist.

Sinnvoll wäre, die Krankheit in den Griff zu bekommen, b e v o r die ersten Positivsymptome* auftreten. Denn sie und die mit ihnen verbundene Täuschung, die Welt um Sie herum sei verändert, feindlich verändert, und nicht Sie selbst seien krank, machen die Auffälligkeit der Störung aus. Sie verhindern, dass Sie sich therapeutische Hilfe suchen können. Solange Sie wahrnehmen, dass alles indifferenter, schlechter, weniger wird, sind Sie vielleicht noch bereit, sich helfen zu lassen, Behandlung zu suchen. Wenn aber erst mal alles, was Ihnen krankhaft, böse, feindlich erscheint, nach außen verlagert wurde, in die böse Welt, können Sie den Sinn therapeutischer Hilfe nicht mehr einsehen. Ein weiterer Grund ist, dass mit den Positivsymptomen die stärkste Stigmatisierung verbunden ist: Einen Arbeitnehmer, der sich zu-

---

* So nennt man die auffälligen Symptome, die wahnhafte Überzeugung, benachteiligt, verfolgt, gelenkt zu werden, die akustischen oder anderen Halluzinationen.

rückzieht, der ambivalent, ängstlich und depressiv ist, entlässt man nicht so leicht; aber wenn er in Handlungen der Geschäftsführung das Wirken einer feindlichen Macht sieht, wenn er sich durch seine Vorgesetzten bestrahlt fühlt, dann strebt die Toleranz gegen Null.

Die große Schwierigkeit einer so frühen Intervention, so sinnvoll sie sein mag, ist die fehlende Präzision der Diagnose: Wenn Sie sich noch einmal die Vorläufersymptome vergegenwärtigen, werden Sie, ohne Psychiater zu sein, feststellen, dass solche Symptome alle möglichen krankhaften, aber auch durchaus normale Zustände charakterisieren: Depression, normale Lustlosigkeit, das »Null-Bock-Syndrom« vieler Jugendlicher, Beziehungsprobleme, Angsterkrankungen und eben auch, als absolut seltenste Variante, eine beginnende Psychose. Und nur Letztere könnten und dürften Sie mit den dafür zugelassenen antipsychotischen Medikamenten behandeln, die, wie wir noch erfahren werden, keineswegs nebenwirkungsfrei sind. Da man eine hundertprozentige diagnostische Sicherheit nicht erreichen wird, müsste man sich mit geringeren Wahrscheinlichkeiten zufrieden geben, und das in einer Situation, in der die seltenere Psychose den häufigeren Befindlichkeitsstörungen und Krankheiten gegenübersteht.

Das dritte Problem ist die schon mit der Diagnosestellung verbundene Stigmatisierung. Es geht angesichts des frühen Ersterkrankungsalters schizophrener Psychosen um eine annähernd zutreffende Diagnosestellung bei jungen Menschen, Schülern oder Studenten. Ein breit angelegtes Screening-Verfahren, das die Gefährdeten herausfiltern soll, wird immer auch dazu führen, dass die mit hinreichender Sicherheit identifizierten und einer Behandlung zugeführten Jugendlichen Gefahr laufen, in ihrem Umfeld negativ etikettiert zu werden. Dieses Risiko würde durch den Behandlungserfolg aufgewogen, zumal es dadurch ja im besten Fall gar keine manifeste psychotische Auffälligkeit gäbe. Aber nicht alle Fälle sind die besten, und angesichts der zahlreichen Unsi-

241

cherheiten gäbe es sicher einige Kandidaten für eine Behandlung, die tatsächlich gar nicht krank würden, also zu Unrecht dem Risiko einer Stigmatisierung ausgesetzt würden.

Sie sehen, so schön es wäre, solche Erkrankungen bereits vor dem offensichtlichen Ausbruch präventiv behandeln zu können, so schwierig ist dieses Ziel umzusetzen.

Wenn Sie doch eingewiesen werden?

Mit einer Psychose werden Sie oft in eine psychiatrische Klinik eingewiesen. Schwierig für Sie. Auch wenn die Ärzte Zeit haben sollten und wirklich versuchten, auf Sie einzugehen, wenn das Pflegepersonal Ihnen den Freiraum lässt, den Sie sich so sehr wünschen, Sie empfinden diesen Aufenthalt erst einmal als schlimm: Sie wollen da nicht sein, und Sie wollen auch keine Medikamente nehmen. Meistens legt man Ihnen nahe, Medikamente zu nehmen, die Sie beruhigen sollen, die Ihnen »gut tun«, wie man Ihnen versichert. Aber wozu denn Medikamente, was helfen die gegen Ihre Verfolger, gegen diese so bedrohlich veränderte Welt? Sie erleben das alles als endgültige Niederlage, als die Unterwerfung unter eine böse Macht in Ihrer ganz und gar aus den Fugen geratenen Welt.

Medikamente sind aber – leider – das einzige, was Ihnen jetzt helfen kann. Und je eher Sie sich darauf einlassen, desto besser ist es für Sie. Eine so weit fortgeschrittene Psychose wird nicht von selbst besser. Mit Psychotherapie kommen Sie nicht weiter. Aber damit wir uns richtig verstehen: Reden mit Ihrem Arzt ist schon wichtig, er muss Ihre Fragen beantworten, Ihnen Wirkungen und Nebenwirkungen erklären, bis Sie es verstanden haben. Niemand kann von Ihnen verlangen, dass Sie stumm Ihre Medikamente schlucken.

Wenn Sie stationär behandelt werden, haben Sie im Prinzip zwei Alternativen:

- Sie versuchen, selbst zu entscheiden, was Sie bekommen, in welcher Dosierung, oder
- Sie verweigern sich diesem Entscheidungsprozess und nehmen in Kauf, gegen Ihren Willen behandelt zu werden.

Welche dieser Alternativen jetzt zum Tragen kommt, ist vielleicht schon durch den bisherigen Verlauf entschieden worden; die Situation bei einer Zwangseinweisung nach PsychKG ist anders, als wenn Sie von sich aus zu einem Psychiater gegangen wären, weil Sie das Gefühl hatten, nicht mehr weiterzukommen.

Aber auch abgesehen von dieser akuten Situation werden Sie sich immer wieder entscheiden müssen, ob Sie die Psychose ertragen, oft ja eher aushalten wollen oder die Medikamente mit ihren Nebenwirkungen. Beim Ertragen der Psychose kommt noch etwas dazu: Unbehandelte Psychosen haben anscheinend eine starke Tendenz, sich zu fixieren und chronisch zu werden. Augen zu und durch ist die schlechteste Lösung. Ich würde mir eine Psychose sicher nicht als Wunscherkrankung aussuchen, aber wenn ich sie hätte, würde ich versuchen, bei meiner Behandlung möglichst viel mitreden zu können.

Das gilt auch für die Zwangseinweisung. Sehr oft sind die harten Kriterien gar nicht gegeben: Krank sind Sie zwar, aber Sie wollen sich weder umbringen noch jemand anderem etwas zuleide tun, Sie wollen nur in Ruhe gelassen werden. Auch die öffentliche Sicherheit und Ordnung wollen Sie ja gar nicht gefährden, Ihnen geht es ganz allein um Ihre eigene Geschichte, die Verfolgungen, die Benachteiligungen. Aber nur wenn Sie den Richter überzeugen, dass von Ihnen keine Gefahr ausgeht – und das können Sie am besten, wenn Sie bereit sind, sich behandeln zu lassen –, wird er Ihnen die Chance einräumen, sich freiwillig behandeln zu lassen. Für Ihre Sichtweise von Wahrheit ist das vielleicht »schräg«. Aber es ist ein geläufiger Prozess.

Ich habe immer wieder Patienten behandelt, die sehr bewusst und verantwortungsvoll mit ihrer Krankheit umgegangen sind. Die auch mal gesagt haben, sie reduzieren die Medikamente, obwohl ich das für keine gute Idee hielt. Und die nach einem halben Jahr wieder in meinem Sprechzimmer standen und sagten: »Ich glaube, dass ich wieder Medikamente brauche.« Das ist in Ordnung, und das schadet auch nicht.* Seine Erfahrungen muss man selbst machen. Auch mit Psychosen. Die Konsequenzen trägt man schließlich auch selbst.

Die Konsequenzen können die Folgen der Psychose oder der Medikamente sein. Der Psychose: Verlust von Partnerschaft, Verlust von Ausbildung und Job, unerfreuliche Krankenhausaufenthalte, sozialer Abstieg ...

Der Medikamente: Diese Medikamente, die das einzige sind, was bei akuter Psychose hilft, haben zu allem Überfluss auch Nebenwirkungen, die nicht »ohne« sind.

Erwünschtes und Unerwünschtes

Welche Medikamente gibt es, wie wirken sie, und welche Nebenwirkungen haben sie?

Eine Zwischenbemerkung: Antipsychotische Medikamente sind ein Grund, warum es heute diese riesigen psychiatrischen »Anstalten« nicht mehr gibt. Erst durch diese Medikamente sind Menschen mit Psychosen in die Lage gekommen, relativ gut und unauffällig außerhalb der Krankenhausmauern leben zu können. Ja, unauffällig, denn das offensichtliche Anderssein ist im-

---

* Mit einer Ausnahme: Wenn Sie sich in der jetzigen oder einer früheren psychotischen Episode nicht von dem Gedanken distanzieren konnten, anderen Menschen schaden, sie verletzen oder sie töten zu müssen, weil sie für Ihr Unglück und das Unheil in der Welt verantwortlich sind, dann sollten Sie Antipsychotika nie oder nur unter sehr engmaschiger Beobachtung eines Psychiaters absetzen!

mer noch der wichtigste Grund für die Stigmatisierung gerade der Psychose-Kranken. Und wenn Sie es schaffen, Ihren Nachbarn, Kollegen etc. nichts Auffälliges mehr zu zeigen, verbessern sich Ihre Chancen auf Integration erheblich.

Antipsychotische Medikamente gibt es seit den 50er Jahren des letzten Jahrhunderts; vorher mussten Psychosen ausgehalten werden, von Patienten und ihren Angehörigen, den Profiteuren der heutigen Behandlungsmöglichkeiten.

Es gab drei Entdeckungswellen, die neuropharmakologisch jeweils neue Ansätze gebracht haben. Die (heute sogenannten) »typischen« Antipsychotika, vor allem Haloperidol, Chlorprothixen: Die Entdeckungsgeschichte der typischen Antipsychotika ist ziemlich spannend, da auf einer chemischen Substanz nicht draufsteht, was sie machen wird, und der tatsächliche Effekt meist nur zufällig herausgefunden wird. Aber diese Geschichte können Sie woanders nachlesen.

Typische Antipsychotika (auch Neuroleptika genannt) haben zwei erwünschte Wirkungen:

Für die sogenannten hochpotenten Antipsychotika gilt: Wenn Sie so ein Medikament einnehmen, dann wird Ihr Denken weniger. Vor allem das psychotische Denken, dieses Gefühl, mit allem und jedem verbunden und vernetzt zu sein, durchlässig zu sein für die Blicke und Gedanken anderer, gelenkt zu werden; auch die Stimmen werden weniger. Meistens nicht sofort, es braucht schon Tage bis Wochen. Der bekannteste Protagonist für diese Medikamente ist das bereits erwähnte Haloperidol. Wichtig ist, dass die hochpotenten Antipsychotika nicht müde machen.

Müde machen die niederpotenten Antipsychotika, zum Beispiel das Chlorprothixen. Auch dieser Effekt ist in Maßen sinnvoll, weil man damit die Psychosen oft begleitenden, zum Teil massiven Schlafstörungen behandeln kann.

Tolle Sache. Wir können Psychosen behandeln. So wurde das

in den 60er und 70er Jahren empfunden. Wenn da nicht die unerwünschten Wirkungen wären. Und davon gibt es reichlich.

Zunächst beim Denken: Die Antipsychotika vermindern die »psychotischen« Gedanken – aber vielleicht wollen Sie das ja gar nicht? Oder nicht so umfassend? Auch wenn Sie von dem, was ich Symptome nenne, sehr gequält werden, ist das ja auch eine spannende, vielleicht sogar faszinierende Welt, gerade wenn Sie in der letzten Zeit sehr einsam waren. Und unter der Behandlung verringern sich nicht nur die »psychotischen« Gedanken, sondern auch Kreativität und Spontaneität. Schon hier und erst recht bei den weiteren Nebenwirkungen gilt, dass Ihr Arzt und Sie sehr viel Zeit aufwenden müssen, um die richtige Dosierung rauszufinden. Wie viel Denken, wie viele Symptome sollen noch sein, was soll »weg«? Sie sind gefragt! Schimpfen Sie nicht auf die Medikamente, sondern probieren Sie so lange aus, bis Sie das richtige Maß gefunden haben. Lassen Sie bei Ihrem Arzt nicht locker, auch wenn seine Zeit ein immer kostbareres Gut ist. Damit muss er sich auseinandersetzen.

Ein weiterer Schwerpunkt der unerwünschten Wirkungen liegt bei Ihren Bewegungen: Dieser Botenstoff Dopamin, der das Denken so antörnt, der die Glücksgefühle macht, wenn Sie etwas Neues, Spannendes entdeckt haben, der ist auch für das Feintuning Ihrer Bewegungen zuständig. Wenn Sie seine Bindungsstellen blockieren, indem Sie hochpotente Antipsychotika nehmen, entsteht ein pharmakologisches Parkinson-Syndrom: Sie werden steifer in den Gelenken, die Mitbewegungen werden weniger, und Sie beginnen zu zittern. Wenn man die typischen Antipsychotika nicht vorsichtig und individuell dosiert, sieht der Kenner schon von Weitem, welche Diagnose Sie haben. Eigentlich etwas absurd, dass gerade die Behandlung zur Stigmatisierung beitragen kann! Aber – es ist nicht das Medikament, sondern die Dosis. Deswegen müssen Sie und Ihr Arzt so lange daran rumbasteln!

Dosisunabhängig kann bei ungefähr 10 Prozent der mit typischen Antipsychotika behandelten Menschen lange nach Beginn der Behandlung, manchmal auch, wenn das Medikament schon wieder abgesetzt wurde, eine sehr unangenehme Komplikation auftreten, die sogenannte Spätdyskinesie: unwillkürliche, jähe, verschraubte Bewegungen der Arme und Beine, Kauen und Schmatzen im Mundbereich. Diese Phänomene sind ziemlich auffällig, aber angeblich leiden die Betroffenen gar nicht so sehr darunter. Doch natürlich – es stigmatisiert. Spätdyskinesien sind schwer zu behandeln, am besten von spezialisierten Neurologen und Psychiatern gemeinsam.

Spätdyskinesien sind ein sehr harter Grund, typische Antipsychotika nur bei Psychosen zu verschreiben, nicht bei Angstzuständen, Schlafstörungen etc.!!

Dopamin beeinflusst auch die Hormonfreisetzung, und seine Blockade verursacht eine Erhöhung von Prolaktin, einem Hormon, das für die Milchbildung in der Schwangerschaft zuständig ist, weswegen es bei typischen Antipsychotika, vor allem bei hoher und langer Dosierung, zu Milchbildung kommen kann. Kann, nicht muss. Das gilt für alle Nebenwirkungen, weil neben der pharmakologischen Wirkung auch ein persönlicher Faktor dazukommt. Es gibt immer Menschen, die kräftige Dosen irgendwie »wegstecken«, und andere, die schon bei einer stark unterdosierten Gabe das gesamte Nebenwirkungsspektrum entwickeln.

Okay, Sie wollen deshalb keine typischen Antipsychotika einnehmen? Eine schon lange bekannte Alternative ist das Clozapin. Es gilt heute als der »Goldstandard« in der Behandlung von Psychosen, wobei auch dieses Gold nicht nur glänzt.

Auch wenn ich Sie nicht mit Historie langweilen wollte, ist die Clozapin-Geschichte nicht nur interessant, sondern hat auch Bedeutung für den Umgang mit diesem Medikament heute:

In den 60er Jahren wurde ein antipsychotisch wirksames Medikament entdeckt, das die oben geschilderten Nebenwirkungen auf die Beweglichkeit einschließlich der Spätdyskinesien nicht hatte. Das Clozapin war eine psychopharmakologische Sensation! Bei der Einführung 1972 dachte man, jetzt bräche eine neue Ära in der Psychosen-Behandlung an. Was keiner wissen konnte, war, dass Clozapin in den ersten 18 Wochen die Neubildung von weißen Blutkörperchen blockieren kann. Deswegen starben in den ersten Jahren nach der Einführung des Medikaments viele Menschen an einer sogenannten Agranulozytose, das heißt, keine weißen Blutkörperchen, keine Infektabwehr. Das Medikament flog vom Markt, schneller als es erschienen war.

Und dann folgte, sehr viel verhaltener, die zweite Sensation. Einige Spezialisten glaubten nicht daran, dass diese Blockade der Blutneubildung nur am Clozapin gelegen hatte; sie vermuteten einen zweiten Faktor als Ursache, eine Virusinfektion oder Ähnliches. Und weil man nach wie vor von der klinischen Einzigartigkeit des Clozapins überzeugt war, begann man ganz vorsichtig und unter verschärften Bedingungen, das Medikament wieder zu verordnen, so dass es heute unter den folgenden strengen Bedingungen wieder gegeben werden darf:

- Es darf nur durch Ärzte verordnet werden, die von der Firma (jetzt Novartis) speziell geschult wurden,
- während der ersten 18 Wochen müssen wöchentlich Leukozyten und Blutbild kontrolliert werden, danach alle vier Wochen; sinken die Leukozyten ab, so muss das Medikament abgesetzt werden.

Der Vorteil von Clozapin ist, dass es nicht nur keine motorischen Nebenwirkungen hat, sondern auch eine besonders hohe antipsychotische Wirksamkeit. Patienten, die auf typische Antipsychotika nicht reagieren, haben eine gute Chance, sich mit Clozapin zu bessern.

Natürlich hat auch Clozapin Nebenwirkungen:

- Es macht müde, was vielleicht eine erwünschte Wirkung ist, da Menschen mit Psychosen sehr oft unter Schlafstörungen leiden. Gibt man die Hauptdosis am Abend, kann der Betrof-

fene besser schlafen und verschläft den Höhepunkt der Nebenwirkungen.
– Es erhöht den Speichelfluss, auch vorwiegend im Schlaf.
– Es steigert den Appetit, mit allen negativen Folgen – Gewichtszunahme, Diabetes mellitus, Hypertonus, Herz- und Gefäßerkrankungen. Auch wenn dies nur ein schwacher Trost ist, muss man sich klarmachen, dass nicht das Medikament die Gewichtszunahme verursacht, sondern das, was Sie infolge der appetitsteigernden Wirkung essen. Das ist nervig genug, aber zumindest theoretisch haben Sie die Möglichkeit der Selbstkontrolle. Sehr häufig treten auch Veränderungen der Hirnstromkurve auf, allerdings selten mit Anfällen verbunden. Eine Senkung der Anfallsschwelle verursachen übrigens auch die typischen Antipsychotika! Sie müssen also auch beim Clozapin abwägen!

Die Wirkung auf den Appetit und damit auch auf das Gewicht hat auch die wichtigste, aus dem Clozapin entwickelte Substanz ohne erhöhtes Agranulozytose-Risiko, das »atypische« Antipsychotikum Olanzapin. Es ähnelt dem Clozapin sehr – wirkt antipsychotisch und sedierend, steigert den Appetit mit allen Folgen. Das EEG sieht besser aus als beim Clozapin.

Eine Substanz, die den typischen Antipsychotika ähnlicher ist und kaum eine Gewichtszunahme macht, in den unteren Dosisbereichen auch geringe Bewegungsstörungen, ist das Risperdal.

Und dann gibt es noch ein spannendes Konzept, mit dem man versuchte, das Dilemma zu lösen, dass nicht alles am Dopamin schlecht ist, sondern nur der Überschuss: Das Aripiprazol hat eine Dopamin blockierende und eine freisetzende Wirkung. Dadurch scheint tatsächlich der Überschuss abgeblockt zu werden. Die Substanz hat also eine gute antipsychotische Wirkung, gleichzeitig bleiben die positiven Dopamin-Wirkungen erhalten, man kann normal denken, bleibt neugierig und so weiter. Beim

Beginn der Behandlung erlebt man die Wirkung oft antriebssteigernd, manche Patienten verspüren mehr Angst und haben deshalb Schwierigkeiten, das Medikament zu nehmen. Da es sich noch im Patentschutz befindet, ist es teuer, weswegen es die niedergelassenen Ärzte kaum verschreiben werden, weil sie glauben, dass es ihr Budget zu sehr belastet.

Wenn Sie jetzt den Fehler machen und Pharmawerbung lesen, gewinnen Sie den Eindruck, eigentlich bräuchte man nur noch die »neuen« Substanzen, die Atypika, und vielleicht manchmal, in besonders hartnäckigen Fällen, noch Clozapin. Leider stimmt das so nicht. Der Eindruck kann nur entstehen, weil es zu wenig industriefreie Information, aber auch schon zu wenig solche Studien gibt. Eine berühmte, unabhängige Studie hat sich vor einigen Jahren mit der Lebensqualität unter den verschiedenen Substanzen beschäftigt*. Lebensqualität ist ein sehr allgemeines Kriterium, in das alles eingeht, was wir mit einem Medikament verbinden, von der Wirkung bis zur Gewichtszunahme. Da zeigt sich interessanterweise, dass die mit viel Geld entwickelten und beworbenen neuen Substanzen nicht besser abschneiden als die alten. Damit haben wir alle nicht gerechnet. Bei individueller Dosierung kann eine alte Substanz genauso gut oder sogar besser sein als eine neue. Sie müssen es herausfinden!

Und die Psychotherapie?
    Bei fast allen Störungen, die ich in diesem Buch beschreibe, spielt die Psychotherapie eine immer wichtigere Rolle. Wie ist es bei den Psychosen?

---

* McEnvoy JP, Lieberman JA, Stroup TS, Davis SM, Meltzer HY, Rosenheck RA, Swartz MS, Perkins DO, Keefe RSE, Davis CE, Severe J, Hsiao JK, for the CATIE Investigators. Effectiveness of Clozapine Versus Olanzapine, Quetiapine, and Risperidone in Patients With Chronic Schizophrenia Who Did Not Respond to Prior Atypical Antipsychotic Treatment. Am J Psychiatry 163: 600-610, 2006.

Für die akuten schizophrenen Psychosen gibt es bisher keinerlei Hinweise, dass Psychotherapie im Akutstadium eine wesentliche Wirkung auf die unterschiedlichen psychotischen Symptome hat. Und dabei haben sich große, tiefenpsychologisch orientierte Psychotherapeuten wie Gaetano Benedetti und Paul Matussek sehr für die Psychotherapie der schizophrenen Psychosen engagiert. Allerdings zeigen alle Erfahrungen, dass es ohne Antipsychotika keine Erfolge von Psychotherapie gibt. In Kombination mit Medikamenten kann bei chronischen Psychosen für die Behandlung von Halluzinationen durchaus Verhaltenstherapie eingesetzt werden.

Ein anderer Ansatz war erfolgreicher: In den 60er und 70er Jahren fand man heraus, dass das Ausmaß der in einer Familie offen zum Ausdruck gebrachten negativen Emotionen *(expressed emotions)* einen nachhaltigen Effekt auf den Verlauf der in dieser Familie lebenden Patienten mit schizophrenen Psychosen hat. Und zwar waren es Äußerungen von Feindseligkeit, emotionalem Überengagement und intensiver Kritik, mit denen solche Patienten so schlecht umgehen konnten. Gelang es, diesen Familien einen anderen Umgangsstil beizubringen, so besserte sich die Prognose.

Die Familientherapie spielt in Deutschland keine sehr große Rolle, obwohl sie gerade in der Prävention von Wiedererkrankungen schizophrener Patienten sicher sinnvoll wäre. Aber Ihr Verhältnis zu Ihren Angehörigen spielt eine große Rolle, wenn Sie an einer Psychose erkrankt sind. Neben den Alterserkrankungen sind es die Psychosen, die Ihre Angehörigen, oder besser, Ihr Verhältnis zwischen Ihnen und Ihren Angehörigen, am stärksten betreffen. Warum ist das so? Psychosen entfalten ihre schlimmsten Wirkungen zwischen Menschen, die sich nahe stehen. Wenn Sie Schwierigkeiten mit Grenzen haben, dann werden Sie die am stärksten bei den Menschen spüren, gegenüber denen Ihre Grenzen von Haus aus relativ durchlässig sind – Mutter, Vater, Geschwister, Partner. Die psychotischen Veränderungen Ihrer sozialen Bezüge treffen die Menschen am stärksten, die

Ihnen am nächsten stehen. Ganz egal, ob sie nun etwas mit Ihrer Krankheit zu tun haben oder nicht. Eine Zeitlang glaubte man auch, die Überfürsorglichkeit von Müttern als Ursache der Schizophrenie ausfindig gemacht zu haben. Man mochte sich nicht vorstellen, dass auch das Umgekehrte möglich wäre, nämlich dass Mütter angesichts der großen Hilflosigkeit ihrer Kinder, wie sie in der Psychose auftreten kann, erst überfürsorglich werden.

Trotzdem, die Enge der emotionalen Beziehung ist für Sie, wenn Sie eine Psychose haben, schwer zu ertragen, und es ist sinnvoll, therapeutisch daran zu arbeiten. Um Schuldzuweisungen und Ausgrenzungen der wichtigsten Angehörigen zu vermeiden, findet das Modell des Trialogs – Patient, Angehörige, Therapeuten – aktuell viel Zuspruch.

Keine Störung wird so stark durch das Spannungsfeld zwischen dem Individuum und seinem sozialen Umfeld beeinflusst wie diese. Und nie wird die Entscheidung so schmerzhaft auf die Spitze getrieben, ob Sie nach Ihrer oder der Meinung der anderen handeln sollten. In der Regel fordert der *Common Sense,* dass Sie sich anpassen. Und wenn Sie von dem langen Kampf mit den Symptomen Ihrer Krankheit zermürbt sind, werden Sie das vielleicht auch tun. Manchmal ist das nicht die schlechteste Lösung, sondern eine gute. Aber versuchen Sie, nur so weit nachzugeben, dass Sie noch mit sich im Reinen sein können. Unsere Kultur ist ganz wesentlich eine Kultur der Individuen, die sich störungsbedingt oder künstlerisch und manchmal aus beiden Ursachen am Mainstream gerieben und dadurch oft das Beste dieser Kultur geschaffen haben. Wenn wir, wenn Sie das aufgeben, geben wir das Wichtigste unserer Kultur auf.

Wie funktioniert das mit der Therapie?

»Ich wollte schon immer mal wissen, was Sie als Psychologe den ganzen Tag machen, wenn Sie hinter Ihrer Couch sitzen und Ihren Patienten zuhören«, sagte mir eines Tages ein freundlicher, körpermedizinischer Kollege meiner Fakultät. Sein Interesse in allen Ehren, aber ich bin weder Psychologe noch verwende ich die Couch als therapeutisches Instrument.

So verbreitet seelische Störungen sind, so wenig weiß man in unserer Gesellschaft über die Organisation und die Arbeitsweise der »Psychofächer« Bescheid.

Ändern wir das!

Ich bin Psychiater und Psychotherapeut. Das bin ich geworden, indem ich Medizin studiert, eine Facharztausbildung gemacht habe, die vier Jahre Psychiatrie und Psychotherapie und ein Jahr Neurologie umfassen musste. Ich bin also Arzt, was bedeutet, dass ich zum Beispiel auch Medikamente verschreiben darf.

Ein Psychologe darf das nicht. Seine Stärke ist, dass er schon in seinem Studium viel detaillierter als die Mediziner lernt, welche psychologischen Mechanismen in den verschiedenen Aspekten zwischenmenschlichen Verhaltens eine und welche Rolle spielen. Psychologen sind keineswegs immer therapeutisch tätig, sondern viele von ihnen beschäftigen sich mit gesellschaftlichen Strukturen, mit Werbung oder mit Betriebsabläufen. Aber manche von ihnen haben sich als klinische Psychologen profiliert, und sie betreiben Psychotherapie.

253

Die ist ein weites, keineswegs einheitliches Feld. Für die praktische Anwendung spielen drei Gruppen von Psychotherapien eine wesentliche Rolle:

Die tiefenpsychologische, psychoanalytische Psychotherapie. Diese Richtung wurde von Sigmund Freud und seinen engsten Schülern begründet. Obwohl er ganz am Anfang stand, verkörperte Freud einen Höhepunkt der psychotherapeutischen Theorie. Man muss davon ausgehen, dass er eine ungemein feine Intuition für die Probleme seiner Patientinnen hatte – die berühmtesten »Fälle« von Freud waren Frauen –, und auf der Grundlage dieser Intuition schuf er seine zumindest damals geniale Theorie. Freud interessierte sich sehr für das Gehirn und betrieb auch einige Zeit anatomische Hirnforschung. Mit den ihm damals zur Verfügung stehenden Methoden kam er aber im Verständnis der Hirnfunktion bei seelischen Störungen nicht viel weiter, weswegen er sich auf die Therapie konzentrierte, mit der er großen Erfolg hatte. Dorthin gehört die berühmte Couch, wobei inzwischen keineswegs alle Psychoanalytiker mit der Couch arbeiten; in vielen psychoanalytischen Therapien sitzen sich Therapeut und Patient heute Auge in Auge gegenüber. Das psychoanalytische Vorgehen beruht auf der Annahme, dass es im Verlauf unserer persönlichen Entwicklung, häufig in der Kindheit, zu individuellen Defiziten gekommen ist, weil irgendetwas zwischen uns und unseren wichtigsten Bezugspersonen nicht gut gelaufen ist. In der engen therapeutischen Beziehung, in der wir im günstigen Fall wichtige Anteile der Elternrolle auf den Therapeuten übertragen, sollten wir solche Fehlentwicklungen korrigieren können. So etwas geht verständlicherweise in der Regel nicht schnell. Diese Therapien dauern oft Jahre und zeichnen sich durch einen intensiven Kontakt aus, Therapeut und Patient sehen sich nicht selten drei- bis viermal pro Woche. Dabei entsteht meist eine sehr enge Bindung zum Therapeuten, die allmählich wieder gelöst werden muss, wenn das Ende der Therapie absehbar wird. Das ist oft ein schmerzlicher Prozess, wie jede Ablösung.

Die Verhaltenstherapie, die auf Hans Jürgen Eysenck zurückgeht, basiert auf der Annahme, dass Störungen und Fehlverhalten erlernt sind und deshalb wieder therapeutisch verlernt werden können. Die Theorie ist wichtig, aber weniger dominant als bei der Tiefenpsychologie. Das Entscheidende ist Üben und Trainieren unter Beachtung der lerntheoretischen Voraussetzungen. Die Verhaltenstherapie hat sich in den letzten Jahren stark weiterentwickelt. Neben Behandlungsmethoden von Ängsten und Zwängen ist besonders die Kognitive Verhaltenstherapie der Depression wichtig geworden. Auch in der Behandlung der Borderline-Störungen gibt es viele wichtige verhaltenstherapeutische Elemente.

Diese beiden Therapie-Richtungen dominieren offiziell noch immer die Psychotherapie-Szene in Deutschland. Die jeweiligen Protagonisten sind von »ihrer« Richtung naturgemäß überzeugt und halten die andere meistens für nicht so wichtig. In der Praxis gibt es aber viele Therapeuten, die sich aus beiden Therapien die ihnen wichtig erscheinenden Elemente herausziehen und so etwas wie selbstgestrickte Kombinationstherapie betreiben. Was nicht unbedingt schlecht sein muss.

In den letzten zwanzig Jahren haben Therapeuten, ausgehend von den USA, die existierenden Theorien immer weniger wichtig genommen und stattdessen gefragt, welche Maßnahmen und Interventionen bei den verschiedenen Therapien denn wirksam waren. Aus solchen effektiv erscheinenden Bausteinen setzten sie Therapien zusammen, die gar nicht den Anspruch hatten, eine Generaltheorie zu befriedigen, sondern die möglichst gut auf bestimmte Störungen wirken sollten – daher auch der Name störungsspezifische Therapien. Sie finden viele dieser störungsspezifischen Therapien bei den einzelnen Störungsbildern wieder. Ihre Stärke liegt darin, dass sie immer wieder evaluiert wurden, dass man also überprüft hat, wie gut sie in der Praxis tatsächlich funktionieren. Ließen sie bei einigen Aspekten der behandelten Störungen zu wünschen übrig, so veränderte man einzelne Bau-

255

steine und überprüfte danach wieder, ob diese modifizierte Therapie nun besser wirkte. So sind diese Psychotherapien immer effektiver geworden, obwohl wir gar nicht genau wissen, wie sie wirken. Ihre Wirkungsstärke liegt teilweise im Bereich so hoch effektiver medikamentöser Prinzipien wie denen des Aspirin. Psychotherapie ist unbestreitbar wirksam.

Das Bedürfnis, wissen zu wollen, was denn nun tatsächlich der Wirkmechanismus ist, war damit nicht befriedigt. Metatheorien versuchten, weiter herauszufinden, was wirkt. Tatsächlich scheint es allgemeine Wirkprinzipien zu geben. Eines ist die sogenannte Achtsamkeit: Wenn ich achtsam bin, versuche ich zunächst nur wahrzunehmen, was in mir und um mich herum passiert, ohne es sofort ändern zu wollen und zu müssen. Durch die Aufmerksamkeit, die wir auf unser Innenleben richten, kommen wir in die Lage, unsere Gefühle und ihre Variationen immer genauer wahrzunehmen. Dabei stellen wir fest, dass Gefühle veränderlich sind. Auch Empfindungen, die uns hartnäckig unangenehm waren und die wir deswegen möglichst gar nicht anschauen wollten, was sie allerdings verstärkt, werden unter diesem Achtsamkeitsfokus »weich« und beginnen, sich allmählich zu wandeln.

Was sind das eigentlich für Leute, diese Therapeuten?

Kann man oder frau das wirklich – sich immer wieder die Probleme anderer anhören, ohne selbst dabei in Mitleidenschaft gezogen zu werden? Das muss man lernen.

Neben der Theorievermittlung sind es vor allem zwei Elemente in der Therapieausbildung, über die sich Therapie am effektivsten lernt: supervidierte Lehrtherapien und Selbsterfahrung.
- Supervision bedeutet, dass ein erfahrener Therapeut sich die auf Video oder Tonträger mitgeschnittenen Therapien eines Anfängers genau anschaut und ihm detaillierte Rückmeldung

gibt, was er gut oder nicht so gut gemacht hat. Erst wenn ein Therapeut viele gute Therapien gemacht hat, kann er selbstständig arbeiten.

– Die Selbsterfahrung hat zwei Ziele: Künftige Therapeuten sollten ihre eigenen wunden Punkte kennen und so gut in einer Therapie bearbeitet haben, dass sie nicht aus der Fassung geraten und sich mehr mit sich als mit ihrem Klienten beschäftigen, wenn ein solches Thema durch Zufall an die Oberfläche kommt. Schwierige Mütter- oder Vaterbeziehungen sind der Stoff, der uns in der Regel alle betrifft, und ein Therapeut sollte das »Eingemachte« schon kennen. Außerdem kann man nur aus der Perspektive des Klienten erfahren, wie sich Therapie anfühlt. Da Psychotherapie wesentlich auf der Interaktion zweier Menschen beruht, ist dieser Aspekt hier wichtiger als bei chirurgischer oder internistischer Therapie.

Wie finden Sie den zu Ihnen passenden Therapeuten?

Erster Schritt: Sie schauen im Branchenbuch nach, was Sie unter »Psychotherapie« finden.

Zweiter Schritt: Dann telefonieren Sie. Das kann dauern, lässt sich aber nicht ändern. Ich habe auch an anderer Stelle darauf hingewiesen, dass so manches in unserem reichen Land im Argen liegt. Dazu gehört definitiv auch die Wartezeit auf einen Psychotherapie-Platz. In Schleswig-Holstein dauert es zur Zeit 14,5 Wochen bis zum Erstgespräch, was keineswegs heißt, dass die Therapie dann beginnt. In den Städten geht das natürlich schneller, weil die meisten Psychotherapeuten lieber in der Stadt als auf dem platten Land wohnen.

Dritter Schritt: Sie reden mit Ihrem potenziellen Therapeuten und probieren aus, wie Sie mit ihm oder ihr zurecht kommen.

Das Wichtigste ist Vertrauen, also etwas Intuitives. Wenn Sie ihrem Therapeuten, warum auch immer, nicht vertrauen, suchen Sie sich einen neuen. Auch wenn es angesichts der Wartezeit etwas viel verlangt ist. Alles andere hat keinen Sinn! Nur wenn Sie Vertrauen haben, können Sie über schwierige Themen sprechen. Das Aussprechen der eigenen Schwierigkeiten, Ängste, Wünsche ist ein wesentliches Element in jeder Therapie. Wir Menschen sind in erster Linie soziale Wesen, und indem ich mich mitteile, werden mir meine Emotionen klar.

Immer wieder berichten Patienten, dass sie zum Beispiel an die Trauer über den Verlust eines nahen Angehörigen nicht herankämen. Wenn ich sie dann bitte, möglichst genau über die Beziehung zu diesem Menschen zu sprechen, mir zu erzählen, was er ihnen emotional bedeutet hat, dann sind mit einem Mal diese Gefühle da, Trauer, Wut, Angst, Verzweiflung. Der zwischenmenschliche Kontakt macht das möglich.

Vertrauen bedeutet nicht, dass Sie mit Ihrem Therapeuten immer einer Meinung sein müssen. Für schüchterne, selbstunsichere Menschen ohne Therapie-Erfahrung ist das schon hilfreich, weil sie sonst gar nicht aus sich herausgehen können. Mit zunehmender Therapie-Erfahrung kann aber auch Konfrontation sehr heilsam sein, eine klare Rückmeldung, dass der andere eine für mich wichtige Meinung so gar nicht teilt, kann mir manchmal die Augen öffnen.

Wichtig ist, dass Therapeuten Ihnen helfen, Ihren therapeutischen Weg zu gehen, fördern, dass Sie herausfinden, was Sie wollen, und nicht, dass sie Ihnen vorgeben oder Sie gar unter Druck setzen, sich in eine bestimmte Richtung zu begeben.

Deswegen ist ein guter Rat keine therapeutische Intervention, Therapeuten sollen nicht raten!

Und die Macht? Ist es nicht eine große Versuchung, andere Menschen anzuleiten, zu führen, vielleicht gar zu manipulieren, so wie ich mir als großer Therapeut das vorstelle. Kein Leben ohne Versuchungen. Aber: Therapeuten machen Selbsterfahrung, um zu lernen, dass so etwas nicht geht. Und: Sie müssen Verstand und Urteilskraft ja mit Beginn einer Therapie nicht abgeben, und wenn Sie den Eindruck haben, es geht nicht nach Ihrem, sondern nach dem Willen des Therapeuten, dann sagen Sie das und setzen

Sie sich zur Wehr. Unter Umständen wird das als Widerstand interpretiert. Aber ein erfahrener Therapielehrer hat mir einmal gesagt: »Jeder Widerstand ist zu etwas gut.« Und das müssen Therapeut und Klient eben gemeinsam herausfinden.

Wenn es eng wird

Wenn Sie mit einem anderen Menschen über längere Zeit an schwierigen, für Sie oft leidvollen Themen arbeiten, stellt sich ein Gefühl der Nähe, der Dankbarkeit ein, vor allem, wenn dieser Kontakt Ihnen besser und intensiver vorkommt als alles, was Sie bisher erlebt haben. Und manchmal verlieben sich Klienten in ihre Therapeuten. Ist das ein Problem? Eigentlich nicht. Oder sagen wir mal so: Ihre Verliebtheit in Ihren Therapeuten ist kein Problem, sofern Sie und der Therapeut sich klar sind, dass diese Verliebtheit nie zu einer Liebesbeziehung, platonisch, erotisch, sexuell, führen kann und darf. Ist das moralinsaue Restriktion, über die sich erwachsene, moderne Menschen doch hinwegsetzen sollten? Ist es definitiv nicht. Der Grund ist ganz klar: Eine therapeutische Beziehung kann eng, vertrauensvoll, emotional, selbst überwältigend sein, aber sie ist nie eine Beziehung zwischen Gleichen. Das, was Sie in einer therapeutischen Beziehung über sich mitteilen, würden Sie nie einem Liebespartner mitteilen, und diese Information gäbe Ihrem Therapeuten als Liebespartner eine unzumutbare Macht. Die Nähe, die Vertrautheit entstehen durch den besonderen therapeutischen Kontext und sind eben nicht vergleichbar mit der Nähe und Vertrautheit einer Liebesbeziehung. Auch wenn sie manchmal so aussehen. Sie können und sollen Ihre Verliebtheit thematisieren und sie nutzen, um mit größerer therapeutischer Intensität in Ihrer Therapie zu arbeiten, aber Sie sollten sie nie als Liebesbeziehung leben. Sie und Ihre Gefühle sind eigentlich überhaupt nicht das Problem, die Kontrolle muss in diesem Fall der Therapeut haben.

Natürlich kann es sein, dass auch er sich in Sie verliebt, aber er muss wissen, dass er die therapeutische Beziehung, die wichtigste Grundlage seines Berufs, zutiefst missbraucht, wenn er sich entscheidet, die Liebesbeziehung zu Ihnen zu leben. Solchen therapeutischen Missbrauch hat es immer wieder gegeben, und diese Geschichten lehren, dass es immer der Patient/Klient, die Patientin/Klientin ist, die teuer dafür bezahlt. Er/sie verliert seinen/ihren Therapeuten, geht in Schuldgefühlen unter und wird nicht selten suizidal.

Ich meine, dass die Unmöglichkeit einer Liebesbeziehung zwischen Therapeuten und Klienten immer fortbesteht, also nicht durch einen zeitlichen Abstand von einigen Monaten »geheilt« wird, denn das, was Sie ihrem Therapeuten in dieser besonderen Beziehung mitgeteilt haben, behält ja immer seine Gültigkeit. Wenn Sie Distanz halten, können die Gefühle nach einiger Zeit erkaltet sein, aber das Gegenteil ist genauso denkbar.

Für Sie sollten die Warnlichter angehen, wenn Ihr Therapeut den Kontakt zu Ihnen plötzlich verändert, wenn er Sie außerhalb der Therapiesitzungen treffen will, zu sich nach Hause einlädt, wenn er vom Sie auf das Du übergeht, Sie umarmt oder andere Formen des Körperkontakts außer dem normalen Händedruck sucht. Sie werden dagegen vielleicht gar nichts haben, denn es ist ja Ihr Therapeut, der Ihnen geholfen hat, der mit Ihnen durch Dick und Dünn gegangen ist, dem Sie dankbar sind, dem Sie gerne einen Gefallen täten. Aber diese Art von Gefallen geht über alles hinaus, was in einer Therapie möglich wäre.

Warum tun Therapeuten so etwas? Weil sie bedürftig sind, weil ihre eigene Beziehung schlecht und unbefriedigend ist, weil sie lange alleine sind. Therapie kann man nur machen, wenn man mit sich und seinen Gefühlen ziemlich im Reinen ist. Und Grenzen respektiert. Keine Frage, dass das schwierig sein kann.

Seelenverwundungen –
Traumatisierung ist nicht selten

Ihnen ist etwas richtig Übles passiert. Sie sind massiv existenziell bedroht worden, waren selber in Todesgefahr oder dabei, wie jemand gewaltsam zu Tode gekommen ist, sind einer Naturkatastrophe mit Mühe entkommen, oder Sie sind vergewaltigt worden. Das kann jeder/jedem passieren, aber in manchen Berufen – Polizei, Feuerwehr, der Besatzung von Notarztwagen – erleben Sie so etwas häufiger, und wenn Sie Frau sind.

Überlebt haben Sie es ja, und nun erwarten Sie eigentlich, dass das Leben allmählich wieder seinen normalen Gang geht. Zuerst sieht es auch danach aus, aber dann erleben Sie etwas ganz Verrücktes:

Während Sie das Ereignis selbst nach wie vor kaum erinnern können, weil es verschwommen wie hinter einem Nebel liegt, überfällt Sie aus »heiterem Himmel« ein hoch realistischer Erlebenszustand, von dem Sie nicht wissen, ob er eine Wiederholung der Realität oder eine furchtbare Art der Erinnerung ist.

Diese Ereignisse sind nicht vorhersehbar und ungeheuer intensiv, immer wieder können Sie Ihre Empfindungen von der ursprünglichen Situation nicht unterscheiden, fragen sich, ob Sie jetzt verrückt werden. Mittlerweile sind Sie ständig auf der Hut und kommen innerlich gar nicht mehr zur Ruhe.

Angespannt, reizbar und extrem schreckhaft sind Sie geworden, schlafen nicht gut, haben Albträume und fürchten, dass sich Ihr Zustand ständig verschlechtert. Oft können Sie sich selber nicht spüren oder nehmen die Umwelt nicht mehr real wahr.

Manche versuchen, mit Alkohol diesen Teufelskreis aus Erleben, Albträumen und der Angst davor zu durchbrechen, was aber nicht gelingt. »Benzos« lullen Sie nur ein, die traumatischen Erlebnisse brechen trotzdem durch.

Gelegentlich kommt Ihnen der Gedanke, es wäre besser, tot zu sein, um dies alles nicht mehr ertragen zu müssen.

Was ist das?

Man nennt Ihren Zustand Posttraumatische Stresserkrankung, PTSE.

Wie kommt es dazu?

Was Sie erlebt haben, die geballte Wucht und Intensität dieses traumatisierenden Ereignisses, ist so überwältigend, dass Ihr Gehirn diese Erfahrung nicht richtig verarbeiten konnte! Die Vielfalt der bedrohlichen Details war zu groß, als dass sie auf dem normalen Weg hätten abgespeichert werden können. Die unverarbeitete Erinnerung bleibt weiter aktiv und kann durch kleinste Auslöser, die irgendeinen, zum Teil marginalen und entfernten, Bezug zum Ereignis haben, jederzeit wieder ausgelöst werden. Ein pathologisches Netzwerk hat sich gebildet, das nicht wie normale Erinnerungen willentlich erreicht werden kann.

Wird das von selbst wieder?

Traumatisierende Erlebnisse werden von drei Vierteln der Menschen nach einigen Monaten spontan verarbeitet, ohne irgendeine therapeutische Intervention. Sie sollten in Ruhe gelassen, einige Zeit krankgeschrieben werden und Dinge tun, die Sie beruhigen. Sie sollten gute soziale Kontakte aufrechterhalten und sich nicht abkapseln. In dieser Phase ist es eher kontraproduktiv, Erinnerungen an das Ereignis zu forcieren.

Das Viertel, bei dem diese Spontanheilung nach einigen Wochen bis Monaten nicht erfolgt, benötigt eine Therapie. Man kann davon ausgehen, dass die Menschen, die sich von einem Trauma nicht erholen können, bereits früher, in einer verletzlichen Phase ihrer Entwicklung, schon einmal traumatisiert worden sind. Sie brauchen Therapie. Eine PTSE ist eine der Störungen, die nicht von selber besser wird, das pathologische Gedächtnis ist fest verdrahtet.

Was tun?

Das ist gar nicht so einfach, weil sich die Therapeuten in Deutschland diesbezüglich nicht sonderlich einig sind.

Eine nicht kleine Gruppe geht davon aus, dass traumatisierte Patienten auch weiter vorwiegend viel Ruhe und stabilisierende Verhältnisse brauchen, um sich zu konsolidieren. Therapie wird ganz hintangestellt. Das kommt lediglich der Vermeidungstendenz der Betroffenen entgegen, fördert den Heilungsverlauf aber leider überhaupt nicht.

So schwer Ihnen dieser Gedanke wahrscheinlich fällt:

Der einzige Weg, diese falsch abgespeicherten Inhalte zur Ruhe zu bringen, ist der, sich wieder mit ihnen zu konfrontieren. Nicht einfach so, sondern unter sehr genau kontrollierten therapeutischen Bedingungen. Grundlage ist die Erstellung Ihrer detaillierten Lebensgeschichte durch Sie und Ihre/n Therapeutin/en.

»Psychotherapie ist so mächtig… dass der Geist auch die Hardware ändert« (Thomas Elbert).

Das geschieht durch die eigentliche Therapiearbeit: Jedes der problematischen Ereignisse muss detailliert erinnert, erzählt und niedergeschrieben werden, eine in der Tat schweißtreibende und sehr belastende Tätigkeit, für Patienten u n d Therapeuten. Oft entdeckt man bei diesem Vorgehen, dass es eben doch nicht nur e i n Trauma gab. Wenn Sie diese Erinnerungen mit dazugehörigen Gedanken, Gefühlen und Körperwahrnehmungen genau erzählt und mit Hilfe des Therapeuten niedergeschrieben haben, machen Sie die überraschende Erfahrung, dass die lebhaften und quälenden Rückerinnerungen, die Albträume und die Schreckhaftigkeit abnehmen und schließlich verschwinden. Dann wird die traumatische Erinnerung zu einer »normalen« belastenden Erinnerung, die Ihnen ab und zu in den Sinn kommt, die Sie aktiv erinnern, aber auch wieder wegschieben können und die Sie

263

nicht mehr ungefragt überfällt. Auch Ihre Reizbarkeit und Ihre Schlafstörungen bessern sich.

Erst jetzt sind Sie übrigens in der Lage, präzise über das Erlebte zu sprechen, in dessen Mittelpunkt Sie standen. Es ist eine sehr irritierende Erfahrung, wenn zum Beispiel nach einer Vergewaltigung Frauen völlig berechtigterweise zur Polizei gehen, dort aber auf notwendigerweise detaillierte Fragen nicht konkret antworten können. Natürlich fragen Sie sich dann, ob Sie sich das alles nur eingebildet haben. Aber das ist typisch für eine unbehandelte PTSE.

Solch eine »Trauma-Konfrontationstherapie« ist anstrengend, auch für erfahrene Therapeuten, aber sie ist der einzige und ein hoch effektiver Weg, das erfahrene Trauma bewältigen und in die eigene Biografie integrieren zu können.

Wenn Erwachsene Kinder traumatisieren – die Borderline-Störung

Ihre Kindheit war komisch, bedrückend, belastend, selten haben Sie sich gefreut, aus unerfindlichen Gründen hatten Sie oft Angst; aber das Seltsamste ist, dass Sie sich an viele Monate oder sogar Jahre nicht erinnern können, eine ungute Leere.

Im Zusammenhang mit der Pubertät wurden Sie dann schwierig, schwieriger als Ihre Freundinnen; genau betrachtet wurde es für Sie schwierig! Gerade in Situationen, auf die Sie sich eigentlich freuten, beim ersten Kontakt mit Jungen, die Sie toll fanden, kamen Sie in Zustände, die unerträglich waren.

Sie fühlten plötzlich nichts mehr, waren leer und gleichzeitig von einer unglaublichen Anspannung ausgefüllt, die Sie fast nicht aushalten konnten. Sie fühlten sich Ihrer selbst entfremdet, eine verrückte Situation, ohne dass Sie verstanden haben, was da abging.

Wie Sie da rausgekommen sind, wissen Sie selbst nicht.

Irgendwann haben Sie durch Zufall herausgefunden, oder eine Leidensgenossin hat Ihnen den Tipp gegeben, dass die Anspannung verschwindet, wenn Sie sich selbst sehr weh tun, zum Beispiel durch Schneiden, an den Unterarmen, Oberarmen, Oberschenkeln, oder durch Brennen etwa mit Zigaretten, die Sie auf der Haut ausdrückten. Komischerweise spürten Sie direkt bei der Selbstverletzung kaum etwas. Ihre Arme oder Oberschenkel sahen schlimm aus, oft haben sie sich entzündet, und Sie schämten sich wegen Ihrer Narben und Wunden, so dass Sie im Sommer nur langärmlige Blusen oder Pullover anziehen konnten. Aber diese unerträglichen Spannungszustände gingen davon weg, und Sie waren so wenigstens in der Lage, sich wieder zu spüren und Kontrolle über sich selbst zu gewinnen. Ihre Freundinnen und Bekannten konnten damit allerdings gar nicht umgehen, im besten Fall schwang so etwas wie schaurige Faszination mit, Sie gehörten zu den Freaks.

Ihre Not hat niemand begriffen.

Ihre Beziehungen sind der Horror

Immer finden Sie die Typen toll, von denen Sie genau wissen, dass sie schlecht, richtig schlecht für Sie sind. Sie behandeln Sie schlecht, schlagen Sie, vor allem, wenn sie getrunken haben, und die Liebe ist oft mehr eine Vergewaltigung.

Sie wissen, dass Sie sich trennen sollten, aber der größte Schrecken ist die Aussicht, wieder allein zu sein. Das halten Sie nicht aus!

Zumal Sie die Schläge oder die Vergewaltigungen oft gar nicht richtig erleben, sondern wie durch einen Nebel; manchmal sind Sie auch völlig »weg« und fragen sich nachher, in was für einer Situation Sie eigentlich waren.

Trotz dieses Elends sind Sie zu Beginn einer neuen Beziehung immer wieder begeistert, machen was aus sich, ziehen alle Register, um nach einigen Tagen tief abzustürzen, den Typen und alles andere nur Scheiße zu finden und ihm das auch zu sagen – aber trennen wäre noch schlimmer.

Sie verzweifeln, sehen keinen Ausweg, denken an Suizid, und manchmal ist die Schneiderei gar nicht weit von einem Selbstmordversuch entfernt.

Was ist das?

Das ist eine sogenannte Borderline-Störung. Wenn das selbstschädigende Verhalten fehlt und »nur« die Leere, die Angst vor dem Alleinsein, das Himmelhoch-jauchzend – zu-Tode-betrübt da sind, nennt man das emotional-instabile Störung.

Woher kommt das?

Mit hoher, mit sehr hoher Wahrscheinlichkeit sind Sie als Kind ganz schlecht behandelt worden.

Die häufigsten Variationen schlechter Behandlung sind

– Neglect, also nicht beachten; für (kleine) Kinder ist es eine der schlimmsten Foltermethoden, wenn ihre wichtigen Bezugspersonen von ihnen keine Notiz nehmen, wenn man sie hungern lässt, wenn ihre wichtigen Bedürfnisse nicht befriedigt werden oder wenn die Eltern »nur« nicht mehr mit ihnen reden;

– physischer Missbrauch, das heißt Schlagen, oft, ausdauernd und schwer;

– das Miterleben physischer Auseinandersetzung zwischen den Eltern: Für Kinder, die erleben, wenn ihre Eltern, die sie lieben – ja, Kinder lieben auch solche Eltern, weil sie es nicht anders kennen –, aufeinander losgehen, schreien, drohen und sich massiv verdreschen, ist das existenziell bedrohlich, zumal Kinder selbst viel zu schwach und klein sind, um dazwischenzugehen, was sie trotzdem immer wieder versuchen, mit fürchterlichen Folgen;

– sexueller Missbrauch, also alle vorstellbaren und unvorstellbaren Arten sexuellen Kontakts.

Jetzt wundern Sie sich vielleicht, weil Sie sich nicht daran erinnern oder allenfalls nebulös. Kann das denn sein?

O ja, es kann.

Der Grund für diese Erinnerungslücken – Ihnen fehlen unter Umständen ganze Jahre! – liegt in Ihrer Fähigkeit, Unerträgliches auszublenden, um zu überleben. Sie haben eine Traumatisierungsstörung, die so früh einsetzte, dass sie über lange Zeit vergessen wird. Zumal kleine Kinder, und das Elend fängt ja häufig im Säuglingsalter an, von ihren noch nicht entwickelten geistigen Fähigkeiten her gar nicht in der Lage sind, solche Erlebnisse einzuordnen, was eine Voraussetzung für eine normale Erinnerung wäre.

Immer noch ohne zu wissen, was schiefgelaufen ist, wird meistens in der Pubertät offensichtlich, dass etwas überhaupt nicht stimmt. Unter dem Einfluss der dann plötzlich anflutenden Hormone »funktionieren« Sie nicht mehr, sondern werden auffällig.

Auch die Erinnerung kommt allmählich zurück.

Zuerst in Form unverständlicher, »komischer« Träume, die frau überhaupt nicht einordnen kann, dann als reale Erinnerungen. Meistens wird erst in der Therapie allmählich das ganze Grauen sichtbar.

Was sich Außenstehende nicht vorstellen können: Ihnen und vielen anderen betroffenen Frauen fällt es unglaublich schwer, sich von den Tätern und ihren Nachfolgern abzugrenzen; viele und auch Sie suchen sich, wie erwähnt, als Partner so lange immer wieder den gleichen Männertyp, bis es Ihnen in der Therapie allmählich gelingt, sich davon frei zu machen. Und häufig fühlen Sie sich auch noch schuldig. Das ist nicht irgendeine unverständliche Verrücktheit, sondern hat den sehr gut begreiflichen Grund, dass Sie nichts anderes kennen! Sie kennen Nähe nur in einer falschen, grenzüberschreitenden, oft schlagenden, vergewaltigenden Form, und die ist dann immer noch besser, als auf Nähe verzichten zu müssen. Nähe ist, obwohl Sie es eigentlich oft nicht wollen, immer sexualisierte Nähe.

Alle schauen weg

Wenn Sie diese Zeilen lesen, ohne selbst betroffen zu sein, dann werden Sie wahrscheinlich zweifeln und denken, das Ganze entspringe irgendwelchen kranken Hirnen und könne überhaupt nicht real sein.

Genauso ist es mir ergangen, als ich meine erste Borderline-Patientin bewusst erlebte. Ich habe dann von ihr und von ihren Leidensgenossinnen immer wieder und wieder von Neuem gelernt, dass dies die reine Wahrheit ist. So wie es alle Psychiater/innen und Therapeut/innen lernen, die sich mit diesen Patientinnen beschäftigen. So unfassbar das Ihnen erscheinen mag: Das ist eine »Spielart« unserer Gesellschaft.

Jetzt spinnt er: Was hat denn unsere Gesellschaft damit zu tun?

So, ich spinne?

Die Prävalenz der Borderline-Störung in unserer Gesellschaft liegt bei 1 bis 2 Prozent. Das heißt: Einer von hundert Menschen leidet unter einer solchen Störung. Nach neuen Erkenntnissen ist das Geschlechterverhältnis etwa ausgeglichen, wobei Frauen häufiger psychiatrisch-psychotherapeutische Hilfe suchen. In mindestens einer von hundert Familien gibt es also einen Täter. Die Täter sind Väter, Stiefväter, Großväter, Onkel, manchmal Brüder. Rein rechnerisch muss es von denen in einer Stadt mit 220000 Einwohnern 2 200 geben. Sie können also davon ausgehen, dass Sie Männer kennen, die so etwas tun, und möglicherweise nicht nur einen. Nur Männer? Nein, Frauen sind auch beteiligt, und es gibt auch männliche Borderline-Patienten, allerdings nur gelegentlich in der Psychiatrie. Wegen der verhaltensprägenden Wirkung männlicher Geschlechtshormone macht sich die Störung bei Männern meistens nicht als Selbstschädigung, sondern als Fremdschädigung bemerkbar, was heißt, dass sich männliche Borderline-Patienten in der Regel wegen Gewalt- oder schweren Eigentumsdelikten im Knast wiederfinden.

Wahrscheinlich ist das eine Störung der betroffenen Familien, denn man findet immer wieder das Muster, dass die Mutter in der Familie eigentlich davon wissen müsste, aber aus vielen Gründen schweigt. Diese Kinder sind also buchstäblich von allen verlassen.

Interessant ist, dass Missbrauch heute häufiger thematisiert wird, in Internaten, Klosterschulen, im Umfeld katholischer und evangelischer Pfarrer. Die Schilderungen der Betroffenen sind furchtbar, bei vielen wurde ihr Leben nachhaltig zerstört. Es ist überfällig, dass darüber gesprochen wird, dass diese Untaten strafrechtlich verfolgt werden, sofern das noch möglich ist. Ja. Aber …

Diese Geschichten sind bestenfalls die Spitze des Eisberges. Das eigentliche Unheil geschieht wieder und wieder in den Familien, in ganz normalen Familien. Dagegen ist offenbar noch kein Kraut gewachsen. Bevor wir jetzt zu den möglichen Therapieformen kommen, sollten wir uns diese traurige Realität der missbrauchenden Männer und der darüber hinwegsehenden Mütter ganz klar machen. Denn Therapie ist mühsam und für die Betroffenen furchtbar anstrengend, und sie wäre nicht nötig, wenn sich unsere Gesellschaft auf Prävention besänne.

Kann man überhaupt etwas tun?

Ja, man kann.

Trotz des großen Elends zeigen gründliche Studien, dass die Prognose bei konsequenter Therapie gut ist, dass Sie irgendwann ein normales Leben führen, eine Familie gründen oder normale, manchmal wirklich (!) gute Beziehungen leben können.

Wie sieht Therapie aus?

Sie hat in der Version, die ich sinnvoll finde – es mag auch andere sinnvolle geben –, zwei Stufen:

Viele Ihrer Verhaltensweisen sind so, dass ein ambulanter Psychotherapeut damit überhaupt nicht umgehen kann:

- die extremen Gefühls- und Verhaltensschwankungen – eben finden Sie die Therapie noch toll und im nächsten Moment den letzten Dreck, was sich natürlich auch auf Ihre Motivation auswirkt,
- das selbstschädigende, für Sie gefährliche und für einen Therapeuten von akuter Suizidalität oft gar nicht unterscheidbare Verhalten, das eher eine Einweisung in eine schützende Station als eine psychotherapeutische Sitzung erfordert, will sich der Therapeut nicht unterlassener Hilfeleistung schuldig machen,
- Ihr häufiges geistiges Wegdriften (Dissoziation), das ein konstruktives therapeutisches Gespräch unmöglich macht,
- Ihre völlige Hilflosigkeit an den Tagen zwischen den Therapien mit Angst, Anspannungszuständen, Selbstverletzungen,
- Ihr als Abschirmung gedachter Drogen- und Medikamentenmissbrauch, mit dem Risiko der Kriminalisierung – es kann nicht Ziel einer Therapie sein, die Klientin plötzlich im Knast besuchen zu dürfen.

Wenn eine Patientin solche Verhaltensweisen zeigt, kann auch ein guter, erfahrener Therapeut mit ihr nicht therapeutisch arbeiten. Vor allem den eigentlichen therapeutischen Ansatz, die Traumatherapie der früh erlittenen Misshandlungen, halten Patientin und Therapeut nicht aus.

Deshalb ist die erste Stufe eine Therapie, die Ihnen hilft, diese Verhaltensweisen zu kontrollieren und damit eigentlich erst »therapiefähig« zu werden. Die »Dialektisch-Behaviorale Therapie« DBT nach Marsha Linehan gibt Ihnen gute Möglichkeiten an die Hand, das ganze Spektrum der Sie selbst ja auch quälenden und stressenden Verhaltensweisen in den Griff zu bekommen. Sie lernen, dass Sie für Ihren Zustand nichts, aber auch gar nichts können und dass Sie alle Unterstützung brauchen, um sich selbst zu helfen.

Der für Sie wahrscheinlich unverständliche Begriff »Dialektisch-Behavioral« meint folgendes:

Wenn Ihnen ein Therapeut nur sagen würde, dass er Sie voll und ganz versteht, dass ihn Ihr Leid ebenso fertigmacht wie Sie selbst, dann hätten Sie zwar einen Partner im Leid gefunden, aber ändern würde sich nichts. Wenn er Ihnen umgekehrt hoffnungsfroh erklären würde, dass diese sehr effektive Therapie selbstverständlich auch bei Ihnen helfen wird, unabhängig von all dem Schweren, was Sie erlebt haben, dann würden Sie sich mit ziemlicher Sicherheit nicht ernst genommen fühlen.

Die Dialektisch-Behaviorale Therapie ist eine spezielle Form der Verhaltenstherapie, bei der die Therapiethemen nach ihrer Bedrohlichkeit und Dringlichkeit hierarchisch geordnet und bearbeitet werden.

Der Therapeut hat eine sogenannte dialektische Weltsicht und bewegt sich mit Ihnen im ständigen Ausbalancieren auf einer Waage zwischen Akzeptanz und Veränderung. Ihre Probleme werden einerseits akzeptiert und vorbehaltlos angenommen und gleichzeitig wird an der Veränderung gearbeitet. Widersprüche in Ihrem Leben werden benannt und bearbeitet. Der Therapeut ermutigt Sie zur Veränderung Ihrer Problemverhaltensweisen und erarbeitet mit Ihnen wesentliche für den Alltag brauchbare Verhaltensmodifikationen (das meint übrigens »behavioral«), er zeigt Verständnis und vergisst dabei Ihre schwere Leidensgeschichte nicht. Wesentliche Themen in der Dialektisch-Behavioralen Therapie sind die Verbesserung der Stresstoleranz, der zwischenmenschlichen Fertigkeiten, des Umgangs mit Gefühlen, des Selbstwertes und das Erlernen einer nicht bewertenden Wahrnehmung von sich selbst und der Umgebung (Prinzip der Achtsamkeit).

Nachdem Sie so in die Lage gekommen sind, ein relativ normales Leben zu führen, wird sich herausstellen, wie nötig eine Traumatherapie im engeren Sinne für Sie ist. Das entscheidende Kriterium ist das Auftreten typischer Traumasymptome, zum Beispiel sich zwanghaft aufdrängende Rückerinnerungen etc. (siehe oben bei PTSD).

Medikamente?

Therapeutisch wirken sie nicht. Die Borderline-Störung lässt sich nur psychotherapeutisch behandeln. Aber viele Patientinnen nehmen hochdosierte, sedierende Medikamente ein, die jeder andere meiden würde, um sich »zuzuknallen«. Als Zwischenstufe mag das akzeptiert werden, auf die Dauer werden Sie sich davon distanzieren müssen.

Eine Frage, die bei Borderline-Patientinnen immer wieder auftaucht, ist, ob man die meistens ja noch und ohne jede Reue lebenden Täter nicht zur Verantwortung ziehen soll. Bei aller Legitimität und Nachvollziehbarkeit eines solchen Wunsches sollten Sie Folgendes bedenken:

Wenn Sie Ihren Täter und Peiniger zur Verantwortung ziehen wollen, müssen Sie sich den Regeln eines deutschen Gerichts unterwerfen. Ihr Therapeut glaubt Ihnen, das ist die Voraussetzung jeder Therapie. Ein Richter muss unabhängig zwischen Ihnen und dem von Ihnen Beschuldigten stehen und muss Ihre Vorwürfe auf ihre Beweisbarkeit prüfen.

– Die erste, entscheidende Frage ist, ob der Ihnen angetane Missbrauch verjährt oder noch verfolgbar ist. Die straf- und zivilrechtliche Verjährungsfrist beträgt 30 Jahre; hat der Missbrauch also in der frühen Kindheit stattgefunden, so ist er möglicherweise verjährt.

– Die zweite Frage ist, ob Sie vor Gericht beweisen können, was Ihnen angetan wurde. Um das zu klären, sollten Sie sich einen guten, mit der Materie vertrauten Anwalt suchen und die wichtigsten Fakten mit ihm durchsprechen. Bei dieser Gelegenheit merken Sie, ob Sie in der Lage sind, einer fremden, nicht therapeutischen Person diese belastenden Fakten zu schildern.

– Denn dieses führt zur dritten Frage: Fühlen Sie sich in der Lage, Ihre Sache in der Öffentlichkeit des Gerichts auch gegen die Argumente des Gegenanwalts zu vertreten, der alles tun wird, Ihre Glaubwürdigkeit zu erschüttern und seinen Mandanten straffrei ausgehen zu lassen?

Mein Schwerpunkt ist Therapie, mit dem Ziel, dass Sie wieder in die Lage kommen, ein lebenswertes und erfülltes Leben zu führen, nicht die Gerechtigkeit im juristischen Sinn. Mein Interesse wäre auch, Sie vor der durch und durch widrigen Situation zu bewahren, in die Sie vor Gericht kommen werden.

Wenn Sie sich aber entschließen, diesen Weg zu gehen, dann würde ich alles tun, um Ihnen dabei zu helfen.

Seele & Co. – Respekt vor uns selbst

So, das waren die Themen, mit denen ich als Psychiater zu tun habe.

Natürlich gibt es noch viel mehr Varianten, sich schlecht zu fühlen, jede Menge Nuancen, anders zu sein. Haben Sie von Seele & Co., von Ihrem Gehirn etwas anderes erwartet?

Und natürlich gibt es viele Möglichkeiten, gar nichts zu merken, kein bisschen von Selbstzweifeln angekränkelt zu sein, aber ehrlich gesagt, fragen Sie vielleicht mal Ihre Umgebung. Nur, wenn es Sie wirklich interessiert.

Die Auseinandersetzung mit sich selbst setzt Introspektion voraus, in sich hineinschauen, sich wahrnehmen. Die einen tun das, die anderen halten es für überflüssig oder können es nicht. Seltsam, aber vielleicht auch ganz folgerichtig ist, dass in all den Jahren als Psychiater ein einziges Mal ein »Täter« in meine Sprechstunde gekommen ist. Er hatte seine Tochter lange missbraucht. Aber es war wohl eher ein Irrtum, dass er zu mir kam, den er schnell korrigiert hat. Er kam nicht wieder.

Ihre Seele ist Ihre ureigene Angelegenheit, erst mal nichts, wofür Sie Psychiater oder Psychotherapeuten bräuchten. Versuchen Sie, sich auf diese ungewöhnliche, manchmal seltsame, oft überraschende Seele einzustellen. Und sie zu akzeptieren. Etwas anderes bleibt Ihnen sowieso nicht übrig. Wenn Sie nicht klar kommen, dann ist es Zeit für Psychiater und Psychotherapeuten, in dieser Reihenfolge, sonst vertun Sie Zeit.

Gefragt bleiben Sie nach wie vor, Sie entscheiden über die mögliche Therapie, auch schon über die Krankschreibung; der Arzt schlägt nur vor. Wie auch immer Sie sich entscheiden, Sie sind die Person, die die Folgen trägt.

Schön wäre, wenn Sie etwas Respekt für Ihre Seele empfinden könnten. Ja schon, Respekt.

Auch wenn Sie es anders gewohnt sind, eher die Schuld bei sich gesucht haben, oder die Vorwürfe. Respekt wäre mal was anderes.

Der Jazz-Musiker Wayne Shorter hat in einem Interview gesagt:

»Früher dachte ich, Buddha sei eine Person, oder eine Gottheit. Aber … es ist ein Zustand, der in menschlichen Wesen vorkommt. Es ist unsere Essenz, unser wahres Selbst. Es existiert in jedem Menschen, ob er es weiß oder nicht …«

Da haben Sie es, Respekt.

Lassen Sie es sich gut gehen, mit sich.

Dank

Ich danke allen Menschen, von denen ich Ideen für dieses Buch bekommen habe, besonders denjenigen, die sich mir als Patienten anvertraut haben.

Für aufmerksames Gegenlesen und anregende Bemerkungen danke ich Dr. Gabriele Heilgemeir, für konstruktive Kritik in einzelnen Kapiteln Anna-Lena Aldenhoff, PD Dr. Paul Baier, Udo Gerigk, Dr. Katharina Gerok-Falke, PD Dr. Peter Häussermann, Franz Mangold, Dr. Anna-Christina Schulz-Dubois und Dipl. psych. Marina Soltau.

Für die Durchsicht des Kapitels »Es ist (fast) alles im Kopf – Schmerz« danke ich Prof. Dr. Ralf Baron.

Glossar

Ich gebrauche manche Fremdwörter gern, unter anderem, weil ich finde, dass sie hübscher klingen. Außerdem verwenden Spezialisten, wie die Psychiater, manche umgangssprachlichen Ausdrücke in einem speziellen Sinn. Beide Aspekte sollte man erklären. Das versuche ich im Folgenden.

Ich erläutere nur Ausdrücke, die im Text vorkommen. Dieses Kapitel ist also kein Nachschlagewerk.

Wenn Sie finden, dass wir einen Ausdruck vergessen haben, mailen Sie mir (Mailadresse: kontakt@josefaldenhoff.de). Dann werde ich Ihnen irgendwann – nicht heute – antworten, und außerdem werden wir versuchen, den Begriff in einer nächsten Auflage aufzunehmen.

Abgrenzen

Irgendwo hören Sie auf, und der andere fängt an. Körperlich und vor allem geistig. Das ist Ihre Grenze.

Menschen finden Grenzüberschreitungen toll – wenn mit dem/ der Richtigen zum richtigen Zeitpunkt, zum Beispiel in der Liebe oder beim Sex. Wenn es die/der Falsche oder Richtige zum falschen Zeitpunkt ist, fühlen Sie sich durch eine Grenzüberschreitung verletzt. Grenzüberschreitungen können sehr vielfältig sein: das Tagebuch der Tochter lesen, einem Außenstehenden sehr persönliche Dinge aus der Beziehung zu Ihrer Partnerin erzählen, ein Verhältnis haben, einen anderen schlagen usw. usf. Kompliziert ist, dass Sie Ihre Grenzen zuerst wahrnehmen und dann definieren müssen. Sie, niemand anderer, kann das für Sie übernehmen. Und Sie werden feststellen, dass Ihre Grenzen sich ziemlich dynamisch ändern können. Intakte Grenzen, gute Abgrenzung zu jedem aktuellen Zeitpunkt sind eine absolute Voraussetzung für stabile Beziehungen.

Abhängigkeit

Wenn wir irgendetwas unbedingt brauchen, damit es uns gut geht, damit wir überleben, dann sind wir davon abhängig. Abhängigkeiten zu erkennen tut der Selbsterkenntnis gut. In den verschiedenen Lebensphasen durchlaufen wir unterschiedliche Formen von Abhängigkeiten: als Baby, als Kind, als Erwachsener, als alter, dementer Mensch. Sie können ruhig selber darüber nachdenken, wie diese Abhängigkeiten aussehen. Sie können also von Menschen abhängig sein; von Nahrung, Wohnraum, Sicherheit für Leib und Leben sind Sie es sowieso. In diesem Punkt gibt es zum Beispiel gravierende Unterschiede zwischen unterschiedlichen Gegenden der Erde.

Wenn Sie sich von anderen Menschen mehr als gewöhnlich abhängig machen, sagen die Psychiater, Sie hätten eine abhängige, »dependente« Persönlichkeit. Sie werden sich dann auch unter solchen Umständen vom anderen nicht trennen, die für Sie eigentlich unzumutbar sind.

In unserer Gesellschaft und auch in der Psychiatrie spielt die Abhängigkeit von bestimmten chemischen Substanzen eine große Rolle: Alkohol, Opiate, Kokain, Benzodiazepine …

Akut

Das plötzliche, dringliche und oft auch unerwartete Auftreten einer Störung. Da uns etwas plötzlich erscheint, wenn wir es mit einer gewissen Stärke wahrnehmen, nachdem es eine bestimmte Wahrnehmungsschwelle überschritten hat, schwingt im Ausdruck »akut« oft eine besondere Stärke und/oder Bedrohlichkeit mit, auch die Erfordernis, schnell zu handeln.

Im Zusammenhang mit einer Krankheit ist der Gegensatz von akut chronisch.

Akzeptanz

Ich nehme eine, unter Umständen unerwartete oder zunächst nicht veränderbare, Situation, ein Gefühl an und wehre mich nicht dagegen. Wenn Sie das schaffen, werden Sie oft merken, dass dieses unangenehme Gefühl weniger belastend ist, weniger nervt. Die Grundhaltung der Akzeptanz geht davon aus, mir widerfahrende Erlebnisse in mich hineinzunehmen, ihnen in mir Platz zu geben, sie zunächst einmal auf meine eigenen Anteile zu untersuchen. Sollte ich dazu keine Möglichkeit sehen, so versuche ich, mich zu beruhigen und mit Gelassenheit mit dem Problem umzugehen. Das beruhigt, auch wenn es nicht immer funktioniert. Es ist ja auch nicht jeder immer gleich erleuchtet. Hinter der Akzeptanz der Probleme, mit denen ich konfrontiert werde, steht eine Akzeptanz des Lebens als große Herausforderung.

Albtraum

Belastender, angstmachender Traum; tritt gelegentlich im Vorfeld oder bei der Rückbildung einer Störung vermehrt auf. Hat nichts mit den »Alpen« zu tun, sondern leitet sich wohl von »Alb«, das bedeutet Elf, her, von denen der Nacht-Alb für die schlechten Träume verantwortlich gemacht wurde.

Alpha-Männchen/-Weibchen

Der Begriff beschreibt im Tierreich das jeweils führende Tier einer sozialen Gruppe, wobei die nachgeordneten Tiere manchmal den folgenden Buchstaben des griechischen Alphabets zugeordnet werden. Auch wenn das soziale Gefüge beim Menschen oft viel komplexer ist, übernimmt man umgangssprachlich gelegentlich diese Begriffsbildung. So werden Führungspersönlichkeiten oft als »Alphatier« bezeichnet, wenn man ihre mehr animalischen Eigenschaften skizzieren will: autoritär oder machthungrig, nicht am Kompromiss interessiert.

Altern

beginnt nach Meinung mancher Forscher bereits mit der Geburt und hat etwas damit zu tun, dass bestimmte Funktionen von Geist und Körper nicht mehr gebraucht und deshalb vernachlässigt werden. Während Altern in den früheren Lebensjahren vor allem als Veränderung durchaus auch zum Positiven erlebt wird, weil neue, positive Verhaltensaspekte dazukommen (vor allem in der Pubertät), steht spätestens ab fünfzig das erst kaum merklich, dann aber immer deutlicher werdende Nachlassen von Funktionen und Leistungsfähigkeit im Vordergrund. Aktivität und die Auseinandersetzung mit Neuem können diesen Prozess nicht aufhalten, aber verlangsamen. Die Stärke des Alterns sind die Erfahrungen, so man sie denn gemacht hat.

Altersheim
Der Begriff ist heute nicht mehr »in«, heute sagen Sie Seniorenheim oder noch feiner Seniorenstift. Die Feinheit im Namen bringt's aber nicht, Sie müssen das »Etablissement« schon in Augenschein nehmen. Wichtig ist, dass auch ein Pflegebereich – Pflegeheim sagen Sie auch nicht, obwohl es häufig darum geht – enthalten ist, denn Pflegebedürftigkeit ist ein wesentlicher Aspekt, wenn Sie sich aus Altersgründen ins Heim begeben. Eine ganz andere Frage ist, wie es um die Pflege alter Menschen bestellt ist (siehe dort).

Ambivalenz
Sie sind einer Sache gegenüber ambivalent, wenn die Fürs und die Widers in etwa gleich verteilt sind, Sie sich also nicht entscheiden können. Das ist ein normales Stadium bei der Entscheidungsfindung. Abwarten hilft und die Angelegenheit immer mal wieder durchzudenken. Manchmal braucht das Zeit, manchmal mehr Zeit, als Sie zu geben gewillt sind. Es hilft aber nichts. Ambivalenz wird unter Druck nicht weniger.

Ambivalenz als generelle Grundhaltung, dass also gar nichts entschieden werden kann, findet sich manchmal im Vorfeld schizophrener Psychosen; aber wenn Sie ambivalent sind, bekommen Sie noch keine Psychose.

Antrieb

Die Fähigkeit, Absichten in Handlungen umzusetzen, kann vermindert (etwa bei Depression, Wirkung von sedierenden Medikamenten) oder gesteigert (zum Beispiel bei Manie, Wirkung von Stimulanzien) sein. Bei einer Antriebsminderung wissen Sie im Prinzip genau, was zu tun wäre, sind aber nur schwer oder nicht in der Lage, das umzusetzen. Der Antrieb wirkt sich auf alle Aktivitäten aus, zum Beispiel auch auf das Denken, das bei der Manie bis zur Zusammenhanglosigkeit gesteigert oder bei der Depression bis zur völligen Denkhemmung vermindert sein kann.

Attacke

Ein unerwarteter, jäher, oft überwältigender Angriff; wenn ein Gefühl, zum Beispiel Angst, diesen Charakter hat, dominiert oft die Befürchtung, den Verstand zu verlieren oder zu sterben. Gefühlsattacken deuten auf einen Kontrollverlust hin, der als Katastrophe erlebt wird, was allerdings verschleiert, dass wir Gefühle ohnehin schlecht kontrollieren können. Wenn Sie sich darauf einstellen, ist es nicht so katastrophal.

Assoziation

Eine gedankliche Verknüpfung, die nicht in erster Linie auf vernünftigen Überlegungen beruht, sondern auf sinnlichen oder gefühlten Gemeinsamkeiten; zum Beispiel blauer Himmel, blaue Augen, blaues Meer …; assoziative Lockerung ist ein Denken, dass kaum noch auf logischen, sondern vor allem auf assoziativen Verknüpfungen beruht. Kommt bei ausgeprägten manischen Zuständen vor.

Autonomie

Über sich selbst bestimmen zu können, als Fähigkeit oder Möglichkeit; setzt eine normale geistige Funktion voraus und geht zum Beispiel im Rahmen einer Demenz verloren. Autonomie hat aber nicht nur diesen individuellen Aspekt; sie kann nur existieren, wenn die um mich und mit mir Zusammenlebenden diese Selbstbestimmung akzeptieren.

ß-Blocker

blockieren die Bindungsstellen des Herz-Kreislauf-aktivierenden Adrenalins, das auf Herz und Blutgefäße einen aktivierenden Einfluss hat; dadurch kommt es zur Blutdrucksenkung und Verlangsamung des Herzschlags. Außerdem werden ß-Blocker zur Prophylaxe der Migräne eingesetzt.

Behinderung

Einschränkung meiner geistigen, seelischen oder körperlichen Fähigkeiten; während der umgangssprachliche Gebrauch nichts über die Dauer aussagt, wird der Ausdruck Behinderung im medizinischen oder juristischen Zusammenhang vor allem dann gebraucht, wenn eine bleibende Beeinträchtigung besteht, als Folge eines genetischen Leidens, eines Geburtsfehlers oder einer körperlichen oder seelischen Störung.

Betreuung

Umgangssprachlich meint der Begriff, dass sich ein Mensch um einen anderen kümmert, ihn unterstützt, pflegt, für seine persönlichen Belange sorgt. Im psychiatrischen und juristischen Umfeld ist eine Betreuung eine rechtliche Regelung, in deren Rahmen ein Betreuer die Angelegenheiten der betreuten Person übernimmt, und zwar, was die Bereiche Aufenthalt, Finanzen und Gesundheitsvorsorge angeht. Eine Betreuung muss durch einen Richter eingesetzt werden; man kann sich als Betroffener freiwillig dazu entschließen, etwa im Sinne einer Hilfestellung oder Unterstützung bei Problemen, die mich überfordern. Die Betreuung kann auch unabhängig von meinem Willen eingerichtet werden, wenn in einem Gutachten festgestellt wird, dass ich nicht geschäftsfähig bin. Solch eine Betreuung kann vorübergehend oder auf Dauer wirksam sein.

Bildgebung

Da das Gehirn ein »plastisches« Organ ist, was heißt, dass es seine Struktur in Abhängigkeit von der Funktion sehr dynamisch ändert, ist es für viele Störungen aufschlussreich, wenn man die Hirnstruktur mittels moderner Bildgebungsverfahren sichtbar macht. Auch umgekehrt ist nicht selten, dass sich die Hirnstruktur ändert, was irgendwann Folgen für die Funktion hat. Ersteres ist etwa bei der Demenz der Fall, Letzteres bei Hirntumoren oder Gefäßerkrankungen. Da das Gehirn vom knöchernen Schädel umgeben ist, der eine höhere Röntgendichte als das Gehirn hat, kommt man mit einfachen Röntgenaufnahmen nicht weit. Man kann entweder viele verschiedene Schichten abbilden, in einem komplexen Verfahren verrechnen und so das Gehirn sichtbar machen (Computertomogramm) oder überhaupt keine Röntgenstrahlen verwenden, sondern sich die Tatsache zunutze machen, dass die Moleküle, aus denen sich alle Strukturen im Gehirn zusammensetzen, kleinen elektrischen Feldern entsprechen, die in einem sehr starken Magnetfeld sichtbar werden. Was das sogenannte MagnetResonanzTomogramm ermöglicht. Diese Technik erlaubt ohne Strahlenbelastung sehr detaillierte Einblicke in die Hirnstruktur, die globale Nervenzellaktivität und ihre Blutversorgung.

Bipolar

Heute gebräuchlicher Ausdruck für die manisch-depressive Erkrankung; Der Ausdruck besagt, dass eine Person im Rahmen dieser Störung zwei Pole, den hohen und den tiefen Pol des Befindens, durchläuft: In der Manie stehen Hochgefühl und Antriebssteigerung im Vordergrund, in der Depression das Stimmungstief und die Antriebsschwäche. Bei manchen Krankheitsverläufen folgen diese unterschiedlichen Polaritäten direkt aufeinander, so dass die Betroffenen nur kurze Zeit in einem Zustand der Normalität sind. Die Psychiatrie geht davon aus, dass Manien nur im Rahmen einer bipolaren Störung auftreten können, also immer mit depressiven Phasen einhergehen, während Depressionen überwiegend monopolar und seltener bipolar vorkommen. Neuerdings hat man Hinweise gefunden, dass es einen Übergang von monopolaren in bipolare Störungen gibt, der von der Krankheitsdauer abhängt. Überspitzt ausgedrückt, könnte jede Depression zu einer bipolaren Störung werden, wenn man nur lange genug lebt.

Blut-Hirn-Schranke
Eine anatomische Besonderheit, die das Gehirn von jedem anderen Organ unterscheidet, schützt das Gehirn vor Krankheitserregern und Giften. Im Gehirn ist die Innenauskleidung der Blutgefäße durch spezielle Zellen besonders dicht, so dass nur noch die Blutgase, also zum Beispiel Sauerstoff, Stickstoff, CO_2 und Zucker, passieren können. Aus psychiatrischer Sicht ist ein Nachteil, dass auch der Übergang von Medikamenten ins Gehirn behindert wird. Offenbar auf Grund von genetischen Unterschieden können bei manchen Menschen zum Beispiel Antidepressiva nur sehr schlecht oder gar nicht an Nervenzellen herankommen, weswegen diese Medikamente bei diesen Personen wirkungslos sind. Auch die medikamentöse Behandlung von Hirntumoren ist durch diesen Schutzmechanismus des Gehirns erschwert.

Chronisch
Ausdruck für Krankheitsverläufe, bei denen wesentliche Merkmale der Störung dauernd bestehen. Chronische Erkrankungen sind eine große Herausforderung für die Medizin, weil man andere Strategien entwickeln muss als in der Akutbehandlung. So macht es beispielsweise schon einen Unterschied, ob man ein Medikament mit Nebenwirkungen in der Akutbehandlung für wenige Wochen einnehmen muss oder über Jahre.

Ein anderes gravierendes Problem liegt in der Tendenz mancher Krankenkassen, die Leistungen für chronische Patienten zu reduzieren.

Clean
Der Ausdruck wird vorwiegend im Zusammenhang mit Missbrauch und Abhängigkeit von Medikamenten, Drogen und Alkohol verwendet und besagt, dass der Betroffene »sauber« ist, dass also keine Substanz mehr in seinem Körper nachweisbar ist.

Couch

Sigmund Freuds Instrument zur Psychotherapie: Die Patienten liegen auf der Couch und folgen ihren Gedankenassoziationen, der Analytiker sitzt am Kopfende, ist also für den Liegenden nicht zu sehen. Diese Konstellation begünstigt den ungestörten Gedankenfluss beim Analysanden. Trotzdem ist die Couch auch bei Psychoanalytikern nur noch selten in Gebrauch, weil für viele Patienten der Blickkontakt zum Therapeuten wichtig ist. Bei anderen Formen der Psychotherapie spielt die Couch keine Rolle. Es scheint aber, dass diese spezielle Situation die Phantasie der Menschen besonders anregt, weshalb Psychotherapie immer wieder mit dem Liegen auf der Couch gleichgesetzt wird.

Demenz

Der fortschreitende Verlust der Hirnfunktionen durch äußere Einflüsse, wie Alkohol, andere Vergiftungen, Durchblutungsstörungen oder Erkrankungen, wie Morbus Alzheimer. Der Verlauf kann je nach Demenzursache schnell oder langsam sein. Symptomatische Demenzen infolge von Vergiftungen oder behandelbaren Hirnerkrankungen können sich auch wieder zurückbilden.

Depression

Häufige psychiatrische Erkrankung unterschiedlichen Schweregrades mit Interesse- und Freudeverlust, Antriebsmangel, Schlafstörungen, Verlust von Appetit und Libido, Verschlechterung des Selbstwertgefühls, Todes- oder Suizidgedanken. Drastische Einschränkung der Lebensqualität, weswegen eine Behandlung auf jeden Fall sinnvoll ist.

Diagnose

Zuordnung Ihrer Beschwerden und Befunde in eine diagnostische Einteilung. Der diagnostische Prozess ist gerade in der Psychiatrie nicht so einfach: Zuerst müssen Ihre Wahrnehmungen, Gefühle, die Art Ihres Denkens und Handelns dahingehend bewertet werden, ob sie den Wert eines Symptoms haben. Wenn mehrere Symptome zusammenkommen, nennt man das ein Syndrom, und wenn dann die Symptomatik noch eine bestimmte Dauer hat und keine Ausschlusskriterien bestehen, kann man eine Diagnose stellen. Für die psychiatrischen Störungen spielen zwei Klassifikationssysteme eine wesentliche Rolle, das Diagnostisch-statistische Manual (DSM), das es jetzt in der fünften Version gibt, und die International Classification of Diseases (ICD), aktuell in der 10. Version.

Distanz
wird umgangssprachlich oft eher negativ besetzt, in dem Sinn, dass jemand distanziert sei, was heißen soll, dass er sich nicht richtig auf einen einlässt, dass man mit ihm nicht warm werden kann. Tatsächlich brauchen wir Distanz für unser Wohlergehen, fragt sich nur, wie viel. Abstand ist wichtig, wenn man den Anderen nicht kennt oder mit ihm einen Konflikt hat. Wenn die Liebe ins Spiel kommt, hat man es gerne näher. Neugeborene und Babys brauchen Nähe und bitte auch Berührung so dringend wie die Nahrung, und dieses Bedürfnis wird erst ganz allmählich weniger. Ein Einschnitt vollzieht sich mit der Pubertät, in der ganz neue Rollen entstehen: Wenn aus dem gar nicht mehr so kleinen Mädchen plötzlich eine junge Frau geworden ist, erscheint das Knuddeln mit dem Vater nicht mehr so selbstverständlich – und sollte auch nicht eingefordert werden.

Psychiatrische Patienten, vor allem solche mit Psychosen, brauchen Distanz, insbesondere weil sie sich ihrer Grenze nicht sicher sind. Sie können Nähe oft nur schwer ertragen.

Dopamin
Eine der wichtigen Überträgersubstanzen, die Information zwischen den einzelnen Nervenzellen übertragen. Dopamin ist sehr vielseitig. Es hat zu tun mit Glücksempfinden, mit der Wahrnehmung von spannenden neuen Erfahrungen, aber eben leider auch mit Psychosen. So glaubt man, dass bei Psychosen zu viel Dopamin freigesetzt wird, und in der Tat haben vor allem die alten antipsychotischen Medikamente dopaminblockierende Wirkungen und Nebenwirkungen.

Doppelte Buchführung

Hier geht es nicht um den Begriff aus der Finanzbuchhaltung, sondern um ein, meist erlerntes, Verhalten von Patienten mit schizophrener Psychose. Sie haben eine Realitätssicht, die von der anderer Menschen abweicht. Da ihre Realität einen hohen Wirklichkeitscharakter hat, können sie sich nicht davon distanzieren, merken aber nach einiger Zeit, dass die sie umgebenden Menschen diese Realität nicht teilen, dass sie schnell als verrückt abqualifiziert werden, wenn sie das äußern, was sie doch unmittelbar erleben. Ist ihnen eine gewisse Distanzierung von ihrer Situation möglich, so können sie sich entsprechend der Realitätssicht der »Normalen« verhalten, betreiben also eine »doppelte Buchführung«; das heißt, sie halten ihre psychotische Wirklichkeit weiterhin für real, tun aber gegenüber anderen so, als würden sie deren Realitätssicht übernehmen. Im Grunde ist das ein sehr reifes Verhalten, was den Patienten eine funktionierende Kommunikation mit ihrer Umgebung ermöglicht und das deshalb respektiert werden sollte. Dauerndes Herumreiten auf der Tatsache, dass die Welt der Mehrheit doch die richtige sei und dass der Patient falsch oder krank denke, hat für den Betroffenen etwas Demütigendes. An seiner Wahrnehmung ändert das sowieso nichts.

Dosierung

Die Menge eines Medikaments, deren Einnahme empfohlen wird. Für fast alle Medikamente werden Standarddosierungen empfohlen. Allerdings hat dieser Standard nur Empfehlungsqualität, und bei jedem individuellen Patienten ist die für ihn passende Dosierung herauszufinden. Meistens muss man ein Gleichgewicht zwischen möglichst hoher Dosierung (um die Blut-Hirn-Schranke zu passieren und eine gute Wirkung zu erreichen) und möglichst erträglichen Nebenwirkungen anstreben. Die individuell nötigen Dosierungen können bei vielen Medikamenten stark von der Standardempfehlung abweichen. Besonders ältere Menschen kommen oft mit sehr geringen Dosierungen aus, beziehungsweise geraten leicht in den toxischen Bereich.

Endogen

Ein mittlerweile nicht mehr gebräuchliches Diagnosemerkmal. Viele älteren Menschen mit Psychiatrie-Erfahrung kennen den Ausdruck noch, weswegen er hier erklärt werden soll. Besonders bei der Depression und besonders in Deutschland spielte die »endogene D.« bis zur Einführung der DSM III eine große Rolle. Obwohl es natürlich unstreitig ist, dass jede Erkrankung »innere« (etwa genetische) und äußere (zum Beispiel Umweltfaktoren) Anteile hat, stellte sich das Konstrukt einer praktisch ausschließlich endogen bedingten Depression als unhaltbar heraus. In vielen Fällen führte einfach die fehlende Kenntnis der Vor- oder Lebensgeschichte oder die mangelnde Einsicht in das Gefühls- und Wertesystem eines Patienten zur Einschätzung, eine Störung sei endogen. Heute geht man davon aus, dass leichte und schwere Depressionen »innere« und »äußere« Ursachen und Auslöser haben, die man in vielen Fällen nicht vollständig kennt.

Entgiften

Anderes Wort für den akuten Entzug von Alkohol oder anderen abhängig machenden Substanzen. Meist ist eine Entgiftung ein wenig angenehmer, teilweise lebensgefährlicher Zustand, weswegen sie in aller Regel unter stationären Bedingungen durchgeführt werden muss. Die Dosisreduktion von Alkohol, Barbituraten und interessanterweise auch von den so harmlos erscheinenden Benzodiazepinen kann zum lebensbedrohlichen Entzugsdelir führen. Das ist ein psychotischer Zustand, in dem Sie die Orientierung verlieren – Sie haben Ort, Zeit, Situation und gelegentlich auch vergessen, wer Sie sind, empfinden große Angst, bekommen massive körperliche Symptome wie Bluthochdruck, Herzjagen und Atemnot, lebhafte Halluzinationen und nicht selten epileptische Anfälle. Um das zu verhindern, ersetzt man die zu entgiftende Substanz durch einen leichter zu dosierenden Ersatz, den man dann ganz langsam herunterdosiert.

Entwöhnung

Ausdruck für die sich an die Entgiftung anschließende Psychotherapie-Phase, in der Sie lernen sollen, wie Sie dem meist akut auftretenden Wunsch nach Einnahme des Suchtmittels widerstehen können, aber auch, wie Sie ein Leben ohne die meist beruhigende und aufheiternde Wirkung des Suchtmittels führen können.

Epigenese

Eine der spannendsten Geschichten der Wissenschaft der letzten zehn Jahre, die bei vielen Menschen immer noch nicht richtig angekommen ist. In der Schule haben Sie wahrscheinlich gelernt, dass unsere Persönlichkeit, also Geist und Körper, eine genetische Grundlage hat, die durch Umwelteinflüsse verändert werden kann. Lange Zeit ging man davon aus, dass die Umwelt keinen Einfluss auf die unveränderliche genetische Substanz haben kann. Andere Ansichten wurden mit geradezu religiösem Eifer verfolgt. Heute weiß man, dass ein großer Teil unserer genetischen Information »stumm« ist, aber durch einschneidende Erlebnisse unter Beteiligung des Stresssystems »eingeschaltet« werden kann. Auch das Gegenteil ist denkbar, dass aktive genetische Informationen in Folge solcher Erlebnisse inaktiviert, »abgeschaltet«, werden können. Einschneidende, oft »traumatische« Erlebnisse können also durchaus verändern, welche Anteile unserer genetischen Ausstattung zum Tragen kommen, und das bleibend, teilweise auch über Generationen. Eine Konsequenz aus dieser wirklich aufregenden Geschichte wäre, wissenschaftliche Meinungen als das zu nehmen, was sie sind, nämlich als Theorien, und die sind nicht einbetoniert, sondern veränderlich.

Epilepsie

Anfallsleiden; kann angeboren sein oder durch Gefäßkrankheiten, Blutungen oder Tumoren im Gehirn bedingt. Erstmals auftretende Anfälle müssen unbedingt durch den Neurologen abgeklärt werden, da sich hinter ihnen lebensbedrohliche, aber oft behandelbare Störungen verbergen können. Auch der Entzug von Alkohol, Benzodiazepinen oder Barbituraten kann epileptische Anfälle auslösen, oft der einzige Grund, dass es sich überhaupt um einen Entzug handelt.

Anfälle können sehr eindrucksvoll sein – der Mensch wird bewusstlos, stürzt nieder, verfällt zunächst in eine die ganze Muskulatur erfassende Starre, die nach kurzer Zeit von massiven Muskelzuckungen abgelöst wird. Daran schließt sich eine Erholungsphase an, in der das Bewußtsein allmählich zurückkehrt. Durch die Plötzlichkeit können sich die Betroffenen beim Stürzen verletzen, häufig sind auch Zungenbisse.

Erinnerungen

»… sind nur so lange sicher, wie wir uns nicht an sie erinnern…«.

Das hätten Sie nicht gedacht, oder? Der Satz des Neuropsychologen Onur Güntürkin* drückt aus, dass unser Gedächtnis eine höchst dynamische Angelegenheit ist und eben keine kristalline, unveränderliche Struktur hat. Das ist für den Umgang mit der eigenen Vergangenheit interessant, aber auch im Zusammenhang mit Zeugenaussagen.

Fixierung

Menschen, die sich und/oder anderen schwer schaden und ans Leben wollen, aber auch alte und gangunsichere Menschen, die sich durch Stürze schwer verletzen würden, können in der Psychiatrie festgebunden, also fixiert werden, wenn eine richterliche Genehmigung vorliegt! Sonst nicht, dann wäre es schwere Freiheitsberaubung. In vielen Situationen ist das eine sinnvolle, vorübergehende Maßnahme, selten ist es Willkür, und dann sollte man juristisch dagegen vorgehen.

Forensik

Das meinen Journalisten, wenn sie schreiben, dass ein gemeingefährlicher und gleichzeitig psychisch kranker Straftäter »in die Psychiatrie« eingewiesen wurde oder eingewiesen werden sollte. Nur fo-

---

* *Süddeutsche Zeitung*, 25. September 2013, S. 16

rensisch-psychiatrische Abteilungen sind so gesichert, dass gefährliche Menschen dort nicht entkommen können. »Normale« Psychiatrien sind für seelisch kranke Menschen und nicht für Straftäter. Die übliche Verwirrung um die beiden Begriffe Forensik und Psychiatrie trägt nicht unwesentlich zur Stigmatisierung seelisch Kranker bei, weil sie unterstellt, dass seelische Störungen mit einer Gefährdung der Allgemeinheit einhergingen. Ein zentrales Thema der Forensik ist die Erforschung der Prognose, also der Voraussage, ob und wann ein psychisch kranker Straftäter rückfällig werden könnte. Wegen der notorischen Unterfinanzierung dieser Forschung lässt die Beantwortung dieser, für unsere Gesellschaft wirklich wichtigen Frage auf sich warten. Die immer wieder kritisierten forensischen Psychiater können wenig dafür.

Freiheitsberaubung

wird mit Freiheitsentzug bestraft! Es sei denn, ein Richter hat die Freiheitsberaubung sanktioniert, weil eine Straftat mit Haftgrund vorliegt oder eine seelische Störung mit Selbst- oder Fremdgefährdung. Wenn der Richter nicht so schnell greifbar ist, müssen Sie einen zum Beispiel selbstmordgefährdeten Menschen trotzdem daran hindern, wenn »Gefahr im Verzug« ist. Das sollten Sie dann aber auch glaubhaft beweisen können. Einen seelisch kranken Menschen in den verschiedenen Möglichkeiten seiner Freiheit einzuschränken oder nicht, bewegt sich also immer im Spannungsfeld zwischen unterlassener Hilfeleistung (wenn Sie ihn nicht hindern, sich umzubringen) und Freiheitsberaubung.

Keine einfache Situation! Deswegen ist Psychiatrie auch kein einfaches Geschäft!

Fremdgefährdung

ist dann gegeben, wenn ein Mensch, in diesem Kontext ein seelisch Kranker, einen anderen an Leib und Leben gefährdet. Wenn er ihn schlägt, ist das keine Fremdgefährdung, sondern gegebenenfalls Körperverletzung; wenn er sein Vermögen durchbringt oder seinen Porsche zu Schrott fährt, auch nicht. Die Unterbringung auch eines seelisch kranken Menschen setzt harte Gründe voraus und sollte nie einfach mal so gemacht werden.

GABA

Gamma-amino-Buttersäure ist eine Überträgersubstanz in vorwiegend hemmend wirkenden Nervenzellen; sie aktiviert einen hemmenden Chloridstrom. Solche hemmenden Einflüsse sind für eine intakte Funktion des Gehirns wichtig, da es sonst leicht zur Übererregbarkeit mit katastrophalen Konsequenzen für die Hirnfunktion kommt, zum Beispiel zu epileptischen Anfällen. Benzodiazepine steigern die GABA-bedingte Hemmung.

Gehirn

Ohhh.

Ein Versuch: Der Sitz der Seele. Theologen und Philosophen werden vehement widersprechen, Neurophilosophen (die versuchen, die Erkenntnisse der Neurowissenschaften philosophisch zu bearbeiten) eher nicht. Auch wenn wir die Seele mal weglassen, ist das Gehirn das faszinierendste und wunderbarste Organ, mit dem die Natur uns beschenkt hat. Obwohl die Neurowissenschaften in den letzten zwanzig Jahren auf hohem Niveau am Gehirn forschen, ist eigentlich nicht zu erwarten, dass wir es in absehbarer Zeit verstehen werden.

Wir wissen nicht wirklich, wie es funktioniert, aber es gibt Annäherungen, und es schadet nichts, wenigstens die anatomische Struktur zu kennen.

Das Großhirn, das ist diese stark gefaltete Oberfläche, hat sich in der Evolution stetig weiterentwickelt, was die Gründe für Vor- und Nachteile des Menschseins bedingt. Eine bestimmte Struktur des Großhirns im Stirnbereich hat nur der Mensch, dort sitzen Bewusstsein und Willensbildung. Der Rest des Großhirns ist eine unfassbar vielfältige, vernetzte Struktur, die wir fürs Erinnern, Wahrnehmen und Denken brauchen. Im Hinterkopf sitzt zum Beispiel der Sehsinn.

Auf der nächsten Ebene nach unten finden sich einige große

Hirnstrukturen, deren Aufgabe es ist, die in den Cortex hinein- und von dort hinauslaufenden Informationen zu filtern oder feinzustellen, zum Beispiel die Basalganglien (Motorik) oder der Thalamus (Sensibilität, Schmerzempfinden). Dann kommen noch ältere Strukturen, die für das Überleben ziemlich wichtig sind: der Mandelkern (Angst, Aggression, Abwehr von Unvertrautem) und vor allem der Hippokampus, der unsere am Tag erworbenen Gedächtnisinhalte zwischenspeichert, bis sie im Schlaf in die Großhirnrinde verlagert werden, wo sie auch hingehören. In enger Nachbarschaft liegt dann das Zwischenhirn, das die Verschaltung hormoneller Vorgänge, insbesondere der Stressreaktion, mit anderen Hirnfunktionen macht. Das unter dem hinteren Pol des Gehirns liegende Kleinhirn ist für die motorische Koordination, aber anscheinend auch für seelische Funktionen zuständig.

Das ist ein sehr sehr schlichter Überblick!

Gen

Kleinste Einheit unserer genetischen Information. Ist für viele Aspekte normalen Verhaltens, aber auch für Störungen verantwortlich, allerdings fast nie allein, sondern immer in Wechselwirkung mit Umwelteinflüssen. Gene werden durch epigenetische Einflüsse ein- oder abgeschaltet.

Geschäftsfähig

ist man, wenn man im juristischen Sinn seinen Aufenthalt bestimmen, seine finanziellen Angelegenheiten regeln und angemessen für seine Gesundheit sorgen kann. Alle Verfügungen, die Lebensumstände regeln, in denen wir gegebenenfalls nicht mehr geschäftsfähig sein sollten, müssen im Zustand der Geschäftsfähigkeit verfügt werden; wir müssen, wie die Juristen sagen, testierfähig sein.

Geschlossene Station

Eine psychiatrische Station, die man nicht einfach verlassen oder betreten kann, weil sie schlicht zugesperrt ist. Dort kann man freiwillig (was man schriftlich bekunden sollte) oder gegen seinen Willen sein. Im letzteren Fall muss man von einem Richter untergebracht worden sein, sonst ist das Freiheitsberaubung. Neuerdings wird von vielen der Begriff »geschützte« Station verwendet. Das hat insofern seine Berechtigung, als Sie auf dieser Station vor vielen negativen Entwicklungen geschützt sind, unter Umständen auch Ihre Mitmenschen. Da aus der Sicht der Betroffenen die Tatsache des Eingeschlossenseins die des Schutzes überwiegen dürfte, halte ich die neue Bezeichnung für einen Euphemismus, also ein Schönreden, und bleibe bei dem alten Begriff.

Glutamat

Eine erregende Überträgersubstanz mit großer Bedeutung für Lernen und Gedächtnis, aber auch für pathologische Zustände neuronaler Übererregbarkeit, die in der Entwicklung der Demenz auftreten können.

Gutachter

Ein Arzt kann als Arzt tätig sein, diagnostizieren, behandeln und unterliegt dabei der ärztlichen Schweigepflicht, das heißt, er darf niemandem außer Ihnen, seinem Patienten, etwas über seine Tätigkeit mitteilen,

oder

er kann als ärztlicher, in unserem Fall psychiatrischer Gutachter einer Versicherung oder einem Gericht eine fachpsychiatrische Beurteilung über Sie abgeben. In diesem Fall ist er einzig und allein dem verpflichtet, der das Gutachten in Auftrag gibt, die Schweigepflicht gilt nicht! Wegen der Verwechslungsmöglichkeit muss der Gutachter Ihnen diese wesentliche Abweichung vom sonstigen ärztlichen Handeln mitteilen. Wenn Sie nicht wollen, dass der Auftraggeber, etwa das Gericht, ein Detail Ihrer Störung erfährt, sollten Sie es dem Gutachter nicht sagen, denn er muss diese Information weitergeben. Soweit ganz klar.

Ein Problem kann entstehen, wenn der Sie behandelnde Arzt im Verlauf Ihrer Behandlung einen Gutachtensauftrag über Sie erhält. Dann besteht die Gefahr, dass er Informationen verwendet, die er unter dem Schutz der Schweigepflicht erfahren hat. Um das zu verhindern, kann er den Gutachtensauftrag ablehnen; wenn er das, warum auch immer, nicht tut, können Sie ihm die Entbindung von der Schweigepflicht verweigern.

Besonders delikat kann das im häufigen Fall der Unterbringungsgutachten sein: Sie sind zur Aufnahme gekommen, weil es Ihnen richtig schlecht ging, und haben dem Ihnen vertrauenswürdig erscheinenden Arzt auch von Ihren Selbstmordgedanken erzählt, was im Sinne eines therapeutischen Verhältnisses auch völlig richtig war. Schwierig wird es, wenn der Arzt, weil er Ihnen nicht zutraut, dass Sie sich in der Psychiatrie von Ihren Suizidgedanken distanzieren können, eine Unterbringung gegen Ihren Willen für sinnvoll hält und die unter den Regeln der Schweigepflicht von Ihnen gegebenen Informationen dafür verwenden will.

Nach meinem Verständnis kann er das nicht tun, sondern müsste einen anderen Arzt bitten, der Ihnen gegenüber nicht an die Schweigepflicht gebunden ist.

Halluzination
Eine Wahrnehmungsstörung, wenn uns vom Gehirn dort, wo kein Wahrnehmungsreiz ist, ein Sinneseindruck vorgetäuscht wird; es gibt akustische, also Hörhalluzinationen, optische, also Sehhalluzinationen, Berührungs-, Geschmacks- und Geruchshalluzinationen. Halluzinationen treten auch auf, wenn sich Menschen im Zustand sensorischer Deprivation befinden, also keinerlei Sinneseindrücke bekommen, etwa in einem komplett dunklen und schalltoten Raum; bekannter sind die Halluzinationen nach Einnahme halluzinogener Drogen, im Entzug und bei schizophrenen Psychosen.

Angeblich halluzinieren auch normale Menschen, aber darüber wissen gerade die Psychiater nicht viel, weil diese Menschen das nicht mitteilen, um nicht für verrückt gehalten zu werden.

Hebephren
Eine Form der Schizophrenie, die zum ersten Mal vorwiegend rund um die Pubertät auftritt.

Hippokrates

Sagenhafter griechischer Arzt, zwischen 430 und 370 vor Christus, der den Hippokratischen Eid formuliert haben soll, der wesentliche Elemente der heute noch wirksamen Medizinethik enthält. Es lohnt sich, ihn zu lesen, weil man dann sehen kann, wohin sich die Medizin heute entwickelt hat. Man muss aber auch ehrlich sein: De facto wird die heutige Medizin viel stärker durch das bürgerliche und das Strafgesetzbuch bestimmt, als durch den Hippokratischen Eid.

Hospitalisierung

Alltägliche Routinen wie Körperpflege, Essen machen, Wäsche waschen sind nicht selbstverständlich, von der Wahrnehmung der eigenen Finanzangelegenheiten, dem Beantworten der Post etc. ganz zu schweigen. Wenn Sie zum Beispiel während eines länger dauernden Krankenhausaufenthaltes diese ganzen Fähigkeiten brach liegen lassen, werden Sie nach zwei bis drei Monaten feststellen, dass vieles vorher Selbstverständliche ungewohnt ist und dass Sie es wieder neu lernen müssen.

Hygiene

ist eine der wesentlichen Errungenschaften der Menschheit, die ihr Überleben stark beeinflusst. Sie war längere Zeit für überflüssig gehalten worden, da man glaubte, mit den Antibiotika alle Infektionen behandeln zu können. Wie wir inzwischen wissen, ist das nicht so.

Viele Wissenschaftler glauben, dass die verlängerte Lebenserwartung vorwiegend auf die konsequente Umsetzung hygienischer Maßnahmen zurückzuführen ist: sauberes Trinkwasser, persönliche Hygiene, regelmäßiges Händewaschen. Gerade bei chronischen Verläufen seelischer Störungen wird die persönliche Hygiene oft vernachlässigt.

Indikation

Ein Medikament ist angezeigt für diese oder jene Störung, das besagt der Begriff Indikation. Wenn es nicht indiziert ist, sollte man es Ihnen nicht verschreiben. Am klarsten ist das bei den gesetzlichen Krankenkassen, die zahlen nämlich nicht für Medikamente, die nicht indiziert sind. Es gibt aber noch eine Grauzone, in der man die Gabe eines Medikaments versuchen kann, obwohl es nicht indiziert oder nicht zugelassen ist (»Heilversuch«). Das hängt damit zusammen, dass die Zulassung ein langer und teurer Prozess ist, den die Firmen nur dann gehen, wenn er sich für sie zu lohnen scheint. Man spricht auch vom *off label use*, wenn man Ihnen ein Medikament verschreibt, das dafür nicht zugelassen ist, aber für dessen mögliche Wirkung in Ihrem besonderen Fall gute Argumente bestehen. So etwas muss Ihr Arzt eigentlich mit der Krankenkasse klären, sonst bleiben Sie unter Umständen auf den Kosten sitzen. Das passiert allerdings nur selten.

Indolent

bedeutet eigentlich, dass Sie weniger schmerzempfindlich sind als andere Menschen; häufiger wird der Begriff im Sinne einer verminderten Sensibilität gebraucht.

Jetlag

Wenn Sie über mehrere Zeitzonen reisen, folgt Ihre innere Uhr nicht mit gleicher Geschwindigkeit. Dieses Nachhinken nennt man Jetlag. Man braucht pro eine Stunde Zeitverschiebung ungefähr eineinhalb Tage, bis man sich auf die neue Zeit eingestellt hat. Von Osten nach Westen geht leichter als umgekehrt. Ohne die Annehmlichkeiten des Reisens in ferne Länder können Sie den gleichen Effekt mit Schichtarbeit erzielen.

Karma

Sie müssen nicht an die Wiedergeburt glauben, wenn Sie es für einen vernünftigen Gedanken halten, dass jede Handlung eine Folge hat, irgendwann. Es reicht schon, wenn Sie mal etwas über komplexe Systeme gelernt haben. Weil das so ist, empfiehlt es sich, achtsam durch das Leben zu gehen.

Kataton

Eine heute sehr seltene Symptomatik, die meistens als Hinweis auf eine katatone Schizophrenie gewertet wird: Die Patienten verharren in teilweise bizarren Körperhaltungen, die Starre ist wächsern, sie reagieren nicht auf Umweltreize, aber berichten später, dass die Wahrnehmung sehr klar und intensiv war. Die Starre kann plötzlich in massive Erregung umschlagen.

Kassenärztliche Vereinigung

Eine Besonderheit des deutschen ambulanten Versorgungssystems: Die gesetzlichen Krankenkassen zahlen das Geld für die ambulante Versorgung nicht direkt an die einzelnen niedergelassenen Ärzte, sondern an die Kassenärztliche Vereinigung (KV). Dieses vom tatsächlichen Versorgungsanfall unabhängige Budget wird von der KV auf die einzelnen Fächer umgelegt. Die Kriterien sind geheim und für den sogenannten gesunden Menschenverstand auch nicht unbedingt nachvollziehbar. Eine Konsequenz ist, dass die Leistungen der einzelnen medizinischen Fachdisziplinen sehr unterschiedlich entlohnt werden. Wenn sich Patienten, die mit ihrer ambulanten Versorgung unzufrieden sind, an die Krankenkassen wenden, weil der behandelnde Arzt meinte, dass er für umfangreichere Leistungen kein oder nicht genügend Geld bekäme, sagen die Kassen mit vordergründigem Recht, dass das nicht an ihnen liege. Es liegt an der KV, aber da sich die Verteilungsschlüssel zwischen den Bundesländern unterscheiden und überdies ständig wechseln, ist es selbst für Ärzte extrem schwer, durchzublicken.

Kohlenhydrate

sind sogenannte Einfachzucker, die aus Kohlenstoff – daher der Name – Wasserstoff und Sauerstoff bestehen. Sie sind besonders für die Energieversorgung des Gehirns sehr wichtig, weil dieses nur aus ihnen seinen Energiebedarf decken kann. Wenn mehr Kohlenhydrate aufgenommen werden, als das Gehirn und andere Organe benötigen, werden sie in Fett umgewandelt und im Fettgewebe gelagert. Dieser Mechanismus liegt dem Übergewichtsproblem vor allem westlicher Länder zugrunde.

Komorbidität

bedeutet Miterkrankung; der Begriff wird verwendet, wenn jemand nicht nur zwei unterschiedliche Erkrankungen hat, sondern wenn diese Erkrankungen gehäuft zusammen auftreten und wenn die Komorbidität die Prognose beeinflusst: So treten Depression und Angsterkrankungen oft zusammen auf, was die Prognose beider Störungen negativ beeinflusst. Auch bei Herzerkrankungen liegt oft eine Komorbidität mit Depressionen vor: Dann ist die Heilungsrate der Herzerkrankungen schlechter, und auch die Liegezeit verlängert sich.

Komfortzone

Der Mensch hat es gerne bequem. Das ist kein Charakterfehler, sondern hat vermutlich damit zu tun, dass in unserer Entwicklungsgeschichte komfortable, bequeme Lebensumstände nur selten vorkamen. Unsere Vorfahren hatten vermutlich viel Angst, waren ständig hungrig und sind, um beides zu ändern, ständig herumgerannt. Wenn es mal anders war, so dürften sie diese seltenen Zustände genossen haben. Wir sind nicht anders, aber das Leben hat sich sehr geändert, zumindest in den sogenannten hochzivilisierten Ländern. Denken Sie allein an das Nahrungsangebot! Nun haben Sie vielleicht gehört, dass Präventionsmediziner Ihnen vorschlagen, sich aus dieser Komfortzone herauszubegeben. Dafür gibt es vor allem einen, allerdings kaum von der Hand zu weisenden Grund: Wenn alles gut und bequem ist, baut sich unser Gehirn zurück, weil es nichts mehr zu tun hat. Auch andere Organe tun das, aber beim Gehirn ist das angesichts des Schreckgespenstes der Altersdemenz besonders relevant. Also: Raus aus der Komfortzone, Neues lernen, bewegen!

Komplex siehe Linear – non-linear

Konfrontieren

Eine psychotherapeutische Technik, vor allem im Bereich der Verhaltenstherapie, bei der Therapeuten alles tun, Sie auf die Dinge und Verhaltensweisen zu stoßen, die Sie eigentlich lieber vermeiden wollen. Denn nur dann kommen Sie in die Lage, mit Ängsten oder traumatischen Ereignissen tatsächlich fruchtbar zu arbeiten und sie zu überwinden.

Konsolidierung

Wieder auf den Teppich kommen. Wenn wir etwas Außergewöhnliches erlebt haben, uns zum Beispiel verliebt haben – dafür braucht man keine Therapie! – oder mit einem traumatisierenden Erlebnis konfrontiert wurden, brauchen Hirn und Organismus eine Weile, um sich wieder zu beruhigen. Diese Zeit sollte man auch abwarten. Gerade bei traumatisierenden Ereignissen kann es aber passieren, dass sich nichts konsolidiert, auch nicht, wenn man lange wartet. Das ist dann ein Grund für eine (Konfrontations-)Therapie.

Kontakt

Kommunikative oder körperliche Berührung zwischen zwei Menschen, die oft zur Veränderung der beiden Personen führt. Es gibt kontaktfreudige und eher kontaktscheue Menschen.

Kontrollverlust

Die stärkste Angst lösen offensichtlich Situationen aus, bei denen wir befürchten, die Kontrolle zu verlieren, keine Gewalt zu haben, über unseren Körper – zu sterben – oder über unseren Geist – verrückt zu werden. Tatsächlich ist die Annahme der Kontrolle eine Illusion, unser Körper funktioniert – Gott sei Dank – ohne unser Zutun, und der Geist weht bekanntlich, »von wannen er will«. Am deutlichsten merken wir das, wenn wir versuchen, uns aktiv kontrollierend einzumischen: Es kommt selten etwas Vernünftiges dabei heraus. Aber trotzdem scheint diese Illusion eine Voraussetzung unseres Wohlbefindens zu sein.

Krankenkassen

Jeder Mensch zahlt einen beachtlichen Teil seines Einkommens in eine Krankenkasse ein. Dies ist so unausweichlich wie die Steuer. Von diesem Geld bezahlen die Krankenkassen die ambulanten und stationären Leistungen, die im Krankheitsfall nötig werden. In Deutschland ist das so selbstverständlich, dass man über viele Merkwürdigkeiten dieser Art von Versicherung überhaupt nicht nachdenkt; etwa über die Frage, ob nicht ein wenig Mitsprache der Versicherten gut wäre, zum Beispiel, wofür Krankenkassen das Geld der Versicherten ausgeben sollten und wofür nicht.

Krankheitsmodell

Trotz intensivster Forschung wissen wir vielleicht gerade einmal einigermaßen, wie der normale Organismus funktioniert – für das Gehirn lässt sich noch nicht einmal das behaupten –, aber über die Entstehung von Krankheiten, und das gilt auch wieder besonders für die seelischen Krankheiten, gibt es bestenfalls Theorien. Diese sogenannten Krankheitsmodelle versuchen, unser theoretisches und das durch Erfahrung gewonnene Wissen möglichst widerspruchsfrei zu verbinden, mit dem Ziel, die Krankheit so weit modellhaft zu erklären, dass sich daraus weiterführende Überlegungen zur Behandlung ableiten lassen. Eines der fruchtbareren Modelle beruht auf der Annahme, dass es bei der Depression zu einer verminderten Freisetzung von Überträgersubstanzen, besonders Noradrenalin und Serotonin, kommt und dass Antidepressiva diesen krankhaften Effekt aufheben. Das ist eine Theorie, kein Mensch hat die verminderte Freisetzung an den Verbindungsstellen tatsächlich gemessen, aber auf ihrer Grundlage wurden sinnvolle Ansätze zur Behandlung von Depressionen entwickelt. Ebenso gibt es auch psychotherapeutische Krankheitsmodelle.

Theorien sind so lange richtig, bis jemand nachweist, dass sie falsch sind. So funktioniert Wissenschaft.

Krankschreibung

Wenn Sie so krank sind, dass Sie nicht mehr arbeiten können, schreibt Ihr Arzt Sie krank. Sie brauchen für eine bestimmte Zeit nicht zur Arbeit zu gehen, bekommen aber Ihr Gehalt weiter gezahlt. Sie werden entlastet, und man hofft, dass diese Entlastung zur Genesung beiträgt. Wenn Sie sich wieder gesund fühlen, arbeiten Sie wieder, gesundschreiben kann man Sie nicht. Der Teufel liegt auch hier im Detail. So dauern Krankheiten unterschiedlich lange, Depressionen sind selten kürzer als zwei bis drei Monate; allerdings muss man nicht unbedingt während dieses ganzen Zeitraums krankgeschrieben sein. Obwohl das bekannt ist, rufen verschiedene große Krankenkassen den krankgeschriebenen Versicherten und seinen Arzt nach vier Wochen an und fragen nach, ob es mit dieser Krankschreibung seine Richtigkeit habe. Es soll Patienten geben, die sich dadurch unter Druck gesetzt fühlen und wieder arbeiten gehen, obwohl sie eigentlich noch nicht dazu in der Lage sind.

Kultivieren

Zum Gedeihen bringen, ausgestalten; im Zusammenhang mit psychiatrischen Problemen wird der Ausdruck gelegentlich gebraucht, um zu verdeutlichen, dass jemand seine Probleme eher ausgestaltet, als sie anzugehen und vielleicht sogar zu beseitigen.

Latent

Im Verborgenen vorhanden; man spricht zum Beispiel von der Latenten Depression, bei der die eigentlichen depressiven Symptome kaum sichtbar sind, aber stattdessen körperliche Symptome auftreten, die mit der Körpermedizin allein nicht zu erklären sind.

Lebenserwartung

Wir werden immer älter, Männer etwas weniger als Frauen, aber immerhin.

Gut wäre wohl schon, etwas aus dem zu machen, was wir da mehr zu erwarten haben, um es nicht nur mit mehr Jahren auf der Pflegestation zu vertun. Länger arbeiten klingt nicht so lustvoll, aber sein müsste es, weil sonst die erforderlich langen Renten gar nicht gezahlt werden können. Was aber hieße, dass die Arbeit mit mehr Arbeits- und Lebensqualität verbunden sein müsste als heute, auch mit mehr Freizeit, weil es ja sonst keiner so lange aushielte. Man merkt schnell, allein ein längeres Leben bringt es nicht, ein besseres sollte es schon sein.

Lebensqualität

Als wie gut Sie Ihr Leben empfinden, hängt von vielen Faktoren ab. Ob Sie genug Geld haben, ob Sie in Sicherheit leben, wie Sie Ihre Vorstellungen von der Zukunft realisieren können und ob Sie gesund sind. Gesundheit ist einer der wichtigsten Punkte für eine gute Lebensqualität, eine chronische Krankheit raubt Ihnen diese. Schon leichte Depressionen können die Lebensqualität gravierend beeinträchtigen. Die Beurteilungsskala für Lebensqualität ist offensichtlich nicht absolut: Menschen in Burma, die zu den ärmsten der Welt gehören, gelten als sehr glücklich, Personen die eine schizophrene Psychose überstanden haben, beurteilen ihre Lebensqualität oft besser als normale Gesunde. Für die Beurteilung des eigenen Ist-Zustandes spielt offenbar eine Rolle, woher man kommt.

Linear – non-linear

Komplex, im Sinne des Wortes! Wir denken linear, was in etwa bedeutet, rational, logisch, auf A und B folgt C und nicht D. Damit kommen wir auch im Alltag einigermaßen hin. Das Problem: Sehr viele biologische Systeme und – vor allem – unser Gehirn arbeiten nicht linear! Sie sind komplex, was nicht kompliziert heißt. Kompliziert ist das Gehirn auch, aber komplex meint, dass ein System aus miteinander in Wechselwirkung stehenden Untersystemen besteht, von denen jedes unterschiedliche Eigenschaften hat. Solche Systeme bieten für Forscher eine unerschöpfliche Vielfalt von Forschungsmöglichkeiten. Für den schlichteren Alltag reicht ein Aspekt völlig aus, um ihn nicht mehr schlicht erscheinen zu lassen. Man kann solche Systeme so gut wie gar nicht vorhersagen und damit auch nicht kontrollieren! Nehmen wir ein Pendel: Bei einem regelmäßig schwingenden Pendel kann jeder mathematisch durchschnittlich begabte Mensch vorhersagen, zu welchem Zeitpunkt es wo sein wird. Nun hängen Sie an die Spitze eines Pendels ein zweites – und Sie können gar nichts mehr voraussagen, nicht einmal, was das erste Pendel jetzt macht! Nun versuchen Sie, vorherzusagen, wie eine Information, die Sie einer Nervenzelle geben, aussehen wird, wenn sie zwei nachgeschaltete Nervenzellen passiert hat, die ganz unterschiedliche Übertragungseigenschaften haben: Alles ist möglich! Die Information kann verschwunden sein, sie kann gewaltig verstärkt worden sein, sie kann, sie kann, sie kann, aber Sie wissen es nicht und können es nicht wissen.

So arbeitet das Organ, mit dem wir die Welt zu kontrollieren glauben! Rein intuitiv erklärt das, warum wir uns manchmal so merkwürdig verhalten, so wechselhaft, von einer Minute auf die andere, und oft mit ganz unerwarteten Verhaltensweisen ankommen. Das ist normal.

Vom Herzen, dessen Schlagfrequenz auch eine ziemlich komplex regulierte Angelegenheit ist, wissen wir, dass Unregelmäßigkeit ein Merkmal des Gesunden ist; wenn ein Herz total regelmäßig schlägt, ist es krank, und oft ist dann das Ende nah.

Und wie sollen Sie nun mit diesen ganzen Ungewissheiten umgehen? Demütig.

Lithium

Ein australischer Arzt entdeckte – zufällig –, dass diejenigen seiner Patienten, die wegen ihrer Gicht behandelt wurden und außer der Gicht noch eine bipolare Störung hatten, nur noch viel abgeschwächtere und manchmal gar nicht mehr wahrzunehmende depressive oder manische Phasen hatten als vorher. So wurde das bis heute wirksamste prophylaktische Medikament gegen die bipolare Störung entdeckt. Es kommt als ein ganz einfaches Salz im Körper vor, verhält sich wie Kochsalz und hat so vielen bipolaren Patienten geholfen, trotz ihrer Krankheit ein geordnetes und in vielen Fällen gutes Leben zu führen. Bis heute gibt es noch kein besseres Mittel.

Marker
Der Traum eines biologisch-psychiatrischen Forschers!

Der Begriff »Marker« ist ein Konstrukt, das eine biologische Funktion meint, die es uns erlauben würde, vorherzusagen, welcher Patient auf welches Medikament anspricht – ob dieser konkrete depressive Patient in Wirklichkeit bipolar ist, das heißt, manisch werden wird, wenn ich ihn medikamentös antidepressiv behandele, ob die oder jene Diagnose beim konkreten Patienten stimmt usf.

Die Kenntnis von Markern würde uns dem Ziel einer individualisierten Psychiatrie sehr viel näher bringen, wir müssten nicht mehr über Diagnosen rätseln, mühsam Medikamente ausprobieren, die bei diesem Patienten gerade unwirksam sind. Leider ist es meistens noch ein Traum!

Methylphenidat
ist für die Behandlung des Aufmerksamkeitsdefizit- Hyperaktivitätssyndroms (ADHS) zugelassen; es wird missbräuchlich bei der Selbststimulation im Sinne des Neuroenhancement eingesetzt, was nicht legal ist. Die körperliche und geistige Leistungsfähigkeit wird vorübergehend gesteigert, nachteilig sind Schlafstörung, Appetitminderung, Angst, Getriebenheit, Herzrhythmusstörungen.

Missbrauch
Die Psychiatrie gebraucht den Begriff unterschiedlich:

Sie können ein Medikament, können Alkohol missbräuchlich anwenden, also nicht als Heil- oder Genussmittel, sondern zum Beispiel, um sich in einen Zustand der Euphorie zu bringen, sich »zuzuknallen«, die eigene Sensibilität nicht mehr spüren zu müssen. Bei abhängig machenden Substanzen ist der Missbrauch meist eine Vorstufe der Abhängigkeit.

Sie können aber auch Menschen missbrauchen, indem Sie sie anders behandeln, als es ihrem Willen, ihrer Persönlichkeit, ihrem Alter entspricht. Physischer Missbrauch meint, dass Sie Menschen körperlich schlecht behandeln oder schlagen, sexueller Missbrauch, dass Sie an Menschen sexuelle Handlungen vornehmen, die das nicht wollen oder die zu jung sind, um mit Sexualität autonom umgehen zu können. Dieser Missbrauch hat meistens gravierende negative Folgen für die Persönlichkeitsentwicklung.

Modafinil
ist ein starkes Psychostimulans, das sehr effektiv gegen Schläfrigkeit wirkt. Das Schlafbedürfnis verschwindet fast ganz. Das Mittel, das zur Behandlung der Narkolepsie Schlafstadien) zugelassen wurde, wird oft zum Neuroenhancement genutzt. Bei chronischer Einnahme dürfte es zu Schlafstörungen kommen. Nach Abklingen der Wirkung kommt es zu extremer Müdigkeit. Der Einsatz in Prüfungen setzt wie bei den schon länger gebräuchlichen Amphetaminen ein exaktes Timing voraus, weil man sonst zum falschen Zeitpunkt müde ist.

MRT
MagnetResonanzTomografie, Bildgebung

Naturheilmittel
Wer hilft, hat Recht. Auch wenn er Naturmittel einsetzt. Wenn die aber nicht helfen, sollte man sie, wie jedes Medikament, durch etwas Hilfreicheres ersetzen!

Das ist die Kurzversion.

Komplizierter wird es, wenn Sie verstehen oder erklären wollen, was da passiert.

Zum einen gibt es »grüne« Medikamente, aus Naturprodukten hergestellt, die pharmakologisch mehr oder weniger genauso wirksam sind – und ebenso Nebenwirkungen haben! – wie die »chemisch« hergestellten Medikamente. Johanniskrautpräparate sind so ein Beispiel.

Zum anderen könnte es Präparate geben, womöglich auch aus der Natur, die wirksam sind, obwohl man nicht weiß, warum. Angesichts der vielen ungeklärten Fragen in der Neurobiologie, wäre das kein Wunder. Aber man sollte auf jeden Fall geklärt haben, ob ein Präparat wirksam ist oder nicht. Das macht man mit Doppelblindstudien. Und da gibt es Placebo.

Nebenwirkungen

Eigentlich heißt es korrekt »unerwünschte« Wirkungen, aber in der Umgangssprache halten sich die Nebenwirkungen hartnäckig. Jedes Medikament hat unerwünschte Wirkungen.

Das liegt unter anderem daran,

dass die Bindungsstellen, an die ein Medikament andockt, nicht nur im erwünschten Organ, sondern in vielen anderen Organen vorkommen und dass deswegen auch dort Wirkungen auftreten, wo man sie gar nicht haben will,

dass der eine ein Medikament schnell abbaut und deswegen nur einen niedrigen Blutspiegel hat, während der andere sehr langsam abbaut und deswegen schnell in eine Überdosierung kommt,

dass der eine sehr indolent ist und Nebenwirkungen gar nicht merkt, die für den anderen fast unerträglich sind.

Sie sollten über alle Sie betreffenden unerwünschten Wirkungen informiert sein bzw. Ihren Arzt danach fragen. Und Sie müssen entscheiden, ob Sie sie tolerieren wollen und können.

Der sogenannte Waschzettel ist als Informationsmaterial nicht gut geeignet. Auf ihm finden sich wirklich alle bekannten Nebenwirkungen, auch die sehr seltenen. Der Waschzettel dient der juristischen Freistellung der Firma, er ist kein medizinisches Informationsmedium. Ganz schlecht ist es, ihn zu lesen und das Medikament vorsorglich nicht zu nehmen, weil Sie befürchten, dass diese Nebenwirkungen bei Ihnen alle auftreten werden. Reden Sie ausführlich (!) mit Ihrem Arzt darüber, achten Sie in der ersten Einnahmewoche und auch später genau darauf, was sich bei Ihnen verändert, und nehmen Sie dann wieder Rücksprache mit ihrem Arzt.

Neurobiologie

Keine Chance, das Gehirn aus einer methodischen Perspektive auch nur ansatzweise zu verstehen! Neuroanatomie, Neurophysiologie, Neurochemie, Neuropharmakologie, Neurogenetik, Neuropsychologie… tragen alle zu unserem Verständnis bei, wie das Gehirn funktionieren könnte, jede Disziplin beleuchtet die Vielfältigkeit dieses Organs aus einem anderen methodischen Blickwinkel. Und die Psychiatrie tut sehr souverän so, als wenn sie all das integrieren und die Lehre von den seelischen Störungen auf den Einzeldisziplinen aufbauen könnte. Das kann sie natürlich nicht. Aber es schadet keinem Psychiater, sich mit diesen Neurowissenschaften auseinanderzusetzen. Man bekommt Respekt vor diesem Organ.

Neuroenhancement

Der Begriff meint, dass man die Leistungsfähigkeit des Gehirns pharmakologisch verbessert. Ob das sinnvoll ist, wird diskutiert. Häufig geht es darum, in Situationen mit besonderer Anforderung der Ermüdung entgegen zu wirken und sich pharmakologisch »auf Touren« zu bringen. Das gebräuchlichste Mittel ist der Kaffee. Piloten von Kampfjets sollen dazu angeblich Modafinil nehmen, ein Mittel zur Behandlung der Narkolepsie, andere sollen Methylphenidat einnehmen, das zur Behandlung der Aufmerksamkeitsdefizitstörung zugelassen ist. Letzteres wäre illegal, da das Medikament dem Betäubungsmittelgesetz unterliegt, Ersteres möglicherweise eine leichte Ordnungswidrigkeit. Im Verlauf der nächsten Jahre wird sich wahrscheinlich herauskristallisieren, ob unsere Gesellschaft solche Maßnahmen allmählich legalisiert.

Neurologie

Die klinische Schwester der Psychiatrie, interessanterweise so gut wie gar nicht stigmatisiert, weswegen manche Hausärzte ihren psychiatrisch kranken Patienten raten, sie sollten doch mal zum »Neurologen« gehen, obwohl sie den Psychiater meinen. Aber obwohl beide Fächer sich mit Gehirnkrankheiten beschäftigen, machen sie etwas ganz anderes: Der Neurologe beschäftigt sich mit motorischen (zum Beispiel Parkinson) oder sensiblen Störungen, mit Erkrankungen der Hirngefäße, mit Entzündungen des Zentralnervensystems (zum Beispiel Hirnhautentzündung), mit Autoimmunerkrankungen (wie Multiple Sklerose) und Hirntumoren. Es gibt viele Berührungspunkte zwischen den Fächern, weswegen es sinnvoll ist, dass die Neurologen in ihrer Ausbildung ein Jahr Psychiatrie machen müssen und umgekehrt.

Neurotransmitter
Die Überträgersubstanzen (Azetylcholin, Dopamin, Noradrenalin, Serotonin) übertragen die elektrischen Signale von einer Nervenzelle auf die andere.

NMDA-Rezeptor
N-Methyl-D-Aspartat – Bindungsstelle die besonders für Lernen und Gedächtnis wichtig zu sein scheint. Im Ruhezustand ist diese Bindungsstelle mit einem gewöhnlichen Natriumkanal verbunden, der sich bei Erregung öffnet. Kommt es durch an einer Zelle zusammenlaufende Erregungen verschiedener Synapsen, so folgt eine überstarke Erregung des NMDA-Rezeptors; dadurch wird ein seine Passage blockierendes Magnesium-Ion aus einen Kalziumkanal ausgestoßen, und es kommt zu einem Kalziumeinstrom. Da Kalziumionen in allen Zellen unvorstellbar niedrig sind, ist der jetzt folgende Kalziumeinstrom für den biochemischen und elektrischen Apparat der Zelle ein hoch signifikantes Ereignis, das zu einer bleibenden Erregungsverstärkung führt. Vor allem durch die Arbeiten des dafür mit dem Nobelpreis (2000) ausgezeichneten Biochemikers und Psychoanalytikers (!) Eric Kandel geht man heute davon aus, dass dies einer der grundlegenden Mechanismen bei der Entstehung von Gedächtnis ist.

Noradrenalin
Ein Neurotransmitter, der mit Aufmerksamkeit, Tiefschlaf und, wenn funktionsgestört, auch mit der Depression zu tun haben soll.

Normal
Das sagt sich so dahin: Etwas, meistens steckt jemand dahinter, sei normal oder unnormal. Tatsächlich ist das keine einfache Unterscheidung. Und was normal ist, weil alle es wollen, muss noch lange nicht vernünftig sein. Der Gegensatz wäre krank, gestört.

Notfallambulanz

Seelische Auffälligkeiten erreichen ihren Höhepunkt oft nicht während der Dienstzeiten niedergelassener Ärzte. Und meistens können Sie sich auch nicht durchringen, so schnell wie möglich zum Psychiater zu gehen. Wenn Sie nachts oder am Wochenende Hilfe brauchen, dann müssen Sie in die Notfallambulanz der nächsten psychiatrischen Klinik gehen. Dort wird Ihnen dann wenigstens der diensthabende Arzt oder die Ärztin zuhören. Warten müssen Sie schon, denn der Arzt vom Dienst hat meistens eine ganze Menge zu tun. Und er ist auch oft nicht der erfahrenste Kollege im Krankenhaus. Aber das ist immer noch besser, als gar keine Hilfe anzunehmen.

Ordnungsamt

Das Ordnungsamt muss den Antrag auf Unterbringung nach dem Gesetz für psychisch Kranke stellen. Die Entscheidung, ob dem Antrag stattgegeben wird, trifft ein Richter, unter Berücksichtigung eines psychiatrischen Gutachtens.

Organtoxizität

Wie schädlich ist, was wir einnehmen, merken wir nur dann, wenn wir es direkt spüren, wenn es uns bewusst wird. Fehlt irgendein Gefühl für Veränderung – Übelkeit, Schwindel, Schmerz –, so können wir hochgiftige Substanzen einnehmen, ohne dass uns irgendetwas warnt. Denken Sie zum Beispiel an den Knollenblätterpilz, dessen Ragout Sie sich noch schmecken lassen, ehe Ihre Leber zerfällt. So ähnlich, wenn auch nicht so akut dramatisch ist es beispielsweise mit dem Alkohol, der auf Herz, Leber, Gehirn, um nur einige Organe zu nennen, toxisch, also giftig wirkt, den wir uns aber trotzdem schmecken lassen. Wie bei jedem Gift macht es die Dosis: Je geringer sie ist, desto mehr verzögert sich der Wirkungseintritt.

Paartherapeut

Wenn Paare miteinander Schwierigkeiten haben, ist es keine schlechte Idee, eine/n Psychotherapeutin/en zu einem Paargespräch aufzusuchen. Meistens tut das der Kommunikation gut. Der »Paartherapeut« ist kein geschützter Begriff, aber manche Psychotherapeuten machen diese Art von Kommunikationsanbahnung so gerne, dass sie das zu einem Schwerpunkt ihrer Arbeit machen, häufig mit einer Kollegin zusammen, weil es sich mit einem Paar besser zu zweit arbeiten lässt. Obwohl Paartherapie eine gute Sache ist, die meistens auch nicht zu lange dauert, weil man schnell ans »Eingemachte« kommt, zahlen die Krankenkassen, auch die privaten, das aus unerfindlichen Gründen nicht. Sie müssen also selbst in die Tasche greifen, was aber kein schlecht angelegtes Geld ist.

Paranoia

bedeutet Wahn; eine Überzeugung, von der Sie sich weder durch rationale Argumente noch durch widersprechende Erfahrungen abbringen lassen. Sie kann bizarr sein, zum Beispiel, dass es sich bei Ihnen um eine herausragende Persönlichkeit der Zeitgeschichte, Jesus, Saddam Hussein o.ä., handelt oder dass Sie übernatürliche Fähigkeiten hätten; aber Wahn kann sich auch im Alltäglichen ansiedeln, etwa in der Überzeugung, dass Sie verarmen werden, dass Ihre Frau Sie betrügt etc.

Im Gegensatz zur Psychose, bei der ein Wahn neben anderen Symptomen vorkommt, ist ein isolierter Wahn meistens nicht durch Medikamente zu beeinflussen. Dass Personen wider alle Vernunft an bestimmten Überzeugungen festhalten, ist an sich ja nicht selten, denken Sie an religiöse Inhalte, deren Merkmal der Glaube und nicht die Gewissheit ist, oder an politische Überzeugungen, bei denen sich jedenfalls mit rationalen Argumenten nicht klären lässt, warum man nun die eine oder die andere Partei wählen soll. Wenn man als Psychiater zu solchen heiklen Fragen Stellung nehmen soll, bezeichnet man das als »überwertige Idee«, die kein Grund für irgendwelche Therapien ist. Die in totalitären Regimen übliche Praxis, Gegner zu »psychiatrisieren«, ihre regimekritischen Argumente als krank zu bezeichnen, hat weder mit dem einen noch mit dem anderen zu tun. Soweit Psychiater dabei mitwirken, ist dies eine Schande für unseren Beruf.

Patientenverfügung

Eine Möglichkeit, im geschäftsfähigen Zustand zu bestimmen, wie Sie behandelt werden wollen, wenn Sie nicht geschäftsfähig sind. Eine Patientenverfügung ist keine schlechte Sache, wenn Sie als psychiatrischer Patient bestimmte Behandlungen wünschen, wenn Sie den Kontakt mit manchen Besuchern wollen und mit anderen nicht, etc. Zwei Grenzen schränken den Wert einer Patientenverfügung erheblich ein: Wenn Sie Behandlungen verfügen, die im Falle Ihrer Störung keinen Sinn machen oder kontraproduktiv sind; dann wird man sich über PsychKG oder Betreuung über Ihren Willen hinwegsetzen; wenn Sie Dinge verfügen und dabei an der konkreten Gesundheitsverfügung vorbei argumentieren: Sie leiden an einer Krebserkrankung und machen genaue Vorschriften, wie zum Beispiel eine Verschlechterung behandelt oder nicht behandelt werden soll; Ihr Zustand verschlechtert sich aber dramatisch, weil Sie einen Schlaganfall erleiden; an diese Möglichkeit haben Sie nicht gedacht, und wenn es keine Verfügung gibt, können die Ärzte nicht anders, als Sie lege artis zu behandeln, auch wenn Sie vielleicht der Meinung waren, dass Sie wegen der Krebserkrankung überhaupt keine Behandlung mehr wollten. Ein Drittes kommt hinzu: dass die Patientenverfügung natürlich auch im Notfall erkennbar vorliegen muss, denn wenn ein Notarzt davon nichts weiß, kann er sich nicht danach richten. Letzteres Problem kann man mit kaum einer rechtlichen Regelung »heilen«, in vielen anderen Fällen wäre die Einrichtung einer Betreuung sinnvoller, weil dann eine konkrete Person für Sie handeln kann und auf alle, auch auf die von Ihnen nicht bedachten, Eventualitäten flexibel eingehen kann. Einfach ist das allerdings auch nicht.

Pflegestation

An sich eine gute Idee. Gegen Bezahlung übernehmen fremde, dafür gut ausgebildete Menschen Ihre Pflege, wenn Sie denn infolge körperlicher oder seelischer Erkrankungen pflegebedürftig werden. Der Teufel – und die Realität kann man für die Betroffenen in vielen Fällen, wenn auch nicht allen Pflegeheimen (es gibt gute, aber die müssen Sie suchen!), als teuflisch bezeichnen –, liegt in einer ganzen Reihe von Details:

Durch das seit 10 Jahren gültige Entgeltsystem für körperliche Erkrankungen (DRG) hat sich der Rahmen der Akutmedizin dramatisch geändert. Weil Patienten nur für eine bestimmte Frist mit Gewinn behandelt werden können, werden sie anschließend sofort in Pflegeeinrichtungen verlegt. Diese werden dadurch mit schwerkranken Patienten überflutet, die das System stark belasten und jenseits seiner Kapazitätsgrenzen bringen. Die sogenannte Kurzzeitpflege ist relativ lukrativ, weswegen die Träger in diesem Bereich Personal und Mittel einsetzen, die in den chronischen Bereichen dann fehlen.

Die für Pflege zur Verfügung stehenden Mittel reichen nicht aus, um genügend qualifiziertes Personal angemessen zu bezahlen. Deswegen gibt es gar keines, nicht hinreichend qualifiziertes oder nicht genug.

Pflegen ist ein sehr stressiger Beruf, was Sie sich vielleicht vorstellen können. Einen wesentlichen Beitrag dazu liefern zum Teil wirklich groteske Arbeitszeitregelungen. Deswegen ist die Erkrankungsquote hier besonders hoch.

Außerdem gibt es finanzielle Anreize, die es manchen Trägern aussichtsreich erscheinen lässt, durch alle möglichen Tricks das Geld herauszuziehen und nicht den zu Pflegenden zugute kommen zu lassen.

Heribert Prantl hat diese Situation in einem Kommentar in der *Süddeutschen Zeitung* so zusammengefasst: »Früher hatten die Menschen Angst vor dem Sterben, heute haben sie Angst vor dem Altern. Sie haben Angst davor, Objekt der Pflegeindustrie zu werden und sich dann dem Tod entgegenzuwinden.«[*] Er nimmt Bezug auf eine juristische Dissertation von Frau Moritz an der Universität Regensburg, in der sich die bedenkenswerten Sätze finden: »Eine aussichtsreiche Möglichkeit, den Pflegemissständen Abhilfe zu schaffen, stellt ein Vorgehen vor dem Bundesverfassungsgericht gegen das gesetzgeberische Unterlassen dar. Angesichts der hohen Wertigkeit der

---

[*] SZ 16./17. November 2013, S. 1.

betroffenen Grundrechte und der bereits eingetretenen Verletzung derselben scheint ein Eingreifen des Bundesverfassungsgerichts auch unter funktionell-rechtlichen Aspekten legitim. Dabei erweist sich ein Vorgehen mittels Verfassungsbeschwerde als erfolgversprechend. Eine Beschwerdebefugnis ist dabei nicht nur für die aktuell betroffenen Heimbewohner anzunehmen, sondern besteht für alle potenziell künftig Betroffenen…« Warten wir also ab.

Pflegeversicherung

Ein Versuch, die unerquickliche Situation der Hilfsbedürftigkeit im Alter finanziell abzudämpfen. Natürlich können Sie sich nicht gegen die Pflegebedürftigkeit versichern, sondern nur Vorsorge für die dann entstehenden Kosten treffen. Aber da die Pflegebedürftigkeit ein Fass ohne Boden ist, versuchen sich die Krankenversicherer abzusichern und koppeln die Auszahlung an Pflegestufen, die der Medizinische Dienst der Krankenkassen attestieren muss. Das tut er nicht so leicht, bei körperlicher Beeinträchtigung bekommt man eher eine Pflegestufe als bei geistiger. Es kann also passieren, dass Sie, oder meistens eher Ihre Angehörigen, das dringende Bedürfnis nach Unterstützung bei Ihrer Pflege haben, das Geld aber noch lange nicht fließt. Natürlich können Sie gegen die Entscheidung des Medizinischen Dienstes Widerspruch einlegen, aber auch das dauert.

Placebo

Placebo ist als Substanz definiert, die nach heutigem medizinischen Wissen nicht pharmakologisch wirkt. Das sind meistens Zuckertabletten, die so aussehen wie das »richtige« Präparat. Weil Patienten und Behandler daran glauben, haben diese Placebo-Tabletten trotzdem bei vielen Patienten einen positiven Effekt. Dieser Effekt wurde in Zulassungsstudien für neue Medikamente gefunden, in denen die eine Gruppe Placebo, die andere das wirksame Medikament bekam, ohne dass Patienten oder Behandler das wussten – daher »doppelblind«. Dieses Prinzip ist aber nicht nur in Zulassungsstudien wirksam, sondern immer, wenn ein Arzt irgendein Medikament verschreibt, an das er glaubt, und der Patient diesen Glauben übernimmt. In der Praxis lässt sich der Placebo-Effekt vom pharmakologischen Effekt, also der tatsächlichen chemischen Wirkung an Gehirn oder anderen Organen, nicht trennen. Wie auch immer Wirkungen vermittelt sind, für Sie als Patienten ist entscheidend, ob ein Medikament wirkt, Ihnen also hilft. Wenn es das nicht tut, sollten Sie und Ihr Arzt das absetzen und etwas anderes probieren.

Prävalenz

Wie häufig eine Krankheit in der Bevölkerung auftritt, kann man nur ganz schwer herausfinden. So heißt es zum Beispiel immer mal wieder, dass diese oder jene Krankheit, in jüngster Zeit zum Beispiel Depression oder Burnout, zunähme. Das kann aber keiner wissen! Denn wenn mehr Menschen zum Arzt gehen – und daher kommt dieser Eindruck –, kann das außer bei einer Epidemie auch den Grund haben, dass sich das Hilfesuchverhalten ändert. Bei vielen psychischen Störungen kommen die Menschen offenbar zunächst nicht auf die Idee, dass das, was sie erleben, ein Symptom ist und dass sie deswegen ärztliche Hilfe in Anspruch nehmen könnten. Wenn die Freundin oder der Kollege aber darüber berichten oder die Zeitung darüber schreibt, entdecken Sie als Betroffene/r diese Möglichkeit, zum Arzt zu gehen, neu. Da das dann viele tun, entsteht der Eindruck, die Störung komme häufiger vor.

Wenn man wirklich wissen will, wie häufig Störungen sind, dann muss man eine sogenannte epidemiologische Untersuchung machen, was hierzulande wegen des Datenschutzes fast ausgeschlossen ist. Epidemiologisch geht man zum Beispiel so vor, dass man einen bestimmten Geburtsjahrgang möglichst vollständig erfasst und über die Jahre zu festen Zeitpunkten alle Personen dieses Jahrgangs wieder untersucht. So kann man feststellen, bei wie vielen die eine oder die andere Krankheit aufgetreten ist. Dann setzt man die Zahl der Erkrankten in Bezug zur Gesamtzahl der Personen des Jahrgangs und bekommt so die Prävalenz. Eine Prävalenz von 20 Prozent besagt, dass 20 von 100 Personen des Jahrgangs an einer Störung, zum Beispiel einer Depression, erkrankt sind. Wenn man es etwas weniger aufwändig machen will, »zieht« man zu einem bestimmten Zeitpunkt eine »repräsentative« Stichprobe aus der Bevölkerung und schaut da, wie die Verteilung von Gesunden und Kranken ist.

Prävention

Krankheiten nicht bekommen, sondern verhüten – das wäre es!

Passiert nur selten. Allerdings ist das auch nicht so einfach, denn außer sehr allgemeinen Präventionsmaßnahmen – genug schlafen, nicht zu viel arbeiten, Alkohol nur sehr mäßig trinken- könnten Sie nur dann gezielt präventiv tätig werden, wenn Sie wüssten, für welche Krankheit Sie empfindlich sind. Das wissen Sie sicher aber erst, wenn Sie daran erkrankt waren. Primärprävention – die Krankheit überhaupt verhindern – können Sie da schon nicht mehr betreiben, aber immerhin Sekundärprävention. Wenn alle, die einmal – nicht nur – psychisch erkrankt waren, das auch täten, wäre viel gewonnen. Aber oft wollen Sie den ganzen Kram nur vergessen und sich nicht noch darum kümmern, was Ihre Krankheit ausgelöst hat und was Sie dagegen tun könnten.

Was denn?

Bei Depressionen erst einmal die Antidepressiva mindestens ein halbes Jahr weiternehmen, nachdem es Ihnen richtig gut geht, nicht leicht, aber möglich, wenn Sie den Sinn einsehen. Oft ist es sinnvoll, sich in einer Psychotherapie damit auseinanderzusetzen, was die Depression denn nun ausgelöst hat.

Bei bipolaren Störungen muss es ein Prophylaktikum, am besten Lithium, sein, über Jahre! Aber auch das müssen Sie erst einmal einsehen. Manche brauchen drei oder vier Phasen (Depression + Manie) dafür.

Bei Psychosen sollten Sie die Medikamente erst einmal für ein halbes Jahr nehmen, dann können Sie sie vorsichtig absetzen. Prophylaktisch sinnvoll wäre, sie weiter zu nehmen.

Bei der Alkoholkrankheit heißt Sekundärprävention, alles zu tun, dass man trocken bleibt, Selbsthilfegruppe, Entwöhnungstherapie, das ganze Programm.

Und so weiter …

Prognose

Noch schwieriger als die Prävalenz! Wenn man es solide machen will, ist das im Einzelfall ein fast unlösbares Problem. Was die Medizin über Krankheitsverläufe weiß, stammt aus Beobachtungen, die zusammengefasst und statistisch ausgewertet wurden. Daher weiß man, dass bestimmte Formen der Schizophrenie einer besseren oder schlechteren Verlauf haben, kennt die Verläufe von Depression, Demenz etc. Wenn Sie mal solche Untersuchungen in die Hand bekommen, werden Sie feststellen, dass die dort angegebenen Mittelwerte zum Teil enorme Abweichungen zeigen, bedingt durch einzelne Verläufe, die eben weit vom Mittelwert entfernt sind. Daraus folgt, dass auch die Psychiatrie nur sehr allgemeine prognostische Hinweise geben kann.

Prophylaxe siehe Prävention

Psychiater

Der Arzt für Psychiatrie und Psychotherapie hat Medizin studiert und nach seiner Zulassung (Approbation) in psychiatrischen Kliniken und Ambulanzen gearbeitet, bis er sich zum »Arzt für Psychiatrie und Psychotherapie« spezialisiert hat. Welche Art von Psychotherapie er ausübt, kann man diesem Titel nicht ansehen.

Psychoedukation

bedeutet Erziehung über die Seele; fester Anteil in den störungsspezifischen Psychotherapien, in dem Wissen über die Störung vermittelt wird. Das ist deswegen sinnvoll, weil viele Betroffene nichts über ihre Störung wissen und sich deswegen in wilden Spekulationen ergehen. Was das ist, wie man es behandeln kann, wie der Verlauf wahrscheinlich sein wird, sind wichtige Inhalte der Psychoedukation.

Psychosomatik

Eigentlich bedeutet der Begriff, dass man sich mit den seelischen Ursachen von körperlichen Erkrankungen beschäftigt, klassischerweise mit Stresserkrankungen, Asthma, Magenbeschwerden oder Neurodermitis. Aus historischen Gründen waren Psychosomatiker meistens psychoanalytisch oder tiefenpsychologisch ausgerichtet. Das hat sich geändert: Die heute so genannten psychosomatischen Kliniken machen vielfach Psychiatrie light, also die Behandlung von psychiatrischen Diagnosen, außer den ganz schwer kranken, chronifizierten Patienten: Burnout, Depression, Angst, Sucht. Meistens in Einbettzimmern und in schöner Umgebung.

Psychose
Der Ausdruck ist nicht ganz scharf definiert. Einerseits eine Bezeichnung für besonders schwere psychiatrische Störungen, Alkoholentzugsdelir, schwere Depressionen, schwere bipolare Störungen und natürlich die schizophrenen Störungen, andererseits die Störungen, die mit Wahn, Halluzinationen einhergehen. Bei dem Begriff schwingt auch mit, dass es sich um eine schwere Störung handelt, die oft zur Desintegration der Persönlichkeit führen kann.

Psychotherapeut
Er hat eine Psychotherapieausbildung gemacht, als Psychiater, als anderer Facharzt, aber auch als Psychologe. Und jetzt übt er Psychotherapie aus, Verhaltenstherapie, Tiefenpsychologie, Gesprächstherapie oder auch störungsspezifische Verfahren.

Pubertät
Das ist natürlich keine psychiatrische Störung, sondern ein normaler Zustand, durch den jeder Mensch geht. Aber die Pubertät stellt große Herausforderungen an die pubertierenden Jugendlichen und die ihnen nahestehenden Erwachsenen. Der Grund liegt darin, dass das ziemlich schlagartige Anfluten der Geschlechtshormone eine Neuvernetzung von Nervenzellen mit sich bringt. Selbstverständliches ist nicht mehr selbstverständlich, vor allem im engeren zwischenmenschlichen Bereich und in den sozialen Bezügen. Da die Vernetzung von Nervenzellen nicht nur hormonellen Einflüssen unterliegt, sondern vor allem durch Lernvorgänge geprägt wird,

wäre es schon wichtig, auch und gerade in der Pubertät stabile Beziehungsstrukturen aufrechtzuerhalten, was aber nur funktionieren kann, wenn sich die Erwachsenen verlässlich und konsequent verhalten und gleichzeitig flexibel auf die geänderten Kommunikationsstile der Jugendlichen eingehen. Eine echte Herausforderung unseres Lebens!

Rehabilitation

Wiederherstellung des körperlichen oder seelischen Zustandes vor einer Krankheit.

Allerdings kommt man mit dieser Definition nicht sehr weit. Im Allgemeinen wird als Rehabilitation der Teil der Behandlung bezeichnet, der sich an die Akutbehandlung anschließt. Nach operativen Behandlungen in Chirurgie und Orthopädie werden die Patienten in die »Reha« verlegt, Ziel ist die Überbrückung zwischen der durch die DRGs finanziell abgedeckten Krankenhausbehandlung und der Entlassung nach Hause, zu der Patienten doch stabiler und selbstständiger sein müssen als nach den drei bis sieben Tagen, die ihnen zur Akutbehandlung noch zugebilligt werden. In diesen Fällen ist die Koppelung zwischen Akutbehandlung und Rehabilitation sehr direkt, die Verlegung in die Rehabilitation erfolgt reibungslos, da sonst die Akuthäuser die Patienten unter Umständen unwirtschaftlich lang behalten müssten. Diese Rehabilitation wird auch von den Krankenkassen bezahlt.

Bei den psychiatrischen und psychosomatischen Störungen ist die Rehabilitation der Akutbehandlung qualitativ und finanziell deutlich nachgeordnet, ihre Finanzierung erfolgt auch nicht mehr durch die Krankenkassen, sondern durch den Rentenversicherungsträger, die Bundesanstalt für Angestellte. Das in diesen Fällen notwendige Antragsverfahren ist deutlich zeitaufwendiger, weswegen es gerade bei den Suchtkranken zu therapeutisch sinnlosen und rückfallgefährdeten Wartezeiten kommt. Die Stigmatisierung ist oft nur schwer zu entdecken.

Resilienz

Widerstandsfähigkeit, gegen Störungen. Warum der eine sehr schnell, der andere dagegen gar nicht an einer Störung erkrankt, lässt sich oft nicht schlüssig erklären. Resilienz fasst das Gesundheitserhaltende zusammen.

Restless legs

»Unruhige Beine« machen sich immer dann bemerkbar, wenn Sie müde sind und einschlafen wollen. Gerade wenn Sie sich entspannen, entsteht ein quälender Drang, sich zu bewegen, besonders die Beine, der eigentlich nur verschwindet, sobald Sie sich richtig bewegen – was aber mit dem Schlafen nicht vereinbar ist. Aus den »unruhigen Beinen« kann sich ohne Behandlung eine schwere Schlafstörung entwickeln, weswegen Sie mit solchen Beschwerden einen spezialisierten Schlafmediziner aufsuchen sollten.

Rückfall

Zurückfallen tun Sie, wenn es Ihnen besser geht, Sie aber noch nicht ganz von der aktuellen Krankheitsepisode genesen sind, zum Beispiel, weil Sie die Medikamente zu früh reduzieren oder weil neue Belastungsfaktoren hinzukommen (Relapse). Wenn Sie nach einer akuten Erkrankung wieder ganz gesund sind, die Medikamente nach einem halben Jahr reduziert und schließlich ganz abgesetzt haben und dann nach einigen Monaten oder Jahren in Folge neuer Belastungskonstellationen wieder erkranken, dann ist das eine Wiedererkrankung (Rezidiv).

Schizophren

ist nicht das, was auch in guten Zeitungen gelegentlich mit diesem Ausdruck bezeichnet wird, nämlich: dass sich ein Mensch höchst widersprüchlich verhält. Das ist normal. Schizophren ist also auch nicht, wenn die SPD kurz vor den entscheidenden Koalitionsverhandlungen mit der Union beschließt, zukünftig mit der Linkspartei zusammenzugehen. So was würde kein schizophrener Patient tun. Schizophren sollte man also nicht irgendwelche Formen von Alltagsverhalten nennen, bloß weil man sie nicht versteht. Die Schizophrenie ist eine schwere Krankheit, und die Betroffenen haben meist alle Hände voll zu tun, mit sich und dem ganz alltäglichen Leben klar zu kommen.

Schlafapnoe

Nächtliche Atemstillstände; sie treten oft, aber keineswegs immer bei übergewichtigen Menschen auf und gehen meistens mit starkem Schnarchen einher. Angehörige werden zunächst durch das Schnarchen gestört; wenn sie nicht sofort die Flucht in ein getrenntes Schlafzimmer angetreten haben, werden sie irgendwann noch viel stärker genervt, weil die Atmung völlig aussetzt, sie schon das Schlimmste befürchten, bis dann nach einem gewaltigen Schnarcher weitergeatmet wird. Die Schlafapnoe stellt ein erhebliches Risiko für Herz- und Kreislauf-Erkrankungen dar, die starke Tagesmüdigkeit eine Gefährdung der Verkehrssicherheit. Sie muss diagnostiziert – im Schlaflabor oder in spezialisierten Praxen – und behandelt werden mit einer Atemmaske, die ebenfalls im Schlaflabor angepasst werden muss.

Schlafstadien

Der normale Schlaf läuft sehr regelmäßig in bestimmten Schlafstadien ab. Um diese zu erkennen, muss man einen ziemlichen Aufwand betreiben: In einem Schlaflabor werden Ihre Hirnstromkurve, die Augenbewegungen, die Muskelspannung und die Atmung abgeleitet. Durch eine heute meist computerisierte Auswertung kann man bestimmte »Muster« dieser Messgrößen feststellen, die den einzelnen Schlafstadien entsprechen. Stadium I und II entsprechen dem leichten Schlaf, während die Stadien III und IV Tiefschlaf genannt werden. Und dann gibt es noch das Stadium der schnellen Augenbewegungen (Rapid Eye Movements REM), das nach einer schnellen Pendelbewegung der Augen während dieser Schlafphase benannt ist. Wenn Sie regelmäßig zu bestimmten Zeiten ins Bett gehen und aufstehen, kommen Sie nach dem Einschlafen ziemlich schnell in den Tiefschlaf, der das erste Nachtdrittel dominiert. Diesen Schlaf brauchen Sie, um sich erquickt zu fühlen. In den letzten zwei Dritteln, dominiert der leichtere Schlaf, immer wieder von den gegen Morgen häufigeren REM-Phasen unterbrochen. Der REM-Schlaf und der Wachzustand sind sehr ähnlich, während des REM-Schlafs ist aber die Muskelspannung extrem herabgesetzt, so dass man fast von einer Lähmung sprechen könnte. Der Grund liegt möglicherweise darin, dass wir im REM-Schlaf besonders aktiv zu träumen scheinen – tatsächlich träumen wir in allen Schlafstadien – und die Lähmung sich als evolutionärer Vorteil erwies ,damit unsere Vorfahren nicht wegen intensiven Träumens von den Bäumen fielen, auf denen sie sicherheitshalber zu nächtigen pflegten.

Bei vielen psychischen Störungen kommt es zu Schlafstörungen, oft sind diese eine erster Hinweis auf eine nahende Störung. Dabei verschiebt sich auch das Verhältnis der Schlafstadien: In der Depression nimmt zum Beispiel der REM-Schlaf stark zu, manchmal tritt er sogar gleich nach dem Einschlafen auf, während der Tiefschlaf vermindert oder gar nicht mehr vorhanden ist. Andere Erkrankungen beruhen wahrscheinlich auf einer Störung im Gleichgewicht zwischen den verschiedenen Schlafstadien, etwa die sogenannte Narkolepsie, die als REM-Schlafstörung gilt, bei der es zu extremer Tagesmüdigkeit kommt, verbunden mit der Neigung, jäh und plötzlich den Muskeltonus zu verlieren , hinzustürzen und einzuschlafen.

Schlafstörungen

sind dann ein Problem, wenn sie über Wochen und Monate auftreten. Es gibt Einschlafstörungen, wenn man seine Tagessorgen mit ins Bett nimmt, häufiger Durchschlafstörungen und morgendliches Früherwachen. Letztere können Ausdruck von zu großem Stress sein und erste Hinweise auf Depressionen oder Psychosen.

Schweigepflicht

Eine wesentliche Voraussetzung, dass Sie sich trauen, Ihrem Arzt beängstigende, peinliche oder potenziell gefährliche Gedanken anzuvertrauen.

Ich glaube, dass ein Psychiater die Schweigepflicht überhaupt nicht ernst genug nehmen kann. So kenne ich meine Patienten in der

Öffentlichkeit nicht, wenn sie nicht auf mich zugehen, erwähne ihre Namen nicht vor meiner Partnerin. Die Schweigepflicht darf gebrochen werden, wenn es gilt, ein unmittelbar bevorstehendes Kapitalverbrechen oder einen Suizid zu verhindern. So ist die Bemerkung: »Irgendwann bringe ich meinen Chef noch um« kein Grund zum Bruch der Schweigepflicht, auch ein bereits begangenes und Ihnen »gebeichtetes« Kapitalverbrechen darf zur Erleichterung der Polizeiarbeit nicht weiterberichtet werden.

Als Patient müssen Sie sich schon überlegen, wann, für welchen Zeitraum und wem gegenüber Sie Ihren Arzt von der Schweigepflicht entbinden, denn dann muss er reden. Der Gutachter unterliegt nicht der Schweigepflicht, was er Ihnen auch sagen muss.

Seele

Beim Reden über die Seele bin ich schon heftig Theologen und Philosophen ins Gehege gekommen, jeder will die Seele als »seins« haben. Das Ausweichen auf die »Psyche« (*Psych*iater, *Psych*ologen, *Psych*otherapie) ist nur ein Trick.

Ein Versuch: Unsere Seele ist Ausdruck der Komplexität unseres Gehirns.

Viele sagen jetzt, das sei eine unzulässige Reduktion, Seele sei ja viel, viel mehr. Seele ist so groß und weit, weiter als unsere Vorstellungskraft allemal – doch so ist auch das, was unser Gehirn hervorbringt, in der Auseinandersetzung mit uns selbst und der Welt, die wir schaffen und wahrnehmen. Die Seele wirkt so weit und groß und manchem durchaus ungeheuer, weil wir sie nicht kontrollieren können. Irgendwie ist das aber auch eine Chance.

All das schließt nicht aus, dass es Seelenräume gibt, die noch viel weiter sind und die über das hinausgehen, was unser Gehirn hervorbringt. Dass der Physiknobelpreisträger Werner Heisenberg regelmäßig sonntags in die Kirche ging, war keineswegs Ausdruck von Senilität.

Aber, um mit Wittgenstein auch noch einen Philosophen zu Wort kommen zu lassen: Worüber man nicht sprechen kann, darüber muss man schweigen. Über das Gehirn kann man sprechen, immerhin.

Selbstgefährdung siehe Suizidal

Selbstgefühl
Das gute! Ist nicht selbstverständlich. Wie man sich in seiner Umgebung, mit und gegenüber seinen Mitmenschen fühlt, merkt man fast gar nicht, wenn alles in Ordnung ist, aber sehr wohl, wenn man an sich zweifelt. Das tun vor allem depressive Menschen oder solche, die auf dem Weg dahin sind, und – Frauen! Ich habe mich immer wieder gewundert, wie verlegen nicht depressive Frauen, die viel leisteten, auf die Frage nach dem Selbstgefühl reagierten. Männer sind schon viel eher mal von sich selbst überzeugt.

Selbsthilfegruppen
gibt es mittlerweile für viele chronische Erkrankungen, und das scheint auch gut so zu sein, denn bei chronischen Störungen ist der Service durch Krankenkassen, Krankenhäuser und Ärzte nicht automatisch so richtig berauschend. Deshalb bringt es viel, sich mit LeidensgenossInnen auszutauschen. Der Prototyp waren wohl die Selbsthilfegruppen der Alkoholkranken, am bekanntesten die »Anonymen Alkoholiker«. Ich weiß noch sehr genau, wie erstaunt ich war, als ich einmal mit zwei dieser unauffällig gepflegten Herren zusammentraf, dass sie nichts, aber überhaupt gar nichts von chronischen Alkoholikern an sich hatten. Da war ich wohl einer dieser beliebten Stigmatisierungen aufgesessen! Selbsthilfegruppen sind eine der effektivsten Methoden, trocken zu bleiben beziehungsweise nach einem Rückfall schnell wieder auf die Füße zu kommen. Trotzdem sind die Berührungsängste bei denen groß, die damit noch keine Erfahrungen haben, obwohl sie sie dringend bräuchten.

Serotonin
Ein wichtiger Neurotransmitter, dessen Bedeutung schwer auf einen Nenner zu bringen ist: Ein niedriger Serotoninspiegel im Gehirn kommt bei Depressionen vor, aber auch bei Suizidalität und heftigen Aggressionen …

Sexualität
Eine der wichtigsten Sachen im Leben, viele reden nicht gerne ernsthaft darüber, Witze werden aber jede Menge darüber gemacht.

Soziales Netzwerk
Für höhere Lebewesen und erst recht für Menschen ist die Vernetzung mit anderen lange vor Facebook ein grundlegendes Verhaltensmuster. Und zwar viel stärker, als es uns bewusst ist. Das Ausmaß der Vernetzung wird durch Störungen beeinflusst, Menschen mit schizophrenen Psychosen reduzieren ihre Bekanntschaften zum Teil radikal, in der Depression ist es auch nicht so leicht. Noch interessanter ist, dass die Verteilung von Schlafstörungen dem sozialen Netzwerk folgt: Wenn einer Schlafstörungen hat, haben meist auch viele in seinem sozialen Umfeld Schlafstörungen, und auch die Auswahl der Schlafmittel folgt den Gepflogenheiten im umgebenden Netz. Das lässt sich bis jetzt nicht erklären. Noch interessanter erscheint mir, dass nicht nur Verhaltensweisen dem sozialen Netz folgen, sondern zum Beispiel auch Herz-Kreislauf-Erkrankungen und ihre Risikofaktoren.

Sozialpsychiatrischer Dienst
Bei psychiatrischen Störungen entsteht bald die Notwendigkeit, die oft beschädigten sozialen Bezüge wieder herzustellen. Für das reale Leben ist das oft wichtiger als Diagnose und Therapie. Zur Umsetzung der im Gesetz für psychisch Kranke vorgesehenen Hilfen haben Bund und Länder die Sozialpsychiatrischen Dienste eingerichtet, zu denen jeder Bürger gehen und sich über seine Störung und die Behandlungsmöglichkeiten beraten lassen kann. Diese Dienste sollte es dann auch in jeder Stadt und jedem Kreis geben.

Spätdyskinesie
Schwerste, sehr auffällige Bewegungsstörung, die auch lange Zeit (daher »Spät-«!) nach der Gabe von typischen Antipsychotika auftreten kann. Die Häufigkeit liegt bei zirka 10 Prozent. Auch wenn diese Nebenwirkung von den Betroffenen meist weniger dramatisch

erlebt wird als von Außenstehenden, muss sie natürlich aufgeklärt werden. Die Behandlung ist kompliziert und setzt erhebliche neuropsychiatrische Kenntnisse voraus, da sowohl die Bewegungsstörung als auch die häufig chronifizierte psychiatrische Symptomatik behandelt werden muss.

Spontanverlauf

Wie eine Krankheit ohne Behandlung verlaufen würde. Im Allgemeinen hält man das Abwarten des Spontanverlaufs für unethisch, weil man dem Patienten die theoretisch verfügbare Hilfe vorenthält. Dabei lässt man aber außer Acht, dass es immer wieder eindrucksvolle Spontanverläufe zum Besseren gibt. Der Spontanverlauf entspricht nicht dem Verlauf nach der Gabe von Placebo, weil da ja ein zwar nicht immer, aber oft wirksames Behandlungsprinzip angewandt wird.

Stigma

Marke, die einen kenntlich macht; der Begriff wurde durch die Wundmarken Christi etabliert.

In ähnlicher Weise können bestimmte Auffälligkeiten psychisch Kranke für die Außenstehenden kenntlich machen, was zu ihrem Ausschluss aus den normalen gesellschaftlichen Netzwerken führen kann, also zur Stigmatisierung. In Weiterführung dieses Gedankengangs stigmatisiert schon das Bekanntwerden einer psychiatrischen Diagnose, auch wenn die oder der Betroffene sich überhaupt nicht anders verhält als seine Mitbürger. Stigmatisierung führt oft zur Diskriminierung psychisch Kranker.

Störung

In der aktuellen Wikipedia-Definition findet sich: »Als psychische Störungen gelten gravierende Abweichungen des Erlebens und/ oder Verhaltens, wie sie in der ICD-10 und im DSM-IV beschrieben werden. Zu den psychischen Störungen gehören auch Störungen mit organischer Ursache sowie Sprach- und Sprechstörungen.« Da Krankheiten gerade im seelischen Bereich nicht immer präzise zu definieren sind, weil zur Krankheit auch das Leiden gehört, viele seelisch Kranke aber zumindest an ihren Symptomen gar nicht leiden, hat man mit dem Begriff »Störung« einen Ausweg gesucht.

Stress

Der Begriff wird heutzutage überwiegend negativ gebraucht, was nicht gerechtfertigt ist. Denn die evolutionäre Entwicklung von Tieren und natürlich auch Menschen wäre durch die erfolgreiche Bewältigung der verschiedensten Stressoren nicht denkbar gewesen. Die normale Stressantwort setzt sich aus einer Aktivierungsphase, mit Puls- und Blutdruckanstieg, Steigerung der Muskelstärke, aber auch der Nervenzellübertragung, und einer Entspannungsphase zusammen, wenn der Stressor bewältigt ist oder man ihm entfliehen konnte. Solche Situationen waren das Entkommen aus einer Bedrohung, die Jagd von Beutetieren, kämpferische Auseinandersetzungen aller Art. Die Folge aus Aktivierung und Entspannung wird als Eustress bezeichnet. Disstress (der schlechte Stress) entsteht, wenn trotz der Aktivierung der Stressor nicht zu beseitigen ist, der Stress also chronisch wird. Solche Situationen sind in unserer heutigen Zivilisation häufig, in belastenden, doch dauerhaft nicht lösbaren Arbeitssituationen, aber auch bei chronischen Partnerschaftsproblemen.

Stressmechanismen stehen in Wechselwirkungen mit vielen Hormonen und Überträgersubstanzen, deren Regulation sie verändern können. Das bekannteste – und wahrscheinlich wichtigste – Hormonsystem ist die sogenannte Hypothalamus–Hypophysen-Nebennieren-Achse: Stress beginnt im Gehirn, und über das Zwischenhirn (Hypothalamus) werden Vorläufersubstanzen freigesetzt, die in der Hirnanhangsdrüse (Hypophyse) ein Hormon freisetzen, das schließlich in der Nebennierenrinde die Freisetzung der Kortiko-steroide aktiviert. Wenn diese nach erfolgreicher Stressbewältigung im Gehirn anfluten, leiten sie die Erholungsphase ein. Wenn sie aber bei chronischem Stress dauerhaft erhöht bleiben, werden ihre Bindungsstellen an den Nervenzellen inaktiviert, und das System kommt überhaupt nicht mehr zur Ruhe. Dieser Zustand ist zum

Beispiel für den Beginn einer Depression typisch. Viele Details dieses faszinierenden Systems wurden vom Leiter des Max-Planck-Instituts für Psychiatrie, Florian Holsboer, und seinen Mitarbeitern gefunden.

Suchtberatung
Suchterkrankungen – Alkohol, Medikamente, Drogen – werden zwar in unserem Medizinsystem behandelt. Bis es dahin kommt, ist meist eine erhebliche Informations- und Motivationsarbeit nötig. Diese wird von den Suchtberatungsstellen gemacht, die zu diesem Zweck von Verbänden und Gemeinden betrieben werden.

Suizidal
Neigung, sich das Leben zu nehmen; diese kann sehr unterschiedlich sein und vom gelegentlichen Gedanken, dass das Leben doch nicht mehr lebenswert sei, bis zum voll ausgeplanten Selbstmord reichen. Suizidalität ist grundsätzlich sehr ernst zu nehmen und bedarf der Behandlung durch Fachleute. Die Unterscheidung zwischen demonstrativen (»der tut nur so«) und ernst gemeinten Suizidhandlungen ist absurd: Jeder in der Psychiatrie Tätige kennt bis ins letzte Detail als demonstrativ geplante Scheinsuizidhandlungen, die tragischerweise gelingen, weil die Betroffenen irgendwelche banalen Details außer Acht ließen, oder aber todernst gemeinte Selbstmorde, die aus eben diesem Grunde »schiefgegangen« sind. Das Leben wie seine Beendigung sind eben komplex. Deswegen sollte jeder Suizidpatient, so er überlebt, einem Psychiater vorgestellt und in den meisten Fällen stationär behandelt werden. Das unbehandelte Überleben eines Suizidversuchs gilt als erhöhtes Risiko für einen späteren »erfolgreichen« Suizid. Außerdem haben Kinder von Menschen, die sich das Leben nehmen oder das versuchen, ebenfalls ein erhöhtes Risiko. Das mag genetisch bedingt sein, wahrscheinlicher erscheint mir die Erklärung, dass die Möglichkeit des Suizids für diejenigen, die das erlebt haben, eben viel näher liegen.

Supervision

Ein erfahrener Psychotherapeut »schaut drauf«, was der unerfahrene macht, und diskutiert seine Beobachtungen mit dem Psychotherapie-Anwärter. Diese Rückmeldung ist sehr wichtig, um sinnvolle Alternativen zu den eigenen Therapieversuchen zu erlernen. Daher nimmt man die Therapien zu diesem Zweck auf Tonträger oder Video auf. Der Patient muss natürlich damit einverstanden sein, dass dies geschieht und dass die durch die Schweigepflicht geschützten Informationen mit einem Dritten besprochen werden.

Supervision ist in der Ausbildung unabdingbar, aber auch erfahrene Psychotherapeuten sollten die Möglichkeit haben, schwierige Therapieverläufe mit erfahrenen Kollegen zu besprechen.

Symptom

Eine einzelne Veränderung des Fühlens, Denkens, Wahrnehmens, definiert und beschrieben in den Klassifikationssystemen. Ein einzelnes Symptom macht noch keine Diagnose oder Störung oder Krankheit. Mehrere Symptome lassen sich gegebenenfalls zu einem Syndrom zusammenfassen.

Syndrom

Das gemeinsame Auftreten mehrerer typischer Symptome gibt einen deutlichen Hinweis auf eine Diagnose. In den heutigen Klassifikationssystemen bedarf es zur Diagnosestellung noch eines Zeitkriteriums, das heißt, das Syndrom muss so und so lange existieren, und des Fehlens von Ausschlusskriterien.

Telefonseelsorge

Sie können tatsächlich Tag und Nacht bei bestimmten Telefonnummern anrufen und sich mit einem kompetenten Gegenüber über Ihre seelischen oder existenziellen Nöte unterhalten. Das sollten Sie tun, wenn Sie plötzlich nicht weiter wissen. Wenn dieses Nichtweiterwissen sich allmählich entwickelt, ist es wahrscheinlich sinnvoller – und gegenüber dem Telefonseelsorger fairer –, wenn Sie sich beizeiten einen Psychiater oder Psychotherapeuten suchen, mit dem Sie gegen Kassenschein oder Bezahlung Ihre Probleme klären können.

Therapie, Therapeut
Eigentlich jede Art von Behandlung, in Körpermedizin und Psychofächern. Der Begriff »Therapeut« wird fast ausschließlich für die Psychotherapie gebraucht, gilt also für entsprechend ausgebildete Ärzte und Psychologen.

Toxizität
Im Prinzip macht die Dosis die Giftigkeit, aber es gibt Substanzen, bei denen höhere Dosierungen harmlos, und andere, bei denen sie tödlich sind. Bei den Antidepressiva gilt Ersteres für die SSRIs, Letzteres für die Trizyklika. In vielen Fällen, so auch dem Alkohol, trägt auch die Dauer des Gebrauchs zur Toxizität bei, und viele wissen nicht, dass er keineswegs nur die Leber organtoxisch verändert, sondern beispielsweise auch Herz und Lunge.

Trauma
bedeutet eigentlich Verletzung. Im seelischen Bereich kann einen Vieles verletzen, ohne dass es deswegen zum Trauma werden muss. Um zu einer posttraumatischen Störung zu werden, muss ein Trauma auf ein »kurz oder lang anhaltendes Ereignis oder Geschehen von außergewöhnlicher Bedrohung oder mit katastrophalem Ausmaß …« zurückzuführen sein, »das nahezu bei jedem tiefgreifende Verzweiflung auslösen würde«. Und auch dann entwickelt nur einer von Vieren eine posttraumatische Störung. Diese Art von Trauma verändert das Leben grundsätzlich zum Schlechteren, wenn keine Therapie erfolgt. Am nachhaltigsten traumatisiert waren die Opfer der Konzentrationslager, aber auch die Kriegsteilnehmer auf allen Seiten, in unserer zivilisierteren Gesellschaft sind es Lokführer, Polizisten, Feuerwehrleute, Vergewaltigungsopfer und – Kinder, die durch ihre Eltern missbraucht werden.

Trialog

Eine Gesprächsform, die sich insbesondere bei chronisch schizophrenen Patienten bewährt hat, weil sich herausstellte, dass der Dialog zwischen Patienten und Arzt für das konkrete Leben häufig erst dann tragfähig wird, wenn auch die Angehörigen einbezogen werden, die viele Aspekte der Verantwortung übernehmen.

Überträgersubstanz

Nervenzellen verarbeiten ihre Informationen vor allem auf elektrischem Wege. Aber die Kommunikation zwischen ihnen funktioniert meistens nicht elektrisch, sondern an der Verbindungsstelle zwischen zwei Nervenzellen (»Synapse«) setzt der ankommende elektrische Impuls einer Nervenzelle, die Freisetzung einer oder mehrerer Überträgersubstanzen (Azetylcholin, Noradrenalin, Serotonin, Dopamin und viele Peptide) in Gang, die den Synaptischen Spalt überquert und an der Zellmembran der nächsten Zelle wiederum die Umwandlung des chemischen in ein elektrisches Signal in Gang bringt.

Überträgersubstanzen spielen eine große Rolle in der Theorie (!) seelischer Störungen: Man nimmt mit mehr oder weniger guten Gründen an, dass bei der Depression Noradrenalin und Serotonin vermindert seien, dass bei Psychosen Dopamin vermehrt sei und dass bei der Alzheimerschen Erkrankung vor allem das Azetylcholin vermehrt sei. Gerade bei der Entwicklung neuer Medikamente waren diese Theorien fruchtbar. Da heute schon lange keine neuen Substanzen mehr entwickelt werden, sind auch die Theorien weniger populär geworden, und man muss ja zugestehen, dass auch heute niemand die Überträgersubstanz im Synaptischen Spalt messen kann und dies in den guten alten Zeiten der biologischen Psychiatrie schon gar nicht konnte.

Unterbringung

Wie so oft in der Psychiatrie steckt auch hinter diesem Begriff mehr, als seine Schlichtheit vermuten lässt: Es geht darum, dass ein Mensch gegen seinen Willen aufgrund einer richterlichen Entscheidung, möglichst nach Hinzuziehung eines ärztlichen Gutachtens, auf einer meist geschlossenen psychiatrischen Station untergebracht wird.

Verkehrstüchtigkeit
Je nach Verkehrsmittel gefährden Sie sich und andere unterschiedlich stark, wenn Sie in nicht fahrtüchtigem Zustand am Straßenverkehr teilnehmen. Ihre Fahrtüchtigkeit kann durch Ihre seelische Störung oder durch Medikamente, die Sie deswegen einnehmen, oder durch beides beeinträchtigt sein. Da die rechtlichen Regelungen sehr unübersichtlich sind und die ohnehin nicht sehr zahlungsfreudigen Versicherungen völlig blockieren, sobald bei einem Unfall Medikamente im Spiel zu sein scheinen, egal, wer nun schuld ist, sollten Sie extrem zurückhaltend sein, mit neu verordneten Medikamenten Auto, Motorrad oder auch Fahrrad zu fahren. Eine weit verbreitete Praxis besagt, dass eine über drei Monate stabile Medikation, an die Sie sich gewöhnt haben, eine Verkehrsteilnahme erlaubt. Eine andere Alternative wäre eine verkehrspsychologische Testung unter Medikation, denn natürlich gibt es Medikamente, die die Fahrtüchtigkeit stärker oder schwächer beeinträchtigen.

Vollmacht
Einen anderen Menschen ermächtigen, in einem bestimmten Bereich an Ihrer Stelle und für Sie zu handeln. Dies setzt voraus, dass beide Personen geschäftsfähig sind. Wenn man, etwa im Rahmen einer Demenz, nicht mehr geschäftsfähig ist, kann man auch keine Vollmachten erteilen. Dann bleibt nur die Möglichkeit, durch das Gericht eine Betreuung einrichten zu lassen.

Werther
Literarische Figur, von Johann Wolfgang von Goethe geschaffen (erschienen 1774). Seine Leiden, die in erster Linie Liebesleiden waren, wurden von ihm als so stark empfunden, dass er seinem Leben ein Ende setzte. Dieses Schicksal fand unter Goethes Zeitgenossen enorm viel Interesse und vor allem Nachahmer, die sich nicht nur in ihrer Kleidung an ihrem Vorbild Werther ausrichteten, sondern auch

hinsichtlich des selbst gewählten Todes. Hier kommen die Psychiater ins Spiel, weil die neuzeitliche Version »Die neuen Leiden des jungen W.« von Ulrich Plenzdorf (1975) mitreißend verfilmt und mehrfach im Fernsehen ausgestrahlt wurde. Mit dem Effekt, dass viele die Suizidhandlung des jungen W. nachahmten und sich vor den Zug warfen. Der berühmte deutsche Psychiater Heinz Häfner hatte diese Zusammenhänge untersucht und, nachdem sie feststanden, versucht, eine Wiederausstrahlung zu verhindern; das Zweite Deutsche Fernsehen ließ sich aber unter Hinweis auf die Pressefreiheit nicht davon abbringen, mit dem erwarteten Effekt…

Medikamentenübersicht

Sie finden in Folgenden eine Aufstellung der Medikamente, auf die ich mich im Text beziehe. Es sind die, mit denen ich die meisten Erfahrungen habe. Natürlich gibt es viele im Prinzip gleichwertige Alternativen, aber es würde nur zur Verwirrung führen, wenn ich versuchte, diese alle darzustellen. Und es gibt jede Menge Spezialitäten, die unter besonderen Umständen zur Anwendung kommen können. Auch sie würden diesen Rahmen sprengen.

Die Informationen aus diesem Buch können nur eine erste Orientierung sein, mit deren Hilfe Sie sich besser zurecht finden sollen. Sie ersetzen keinesfalls die im Fall jeder Medikamentennutzung zwingend erforderliche vorherige Absprache mit Ihrem behandelnden Arzt, insbesondere dessen Pflicht zur rechtlich vorgeschriebene Aufklärung, bevor er ein Medikament verschreibt. (Alle diese Medikamente sind verschreibungspflichtig.) Er muss insbesondere auch darauf achten, ob das betreffende Medikament überhaupt für Sie in Betracht kommt, keine Gegenanzeigen gegen die Verschreibung eines Medikamentes bestehen und ob es Wechselwirkungen mit anderen Medikamenten gibt, die Sie schon einnehmen. Gerade Letzteres ist ein sehr komplexes Feld. Für die Nutzung von Medikamenten übernehmen Verlag und Autor keine Haftung.

Bei jedem Medikament behandele ich Merkmale, die für Sie wichtig sein könnten, um sich zu orientieren:
Name, pharmakologische Zuordnung, wichtige Wirkungen, Indikationen, Nebenwirkungen, Dosierung, Besonderheiten.

Name: Ich verwende den sogenannten generischen Namen eines Medikaments; es kann unter verschiedenen »Markennamen« im Handel sein. Ihr Arzt und Ihr Apotheker sind in der Lage, mit diesem Namen umzugehen.

Pharmakologische Zuordnung: Als Nutzer müssen Sie von der Pharmakologie und von der Chemie Ihrer Medikamente nichts verstehen. Aber die entsprechenden Begriffe (z. B. Neuroleptikum, SSRI ...) können Ihnen helfen, die von Ihnen benutzten Medikamente etwa bei Presseberichten wiederzuerkennen oder auch in der für Laien zugänglichen Fachliteratur.

Wichtige Wirkungen: Jedes Medikament hat sehr viele unterschiedliche Wirkungen auf die verschiedenen Organsysteme; für Sie sind jene Wirkungen wichtig, die im Zusammenhang mit Ihrer Störung stehen: Ein Antidepressivum kann bevorzugt auf die Stimmung, den Antrieb, die Unruhe, den Schlaf wirken oder auch nicht.

Indikationen: Wenn Sie diese Störung haben, wäre das Medikament für Sie geeignet beziehungsweise in diesem Fall ist es dafür auch zugelassen.

Nebenwirkungen: Die Wirkungen, die nicht unmittelbar etwas mit Ihrer Störung zu tun haben, nennen wir Nebenwirkungen, auch die Wirkungen auf die Psyche, die Sie eigentlich nicht wollen (Neuroleptika zum Beispiel beeinflussen nicht nur die Symptome der Psychose, sondern auch Ihre Kreativität.)

Dosierung: Die für Sie geeignete Dosis muss immer (!) individuell herausgefunden werden; die hier angegebenen Dosierungen sind allgemeine Richtwerte, damit Sie wissen, wo Sie mit Ihrer Dosierung in etwa liegen. Da die Aufnahme, Verarbeitung und Ausscheidung von Medikamenten sich individuell stark unterscheiden, können solche Standards nach unten oder oben deutlich abweichen. Ältere Menschen brauchen meist viel geringere Dosen als jüngere.

Besonderheiten: Bei fast jedem Medikament gibt es etwas Besonderes zu Wirkung, Nebenwirkung oder Gefährlichkeit zu beachten, was ich an dieser Stelle besonders hervorhebe. Ein Beispiel ist die Frage, ob und wie ein Medikament Ihre Verkehrstüchtigkeit beeinflusst.

Die aufgelisteten Medikamente, die ich im Folgenden einzeln vorstelle, sind in der Psychiatrie meines Erachtens unverzichtbar.

Antidepressiva:
- Amitriptylin
- Imipramin
- Doxepin
- Trimipramin
- Fluoxetin
- Citalopram
- Mirtazapin
- Trazodon
- Venlafaxin
- Duloxetin
- Johanniskraut

Antipsychotika:
- Haloperidol
- Lävomepromazin
- Clozapin
- Olanzapin
- Risperidon
- Aripiprazol

Phasenprophylaktische Medikamente:
- Lithium
- Carbamazepin
- Valproinsäure
- Lamotrigin

Benzodiazepin-Beruhigungsmittel:
- Lorazepam
- Clonazepam

Schmerzmittel und Anti-Migräne-Mittel:
- Azetylsalizylsäure
- Parazetamol
- Metamizol

- Diclofenac
- Sumatriptan
- Verapamil
- Propranolol
- Prednisolon

Anti-Demenz-Mittel

- Memantine

Antidepressiva

Name: Amitriptylin
Pharmakologische Zuordnung:
  sedierendes trizyklisches Antidepressivum
Wichtige Wirkungen:
  antidepressiv, schlafanstoßend, beruhigend
Indikationen:
  schwere, oft auch therapieresistente Depressionen
Nebenwirkungen:
  Mundtrockenheit, Verstopfung, Verlangsamung der Überleitung
  am Herzen
Dosierung:
  Ist individuell anzupassen; wegen der sedierenden Wirkung sollte
  die Hauptdosis am Abend gegeben werden, z. B. 25–25–25–50 mg
Besonderheiten:
  Wegen der ziemlich ausgeprägten Nebenwirkungen sollten Sie
  sich Amitriptylin wirklich nur noch bei schweren Depressionen
  verschreiben lassen, bei denen zwei andere Antidepressiva nicht
  geholfen haben.
  Nicht geeignet als Schlafmittel bei *restless legs.*
  Wegen der ausgeprägten Sedierung können Sie nach Neueinstellung auf Amitriptylin nicht aktiv am Straßenverkehr teilnehmen,
  nach einigen Monaten unter einer stabilen Medikation kann sich
  das ändern.

Name: Imipramin
Pharmakologische Zuordnung:
nicht sedierendes trizyklisches Antidepressivum
Wichtige Wirkungen:
antidepressiv, eher antriebssteigend, wirkt gegen das Auftreten von Panikattacken
Indikationen:
Depressionen, Panikstörung
Nebenwirkungen:
Mundtrockenheit, Verstopfung, Verlangsamung der Überleitung am Herzen
Dosierung:
Individuell anzupassen, z. B. 3 × 25–3 × 50 mg
Besonderheiten:
War die erste Substanz die als Antidepressivum zugelassen wurde; wegen der Nebenwirkungen wird es nur noch selten genommen, trotzdem sehr wirksame Substanz.
Imipramin macht nicht müde, dennoch sollte nach der Neueinstellung nur nach Rücksprache mit Ihrem Arzt aktiv am Straßenverkehr teilgenommen werden.

Name: Doxepin
Pharmakologische Zuordnung:
sedierendes und beruigendes trizyklisches Antidepressivum
Wichtige Wirkungen:
Doxepin wirkt beruhigend und entspannend, wird von vielen Patienten gut vertragen.
Indikationen:
agitierte Depressionen, Depressionen mit starken Schlafstörungen, Depressionen mit Magen-Darm-Beschwerden
Nebenwirkungen:
Wie bei allen Trizyklika Mundtrockenheit, Verstopfung, Verlangsamung der Überleitung am Herzen
Dosierung:
Individuell einzustellen; zur Beruhigung am Tage sollten Sie

20–50 mg als Einzeldosis nehmen, wenn Sie schlafen wollen 50–100 mg.

Besonderheiten:

Wenn die Wirkung nicht eintritt, lohnt es sich den Blutspiegel zu bestimmen, da viele Patienten das Medikament nicht ins Blut aufnehmen können.

Nicht geeignet als Schlafmittel bei *restless legs*

Nach einer Neueinstellung auf Doxepin können Sie wegen der unter Umständen starken Müdigkeit nicht aktiv am Straßenverkehr teilnehmen, dies kann sich nach einer Gewöhnungsphase ändern.

Name: Trimipramin

Pharmakologische Zuordnung:

trizyklisches Antidepressivum, das den Schlaf fördert, ohne die normalen Schlafphasen zu unterdrücken, es wirkt auch leicht antipsychotisch.

Wichtige Wirkungen:

sedierende antidepressive Wirkung, leichte antipsychotische Wirkung

Indikationen:

Depressionen mit Schlafstörungen, wahnhafte Depressionen

Nebenwirkungen:

wie bei allen Trizyklika Mundtrockenheit, Verstopfung, Verlangsamung der Überleitung am Herzen

Dosierung:

Individuell einzustellen; kann über den ganzen Tag gegeben werden (z.B. 25–25–25–50 mg) oder nur zum Schlafen, mit einem anderen Antidepressivum (z.B. 75 mg zur Nacht).

Besonderheiten:

In den letzten Jahren ist das Trimipramin weitgehend durch Mirtazapin oder Trazodon abgelöst worden. Trotzdem könnte es dank der leichten antipsychotischen Wirkung sein, dass Sie noch von Trimipramin profitieren.

Name: Fluoxetin
Pharmakologische Zuordnung:
antriebssteigerndes SSRI-Antidepressivum
Wichtige Wirkungen:
antriebssteigernd, antidepressiv, wirkt auch gegen Zwangsgedanken.
Indikationen:
Depressionen (bei bipolaren Depressionen nur unter prophylaktischer Behandlung!), Angststörungen, Zwangsgedanken
Nebenwirkungen:
Durch den gesteigerten Antrieb kann vor allem in der ersten Behandlungsphase eine vorbestehende Suizidalität aktiviert werden. Die Sexualität wird verändert, oft treten Schwierigkeit auf, zum Orgasmus zu kommen. Anfangs leichte Übelkeit und Appetitlosigkeit, die nach einigen Wochen in das Gegenteil umschlagen kann.
Dosierung:
im Prinzip individuell, meistens 20–40 mg
Besonderheiten:
Fluoxetin war das erste SSRI, das auf den Markt kam, die meisten Studien wurden mit dieser Substanz gemacht. Bei Depressionen und vor allem bei Angststörungen wird die antriebssteigernde Wirkung von einigen Patienten gelegentlich als unangenehm erlebt, weil sie den Eindruck haben, die Angst nehme noch zu. Wenn Sie einige Tage abwarten, klingt dieser Effekt meistens ab. Wegen des starken Effekts auf den Antrieb sollte das Medikament morgens genommen werden.
Eine Beeinflussung der Verkehrsfähigkeit durch das Medikament ist unwahrscheinlich.

Name: Citalopram
Pharmakologische Zuordnung:
antriebssteigerndes SSRI-Antidepressivum
Wichtige Wirkungen:
antriebssteigernd, antidepressiv, wirkt gegen Zwangsgedanken.

Indikationen:
Depressionen (bei bipolaren Depressionen nur unter prophylaktischer Behandlung!), Angststörungen, Zwangsstörungen
Nebenwirkungen:
Durch den gesteigerten Antrieb kann eine vorbestehende Suizidalität aktiviert werden. Die Sexualität wird verändert, oft treten Schwierigkeit auf, zum Orgasmus zu kommen. Anfangs leichte Übelkeit und Appetitlosigkeit, die nach einigen Wochen in das Gegenteil umschlagen kann.
Dosierung:
im Prinzip individuell, meistens 20–40 mg
Besonderheiten:
Citalopram wirkt nicht so stark wie Fluoxetin, weswegen auch die Nebenwirkungen geringer ausgeprägt sind. Die Firma hat auch das Escitalopram auf den Markt gebracht, ein etwa doppelt so stark wirkendes Präparat, das allerdings auch die doppelt so starken Nebenwirkungen hat. Eine Beeinflussung der Verkehrsfähigkeit durch das Medikament ist unwahrscheinlich.

Name: Mirtazapin
Pharmakologische Zuordnung:
ein auf das Noradrenalin und spezifisch auf das Serotonin wirkendes Antidepressivum
Wichtige Wirkungen:
schlafanstoßend, appetitsteigernd, antidepressiv
Indikationen:
Schlafstörung, Depression mit ausgeprägten Schlafstörungen
Nebenwirkungen:
Müdigkeit, Gewichtszunahme, gelegentlich Verstopfung
Dosierung:
Ich beginne mit 7,5 mg (halbe Tablette von 15 mg), oft wird damit schon ein schlafanstoßender Effekt erreicht. Kann aber bis 60 mg gesteigert werden.
Besonderheiten:
Wenn Sie als Depressive/r auch ausgeprägte Schlafstörungen ha-

ben, bietet es sich an, ein Tagesantidepressivum, das nicht müde machen sollte, mit einem schlafanstoßenden Antidepressivum zu kombinieren. Dafür eignet sich das Mirtazapin gut. Die Stärke der schlafanstoßenden Wirkung schwankt je nach Person sehr stark; Sie müssen also unbedingt ausprobieren, welche Dosis bei Ihnen angebracht ist.

Nicht geeignet als Schlafmittel bei *restless legs.*

Wegen der Schläfrigkeit, die je nach Dosis mit einem stärkeren Schlafüberhang einhergehen kann, ist in der Einstellungsphase eine Teilnahme am Straßenverkehr gefährlich.

Name: Trazodon

Pharmakologische Zuordnung:

Trazodone hat eine komplexe pharmakologische Wirkung, blockiert einige Rezeptoren und verstärkt teilweise die Serotonin-Wirkung.

Wichtige Wirkungen:

schlafanstoßende und antidepressive Wirkung

Indikationen:

Depressionen, insbesondere mit Schlafstörungen, Angstzustände und -störungen, Schlafstörungen

Nebenwirkungen:

verschwommenes Sehen, Schwindel, Müdigkeit, trockener Mund, Übelkeit, Kopfschmerzen, Erschöpfung

Dosierung:

(50) 100–300 mg

Besonderheiten:

Wenn Sie als Depressive/r auch ausgeprägte Schlafstörungen haben, bietet es sich an, ein Tagesantidepressivum, das nicht müde machen sollte, mit einem schlafanstoßenden Antidepressivum zu kombinieren. Dafür eignet sich auch das Trazodon gut. Auch hier ist die Dosis individuell anzupassen! Trazodon verstärkt als einziges sedierendes Antidepressivum die Symptomatik bei *restless legs* nicht. In der Einstellungsphase darf nicht aktiv am Verkehr teilgenommen werden.

Name: Venlafaxin

Pharmakologische Zuordnung:

Venlafaxin soll durch eine Erhöhung beider Überträgersubstanzen, Noradrenalin und Serotonin, antidepressiv wirken.

Wichtige Wirkungen:

Wirkt gegen Depression und Angst, antriebssteigernd, nicht ausgeprägt schlafanstoßend.

Indikationen:

Depression, Angststörungen; bei bipolarer Depression sollte es nicht gegeben werden, weil das Risiko einer manischen Episode besonders ausgeprägt ist.

Nebenwirkungen:

Kopfschmerzen, Schwindel, Übelkeit, Störung der Sexualität, besonders Schwierigkeit, zum Orgasmus zu kommen

Dosierung:

Individuell; Sie können vorsichtig beginnen mit 2 × 37,5 mg und dann unter Beachtung der Nebenwirkungen allmählich steigern bis 300 mg.

Besonderheiten:

Durch die doppelte Wirkung möglicherweise besonders effektiv; in hohen Dosierungen wird eventuell auch das Dopaminsystem aktiviert, weswegen psychotische Symptome auftreten können. Das Medikament macht keine Abhängigkeit, aber alle serotonerg wirksamen Medikamente sollten langsam reduziert werden, um Absetzsymptome (Kopfschmerzen, Schwindel, Fiebergefühl) zu vermeiden. Bis Venlafaxin über längere Zeit stabil eingestellt ist, sollten Sie nicht aktiv am Verkehr teilnehmen.

Name: Duloxetin

Pharmakologische Zuordnung:

Wirkt wie Venlafaxin auf die serotonerge und noradrenerge Übertragung.

Wichtige Wirkungen:

Wirkt gegen Depression und Angst, antriebssteigernd, nicht ausgeprägt schlafanstoßend.

Indikationen:
Depression, nicht bipolare Depression, Angststörungen
Nebenwirkungen:
Kopfschmerzen, Schwindel, Übelkeit, Störung der Sexualität, besonders Schwierigkeit, zum Orgasmus zu kommen; wird allerdings etwas besser vertragen als Venlafaxin
Dosierung:
individuell, 30–120 mg
Besonderheiten
Durch die doppelte Wirkung möglicherweise besonders effektiv; eventuell nicht so wirksam wie Venlafaxin, auch weniger Nebenwirkungen. Das Medikament macht keine Abhängigkeit, aber alle serotonerg wirksamen Medikamente sollten langsam reduziert werden, um Absetzsymptome (Kopfschmerzen, Schwindel, Fiebergefühl) zu vermeiden. Bis zur stabilen Einstellung, sollten Sie nicht aktiv am Verkehr teilnehmen.

Name: Johanniskraut
Pharmakologische Zuordnung:
Hyperforin ist der wesentliche antidepressive Wirkstoff der Johanniskrautpflanze; er soll die Spiegel der Überträgersubstanzen Noradrenalin und Serotonin an den Synapsen erhöhen.
Wichtige Wirkungen:
Antidepressive Wirkung
Indikationen:
Depressionen, eher leichte und mittelschwere; nach langjährigen Diskussionen ist nun weitgehend klar, dass Johanniskraut antidepressiv wirkt, wenn es nicht zu niedrig dosiert wird.
Nebenwirkungen:
Antriebssteigerung oder -hemmung, gesteigerte Lichtempfindlichkeit bis hin zum Sonnenbrand, leichte Magen-Darm-Beschwerden
Dosierung:
Minidosierungen bringen nichts, 1000 mg sollten es am Tag schon sein.

344

Besonderheiten:
Johanniskraut steigert den Abbau anderer Medikamente! Besondere Bedeutung haben hier die Antibabypille und Medikamente zur Hemmung der Immunabwehr, die von Transplantierten genommen werden müssen, um eine Abstoßung zu verhindern. Wird aus Versehen gleichzeitig Johanniskraut eingenommen, kann es zur Schwangerschaft trotz Pille, bzw zur Transplantatabstoßung kommen. Bei Neueinstellung sollten Sie nicht aktiv am Straßenverkehr teilnehmen

Antipsychotika

Name: Haloperidol
Pharmakologische Zuordnung:
Das bekannteste »typische« Neuroleptikum, also für die Behandlung von Psychosen geeignete Medikament, wirkt durch die Blockade einiger Bindungsstellen für Überträgersubstanzen, besonders des Dopamins am D2-Rezeptor.
Wichtige Wirkungen:
Reduktion aller Symptome aber auch geistiger Funktionen, die durch Dopamin bedingt sind; also der gesamten psychotischen Symptomatik wie Wahn, Halluzinationen, Ich-Störungen, Erregung, aber auch von Kreativität und der Fähigkeit, Glück zu empfinden.
Indikationen:
Behandlung akuter Psychosen unterschiedlicher Herkunft; für die Dauerbehandlung wird meistens auf eine neuere atypische Substanz umgestellt, weil diese besser verträglich sein sollen; es gibt aber durchaus Patienten, die beim Haloperidol als Dauermedikation bleiben.
Nebenwirkungen, die oft eine Rolle spielen können:
Erhöhung der Neigung zu epileptischen Anfällen Wirkungen der Dopaminblockade auf das Bewegungssystem, was zu Zittern, erhöhter Muskelanspannung, Haltung und Gang wie beim

Parkinsonpatienten führen kann, bei Dosissteigerung oder -änderung können unwillkürliche Phänomene wie der Zungenschlundkrampf oder eine starke Beugung des Körpers nach hinten auftreten, die unangenehm, aber nicht gefährlich sind; sehr unangenehm ist eine manchmal vorkommende Sitzunruhe, die zu dauerndem Herumlaufen führt; Spätdyskinesien, das heißt, auffällige Bewegungsstörungen können Monate bis Jahre nach Neuroleptikagabe auftreten;

auf das Hormonsystem, was zu Brust- und Milchbildung, vor allem bei längerer Gabe, und zu Veränderung der Sexualität führen kann;

bei hoher Anfangsdosierung auf das Kreislaufsystem, allerdings hat gerade Haloperidol relativ wenige Wirkungen auf den Kreislauf.

Dosierung:
Individuell, aber generell sollte nicht zu hoch dosiert werden, 4 × 5 mg ist eine für viele Patienten durchaus ausreichende Dosis.

Besonderheiten:
Haloperidol ist ein sehr wirksames Mittel gegen Psychosen, das sehr starke Nebenwirkungen haben kann. Die können Sie einschränken, wenn die Dosis langsam gesteigert wird, wenn Ihr Arzt und Sie sich Zeit lassen, den Wirkungseintritt abzuwarten und wenn die Gesamtdosis angepasst und nicht zu hoch ist. Vor allem zu Beginn der Behandlung sollen Sie nicht Auto, Motorrad oder Fahrrad fahren; bei einer stabilen Dosis über mehrere Monate sollten Sie diese Frage sehr eingehend mit Ihrem Arzt diskutieren.

Name: Laevomepromazin
Pharmakologische Zuordnung:
stark sedierendes Neuroleptikum
Wichtige Wirkungen:
sehr starke Sedierung, Abnahme von Aggressionen
Indikationen:
Erregungszustände und schwere Schlafstörungen bei Psychosen oder Manien

Nebenwirkungen, die oft eine Rolle spielen können:
Müdigkeit, niedriger Blutdruck
Dosierung:
individuell, z. B. 3 × 25–3 × 50 mg
Besonderheiten:
Lävomepromazin nehmen Sie nicht einfach mal so zum Schlafen, aber besonders bei psychotischen Erregungszuständen, die allen Angst machen können, ist es sehr wirksam. Wenn Sie dieses Medikament nehmen, können Sie nicht aktiv am Straßenverkehr als Auto-, Motorrad- oder Fahrradfahrer teilnehmen.

Name: Clozapin
Pharmakologische Zuordnung:
Wundermittel mit Risiken; Clozapin wirkt auf ein anderes Mischungsverhältnis der Bindungsstellen, ist dadurch anscheinend das wirksamste aller Antipsychotika und hat auch ein anderes Nebenwirkungsprofil; sein erhöhtes Risiko, die Bildung weißer Blutkörperchen zu blockieren, hatte fast dazu geführt, dass Clozapin verboten wurde, aber heute ist wegen der hohen Wirksamkeit eine Anwendung durch speziell ausgebildete Ärzte und bei häufigen Blutbildkontrollen möglich.
Wichtige Wirkungen:
Reduktion der psychotischen Symptomatik, deutliche Sedierung, also auch zur Schlafförderung bei Psychosen geeignet
Indikationen:
Akute und chronische schizophrene Psychosen
Nebenwirkungen:
Müdigkeit, Gewichtszunahme wegen Appetitsteigerung, auffälliges EEG, das sich auch in einer erhöhten Krampfneigung bemerkbar machen kann, aber nicht muss, erhöhter Speichelfluss, Veränderungen der Überleitungszeit am Herzen
Dosierung:
individuell an die Symptomatik anzupassen, beginnend mit 25 mg

Besonderheiten:

Kontrolle des weißen Blutbildes, zu Beginn wöchentlich, nach Einstellung 4-wöchentlich, langsame Dosissteigerung in Schritten von 25 mg/Woche.

Clozapin gilt immer noch als »Goldstandart«, also als das wirksamste Antipsychotikum. Nach Neueinstellung sollten Sie auf keinen Fall aktiv am Verkehr teilnehmen, bei stabiler Einstellung können Sie es mit Ihrem Arzt diskutieren.

Name: Olanzapin
Pharmakologische Zuordnung:

Nachfolger von Clozapin, teilt mit ihm viele Nebenwirkungen. aber nicht das hohe Risiko für Störungen des Blutbilds, ist nicht ganz so wirksam, wird als atypisches Neuroleptikum bezeichnet.
Wichtige Wirkungen:

wirkt gegen die psychotischen Symptome, sediert
Indikationen:

akute und chronische schizophrene Psychosen, akute Manie, Psychosen bei Morbus Parkinson
Nebenwirkungen, die oft eine Rolle spielen können:

Gewichtszunahme, Veränderungen der Überleitungszeit am Herzen
Dosierung:

individuell angepasst, 20 mg sind eine eher hohe Dosierung
Besonderheiten:

Heute vielfach das Antipsychotikum der ersten Wahl. Nach Neueinstellung sollten Sie auf keinen Fall fahrend am Verkehr teilnehmen, bei stabiler Einstellung können Sie es mit Ihrem Arzt diskutieren.

Name Risperidon:
Pharmakologische Zuordnung:

steht zwischen den typischen und den atypischen Antipsychotika
Wichtige Wirkungen:

wirkt gegen psychotische Symptome, gegen übertriebenes Denken, keine sedierende Wirkung, also nicht als Schlafmittel geeignet

Indikationen:

akute und chronische schizophrene Psychosen, wahnhaftes Grübeln oder andere wahnhafte Symptome bei Depressionen

Nebenwirkungen:

Bis zu einer Gesamtdosis von 4 mg treten keine Bewegungsstörungen auf, wie sie für Antipsychotika typisch sind, oberhalb dieser Dosis sehr wohl; die hormonellen Wirkungen sind den typischen Antipsychotika vergleichbar, die Gewichtszunahme liegt zwischen typischen und atypischen.

Dosierung:

Individuell, möglichst bis 4 mg, kann aber auch höher dosiert werden, wobei dann die Vorteile des Medikaments gegenüber den typischen Antipsychotika verloren gehen.

Besonderheiten:

Es gibt bei ca. 4 mg eine Schwelle für motorische Nebenwirkungen. Teilnahme am Straßenverkehr nicht während und unmittelbar nach einer Neueinstellung. Nach einer Gewöhnungsphase kann eine aktive Verkehrsteilnahme diskutiert werden, da die sedierende Komponente fehlt.

Name: Aripiprazol

Pharmakologische Zuordnung:

Hier ist der pharmakologischen Industrie wirklich einmal etwas eingefallen! Die bisher genannten Antipsychotika haben den Nachteil, dass sie die gesamte Dopaminfreisetzung blockieren, also nicht nur dem pathologischen Überschuss, der zur Psychose führt, sondern auch das »normale« Dopamin, das wir unter anderem für Kreativität und Glücksempfinden brauchen. Deswegen sind Antipsychotika ja auch so unpopulär. Aripiprazol hat neben dem Dopamin-blockierenden Anteil noch einen »partial agonistischen« Anteil, der ein kontrollierte Menge Dopamin freisetzt, so dass die totale Dopamin-Blockade unterbleibt.

Wichtige Wirkungen:
antipsychotische Wirkung
Indikationen:
schizophrene Psychosen, ohne starke Antriebssteigerung
Nebenwirkungen, die oft eine Rolle spielen können:
Dieselben Nebenwirkungen, die auch die typischen Antipsychotika (z. B. Haloperidol) haben, allerdings sehr viel geringer ausgeprägt; durch die Dopamin-agonistische Wirkung erleben viel Patienten eine leichte Antriebssteigerung, die oft von einer Zunahme psychotischer Symptome schwer zu unterscheiden ist.
Dosierung:
individuell, 5–10 mg
Besonderheiten:
Auf die besondere Pharmakologie müssen sich Patienten und Ärzte erst mal einstellen. Wenn Aripiprazol gegen die psychotische Symptomatik ausreichend wirkt, ist es gerade für Menschen gut geeignet, die ihre Denkfähigkeit und Kreativität benötigen, z. B. für Studenten.
Unmittelbar nach einer Neueinstellung sollten Sie nicht am Straßenverkehr teilnehmen, aber bei stabiler Einstellung ist von Aripiprazol keine Beeinträchtigung zu erwarten.

Phasenprophylaktische Medikamente

Name: Lithium
Pharmakologische Zuordnung:
Lithium wirkt als einfaches Ion, über die Wirkung gibt es nur Hypothesen.
Wichtige Wirkungen:
Lithium normalisiert Antrieb und Stimmung bei der akuten Manie allmählich; wenn die Zeit nicht drängt, kann versucht werden, die Lithiumbehandlung als einziges Therapieprinzip einzusetzen. Wenn das für den Patienten und seine Umgebung nicht erträglich sein sollte, muss gleichzeitig mit stark sedieren-

den Medikamenten gearbeitet werden. Bei längerer Gabe wirkt Lithium prophylaktisch gegen weitere manische und depressive Phasen.

Indikationen:
akute Manie, Prophylaxe der bipolaren Störung, möglicherweise Prophylaxe beim Cluster-Kopfschmerz

Nebenwirkungen:
Besonders zu Beginn der Behandlung feines Zittern, Dämpfung der Schilddrüsenfunktion, die mit Schilddrüsenhormonen problemlos behandelt werden kann, Veränderung von Trink- und Ausscheidungsverhalten, selten Müdigkeit.

Dosierung:
Nach Einstellung durch einen erfahrenen Arzt; ausschlaggebend ist der Blutspiegel, der bei 0,8 mEq nicht über 1 mEq liegen sollte.

Besonderheiten:
Bei Überdosierung kommt es zur nicht rückgängig zu machenden Nierenschädigung; deswegen muss die Dosierung anfangs ein- bis zweimal pro Woche mit Blutspiegeln kontrolliert werden, wenn Stabilität eingekehrt ist, alle vier Wochen. Blutspiegel sollten auch gemacht werde, wenn Sie Ihre Lebensgewohnheiten so ändern, dass es Auswirkungen auf den Flüssigkeitshaushalt hat, also mit Ausdauersport anfangen oder längere Zeit in einem heißeren Land leben. Wenn Sie unter Lithium nicht müde werden, steht der Führung eines Kfz nichts entgegen.

Name: Carbamazepin

Pharmakologische Zuordnung:
Antiepileptikum, das in der Psychiatrie verschiedene Anwendungen gefunden hat.

Wichtige Wirkungen:
Carbamazepin scheint gegen Übererregung von Nervenzellen zu wirken, auch wenn man den genauen Zusammenhang mit psychischen Symptomen nicht kennt.

Indikationen:
prophylaktische Wirkung bei der bipolaren Störung, Schmerz-

mittel bei der Migräne, Verhinderung von Nebenwirkungen beim Benzodiazepin-Entzug

Nebenwirkungen:
Dämpfung und Müdigkeit, Verminderung der weißen Blutkörperchen, die aber nicht kritisch ist.

Dosierung:
individuell, einschleichend (und bei Absetzen auch ausschleichend) dosieren, mit Blutspiegel-Bestimmung

Besonderheiten:
Carbamazepin ist leichter handhabbar als Lithium, weil ihm die negativen Wirkungen auf die Niere fehlen; die bisherige Datenlage spricht aber für eine klare Überlegenheit des Lithiums bei der Phasenprophylaxe der bipolaren Störung. Sollte Lithium nicht wirken, kann auf Carbamazepin umgestellt werden, die weiteren Alternativen sind Valproat und Lamotrigin. Die Verkehrstüchtigkeit ist wegen der Müdigkeit eingeschränkt, zumindest in der Einstellungsphase.

Name: Valproinsäure

Pharmakologische Zuordnung:
Blockiert erregende Kanäle in Nervenzellen, wirkt so gegen epileptische Anfälle, verstärkt die hemmende Überträgersubstanz GABA.

Wichtige Wirkungen:
Ganz allgemein die Verhinderung von Zuständen der Übererregung, was in der Psychiatrie vor allem für die Prophylaxe der bipolaren Störung genutzt wird.

Indikationen:
Neben der Behandlung verschiedener Formen der Epilepsie vor allem prophylaktische Behandlung der bipolaren Störung, prophylaktische Behandlung der Migräne

Nebenwirkungen, die oft eine Rolle spielen können:
Valproinsäure wirkt als eines der wenigen Psychopharmaka nicht sedierend. Zittern, Appetitabnahme, Durchfall, übermäßige Speichelbildung, vorübergehender Haarausfall. Selten entwickelt sich

eine chronische Erkrankung des Gehirns (Enzephalopathie), bei LangzeittherapieHäufig kommt es zu einer Blutbildveränderung mit z. B. Verminderung der Blutplättchen (Thrombozytopenie), Enzyminhibition.

Dosierung:
individuelle Einstellung

Besonderheiten:
Für die psychiatrischen Indikationen ist das Medikament nicht zugelassen, die Notwendigkeit muss also von einem Facharzt bestätigt und gegebenenfalls mit der Krankenkasse ausgehandelt werden, da Sie sonst unter Umständen auf den Kosten sitzenbleiben. Das Medikament sediert nicht, damit könnte also am Verkehr teilgenommen werden, allerdings schränken die Störungen, gegen die Valproinsäure gegeben wird, häufig die Verkehrstauglichkeit ein!

Name: Lamotrigin

Pharmakologische Zuordnung:
Lamotrigin soll erregende Mechanismen an Nervenzellen blockieren und so gegen epileptische Anfälle, aber auch prophylaktisch bei der bipolaren Störung wirken.

Wichtige Wirkungen:
Wirkt angeblich vor allem auf die wiederkehrenden Depressionen, weniger auf die Manien im Rahmen der bipolaren Störung.

Indikationen:
psychiatrisch vor allem die depressive Symptomatik der bipolaren Störung

Nebenwirkungen:
Sie sind eher selten; Schwindel, Kopfschmerzen, Muskelzittern, schwere Hautsymptome können auftreten, wenn das Medikament zu schnell aufdosiert wird.

Dosierung:
Mit 25 mg beginnen, jede Woche um 25 mg steigern, maximal 200 mg.

Besonderheiten:
In der Prophylaxe ist Lamotrigin nicht die erste oder zweite

Wahl; wenn es sich aber vorwiegend um depressive ausgeprägte bipolare Störungen handelt, kann Lamotrigin sinnvoll sein. Entscheidend ist die langsame Aufdosierung, sonst kann es zu lebensgefährlichen Hautveränderungen (Syndrom der »verbrannten Haut«, Lyell-Syndrom) kommen. Die Verkehrstüchtigkeit ist in der Einstellungsphase unklar, später wohl kein Problem.

Benzodiazepin-Beruhigungsmittel

Name: Lorazepam
Pharmakologische Zuordnung:
    Benzodiazepin, verstärkt die Wirkung der durch den GABA-Rezeptor vermittelten körpereigenen Hemmung der Nervenzellaktivität
Wichtige Wirkungen:
    Entspannt und kann so potenziell gefährliche Zustände wie Suizidalität und Aggressivität auflösen.
Indikationen:
    Für Benzodiazepine werden viele Indikationen angegeben; in der Psychiatrie sehe ich nur die entspannende Wirkung bei hochgradigen Anspannungszustände und insbesondere bei akuter Suizidalität als relevant an.
Nebenwirkungen:
    Lorazepam sediert, stört die Koordination, was besonders bei älteren Menschen zu Stürzen führen kann. Das größte Problem ist das hohe Abhängigkeitspotenzial mit einer erheblichen Gewöhnung bis hin zur schweren körperlichen Abhängigkeiten, besonders bei höheren Dosierungen.
Dosierung:
    individuell; auch bei schweren Anspannungszuständen mit Suizidalität kommen Sie im Allgemeinen mit maximal 2 × 5 mg aus.
Besonderheiten:
    Lorazepam ist bei der Behandlung der akuten Selbstgefährdung wohl besonders wirksam.

Name: Clonazepam

Pharmakologische Zuordnung:

Clonazepam ist ein stark wirkendes Benzodiazepin mit allen Wirkungen und Nebenwirkungen der Benzodiazepine (siehe Lorazepam)

Indikationen:

Wegen seiner starken Wirkung und der guten akuten Verträglichkeit wird Clonazepam gerne bei manischen Episoden genommen, wo es sedierend und entspannend wirkt.

Dosierung:

Bei der akuten Manie kann mit 3 × 2 mg begonnen und auf höhere Dosen gesteigert werden, bis eine Beruhigung eingetreten ist.

Besonderheiten:

Wegen der Abhängigkeitsentwicklung sollten Benzodiazepine nur im stationären Rahmen gegeben werden und vor der Entlassung »ausgeschlichen« und abgesetzt werden. Unter der akuten Einnahme von Benzodiazepinen sind Sie nicht verkehrstüchtig, im Entzug ebenfalls nicht.

Schmerzmittel und Anti-Migräne-Mittel

Name: Acetylsalicylsäure

Pharmakologische Zuordnung:

Hemmt Schmerzen, Entzündung, Fieber und unnötige Blutgerinnung durch eine unumkehrbare Hemmung der Prostaglandin-H_2-Synthase.

Wichtige Wirkungen:

Schmerzlinderung, Fiebersenkung, antirheumatisch, gerinnungshemmend

Indikationen:

Schmerz, Fieber, rheumatische Beschwerden, Vorbeugung von Gefäßverschlüssen

Nebenwirkungen:

Die wichtigste ist gleichzeitig eine erwünschte Wirkung, die

Hemmung der Gerinnung! Deswegen darf Acetylsalicylsäure bei verletzungsbedingten Schmerzen nicht gegeben werden, auch nicht im Vorfeld einer Operation, weil sich die Gerinnungshemmung nicht schnell aufheben lässt, sondern sich nur allmählich zurückbildet!
Blutungsneigung, z. B. Nasenbluten, Reizung der Schleimhäute
Dosierung:
individuell nach Person und Art der Schmerzen; bei Migräne werden sogar 1000 mg empfohlen
Besonderheiten:
ein richtig gutes Medikament, unverzichtbar, gegen Schmerz, für Gefäße; keine Beeinträchtigung der Verkehrsfähigkeit

Name: Paracetamol
Pharmakologische Zuordnung:
leichtes Schmerzmittel, fiebersenkend
Wichtige Wirkungen:
schmerz- und leicht fiebersenkend, möglicherweise über das Serotoninsystem
Indikationen:
Leichte Kopf-, Zahn-, Regelschmerzen, Migräne, Spannungskopfschmerz
Nebenwirkungen:
Selten; Leber, Niere; bei Vorschädigungen dieser Organe nur mit großer Vorsicht nehmen
Dosierung:
individuell; 100–1000 mg Einzeldosis, maximale Tagesdosis 4000 mg, bei Nieren- und Leberschädigung weniger! Bei Überschreiten dieser Tagesdosis kann es zum Leberversagen kommen.
Besonderheiten:
An sich ist das ein wirklich harmloses Mittel; aber auch hier sieht man, dass Unkenntnis in der Einnahme lebensgefährliche Zustände hervorrufen kann (siehe Dosierung!). Keine Einschränkung der Verkehrstüchtigkeit

Name: Metamizol

Pharmakologische Zuordnung:
Schmerzmittel, das möglicherweise auf den Serotonin-Stoffwechsel wirkt.

Wichtige Wirkungen:
vor allem stark schmerzlindernd und fiebersenkend, krampflösend, weniger stark entzündungshemmend

Indikationen:
akute und chronische Schmerzen

Nebenwirkungen:
In sehr unterschiedlicher Häufigkeit, wahrscheinlich genetisch abhängig, die Agranulozytose, die gefährliche Störung der weißen Blutkörperchen.; im deutschen Sprachraum wurde diese Nebenwirkung selten beobachtet; in den USA und England ist die Substanz deswegen gar nicht zugelassen; außerdem Angst, Depression, Verwirrtheit bereits nach einmaliger Dosierung.

Dosierung:
Je nach Stärke der Beschwerden, maximal 1000 mg.

Besonderheiten:
Wegen der Agranulozytose-Gefahr, häufiger als bei einem »einfachen« Schmerzmittel üblich, Kontrollen des Blutbildes; wegen der anderen Nebenwirkungen sollte das Präparat erst an zweiter oder dritter Stelle stehen, wenn nichts anderes wirkt.

Name: Diclofenac

Pharmakologische Zuordnung:
ein sogenanntes nicht-steroidales Antirheumatikum; es hemmt über Zwischenstufen die Freisetzung der entzündungsfördernden Prostaglandine.

Wichtige Wirkungen:
fiebersenkend, schmerzstillend, entzündungshemmend und damit auch antirheumatisch

Indikationen:
stärkere Schmerzen und nicht-bakterielle Entzündungen

Nebenwirkungen:
Magen-Darm-Beschwerden, Störung der Blutbildung, Lichtempfindlichkeit, Schwindel und Müdigkeit; wenn es bei sportlicher Aktivität genommen wird, kann es im Rahmen gesteigerter Nierendurchblutung zur Nierenschädigung kommen, deswegen Nierenwerte kontrollieren!

Dosierung:
75 mg, maximal 150 mg

Besonderheiten:
Sehr effektives Schmerzmittel, auch bei sportbedingten Beschwerden; wegen der Nebenwirkungen sollte es nie »einfach so« eingenommen werden, sondern nur auf ärztliche Empfehlung und mit Kontrolle der entsprechenden Blutwerte. Die Verkehrstüchtigkeit kann eingeschränkt sein, wenn Sie auf das Medikament mit Müdigkeit reagieren.

Name: Verapamil

Pharmakologische Zuordnung:
Kalziumantagonist, der den Kalziumeinstrom in Herz und Gefäßmuskulatur beeinflusst.

Wichtige Wirkungen:
Verhindert pathologische Kontraktionen von Herz- und Gefäßmuskulatur.

Indikationen:
Neben den internistischen wie Verengung der Herzkranzgefäße, Bluthochdruck, Herzrhythmusstörungen, Behandlung des Clusterkopfschmerzes

Nebenwirkungen:
Die blockierende Wirkung auf Herz- und Gefäßzellen kann sich bei verlangsamtem Herzschlag und Vorschädigung der Herzleitung negativ auswirken.

Dosierung:
individuell

Besonderheiten:
Keine wesentliche Einschränkung der Verkehrstüchtigkeit bekannt

Name: Sumatriptan,

Pharmakologische Zuordnung:

Selektive Wirkung auf den Serotonin-1B-Rezeptor, wodurch Hirngefäße verengt werden.

Wichtige Wirkungen:

Verengung der im Migräneanfall erweiterten Hirngefäße

Indikationen:

akute Migräne

Nebenwirkungen:

Selten kann die gefäßverendende Wirkung an den Herz-Kranzgefäßen zur Angina pectoris führen.

Dosierung:

50 mg; wenn die nicht wirken, kann auf 100 mg erhöht werden.

Besonderheiten:

Sumatriptan sollten Sie frühzeitig zu Beginn eines Migräneanfalls nehmen; weil die Tabletten nicht immer gut aufgenommen werden, kann man dasMedikament auch als Zäpfchen, Nasenspray oder in Spritzenform bekommen. Im akuten Migräneanfall sollten Sie sowieso nicht Autofahren.

Name: Propranolol

Pharmakologische Zuordnung:

ß-Blocker blockieren Bindungsstellen des Herz-Kreislaufaktivierenden Adrenalins; diese Bindungsstellen kommen im Herzen, aber auch im Gehirn vor.

Wichtige Wirkungen:

Blutdrucksenkung, Verlangsamung des Herzschlags, Prophylaxe der Migräne

Indikationen:

Neben den internistischen Indikationen Bluthochdruck, koronare Herzerkrankung, Herzinsuffizienz spielt Propranolol in der prophylaktischen Behandlung der Migräne eine Rolle.

Nebenwirkungen:

Verlangsamung des Pulses, Blutdrucksenkung, Müdigkeit, Auslösung von Depressionen, Abnahme der Potenz

Dosierung:
individuell

Besonderheiten:
ß-Blocker wirken gegen den Pulsanstieg, das heißt aber nicht, dass sie auch gegen Ängste wirken würden, bei denen der Pulsanstieg nur ein Symptom, nicht der grundlegende Mechanismus ist! Die Verkehrstüchtigkeit kann zu Beginn der Einstellung eingeschränkt sein – Müdigkeit!

Name: Prednisolon

Pharmakologische Zuordnung:
ein synthetisches Glukokortikoid, der aktive Metabolit des Prednison

Wichtige Wirkungen:
Unterdrückt die Immunantwort und wirkt so gegen im Rahmen der Immunabwehr entstehende Beschwerden, also z.B. auch bei allergischen Reaktionen.

Indikationen:
Neben internistischen und chirurgischen Indikationen wie bei schweren allergischen Reaktionen, Transplantationen, chronischen Lungenerkrankungen, schwerem Asthma, chronischen Darmerkrankungen und Autoimmun-Erkrankungen, z.B. der Multiplen Sklerose, wird es im psychiatrischen Fachgebiet auch beim Clusterkopfschmerz eingesetzt.

Nebenwirkungen:
Besonders bei chronischer Einnahme können Störungen der Immunabwehr, Schädigungen der Magenschleimhaut, erhöhte Infektanfälligkeit, Störungen der Knochenverkalkung, Diabetes Mellitus auftreten.

Dosierung:
individuell

Besonderheiten:
Die synthetischen Kortikosteroide sind sehr hilfreiche Medikamente, allerdings um den Preis schwerer Nebenwirkungen; die akute Gabe ist relativ nebenwirkungsarm, die chronische nicht.

Keine Einschränkung der Verkehrstüchtigkeit durch das Medikament

Anti-Demenz-Mittel

Name: Memantine

Pharmakologische Zuordnung:
Memantine wirkt gegen die Überfunktion des glutaminergen Systems, indem es den NMDA-Rezeptor blockiert.

Wichtige Wirkungen:
Memantine wirkt gegen die mittelschwere bis schwere Alzheimer-Demenz.

Indikationen:
Alzheimer-Demenz

Nebenwirkungen:
Memantine hat wenige Nebenwirkungen und wird gut toleriert; die häufigsten Nebenwirkungen sind Verwirrung, Schwindel, Benommenheit, Kopfschmerzen, Schlafstörungen und Halluzinationen.

Dosierung:
Mit 5 mg pro Tag in der ersten Wochen beginnen, dann wochenweise um 5 mg steigern bis die Erhaltungsdosis von 20 mg erreicht ist.

Besonderheiten:
Keine; bei Demenz entfällt die Frage, ob der Patient ein KFZ führen kann sowieso.

Literaturhinweise

Der hier aufgeführten Literatur verdanke ich Einsichten oder Anregungen, die ich in diesem Buch aufgenommen habe, in unterschiedlicher Weise. Wenn Sie Lust haben, können Sie gerne mal rein schauen. Manches ist kompliziert, manches einfach. Ein Anspruch auf Vollständigkeit besteht nicht.

Bandelow, Borwin: Das Angstbuch. Woher Ängste kommen und wie man sie bekämpfen kann; Reinbek 2006

Berndt, Christina: Resilienz. Das Geheimnis der psychischen Widerstandskraft; München 2013

Frances, Allen: Normal. Gegen die Inflation psychiatrischer Diagnosen; Köln 2013

Gigerenzer, Gerd: Risiko. Wie man die richtigen Entscheidungen trifft; München 2013

Häfner, Heinz: Das Rätsel Schizophrenie. Eine Krankheit wird entschlüsselt; München 2000

Holsboer, Florian: Biologie für die Seele. Mein Weg zur personalisierten Medizin; München 2009

Kabat-Zinn, Jon: Achtsamkeit für Anfänger; Freiburg 2013

Kandel, Eric Kandel, Schwartz, James,Jessell, Thomas: Neurowissenschaften. Eine Einführung; Heidelberg 2012

Milne, Alan Alexander: Pu der Bär; Hamburg 2003

Prantl, Heribert: Alt. Amen. Anfang. Neue Denkanstöße; München 2013

Salm, Christiane zu: Dieser Mensch war ich. Nachrufe auf das eigene Leben; München 2013

Schramm, Elisabeth: Interpersonelle Psychotherapie. Mit dem Original-Therapiemanual von Klerman, Weissman, Rounsaville und Chevron; Stuttgart 2010

Suzuki, Shunryu: Zen-Geist, Anfänger-Geist.Unterweisungen in Zen-Meditation; Bielefeld 2012

Taleb, Nassim Nicholas: Der Schwarze Schwan. Die Macht höchst unwahrscheinlicher Ereignisse; München 2008

Willemsen, Roger: Der Knacks; Frankfurt 2008

Wischer, Ulrike, Dalai Lama, Thich Nhat Hanh, Jäger, Wilgis: Das stille Glück, zu Hause zu sein. Mit Zen das Leben im Alltag finden; Freiburg 2013

Sachregister

Abhängigkeit 16, 25 f., 49, 71, 80 f.,
113, 123 f., 186, 197 ff., 278, 284,
305, 343 ff.

Abschied 39, 60

Abweichung 11 f., 78, 165, 208, 294

Achtsamkeit 23, 140, 143 f., 256,
271

Aggression 177, 237, 293, 324

Akzeptanz 40, 53, 132, 200, 204, 271,
279

Albtraum 66, 156, 195, 261 ff., 279

Alkohol 8, 12, 25 f., 80, 118, 121,
186 ff., 201, 262, 288, 305, 310, 316,
318, 328

Alkoholabhängigkeit 42, 145, 186 ff.,
201, 278, 284, 288, 316, 324

Alleinsein 156 ff., 164 ff., 266

Alltag 16, 38, 75, 116, 174, 191, 271,
311

Altenheim 170 ff., 280

Alter 10, 14, 121, 133, 150 ff., 162 ff.,
203, 279 f., 299, 313 f.

Anerkennung 68 f.

Angst 10, 16, 19 ff., 32 ff., 49, 66 f.,
71, 97, 104, 106 f., 112 ff., 156, 159,
195 ff., 199, 205, 228 f., 233 ff., 239,
241, 247, 255, 258, 264 f., 270, 281,
293, 299 f., 313

Angstsyndrom, generalisiertes 28

Anorexie 144

Antidepressiva 22, 27, 52 ff., 77, 89,
102 ff., 106, 111 ff., 185, 284, 301,
316, 330, 336, 337 ff.

Antiepileptika 81

Antipsychotika 22, 36, 113, 241,
244 ff., 286, 325, 336, 345 ff.

Antrieb 12 ff., 55, 79 ff., 150, 201, 213,
249, 281, 283, 285, 335

Appetenzgenerator 163

Appetit 54 f., 11, 162, 249, 285, 305

Arbeit 16, 23, 41 ff., 60 ff., 116 f.,
185 ff., 240, 303, 327

Armut 156

Aufmerksamkeit 23, 40, 61, 108, 118,
142, 185, 197, 234, 256, 305, 308 f.

Ausdauer 23, 83, 105 f. 161

Autonomie 151, 158, 281

Balance 37, 42

Bedrohung 20, 22, 210, 226, 238 f.,
327, 330

Bedürfnis 18, 97, 130 ff., 174, 238,
256, 266, 286, 306, 314

Bedürftigkeit 156, 174, 280, 314

Belastung 15, 20, 34 f., 48 f., 84 ff., 92,
124, 155 ff., 177, 200, 237, 320

Benzodiazepine 21, 25 f., 80 f., 113,
123 ff., 186, 195 f., 278, 288 f., 292,
353 ff.

Betreuung 172, 176, 180 ff., 203 ff.,
214 ff., 218 ff., 282, 312, 332

Betreuungsrecht 213, 216 ff., 223

Bewegung 103, 143, 160 ff., 231,
246 ff., 321, 325 f.

Bewusstsein 30 ff., 91, 150, 292

Beziehung 21 ff., 40, 49, 56, 61 f.,

364

76 ff., 127 ff., 165 f., 238 ff., 252, 254,
265, 269, 277 f., 319
Binge-Eating-Störung 144
Biofeedback 102, 105
Bipolare Störung 35, 77 ff., 89, 283,
304, 318
Borderline 49, 125, 255, 264 ff.
Bulimie 139, 144 f.
Burnout 34, 41 ff., 139, 154, 315, 318

Cluster-Kopfschmerz 103 ff.
Coach 44
Cognitiv Behaviorale Systempsycho-
therapie (CBASP) 52, 61, 168
Craving 194

Debriefing 112
Demenz 23, 45, 150, 158, 165 ff.,
176 ff., 185, 203, 281, 283, 285, 294,
299, 317, 332, 337 f., 360 f.
Demut 17, 135, 286, 304
Denken 11, 77 f., 110, 137, 147, 227 ff.,
238, 245 ff., 281
Denkmuster 62
Depression 14 ff., 26 ff., 33 f., 37 ff.,
66 ff. 71, 80 ff., 98, 110 ff., 120, 124,
145, 150, 167 f., 199 f., 238, 255,
281, 283, 285, 288, 299, 301, 309,
315 f., 322, 331, 337 ff.
Depression, postnatale 66 ff.
Dialektisch-Behaviorale Therapie
(DBT) 270 f.
Dialog 17, 50, 88, 98, 175, 331
Diät 141 f.
Dissoziation 270
Distanz 131, 244, 260, 272, 286 f., 295
Dopamin 246 ff., 286, 309, 331
Druck 19, 38, 41, 48, 64, 174, 184 ff.,
258, 280, 302

Ehrlichkeit 133
Eifersucht 126, 131, 230
Einweisung 199 f., 222, 235, 238, 240,
243, 270

Einwilligungsfähigkeit 220 f.
Ekel 144
Elektrokrampftherapie (EKT) 59, 63
Emotionen 24, 151, 251, 258
Empathie 158, 166
Energie 40, 85, 155, 203, 298
Entgiftung 25, 190, 192 ff., 288 f.
Entgrenzung 43
Entspannung 41, 48, 102 f., 189, 194,
327
Enttäuschung 61, 136
Entwöhnung 190 ff., 289, 316
Entzug 22, 146, 189 ff., 197, 288 ff.,
295, 318
Epigenese 34, 289
Erinnerung 38 f., 112, 261 ff., 290
Erschöpfung 41 ff., 186
Erwartung 11, 21, 47, 61, 126, 133,
136
Essstörung 144, 148 f.

Fehler 89, 136, 229, 250, 299
Fixierung 213 f., 290
Forensik 222 f., 290
Freiheitsberaubung 204, 220, 226,
290 f., 294
Freiheitsentzug 220 ff., 291
Fremdgefährdung 203, 291
Früherwachen 13, 64, 322
Fürsorge 174, 176, 218

Gedächtnis 45, 116, 161, 263, 290,
293, 294, 309
Gefühle 9, 11, 13, 17, 37 ff., 45 ff.,
67 ff., 86, 97, 152, 155, 158, 166,
229, 230 f., 237, 256, 263, 271, 281,
285
Gehirn 11, 14, 17, 32 f. 40 f., 90, 103,
106 f., 115, 131, 141 f., 147, 161 ff.,
193 ff., 236 f., 254, 262, 274, 282 ff.,
289, 292 f., 295, 298 ff., 303, 307 ff.,
310, 315, 323 f., 327
Gemütlichkeit 155
Generalvollmacht 176

365

Genuss 191, 305
Gesundheitssystem 17
Gewicht 57, 139, 141 ff., 151, 157,
    162, 249
Gewöhnung 22, 164
Gift 82, 154, 188, 284, 285, 310, 330
Gleichgewicht 42, 141 ff., 147, 160 ff.,
    287, 322
Glück 11, 37, 42, 48, 66, 130, 133 ff.,
    154, 163, 187, 193, 244, 246, 286,
    303
Golf 128 ff., 153, 161
Greisenalter 173
Grenze 43, 57, 78, 118, 161, 174, 186,
    230, 251, 260, 277 f., 286, 312
Gutachter 31, 180, 207, 212, 217,
    223 f., 294, 323

Harmonie 131
Hausarzt 22, 27, 89, 92, 98, 120,
    141 ff., 233, 308
Hilflosigkeit 49, 106, 158, 169, 177,
    252, 270
Homöostase 40
Hörgerät 167 f.
Hormone 169, 236, 267 f., 293, 318,
    327
Hospitalisierung 206, 296
Hunger 100, 118, 139, 142, 163, 266

Indikation 63, 90, 102, 185, 296, 334
Innenansicht 18
Integrität 225 f.
Interpersonale Therapie (IPT) 39, 52
Introspektion 274
Isolation 59

Jetlag 119, 143, 297

Kinder 31, 37, 40 ff., 65, 68, 75, 92,
    111, 127 ff., 134 f., 152, 158, 169 ff.,
    181, 189, 217, 252, 264 ff., 328, 330
Kindheit 48, 133, 135, 156, 166, 174,
    176 f., 254, 264, 272

Kopfschmerz 92 ff., 99 ff., 146, 234
Kokain 12, 278
Komfortzone 155, 164, 299
Kommunikation 62, 68, 110, 137, 157,
    287, 311, 319, 331
Komorbidität 49, 299
Kompromiss 166, 279
Kontrolle 11, 90, 249, 259, 265, 300
Kontrollverlust 47, 158, 281, 300
Krise 17, 90, 195 f.

Lebenserwartung 173 ff., 296, 302
Lebensqualität 50, 68, 110, 150, 167,
    173, 216, 250, 285, 303
Lebensstil 15
Legalität 12
Leid 9, 12, 20, 37, 40, 132, 189, 271
Leidenschaft 103, 134
Leistung 41, 48, 76, 119, 146, 184,
    199, 280, 284, 305, 308
Liebe 10, 40, 78 f., 128, 130, 133 ff.,
    164, 231, 259 f., 265 f., 286, 332
Liebeskummer 38, 73
Lüge 127, 133, 190, 196

Magersucht 145 ff.
Manie 64, 77, 80 ff., 125, 203 ff., 281,
    283, 316
Manisch-depressive Störung 35
Meditation 16, 23, 78, 231
Melancholie 38
Midlife-Crisis 71
Migräne 100 ff., 282, 336
Mindfulness Based Stress Reduction
    (MBSR) 144
Missbrauch 145, 184, 237, 260, 267 ff.,
    272 ff., 285, 305, 330
Missgunst 174
Misstrauen 230, 235
Mitleid 77
Motivation 41, 43, 114, 137, 194, 270,
    328
Multitasking 42
Mutterschaft 66

Nähe 21, 130, 135, 152, 259, 267, 286
Nebenwirkungen 22, 25, 46, 48, 52 ff.,
  63 ff., 80 ff., 89 , 109 ff., 117, 123,
  178, 206, 242 ff., 284, 287, 306 f.,
  334
Neglect 226
Neid 174
Neuroenhancement 185, 305 f., 308
Neuroleptika 80 f., 245, 346
Neurotransmitter 185, 309, 324
Normalität 11 ff., 31, 61, 67, 207, 230,
  235, 283

Off label use 102, 297
Opiate 188, 197, 278
Organtoxizität 25, 310

Paartherapie 14, 127, 137, 164, 311
Panikattacken 20 ff., 113, 239
Paranoia 230, 311
Parkinson-Syndrom 246, 308
Partnerschaft 21, 130 ff., 152, 154,
  164, 166, 244, 327
Patientenverfügung 182, 208 f., 218 f.,
  225, 312
Persönlichkeit 12, 35, 49, 76, 113,
  132 ff., 151 f., 167 f., 177, 192, 227,
  230, 239, 278 f., 289, 305 f., 311, 318
Pflege 116, 152, 165, 169 ff., 181, 220,
  280, 302, 312 ff.
Phobie 25, 28 f., 113
Placebo 49, 51 f., 110, 306, 314 f., 326
Posttraumatische Stresserkrankung
  (PTSE) 112 f., 262, 330
Prävalenz 33, 268, 315 f.
Prävention 34, 159, 251, 269, 299, 316
Prognose 16 f., 49, 148, 237, 251, 269,
  291, 299, 317
Prophylaxe 82 ff., 100 ff., 240, 282,
  316
Psychiatrie 26, 64, 69, 88 f., 148,
  201 ff., 235, 239, 253, 268, 278, 283,
  285, 290 f., 295, 305, 308, 317 f.,
  328, 331

PsychKG 204, 207 ff., 212, 217, 223,
  243, 312
Psychoanalyse 59
Psychoedukation 22, 317
Psychopharmaka 39, 185
Psychose 16, 33, 89, 112, 114 ff., 201,
  203, 235 ff., 280, 286 f., 295, 303,
  310, 316, 318, 322, 325, 331, 345 ff.
Psychosomatik 148, 205 f., 317 f.
Psychotherapie 10, 13, 15, 17, 27, 39,
  46, 49, 51 ff., 59 ff., 69, 80, 84 ff.,
  106, 110 ff., 128, 156, 166, 198,
  200 f., 224, 242, 250 f., 253 ff., 263,
  285, 289, 316 ff., 323, 329 f.
Pubertät 40, 177, 237, 264 ff., 280,
  286, 295, 318

Reiz 102, 106 f., 112, 146, 261, 264,
  295, 298
Resignation 40
Resilienz 15, 320
Respekt 151 ff., 173, 260, 274 f., 308
Risiko 33 ff., 41 f., 71, 78, 113, 119,
  125, 167, 215, 241 f., 270, 321, 328
Rituale 38, 174
Rollenwechsel 60, 66, 173 f.
Rückfall 15, 22, 27, 56, 113, 191 f.,
  234, 291, 319 f., 324
Ruhestand 152 ff., 228

Scheitern 60, 133, 145, 191
Schichtarbeit 119, 297
Schizophrenie 114, 237, 252, 295, 298,
  317, 321
Schlaf 12 f., 16, 42 ff., 64, 68, 76,
  79 ff., 102 ff., 111 f., 115 ff., 143,
  163, 178 f., 187 ff., 195 f., 199, 238,
  245, 248, 264, 285, 293, 305 f., 309,
  320 ff.
Schlafapnoe 19, 321
Schlaflabor 120, 312
Schlaganfall 179, 312
Schmerz 19, 38, 72, 96 f., 99 ff., 159 ff.,
  195, 254, 293, 297, 310, 336 ff.

Schuldgefühl 260
Schuldunfähigkeit 222 f.
Schweigepflicht 46, 207, 212, 214,
  294 f., 322 f., 329
Sedierung 213
Seele 8 ff., 20, 27, 48, 87, 104 f., 113,
  131, 139, 163, 199, 261 ff., 274 ff.,
  292, 317, 323
Sehnsucht 56, 69, 133
Selbsterfahrung 256 ff.
Selbstgefährdung 203, 324
Selbstheilung 61
Selbsthilfegruppe 190 f., 194, 316, 324
Selbstmedikation 25, 113, 124, 186
Selbstmord 9, 45, 54 f., 64, 73, 88, 266,
  291, 295, 328
Selbstverletzung 265, 270
Selbstwert 62, 145, 166, 271, 285
Sexualität 31, 54 ff., 67, 111, 126, 163,
  238, 306, 325
Spätdyskinesien 36, 247
Spontanheilung 15, 49, 110, 262
SSRI 22, 54 ff., 64, 233, 330
Sterbehilfe 72
Sterben 16, 22, 45, 71 ff., 129, 147,
  150, 171, 183, 281, 300, 313
Stigmatisierung 34, 145, 199 f., 207,
  240 ff., 291, 319, 324 ff.
Stress 16, 21 ff., 34, 42, 48, 98, 103 ff.,
  126 f., 139 ff., 155 ff., 162, 186, 194,
  231 ff., 239, 262, 289, 293, 318, 322,
  326
Stressmanagement 23 ff., 142 f.
Stresstoleranz 162, 271
Sucht 71, 185 ff., 289, 318, 328
Suizidalität 26, 54 f., 63, 71 ff., 111,
  145, 212, 270, 324, 328
Supervision 256, 329

Tagesmüdigkeit 117, 123, 321 f.
Testament 172, 182

Tod 18, 22, 45, 71 ff., 165, 173, 183,
  186, 194, 261, 266, 285, 313, 333
Trauer 37 ff., 44, 60, 69, 78, 124, 166,
  258
Trauma 34, 49, 112 ff., 260 ff., 289,
  300, 330
Trizyklika 53 ff., 105, 330

Überforderung 14, 21, 34, 44, 47 ff.,
  200
Übergewicht 43, 92, 116, 139 ff., 189,
  321
Unterbringung 204, 207 ff., 291, 295,
  310, 331
Unzurechnungsfähigkeit 225
Urvertrauen 97

Vereinsamung 159
Vererbung 34
Verfolgungswahn 225
Verhaltenstherapie 28 f., 59, 99, 113,
  149, 233, 251, 255, 271, 300, 318
Vermeiden 24 ff., 99, 106 f., 113, 147,
  156, 159, 167 ff., 300
Versagen 26, 55
Verzweiflung 26, 145, 204, 258, 330
Vitalität 173 f.
Vorsorgevollmacht 180 ff.
Vorwürfe 45, 272, 275

Wahnsinn 23
Wahrnehmung 11, 20, 30, 62, 86, 110,
  147, 168, 226, 236, 263, 271, 278,
  285 ff., 295 f., 298
Wertschätzung 142
Work-Life-Balance 42

Zeitmanagement 43
Zwänge 220, 230 ff., 255
Zwangsbehandlung 220 ff.
Zweifel 230, 268, 274, 324